종교개혁사

종교개혁사

한들출판사

머리말

이 책은 신학생들과 목회자들이 종교개혁을 통해 나타난 개신교의 역사와 신학을 보다 더 잘 이해하도록 돕기 위해 쓰였다. 종교개혁의 역사와 종교개혁자들의 사상을 한 권의 책으로 담아낸다는 것은 무리가 아닐 수 없다. 따라서 종교개혁사에 있어서 가장 중요한 부분을 다루는 것을 원칙으로 했는데 물론 빠진 부분도 있고 균형 있게 다루지 못한 부분도 있을 것이다. 완벽하지는 못하지만 수년간 여러 신학대학교에서 강의하고 대학원 세미나에서 토론한 내용들을 정리하였다.

이 책은 어떤 주제를 간추려서 짤막짤막하게 요약한 것이 아니라 독자들의 이해를 돕기 위해 매 주제마다 포괄적으로 충분히 서술하였다. 주로 원서를 통해 주(註)를 달았기 때문에 독자들이 참고하기에 편하고 또한 이 책 속에는 적지 않은 자료들이 들어 있기 때문에 종교개혁사를 연구하는 데 많은 도움을 줄 것으로 믿는다.

이 책의 출판을 맡아 준 한들출판사에 진심으로 감사드린다.

2011년 7월 30일

목원대학교 신학대학 연구실에서

김 기 련

목 차

제1장 종교개혁 이전의 중세 상황

I. 정치적 상황

중세의 특징 중 하나는 교황권과 황제권 사이의 권력 싸움이었다. 중세의 전 유럽은 하나의 통일된 기독교권의 세계가 되었고 중세의 초, 중기는 교황의 정치적 영향력이 컸다. 그리하여 교황 우르반 2세의 호소 아래 십자군 전쟁(1096-1291)이 시작되었고, 보니파스 8세(1235-1303)가 죽기까지 교황권은 그 전성시대(1073-1303)를 맞이 하였다. 교황의 세속 정치권에 대한 영향력이 커짐으로 자연히 세속권과 충돌하게 되었다. 교황권과 황제권의 싸움의 대표적인 사건이 교황 그레고리 7세와 신성로마제국의 황제인 하인리히 4세 간의 '서임권 논쟁'과 교황 보니파스 8세와 프랑스의 필립 4세와의 싸움이었고, 교황 요한 22세와 바이에른의 루트비히 왕과의 싸움이었다. 로마교회와 관련된 중요한 정치적 사건을 시대별로 살펴보기로 한다.

1. 서임권(敍任權) 논쟁(1076-1077)

교황 그레고리 7세와 신성로마제국 황제인 하인리히 4세 간의 성직 임면권을 놓고 권력 다툼을 한 것이 서임권 논쟁이다. 이논쟁이 있기 전까지는 주로 신성로마제국의 황제가 교회 내정을 간섭하고 교황 선출에 간여했으며 주교의 임면(任免)을 좌우하였다. 그러나 점차 교황의 권력이 커져 니콜라우스 2세(Nikolaus II, 1058-1061)는 로마회의(1059)에서 하나의 새로운 규정을 만들었는데, 그것은 교황 선출에서 황제 간섭을 배제하고 오직 로마 추기경단에게 '교황 선출권'을 두는 것이었다. 그리하여 니콜라우스 2세 사후에 교황청은 독일 황제 하인리히 4세 간섭 없이 알렉산더 2세(1061-1073)를 새 교황으로 선출하였다.[1] 하지만 독일 국내의 정세는 황제가 실권을 장악하고 교회는 황제의 수중에 있었다. 이에 교황 그레고리 7세가 교황권을 확립하고 로마교회를 정화한 후 세속권에 도전하였다. 그는 중세기에 가장 위대한 교황일 뿐 아니라 훌륭한 교회 개혁자였다. 그는 성직매매를 금하고 성직자의 독신생활을 엄히 지시했으며 고위 성직자 중 부인을 얻었으면 이혼하게 하였고 그렇지 않으면 간음죄로 인정하여 처벌하였다.[2] 또한 그는 성직 임면권과 교회 재산의 감독권을 국왕이나 제후에게서 빼앗아 교황의 권리 하에 두었다. 그레고리는 그리스도의 진정한 대리인은 황제가 아니라 교황이라고 주장하였다. 그는 교황은 국왕을 지배할 권리가 있다고 공언하였다. 1075년《그레고리 교황의 명령》(*Dictatus Gregorii Papae*)이라는 명제집에서 그레고리는 27개 항목으로 교회와 세상에서의 교황의 위치를 규정하였다.[3] 그 중요한 내용은 다음과 같

---

1) Wilhelm Müller, *Lehrbuch der Kirchengeschichte,* Zweiter Band (Freiburg und Leipzig, 1983), 242, 245.

2) Ibid., 310.

3) Kurt Dietrich Schmidt und Wolfgang Sucker (Hrsg.), *Quellen zur Kofessionskunde, Reihe A. Römisch-katholische Quellen* Band 1, 195; Karl Heussi, *Kompendium der*

다: 교황은 우주적 교회의 주인이다. 그는 대주교와 주교들을 폐할 수 있고 즉위시킬 수도 있다. 또한 개개 교회의 성직자를 세울 수도 있다. 오직 교황만이 공의회를 소집할 수 있다. 교황은 세상에 있어서 최상의 통치자이다. 교황만이 황제의 휘장을 사용할 수 있다(8조). 군주들은 교황의 발에 입 맞추어야 한다(9조). 로마 교황의 이름만이 교회에서 사용되어야 한다(10조). 교황은 황제를 폐위시킬 수 있다(12조). 교황이 내린 처벌을 그 어느 누구도 사해줄 수 없고 오직 교황만이 할 수 있다(18조). 교황은 어느 누구에게도 재판받을 수 없다(19조). 어느 누구도 사도직(성직)에 대해 고소할 수 없다(20조). 로마 교회는 한 번도 오류를 범한 적이 없고 결코 오류를 범하지 않을 것이다. 교황은 백성들이 불의한 지배자에게 행한 충성 명세를 해제할 수 있다(27조). 그레고리는 교황권과 세속권의 관계를 해와 달로 묘사하였고 특히 교황은 베드로의 특별한 보호를 받는다고 말했다. 이처럼 그레고리는 세속 군주에 대해 교황의 절대 권한을 강조하였다.

이에 하인리히 4세는 이탈리아에 있는 교황 반대파와 결탁하여 교황에게 반기를 들었다. 독일 토지의 삼분의 일이 주교와 교회의 소유임으로 교회 재산의 감독권이 교황에게 돌아가면 독일 황제의 실권이 약화되기 때문이었다. 1075년 교황은 부활절에 열린 로마회의에서 평신도 곧 황제의 성직 임명을 금하는 교서를 다시 발표하였다. 황제는 이에 굴하지 않고 밀라노의 대주교를 임명하였다. 교황은 1075년 12월에 서신으로 강력하게 항의하였다. 이 사건으로 교황과 황제는 화해할 수 없는 사이가 되었다. 1076년 1월 24일에 황제는 보름스에서 제후들과 주교들을 모아 종교회의를 열어 교황의 폐위를 결정하였다. 이 회의에서 독일의 주교들이 교황을 탄핵했고 그를 교황으로 인정하지 않는 데 동의하였다.

그러나 교황의 대응은 강력하고 신속하였다. 1076년 2월 22일에 개

Kirchengeschichte (Tübingen: J.C.B. Mohr, 1981), 189.

최한 로마회의에서 교황은 황제를 파문하고 성직자들로 하여금 황제에게 성찬 베푸는 것을 거절하게 하고 독일과 이탈리아의 신민(臣民)들에게는 황제에게 충성을 거부하게 하는 신민의 충성 서약을 해제시켰다. 이 조치는 황제의 법적 지위를 빼앗는 대담무쌍한 교황권의 반격이었다. 황제는 교황에게 불을 뿜는 듯한 편지로 "이제 교황이 아니라 거짓 수도사"라고 비난하면서 "거기서(교황직에서) 내려와 영원한 저주를 받으라"고 하였다. 그러나 황제는 단합된 독일 제후들의 지지를 얻지 못하였다. 제국 내에는 하인리히 4세를 괴롭히는 정적(政敵)들이 남아 있었다.

하인리히의 정적들은 황제의 파문이 그를 괴롭힐 좋은 기회로 보았고 교황의 권위를 거부하던 주교들의 태도도 변했다. 1076년 10월 제후들이 회의를 열어 1년 안에 황제의 파문이 풀리지 않으면 황제를 폐위할 것을 선언하는 동시에 독일 정치, 종교 문제로 1077년 2월에 종교회의를 아우크스부르크(Augusburg)에서 열기로 결정하고 그 회의에 교황을 청하기로 하였다. 제후들이 파문당한 황제에게 반대하자 하인리히 4세는 교황에게 사죄를 청하고 파문 해제를 구할 것을 결심하였다. 황제는 교황이 아우크스부르크 회의에 참석하기 전에 도중에 만나 파문 해제를 받으려고 노력하였다. 그레고리 7세가 독일에서 열릴 종교회의에 참석하러 독일로 가는 길목에 있는 카노사 성을 방문했을 때 황제는 한 겨울에 알프스 산을 넘어 카노사 성 앞에 맨발로 서서 밤과 낮, 사흘 동안 참회자로 교황에게 파문 해제를 빌었다. 결국 1077년 1월 28일 교황은 하인리히 4세에 대한 파문을 철회했다. 그리하여 황제는 아우크스부르크 회의에서 자신을 폐위시키려 했던 교황의 계획을 좌절시켰다. 표면상으로는 황제의 굴복이나 실제로는 하인리히 4세가 정치적으로 승리하였다. 그럼에도 불구하고 카노사 사건은 황제가 교황 앞에 굴복한 상징으로 남았다.

하인리히는 교황의 파문 해제가 있자 황제를 반대한 제후들에게 보복하였다. 이에 하인리히의 반대파가 1077년 3월에 스바비아의 루돌프를 황제로 선언함으로 내란이 발생하였다. 그후 그레고리가 1080년 3월에 로마회의에서 하인리히를 두 번째 파문하고 폐위시켰다. 그러나 하인리히는 내란을 진압하였고 이번에는 독일 민족의 동정이 황제에게로 기울어 교황의 파문이 효과를 얻지 못하였다. 하인리히는 1080년 6월 브릭센(Brixen) 회의에서 그레고리를 폐하고 교황의 숙적인 라벤나의 대주교 비베르트(Wibert)를 대립 교황 클레멘스 3세(1080-1100)로 내세웠다. 하인리히는 1081년 이탈리아를 침공하여 3년 만에 로마를 점령하고 1084년에 자기가 교황으로 세운 비베르트에 의해 황제로 대관식을 거행하였다. 패배한 그레고리는 계속 산 알젤로(San Angelo) 산성에 웅거하여 타협을 거절하였다. 1084년 노르만의 구원군이 그를 구출하였으나 1년간의 유랑생활을 하다가 1085년 5월 25일 살레르노(Salerno)에서 죽었다. 그는 임종하면서 다음과 같이 말하였다: "나는 정의를 사랑하고 불의를 미워했으며 그 결과 유배지에서 죽는다"(*Dilexi justitiam et odivi 'sic!' iniquitatem, propterea morior in exilio!*).[4]

그 후 서임권 논쟁은 교황 칼릭투스 2세(1119-1124년)와 하인리히 5세 사이에 타협이 이루어져 보름스의 협약이 체결되었다. 그 내용은 다음과 같다: 1) 주교와 수도원장을 자유선거로 하되 황제의 임석(臨席)도 허락한다. 주교로서 영지를 받게 될 때에는 교황에게서 반지와 목자의 홀(지팡이)을 받고 다음에 황제의 승인을 얻어 취임한다(전에는 황제에게 임면권이 있었다). 2) 황제의 승인은 독일에서는 서임식 전에, 그리고 제국의 타 지역에서는 서임식 후 6개월 내에 한다. 3) 황제가 거부하면 주교가 될 수 없다. 그 결과 독일의 주교나 수도원장은 황제와 교황을 모두 만족시켜야 했다.

2. 보니파스 8세의 '우남 쌍탐'(*Unam Sanctam*, 1302, 11, 18)

보니파스 8세(1235-1303)는 교황권의 주창자로서 세계를 제패(制

4) Karl Heussi, *Kompendium der Kirchengeschichte,* 190.

霸)하려는 야망가였다. 1295년 프랑스와 동맹국인 스코틀랜드는 영국과 전쟁을 벌였다. 교황은 영국과 프랑스의 싸움을 중재하려고 했으나 양국이 거부함으로 실패하였다. 영국과 프랑스 왕들이 군비를 조달하기 위해 교회와 성직자들에게 과세하자 성직자들은 교황에게 호소하였다. 보니파스는 교서 '교직과 평신도'(*Clericis lacios*, 1295년)를 내려 교황의 허가 없이 성직 소유에 과세 또는 납세하는 자는 파문한다고 선포하였다. 프랑스 왕 필립 4세는 '화폐반출금지령'으로 대응해 교황청의 수입과 이탈리아 은행가들에게 큰 타격을 주었다. 교황은 할 수 없이 성직자들의 자유 헌금을 허락하고 위급할 시는 왕이 과세할 수 있다고 하여 필립 왕이 승리하였다.

수년간 필립과 보니파스 사이에는 평화가 있었다. 그러나 1301년 싸움이 다시 시작되었다. 필립 4세가 교황의 사절 파미에르(Pamiers)의 주교인 베르나르드 사이셋(Bernard Saisset)을 반역죄로 체포하였다. 보니파스는 베르나르드의 석방을 명령하였고 프랑스 주교들과 마지막에는 필립 왕까지 로마로 올 것을 명령하였다. 그러자 필립은 성직자들, 귀족, 평민의 대표자들로 구성된 국회를 소집하여 로마 교황에 대한 반항 정책을 후원받았다. 이에 교황은 그 유명한 교서 '우남 쌍탐'을 내려 속권에 대한 교황권의 우위성을 주장하였다. 교서 내용은 세속권이 영권의 지배를 받아야 하며 누구든지 구원을 얻으려면 로마 교황에게 복종하는 것이 절대로 필요하다는 것이었다.

> 하나의 거룩하고 사도적인 가톨릭 교회를 우리는 신앙의 순종함으로 인정하고 받아들여야 한다(*Unam sanctam apostolicam catholicam ecclesiam credemus...*). 이 하나의 유일한 교회로부터 다만 한 몸과 한 머리 곧 예수 그리스도의 대리자인 베드로와 그의 후계자들이 있을 뿐이다. 이 같은 일에 '두 개의 검', 즉 영적인 그리고 세속적인 검에 관해 복음서의 말씀이 우리에게 가르쳐 주고 있다. 교회는 두 개의 검(누가 22:38)을 그의 권력으로 가지고 있는데 곧

영적인 것과 세상적인 것이다. 영적인 검은 교회를 위해 수행되고 또 다른 검은 세상을 위해 수행된다. 그러나 한 검은 다른 검에 종속되어 있다(즉 세상의 권력은 영적 권력에 따라야 한다). 고관과 귀족이 가진 모든 세속 권력보다 영적인 권력이 더 우선함으로 우리는 세상적인 것보다 영적인 것이 더 가치 있다는 것을 고백해야 한다. 우리는 또한 세상의 통치에서도 분명히 알 수 있다. 왜냐하면 사실은 다음과 같기 때문이다. 영적인 권력은 세속 권력을 제정하였고 세속 권력이 옳지 않을 경우 그 권력에 대한 재판관이다. 이 권력이 사람에게 주어졌고 사람에 의해 수행된다 할지라도 그것은 인간에 의한 것이 아니라 하나님에 의한 권력으로 베드로에게 하신 하나님의 말씀에 따라 그리스도 자신으로부터 베드로와 그의 후계자들에게 주어진 것이다. 그와 함께 우리는 모든 인간적 피조물이 그들의 영혼의 복을 잃어버리지 않으려면 로마의 교황에게 복종해야 한다는 것을 천명하는 바이다.[5)]

필립은 교황의 교서를 불태우고 교회의 총회를 열어 교황을 이단과 도덕적 부패의 죄로 탄핵하였고 군대를 동원하여 아나그니(Anagni)에서 보니파스 8세를 투옥하였다(1303년). 교황은 친구들인 이탈리아 제후들의 도움으로 풀려났으나 한 달 만에 죽었다. 보니파스 8세에 대한 평가는 그가 정치적 폭력을 휘두르는 것에는 으르렁거리는 사자처럼 잔인하였고 외교적 술수는 여우처럼 교활했으며 최후는 미친개의 죽음 같았다고 말한다. 아무튼 이 사건은 교황의 세속권 주장에 큰 타격을 주었고 교황의 권위보다 민족적 감정이 더 큰 힘을 발휘하였다. 필립은 민족적 감정에 호소하였고 교황은 영적 권위를 내세웠으나 영권이 속권을 제어할 도리가 없었다. 그리하여 세속권에 대한 교황의 정치적 지배 희망은 영구히 실현 불가능해졌고 교황권은 점차 몰락하였다.

---

5) Kurt Dietrich Schmidt und Wolfgang Sucker (Hrsg.), *Quellen zur Kofessionskunde*, 205-207.

3. 교황 요한 22세의 파문령(Interdikt)

중세에 교황과 황제 간의 싸움은 계속되었다. 1300년대 초기에 있었던 교황의 교권(*sacerdotium*)과 황제의 제왕권(*imperium*) 사이의 싸움에 성직자들은 심한 갈등을 겪게 되었다. 독일 바이에른의 루트비히 왕(Ludwig der Bayer, 1314-1347)은 교황권으로부터 세속권을 보호하려고 하였다. 이러한 움직임을 간파한 요한 22세는 루트비히의 정적인 오스트리아의 프레드릭 왕을 지원하였다. 그러나 루트비히는 1322년 프레드릭을 물리치고 신성로마제국의 황제가 되었다. 루트비히는 요한 22세가 자신을 황제로 인정하지 않자 북부 이탈리아를 상대로, 나중에는 로마 시까지 침공하여 스스로 황제에 오르고 또 하나의 교황을 세웠다. 평신도 제후들은 황제를 옹호하였고 제국 성명을 통해 루트비히가 선제후들에 의해 선출된 합법적인 황제임을 선포하였다. 이를 받아들이지 않는 자는 반역자로 정죄하고 불순종하는 단체나 개인에게서 그들의 인권과 공민권을 박탈하였다. 그러나 영적 제후들인 주교들은 교회의 머리인 교황을 지지하였다. 요한 22세는 1324년 파문령에 의해 루트비히와 그에게 충성하는 모든 자들을 파문하였는데, 이 파문은 15년간 지속되었다. 황제 편을 들었던 지역에서는 교황청의 '성사금지령'[6]에 의해 공중예배가 정지되었고 세례와 종부성사를 제외한 모든 성사가 금지되었다. 그리고 성사금지령을 위배하는 자들은 파문당했다. 황제의 성명과 교황의 파문으로 제국의 사태는 악화되었다. 스트라스부르크의 도미니크 수도회와 프란시스코 수도회에서는 교황의 파문 위협에도 여러 해 동안 나라를 위한 미사를 드렸다.

그러나 황제의 명령은 그들에게 교황청에 대해 더욱 더 도전하고 반항할 것을 요구하였다. 이 요구를 들어줄 수 없던 성직자들은 행정관

6) 중세에 흔히 있었던 일로 어떤 사제가 살해당하면, 그 지역은 성찬과 또 다른 교회의식의 집행을 금지당했는데 교황권이 절정에 달했을 때 교황에게 저항하는 세속 통치자들을 위협하는 수단으로 사용되었다.

에 의해 도시에서 추방당했다. 결국 양측에게 만족을 줄 수 없었던 성직자들과 수도사들은 교황의 파문과 황제 측의 추방으로 유럽 대륙을 끝없이 방황하는 유랑객이 되었다. 이들은 '하나님의 친구들'(Gottes-freunde)이라고 불리는 당시의 신비적 경건의 부흥운동에 가입하기도 하였다. 이들 '하나님의 친구들'은 성례전이나 교회의 계급제도 도움 없이도 하나님과 직접적인 교제를 가질 수 있다고 주장하였다. 이들은 자신 안에 있는 하나님을 경험하는 것과 자신을 하나님처럼 느끼는 신비적 일치를 경험하는 운동을 전개하였다. 이들에게는 로마교회의 미사가 더 이상 은혜의 통로가 될 수 없었다. 하나님의 은혜와 계시의 통로는 오직 종교적-신비 경험이었다. 또한 부패한 교직제도의 도움 없이도 선한 크리스천 생활을 영위하고 구원받을 수 있다고 생각하였다. 교회의 속박으로부터 벗어나려는 '하나님의 친구들'의 신비적 교회개혁 운동은 신앙 안에서 하나님과 직접적인 개인의 만남을 중요하게 여기는 종교개혁 사상에 많은 영향을 끼쳤다.

4. 교황청의 아비뇽 포로(1309-1377)와 분열(1378-1417)

교황 보니파스 8세와 프랑스 왕 필립 4세와의 권력 투쟁에서 필립이 승리하고 보니파스 8세가 사망함으로 교황권이 약해졌다(1303). 필립 4세는 교황청의 친 프랑스파를 지원하여 프랑스 추기경인 클레멘스 5세(1305-1314)를 새 교황으로 선출하였다. 프랑스 출신 교황은 교황청을 프랑스 땅인 아비뇽(Avignon)으로 이전하였다(1309). 교황청이 아비뇽으로 천도함으로 프랑스 출신 교황이 7명이나 옹립되었다. 또한 추기경들의 대다수가 프랑스의 주교 자리를 가지고 있었다. 교황들은 명목상으로는 로마의 주교임을 주장하면서 주로 아비뇽에 거주하였고 70년 동안 프랑스 왕의 세력 하에 있었음으로 이것을 교황청의 바벨론 포로라고 부른다.

교황청의 포로 기간은 클레멘스 5세(1305)부터 그레고리 11세

(1378)까지이다. 클레멘스 5세(1305-1314)는 프랑스 왕 필립 4세의 꼭두각시가 되어 교황 보니파스 8세가 필립에게 내린 모든 책벌과 파문을 취소하였다. 그는 재위 기간 중 한 번도 로마를 방문하지 않았고 24명의 추기경들을 지명하였는데 그들 가운데 한 사람을 제외하고는 모두 프랑스 출신들이었다. 이들 중 상당수가 친척이어서 그 후 16세기에 이르기까지 족벌 체제가 성행하였다.

교황 요한 22세(1316-1334)는 아비뇽에 소재한 교황청을 유지하기 위하여 종교세를 대규모적으로 징수하였다. 그는 세속권을 지키려는 바이에른의 루트비히 왕과 충돌하여 15년 간 루트비히와 그에게 충성하는 모든 자를 파문하였다.

베네딕트 12세(1334-1342)는 아비뇽에 웅장한 궁전을 건축하도록 명령했고 교황의 서류 보존국을 아비뇽으로 이전하였다. 백년전쟁 기간 중에 프랑스인들에게 교황청의 재산을 마음대로 운영하도록 허락함으로 영국(잉글랜드)의 분노를 샀다.

클레멘스 6세(1342-1352)는 프랑스와 영국을 중재하려고 노력했으나 영국인들은 그를 프랑스의 주구(走狗)로 보았기 때문에 허사로 돌아갔다. 그의 재위 기간 동안 족벌정치가 심했고 교황청은 사치와 향락에 젖어 있었다.

인노센트 6세(1352-1362)는 스페인 추기경 알보르노즈(Albornoz)를 이탈리아에 파견하여 그의 군사, 외교의 능력으로 로마와의 관계를 많이 호전시켰다. 그는 본격적으로 로마로 귀환할 준비에 들어갔으나 이를 실행에 옮기기 전에 사망하였다.

우르반 5세(1362-1370)는 엄격한 내핍생활을 한 개혁주의자로 교황청을 개혁하였다. 그는 1367년 로마에 귀환하여 시민들의 열렬한 환영을 받았다. 그러나 알보르노즈의 사망으로 주요 지지자를 잃자 교황은 이탈리아를 안정시킬 수 없어서 1370년에 아비뇽으로 귀환했다.

그레고리 11세(1370-1377)는 클레멘스 6세의 조카로 18세의 나이로 추기경 자리에 올랐다. 그가 교황에 선출될 당시 시에나의 성(聖)

캐서린(Catherine von Siena)이 나타나 교황의 로마 귀환을 촉구하였다. 그는 프랑스 왕과 추기경들의 반대에도 1377년 1월 17일 군중의 환영 속에 로마로 귀환하였다. 그레고리 11세가 죽은 후 이탈리아인들은 이탈리아 출신인 바리(Bari)의 대주교를 새로운 교황 우르반 6세로 선출하였다.

새 교황은 프랑스 추기경들의 사치와 성직매매 등 각종 부패를 공격했으며 프랑스의 영향력을 제거하고 교황청을 개혁하기 위해 이탈리아 출신 추기경들을 임명하였다. 이에 프랑스 추기경들은 아비뇽에 다시 교황 클레멘스 7세를 세우고 이탈리아 교황청과 분리하였다. 그리하여 교황청이 둘로 나뉘어 약 40년(1378-1417) 동안 대분열을 가져왔다. 유럽의 각 나라는 각기 정치적 입장에서 유리한 편을 들었다. 이탈리아, 독일, 영국, 보헤미아 폴란드, 헝가리, 스칸디나비아 등은 로마 교황청을 지지하였고, 프랑스, 스페인, 스코틀랜드, 나폴리 시칠리아 등은 아비뇽 교황청을 지지하였다. 1409년 피사(Pisa)회의에서 새로운 로마 출신의 교황을 세움으로 한 때 세 교황이 난립하기도 했다.

영국은 정치적인 이유로 가장 강력하게 아비뇽 교황청에 반발하였다. 교황청의 바벨론 포로 기간은 영국과 프랑스 간의 백년전쟁(1338-1453)의 초기 기간과 거의 일치하였다. 교황청이 아비뇽에 있는 동안 교황들과 추기경들은 모두 프랑스인들이었다. 그것은 프랑스와 적대 관계에 있던 영국에게는 큰 타격이 되었다. 영국인들은 그들의 교회에서 나온 헌금이 결과적으로 적국인 프랑스의 수중에 들어가는 것에 불평하였다. 이에 존 위클리프는 애국적인 측면에서 교황청의 영국 간섭을 비난하였다. 그는 교회가 세속화되면 교회의 재산을 세속 정부의 수장인 군주가 관리할 권리가 있다고 주장하였다.

1265년 교황 클레멘츠 4세는 영국 성직자에 대한 "교황의 임명권"을 주장했는데 이것은 클레멘츠 5세와 그 후계 아비뇽 교황들에 의해 거의 무제한적으로 사용되었다. 영국인들은 영국의 성직자들을 통솔하는 권한이 프랑스인 교황에 의해 조작되고 있다는 데 분노하였다. 영국의 성직자들은 국왕의 추천을 받았음에도 추기경 직에 임명되지 못하였고 프랑스인 추기경들의 숫자는 급격히 증가하였다. 영국 출신과 프랑스 출신 사이의 재판 건들은 아비뇽 교황청 법원에서 정당한 판결을 기대할 수 없었다. 영국은 이에 대항하여 1351년 「성직임명법」을 제정하여 교황이 영국의 모든 성직자를 임명하는 것을 거부하였다. 이 법은 교황과 왕의 권위 다툼을 일으켰고 그 시행에 있어서 거의 사문화 되었지만 이것은 영국 정신의 성장을 보여주었다. 이 정신은 1366년에 국회가 영국을 교황의 봉토로 바친 1213년 존 왕의 결정을 무효화 시켰다. 그리하여 영국인들은 존 왕이 영국의 교회 헌금을 아비뇽 교황청으로 보내기로 한 약속을 반대하였다. 이런 투쟁의 결과 영국에서는 반교황적이고 반 프랑스적인 정치적, 경제적 불만이 고조되었다.

한편, 아비뇽 교황들은 로마를 떠남으로 로마의 저택들과 별장들과 이탈리아의 교황령에서 나오는 많은 수입을 상실하게 되었고 아비뇽 교황청의 건립에 막대한 자금이 필요하였다. 또한 교황청은 여전히 사치와 낭비가 심했기 때문에 돈에 궁핍해지자, 그에 따른 성직매매가 성행하였다. 지리적인 가까운 프랑스 교구와 성직자들에게 과중한 교회세가 부과되었다. 심방비, 즉 교회를 방문하는 주교 혹은 주교의 이름으로 방문하는 대리인들을 위한 약간의 숙식비가 주교의 손에서 교황의 손으로 넘어갔다. 이후 심방비는 일정한 고정된 액수를 지불하는 형태로 고착되었다. 주교들이 제대로 심방 비용을 충당할 수 없자 지역 성직자들의 영적 상태를 제대로 감찰할 수 없는 상태가 되었다.

교황청은 계속 재정이 모자르자 성직자들의 초년금(첫 수입세, *Annates*)을 징수하였다. 초년금은 로마 교구에서 임명하는 모든 성직록의 첫 해 수입을 교황이 차지하는 제도이다. 교황은 차츰 그 부과의 범위를 넓혀 다른 교구의 성직록까지 그 대상으로 포함시켰다. 인노센트 6세는 아비뇽 교황청에서 취급한 모든 성직록들을 초년금 부과 대상으로 결정하였다. 그레고리 11세는 초년금의 범위를 교황이 그 선출을 추인한 모든 성직록들로 확장하였다. 그리하여 1400년경에는 모든 성직록의 대부분이 초년금 납부 대상이 되었다. 교황의 교서 또는 교황청의 문서에도 세금을 붙였다. 또한 분열된 교황들은 재정적인 결핍을 막기 위해 여러 종류의 성직매매를 자행하였다. 이런 성직매매의 관습은 종교개혁 전까지 지속되었다.

5. 칼 5세와 신성로마제국

루터의 종교개혁 당시 신성로마제국은 약 300명의 봉건 영주가 지배하는 제후 국가들로 이루어졌으며 7선제후에 의해 뽑힌 스페인 출신의 가톨릭 교도인 칼 5세(Karl V)가 황제로 다스리고 있었다. 칼은 1500년 2월 24일 겐트(Gent)에서 태어났다. 아버지는 합스부르크(Habsburg)의 막스밀리안 황제와 버건디의 메리 아들이었던 필립이었으며 어머니는 아라곤의 페르디난트와 카스틸의 이사벨라 사이에서 태어난 요안나였다. 막강한 합스부르크 가문에서 출생한 칼 5세는 막스밀리안 1세의 손자로서 스페인, 네덜란드, 룩셈부르크, 부르군디, 알자스, 카스틀, 아라곤, 나폴리, 시실리, 오스트리아 등 막대한 지역을 유산으로 차지하였다. 이 거대한 면적은 프랑스 영토의 두 배 이상이었으며 프랑스를 포위하는 형세였다. 거기다가 칼은 1520년 20세의 나이에 독일과 이탈리아를 중심으로 하는 신성로마제국을 차지하여 자신의 왕조가 유럽 및 전 세계의 주도권을 잡도록 하는 데 전심전력하였다. 신성로마제국의 황제로서 그에게 당면한 세 가지 임무가 있었는데 그것은 첫째, 유럽을 지배하기 위한 프랑스와 패권(覇權) 싸움이요, 둘째, 오스만 터키의 침략으로부터 신성로마제국을 보호하는 일이요, 셋째, 철저한 가톨릭 신자로서 루터의 종교개혁을 분쇄하고 로마교회의 단일 체제를 유지하는 것이었다. 그러나 칼은 앞선 두 가지 세속적인 일 때문에 루터의 종교개혁을 적절히 막지 못하였다.

칼 5세는 신성로마제국의 황제 자리를 두고 경쟁한 프랑스의 프란시스 1세와 오랜 숙적 관계에 있었다. 넓게는 지중해, 대서양, 신세계의 지배권을 놓고 서로 싸웠으며, 좁게는 이탈리아와 군소 영주국의 이해관계로 싸웠다. 칼은 이탈리아를 지배하고 경영하는 데 있어서 프랑스와 교황의 간섭을 배격하였다. 칼은 결국 프란시스 1세와 40년 간 네 번의 전쟁을 치르는 숙명의 대결을 벌였다. 칼은 스페인과 이탈리아의 경영에 몰두함으로 독일에는 관심이 없었고 그 결과 북부 독일에서는 개신교 제후들이, 남부에서는 가톨릭 제후들이 자기 영역에서 확고한 주권을 행사하였다. 따라서 북부 독일에서 제후들의 협조와 보호로 루터의 종교개혁은 착착 진행되었다. 교황 레오 10세는 루터의 종교개혁을 저지하기 위해 칼 5세와 동맹을 맺어 그에게 루터를 제거하고 종교개혁을 분쇄하도록 촉구했지만 칼은 프랑스와의 전쟁과 오스만 터키의 침략을 방어하는 데 정신이 없어서 루터의 종교개혁을 효과적으로 막지 못하였다. 신성로마제국은 제후들의 힘을 빌려야 통치가 가능했는데 칼은 개신교 제후들이 루터와 종교개혁을 지지하기 때문에 루터를 함부로 제거할 수 없었다. 특히 칼 5세는 프랑스와 터키와의 전쟁으로 1521년 보름스 국회 이후 스페인으로 돌아갔으며 그 후 8년 동안 제국에 돌아오지 않았다. 이때 7선제후(選諸侯)들이 독일의 문제를 다루었다. 그 결과 독일 제후들은 '루터를 이단으로 선고하고 그의 서적과 인쇄물의 판매를 금지시킨 보름스의 칙령'을 무시하고 종교개혁을 촉진시켰다. 작센의 프레드릭 선제후는 루터의 후원자로 보름스 칙령에도 불구하고 루터를 바르트부르크로 피신시켜 종교개혁을 성사시켰다.

루터의 종교개혁 성공에는 또한 오스만 터키의 유럽 침공이 크게 작용하였다. 프랑스의 프란시스 1세는 칼 5세와 합스부르크가의 세력을 동, 서로 협공하기 위해 1521년 이래로 수차례에 걸쳐 오스만 터키의 황제인 슐레이만 1세에게 헝가리 침략을 요구하였다. 슐레이만은 프란시스와 동맹을 맺고 헝가리로 침입하였고, 프란시스는 칼의 본거지인 스페인과 룩셈부르크를 공격하였다. 칼 5세는 영국의 헨리 8세와 프랑스에 대적하는 동맹을 맺어 대규모의 반격을 가하였다. 칼이 프란시스 1세의 세력을 효과적으로 저지한 후 세력이 막강해지자 이제 유럽의 열국들과 교황이 그에게 등을 돌리기 시작하였다. 이탈리아를 지배하는 칼 5세의 세력을 약화시키기 위해 교황이 나섰기 때문이다. 클레멘스 7세는 극단적인 방법으로 돈을 들여 유럽을 침략하도록 슐레이만 황제에게 사절을 보냈다. 슐레이만의 헝가리 침공은 신속하게 이루어졌다. 칼은 교황의 교활함에 크게 분개하여 그리스도의 대리인이 어떻게 세속적인 이익을 위해 이교도인 터키인들과 동맹을 맺을 수 있는지 교황에게 항의하였다. 슐레이만 1세는 프란시스 1세 못지 않은 칼 5세의 강력한 적수였다. 오스만 터키는 프란시스와 교황의 요청으로 1521년 이래로 1526년, 1529년 1532년 등 수 차례에 걸쳐 유럽 대륙을 침공하였다. 그때마다 칼과 헝가리 왕 페르난트는 유럽과 제국을 방어하는데 진력을 다하였다. 이런 상황에서 칼은 루터의 종교개혁 운동을 탄압하는 데 여력이 없었고 따라서 루터의 복음주의 운동은 계속 성장하였다.

1526년 잠시 프랑스와 휴전한 상태에서 칼은 스파이에르(Speyer) 국회를 열어 종교정책을 각 제후들에게 위임하는 결정을 보았다. 그러나 1529년 스파이에르 국회에서 칼이 개신교의 신앙 자유를 취소하고 가톨릭 측에 유리한 결정을 내리자 개신교 제후들이 칼 황제에게 항의문을 제출하였다. 개신교 신학자들과 제후들로 구성된 프로테스탄트파(항의자들, Protestant)는 1530년 아우구스부르크 회의를 열어 개신교의 신조를 확립하였다.

II. 경제적 상황

중세 초기의 장원제도 아래서는 농업이 주된 산업이었고 농민들은 소작인 내지는 농노 상태였으므로 가난하였다. 토지는 거의 귀족과 교회가 차지하고 있었기 때문에 농부들은 농노로서 지주들에게 예속되어 착취를 당하였다. 그러나 십자군 전쟁으로 동, 서양의 문물이 교류되고 무역이 발달함으로 상인 및 도시 시민계급이 등장하게 되었다. 화폐제도가 발달하고 자본을 중심으로 하는 초기 자본주의가 발흥함으로 토지를 중심으로 하는 봉건제도가 점차 몰락했다. 중세의 협동단체인 길드 조직이 붕괴되고 수공업에서 개인적 신흥 자본주의 체제로 전향하여 무역과 금융업과 대기업을 촉진시켰다. 그리하여 세속 영주와 교회 영주와는 주종 관계가 없는 상인, 선원, 기업가, 은행가 등 도시의 신흥 자유 시민들이 등장하게 되었고 이들 중산계급이 종교개혁을 지지하였다. 중세 말기 곧 15세기 말과 16세기 전반에 들어서면서 교황과 황제의 세력이 약화되자 경제적 신흥세력이 그들의 경제적인 힘에 어울리는 정치적인 영향력을 행사하려고 시도했다.[7] 예를 들면 이탈리아 피렌체의 메디치(Medici)가나 독일 아우구스부르크의 휴거(Jacob Fugger)가는 막강한 재력으로 은행을 개설하여 교황과 황제, 대주교 등에게 돈을 빌려주고 경제적으로 큰 이익을 보았으며 정치적 힘을 축적할 수 있었다. 합스부르크 왕가는 칼 5세를 신성로마제국의 황제로 만들기 위해서 선제후들에게 줄 백만의 금화를 휴거가로부터 빌렸다. 최종적으로 합스부르크가는 휴거가의 도움으로 프란시스 1세의 경쟁을 물리치고 신성로마제국의 황제 자리를 차지하였다. 결국 휴거가의 돈이 칼(Karl)로 하여금 황제가 되게 한 것이다.

교황도 휴거가에 큰 빚을 지고 있었다. 1506년에 착공한 베드로 성당은 독일에서 빌려오는 자금으로 건축을 계속할 수 있었다. 휴거가에 진 빚을 갚기 위해 교황은 '면죄부 판매'라는 아주 특별한 자금 조달 방법을 고안해 냈다. 한때 십자군 원정에 사용했던 면죄부가 이제 베드로 성당 건축의 재정적 적자를 메우기 위한 수단으로 등장하게 된 것이다. 마인츠의 대주교인 알브레히트는 교황청으로부터 대주교직을 사기 위해 엄청난 돈을 휴거가에서 빌렸고 이 빚을 갚기 위해 교황청으로부터 면죄부 판매의 특허권을 따냈다. 그리하여 면죄부 판매 대금 중 절반은 교황청에 납부하고 절반은 자신의 빚을 갚는 데 사용하였다. 이

7) Klaus Ebert, *Thomas Müntzer*(Frankfurt am Main: Athenäum, 1987), 21-22.

제 돈에서 권력이 나오는 세상이 되었다. 결국 로마교회가 몰락한 것은 돈 때문이었다. 성 베드로 성당 건축 자금을 조달하다가 면죄부 판매의 사건이 터졌고 그로 인해 종교개혁이 시작되었다.

중세 유럽의 경제-사회구조를 악화시킨 것은 중세 후기의 농업 불황이었다. 그것은 검은 죽음, 곧 흑사병으로 인구가 급격히 감소했기 때문이다. 14세기까지 주민이 거주하던 독일의 많은 지역이 흑사병으로 '황폐화' 현상을 겪었다.[8] 따라서 농촌 인구의 이농 현상은 불가피했다.

농민과 보통사람과 배우지 못한 민중은 귀족과 성직자들에게 종속되는 피지배 계층으로 분류되었고, 지배 계급에 의해 경제적으로 착취당하고 경제적 이익에서 소외당하고 제한되었다. 농민들은 합법적 또는 비합법적인 세금 징수로 고통당하였다. 신대륙 발견 이후 상류사회의 부, 쾌락, 사치의 급속한 증가는 농민들의 상태를 더 악화시켰다. 세속 귀족과 기사들과 교회는 전보다 가혹하게 여러 가지 세금의 명목, 또는 면죄의 수단을 통해 농민들을 착취하였다.

특히 독일 농민들이 가혹하게 착취당한 이유는 로마 교황청의 무거운 재정적 요구들이 독일 교구에 부과됨으로 많은 돈이 교황청이 있는 이탈리아로 들어 갔기 때문이었다.[9] 정치적으로 독일은 약 300개의 제후국가로 분할되어 있어서 로마 교황청의 좋은 표적이 되었다. 그로 인해 고통당하는 것은 독일 농민들과 수공업자들이었다. 그리하여 이들이 1524-1526년의 농민전쟁의 주역인 동시에 혁명 세력의 주체가 되었다.[10] "가난한 자는 항상 구제 받지 못하고 착취만 당한다"는 민중의 불평이 농민전쟁을 일으키는 요인이 되었다.[11]

---

8) Ibid., 41.

9) Eric W. Gritsch, *Reformer without a Church Thomas Müntzer* (Philadelphia: Fortress Press, 1967), 125.

10) Robert Hermann Luth, *Wer war der gemeine Mann?*, 55-59 und 95-100.

11) Detler Plöse und Günter Volger(Hrsg.), *Buch der Reformation* (Berlin: Union Verlag, 1989), 129-133.

Ⅲ. 사회적 상황

중세의 초기 사회제도는 봉건제도 하에 주로 세 신분이 주종(主種)을 이루었다. 곧 영주와 기사계급과 농민들이다. 여기서 영주와 기사들은 지배 계층이요, 농민들은 농노화 된 피지배 계층이었다. 그 외에도 유대인들과 집시들이 최하층으로 분류되었다. 그러나 십자군 전쟁과 장기간의 국제 전쟁은 영주들과 기사계급의 몰락을 가져왔다. 특히 화약과 대포의 위력 앞에 칼과 창을 쓰는 기사들은 무용지물이 되고 말았다. 결국 몰락한 귀족이나 기사들은 도둑 떼로 변하였다.

십자군 전쟁을 계기로 도시는 크게 발달하였다. 수많은 군대를 먼 지역까지 바다로 운반한 것은 상선(商船)들이었다. 상선은 병사와 유럽의 산물을 성지와 근동 제국들에게 운송하였고, 동방의 진귀한 산물을 가지고 귀환하였다. 상선의 왕래로 무역이 활발하였고 상업과 금융업이 발달하여 개인적-경쟁적 자본주의 경제체제가 되었다. 상인들이 도시의 수공업자들을 지배하여 대자본가가 되면서 봉건사회의 몰락과 상업도시가 발전하게 되었다. 도시의 공기는 자유로웠다. 그리하여 상인, 무역업자, 금융업자 등은 영주나 로마교회와 주종 관계가 없는 제3의 도시의 자유 시민으로 등장하게 되었다. 이제 돈이 신분을 좌우하게 된 것이다.

루터는 소위 삼신분의 교리(Drei-Stände-Lehre)[12]에 따라 그 사회의 신분을 기능별로 세 가지로 나누었다. 첫째, 방어 신분(Wehrstand)이다. 이들은 황제나 왕, 제후, 귀족들로, 주로 행정권과 사법권을 갖고 백성을 보호하며 다스린다. 둘째, 교직 신분(Lehrstand)이다. 이들은 교황, 추기경, 대주교, 주교, 사제 등의 성직자들로, 말씀 선포와 가르치는 임무를 가진다. 셋째, 생산 신분(Nährstand)이다. 이들은 수공업자, 상

---

12) Peter Manns, "Luthers Zwei-Reiche-Lehre und Drei-Stände-Lehre", Erwin Iserloh und Gerhard Müller (Hrsg.), *Luther und die politische Welt* (Stuttgart: Franz Steiner Verlag, 1983), 20-23.

인, 농민들이며 생산과 경제 활동을 담당한다. 루터는 이 세 신분을 하나님이 정하신 신분이요, 질서요 규정으로 보았다. 하나님이 이들로 하여금 각기 국가와 교회와 가정을 맡도록 하였다고 보았다. 루터가 생각한 이상적인 국가 운영은 이 세 신분들이 자기 분야에서 최선을 다하여 협력하고 조화를 이루는 것이었다.

그러나 그 이상은 실현되지 않았다. 방어 신분과 교직 신분은 생산 신분인 농민들을 탄압하고 착취하였다. 그 결과 도시의 폭동과 독일 농민전쟁이 일어났다. 농민전쟁이 일어나기 이전에 일반적으로 이미 도시 노동자, 도시 수공업자, 농민들로 구성된 제3의 계층(생산 신분)이 영주들(방어 신분, 제1 신분)과 성직자들(교직 신분, 제2의 신분)에 대항하는 하나의 정치-사회적 세력으로 형성하였다.

농민들과 도시의 몰락한 수공업자들의 상태는 좋지 못했다. 14세기 중엽 흑사병이 유럽 전역을 휩쓸어 노동 인구의 삼분의 일이 죽었다. 그로 인해 농촌이 피폐하고 도시로의 이농 현상이 늘었다. 도시로 이주한 이농자들은 피지배자로 신분적 예속을 강요당했다. 옮겨간 도시에는 이농자들이 살 수 있는 공간은 있었지만 이들에게 상업과 공업에 관한 특권은 허락되지 않았다. 도시의 수공업자들은 대자본의 기업가들에 의해 길드 조직이 무너짐으로 파산하게 되었다. 그래서 초기 무산자(프롤레타리아) 계층이 도시에서 형성되었다. 그 결과 도시의 폭동은 세 그룹의 집단들, 즉 1) 정치적-경제적 힘을 상실하고 관료체제나 군대 조직에서도 아무 역할을 할 수 없었던 일부 몰락한 귀족들, 2) 경작지 분할로 가난하게 되고 봉건적 조세 부담과 부역 때문에 고통당한 농민들, 3) 농촌에서 도시로 이주해 온 사람과 사회적으로 몰락한 수공업자들로 구성된 도시 빈민들에 의해 발생하곤 하였다.[13]

중세 교회의 타락과 부패, 교회의 민중에 대한 가혹한 부담, 농민에 대한 봉건 영주들의 착취와 탄압 등은 교회에 대한 민중의 저항과 영

---

13) Klaus Ebert, *Thomas Müntzer*, 43.

주들에 대한 반봉건적 농민전쟁으로 나타났다. 처음 종교개혁의 성공은 독일 농민전쟁에 고무적이었다. 로마 교황청의 면죄부 판매에 대한 루터의 95개 항의문은 그 당시 봉건적 교황 교회와 착취 행위에 대한 저항이었다. 종교개혁과 농민전쟁은 다른 목표와 다른 성향이 있음에도 "하나님의 정의"라는 표어에 걸맞은 하나의 일치점을 추구하였다. 그리고 종교개혁은 간접적으로 농민 봉기의 혁명적 이념을 제공하였다.[14] 농민 반란자들은 영주와 귀족이 신분적 우위를 통해 자행한 여러 형태의 억압과 착취와 불평등들을 불법이라고 규정하고 '공동의 기독교적 이익'과 '형제애'를 지향하는 평등한 사회를 요구하였다.

IV. 사상적 상황

중세를 지배해 온 학문과 사상은 이성을 중요시하는 스콜라주의 철학과 신학이었다. 신학이 학문의 여왕이었고 과학과 철학은 신학의 시녀 노릇을 하였다. 스콜라(Scola, Schule, scool)는 중세에 있었던 수도원 '학교'의 뜻이었다. 스콜라 신학은 일명 토마스 아퀴나스의 신학이라고 부르는데 자연과 은혜, 지식과 신비, 이성과 신앙을 변증법적 종합과 통일을 모색하였다. 중세철학은 실재론(*Realismus*)과 유명론(*Nomialismus*)의 논쟁이었다. 극단의 실재론은 플라톤의 영향 아래 "개념은 실물을 떠나 있으며 실물(개별적 대상) 이전에 있다"고 보았다. 즉 "보편은 실재에 앞선다"는 것이다. 다시 말해서 "인류는 개인 이전에 있으며 인류가 개인을 결정한다"고 보는 것이다. 사람은 감각보다 이성으로 실재를 깨달으며 보는 현상도 이데아의 표현이다. 즉 개념이 있다면 실재도 있다는 것이다. 한편, 온건한 실재론은 아리스토텔레스를 따라 "개념은 실물과 관련해서만 존재한다"는 것이다. 반대로 유명론은

---

14) Thomas Nipperdey, *Reformation, Revolution, Utopie*(Göttingen: Vandenhoeck & Rupert, 1975), 96-97.

스토아 철학을 따라 "개념은 개체를 모방한 추상적인 이름뿐이요, 생각에서만 존재한다. 참으로 실재하는 것은 개체뿐이다." 유명론에서는 "보편은 개체에 뒤진다"고 보았기 때문에 개인의 개성과 가치가 존중되었고 신앙에 있어서도 개인의 체험이 중요시되었다. 즉 국가나 교회라는 보편 개념보다는 그것을 구성하는 개개인의 중요성이 부각되었던 것이다. 결과적으로 유명론은 인간 이성의 인식 능력을 축소시키는 반면에 하나님의 특수 계시인 성경의 권위를 높였고 하나님을 아는 데 있어서 보편적 이성보다 개인의 신앙을 강조하였다.

중세 신학은 신 인식론과 구원론이 중요한 문제였다. 도미니크 수도단 소속의 토마스 아퀴나스는 신의 본질을 존재라 하였다. 신 인식론에 있어서 이성을 중시하여 이성적-논리적 방법에 의해 신의 존재를 규명하려고 시도하였다. 신학 탐구의 목적은 하나님에 대한 그리고 인류의 초자연적 기원과 운명에 대한 참 된 지식을 주는 것이었다. 그는 다섯 가지의 신 증명 방법을 제시하였다. 신은 곧 1) 제일 원동자, 2) 제일 원인자, 3) 절대 필연자, 4) 최고의 선, 5) 우주 만물의 주관자이다. 아퀴나스의 속죄론은 형벌대행설이었고 성찬에서의 화체설(Transsubstantiationslehre)을 주장하였다.

아퀴나스 신학에 반대한 사람들은 프란시스코 수도단 소속의 신학자들이었다. 곧 둔스 스코투스(Duns Scotus, 1265-1308)와 윌리암 옥캄(William Occam, 1280-1349)이었다. 이들은 신의 진리에 도달하는 방법으로서 형식적인 논리나 이성의 힘에 의지할 것이 아니라 신앙에 의하는 것만이 유일한 방법이라고 주장하여 신학에서 이성이나 논리를 배격하였다. 둔스 스코투스는 "신의 본질은 의지"라고 하여 지성보다 의지를 중요시하였다. 아퀴나스는 신이 보시기에 옳은 것을 행하셨고, 스코투스는 신이 뜻함으로 그 의지는 옳았다는 것이다. 신의 뜻은 신의 의지이기 때문에 선하다. 신이 절대 의지이시기 때문에 예수의 희생은 신이 거기 두신 가치에 따른다. 의지가 지성에게 그 대상들을 지정하기 때문에, 그리고 무엇보다도 의지는 사랑이 소재하는 곳이며 하나님에 대한 사랑은 하나님에 대한 지식보다 더 위대한 것이기 때문에, 의지가 더 고상한 자질이라고 생각하였다. 스코투스의 주의주의론(主意主義論, *Voluntarismus*)은 토마스 아퀴나스의 주지주의론(主知主義論, *Intellectualismus*)을 반대한다. 스코투스는 구원은 오직 개인들과 그들의 공로들에 의한 하나님의 자유로운 은혜에 달려 있는 것이지, 그들의 영혼의 어떤 자질에 달려 있는 것이 아니라고 주장한다. 구원은 아퀴나스가 주장한대로 은혜의 통로인 성례전으로부터 오는 것이 아니라 하나님께서 합당하게 보셔야 한다는 것이다. 스코투스는 구원에 있어서 하나님의 예정적 은총과 하나님의 절대의지를 강조하였다.

옥캄은 진리는 이성으로 알 수 있는 진리와 계시로 알 수 있는 진리가 있다고 보았다. 종교상의 진리는 계시와 신앙으로 알 수 있는 것이다. 또 옥캄은 아퀴나스가 주장하는 "교회가 국가의 우위에 있어서 서로 조화할 수 있다"는 것을 배격하고 양자의 권위의 범위를 규정하고 서로 간섭할 수 없는 두 영역으로 분리하였다. '현세'(*temporalia*)에 관한 것은 세속 정부에 속한 것이다. 세속 법령은 자연적이고 세상적인 것이고 육체적인 적인 것에 해당한다. 그러나 '영'(*spiritualia*)에 관한 것은 신앙적인 면에 해당하는 것으로 신적 계시에 의해 배운다. 그리하여 옥캄은 교황의 국가 정치권에 대한 간섭을 철저히 배격하였다. 이 사상은 국가의 주권을 옹호하고 종교개혁의 기운을 촉진하는 데 큰 힘이 되었고 루터도 옥캄의 사상을 이어받아 그 자신의 이왕국론을 전개했다. 옥캄은 속죄론에 있어서 안셀름(Anselm, 1033-1109)의 만족설을 따랐다. 중세의 구원론은 주로 인간의 행위와 공적에서 찾았다. 그러나 옥캄은 신, 인 관계를 채권과 부채 면에서 보았다. 이 채권의 기반은 신의 은총이다. 반면에 하나님을 만족하게 하는 것은 인간의 회개이다.

중세의 사상적 변화의 특징 중 하나는 신비주의의 등장이라 할 수 있다. 독일에서는 로마교회의 미사를 통한 은혜의 통로를 배격하며 교회의 형식적인 신앙과 겉치레를 배격하고 하나님과의 교통을 추구하는 경건적 신비주의가 일어나게 되었다. 독일의 신비주의는 사제나 보이는 교회의 중개를 거치지 않고 바로 하나님과의 직접적인 영적 교제를 중요시하였다. 마이스터 에크하르트(Meister Eckhart, 1260-1327), 하인리히 수소(Heinrich Seuse, 1295-1366), 요한 타울러(Johannes Tauler, 1300-1361) 등은 "하나님의 친구들" 운동을 전개하여 이지적이고 주지적인 신 인식보다 개인의 신비적-내적 경험을 통해 하나님과 일치를 갖는 신앙을 강조하였다. 이것은 개인적인 신앙생활을 중요시하는 종교개혁의 원칙과 비슷하다.

또 다른 중세의 사상적 흐름은 평등주의적 혁명사상이다. 이 사상은 유토피아적인 천년왕국운동과 관련이 있다. 그 사상적 근원은 고대 유대교의 묵시문학적인 종말사상과 중세의 요하킴(Joachim von Fiore, 1130/35-1202) 종말사상, 그리고 보헤미아 후스파의 혁명사상이 함께 어우러진 것이다. 이런 평등주의적 혁명사상이 한편으로 농민전쟁에 봉기 이념을 제공하였고 또 한편으로 니콜라우스 스토르크(Nikolaus Storch)를 중심으로 하는 츠비카우 예언자들과 토마스 뮌처(Thomas Müntzer) 등 지상 천년왕국을 건설하려는 급진파의 종교혁명에 영향을 끼쳤다. 그것은 무정부적인 사회주의적 세계 질서를 수립하려는 것이었다.

종교개혁에서 재발견된 사도적 요구, 즉 "하나님 앞에서 모든 사람이 평등하며 자유하다"는 전제에서 유래한 '공동체 사상'은 독일 농민전쟁에서 이데올로기적 기반을 형성하였다. 농민전쟁의 선동과 계획에서 중요한 결속력이 된 것은 종교개혁에 근거한 가르침이었다.[15] 여기서 종교개혁과 농민전쟁과는 밀접한 관계가 있음을 보게 된다. 종교개혁이 단순한 교황 체제의 멍에로부터 해방하는, 참된 신앙의 자유를 얻기 위한 운동일 뿐만 아니라 중세 후기의 모순된 사회적·경제적·정치적 구조에 대항하는 농민들의 해방운동과 관련이 있다는 것이다. 억압받는 민중들에게는 다만 신앙의 자유, 율법과 죄로부터 양심의 자유, 하나님

15) Klaus Ebert, *Thomas Müntzer*, 40.

의 진노와 죽음의 공포로부터의 자유뿐만 아니라 더 나아가 농노의 신분에서 신체적 자유, 채무와 강제 노역 그리고 착취로부터 자유와 공정한 대우를 요구하였다. 종교개혁은 봉건주의의 위기에서 나온 산물이고 이미 14세기 말부터 제기되고 16세기에 새로운 사회 형성을 주도한 중세 후기의 반봉건적 사회구조의 변화에 따른 결과였다.[16]

종교개혁이 직접 또는 간접적으로 독일 민중과 시민정신에 그리고 인간의 권리를 위해 투쟁한 농민전쟁에 크게 영향을 끼쳤다는 것은 의심할 여지가 없다.

V. 종교적 상황

1. 로마교회의 성례전(7성례)

중세 로마 가톨릭교회가 예배에 있어서 중요하게 여긴 것은 설교가 아니라 의식(儀式)과 예전(禮典)이었다. 로마교회의 7성례가 예배와 신앙생활의 가장 중요한 핵심이 되었다. 교회 예배에 사용하는 언어는 자국어가 아닌 라틴어였고 성경도 라틴어요, 강론도 라틴어로 하였다. 가톨릭의 7성례는 목회적인 측면에서 교회에서 사용되어 오다가 피터 롬바르드(Peter Lombardus, 1100-1164)가 제창하고 1215년 교황 인노센트 3세 재임 시 개최된 제4차 라테란 회의에서 채택되고 확정되었다. 이 성례에서 수(數)의 필요성은 그리스도인의 몸의 발달과 관련있다고 보았다. 그리스도인의 삶은 출생의 성례(세례), 성장의 성례(견신례), 양육의 성례(성만찬)를 필요로 한다. 그 다음 매일 매일의 죄들의 치료(참회)와 죄의 잔재들의 제거(종유)가 필수적이다. 인간의 사회적 본성에서 번식의 과정을 성화시키기 위한 수단으로써 결혼의 필요성(혼례)이 생겼으며 백성들을 인도하기 위해 성직을 받는 사람들에게 능력을 부

16) Richard van Dilmen, *Reformation als Revolution,* 11.

여하는 성직 수임성(임직)의 필요성이 생겼다. 성례란 보이지 않은 은혜의 보이는 형식이요, 혹은 성령의 그릇, 혹은 의를 부여하는 도구, 또는 은혜를 얻는 수단으로 여겼다. 중세 로마교회의 7성례를 살펴보면 다음과 같다.

1) 세례

세례는 열납할 수 있게 만드는 은총을 전달해 준다(*gratia gratum faciens*)고 하며 이 전달은 선의 실행과 범죄와 형벌의 용서를 위해 영혼에 능력을 준다. 세례를 통하여 은총이 죄인에게 주입되며 이 은총은 과거의 죄들을 없애주며 수령자의 죄의 충동들을 약화시킨다. 세례는 교회의 일원이 되게 하고 다른 성례전을 받을 권리를 주는 것이었다. 세례는 또한 원죄를 제거하고 구원얻는 데 절대로 필요한 것이다. 세례는 구원의 배라는 것이다. 세례 후의 자범죄는 고해성사에 의해 사죄된다. 제롬에 의하면 고해는 세례라는 배의 파선(범죄) 후 제2의 널빤지와 같은 것으로 고해성사에 의해서 죄 사함 받고 구원을 받는다고 하였다. 세례가 구원에 절대로 필요하다고 믿는 로마교회는 어린아이에게 반드시 세례를 행하였다. 만일 어린아이가 세례를 받지 않고 죽으면 결코 천국에 들어갈 수 없다고 보았다. 이성을 사용할 수 없는 갓난아이가 세례를 받지 못한 채 죽으면 림보(limbo)라는 어린아이들의 영혼이 머무는 곳으로 간다고 믿었다(*limbus infantum*). 그들은 거기서 행복하게 지내지만 결국 천국에는 가지 못한다는 것이다. 하나님은 세례 받지 않고 죽은 아이들을 위해서 자연의 행복한 장소를 준비하고 계신다는 것이다. 림보는 일종의 갓난아이들의 파라다이스(낙원)이다.

2) 성체 성찬(미사)

로마교회는 성체의 화체설(Transsubstantiationslehre)을 믿었다. 화체설은 사제가 성찬을 제정할 때 제정어(Einsetzungsworte)가 끝남과 동시에 떡과 포도주는 표면상의 변화 없이 예수 그리스도의 몸과 피로 변한다는 것이다. 사제는 성찬을 미사 희생제로 드렸다. 사제가 떡과 포도주를 그리스도의 몸과 피로 만들어서 하나님의 진노를 피하기 위해 하나님께 바치는 것을 의미한다. 미사는 구약의 희생제사와 비슷하고 하나님께서 무엇을 받는다는 중세 공적사상을 가지고 있다. 누구를 위해 미사를 행하느냐? 연옥에서 고생하는 사람들을 위해 그리고 이 세상에 있는 사람들을 위해 공양(供養)하는 것이다. 미사의식의 용어가 자국어가 아닌 라틴어이기 때문에 그 내용을 사제만 알고 일반 회중은 종소리를 듣고 높이 치켜든 성체성물(聖體聖物)을 봄으로 미사가 끝난 줄 알게 된다.

성찬 시 떡만 주고 잔을 주지 않은 교회법은 평신도가 그리스도의 피를 바닥에 흘려 모독될까 두려함에서 잔을 사양하고 떡만 취한 염려에서 유래되었다. 이런 염려는 7세기 희랍의 동방교회가 떡을 포도주에 찍어 평신도의 입에 넣어주기 시작한 때부터요, 교회 지도자들은 흔히 반대하였으나 평신도들이 원하였다. 12세기에는 영국을 비롯하여 평신도들이 포도주를 사용하지 않았고 토마스 아퀴나스 때에는 떡만 주는 것이 보편화되었다. 이런 이유로 서방교회는 12세기에 소아의 배찬을 폐지하고 13세기에 이르러 절대 금지하였으나 동방교회는 오늘날까지 그것을 존속시켰다. 보헤미아의 후스파는 이종 수찬(떡과 포도주)을 강력히 요구했다. 그러나 로마교회는 바젤 회의(1431-1433)에서 떡만으로 족하지만 보헤미아와 모라비안 신도들에게 떡과 포도주를 주는 것도 무방하다고 수정하였다. 그러나 종교개혁 전까지 떡만 주는 법이 보편적이었다.

3) 견신

이미 유아세례를 받은 자의 신앙을 견고하게 하기 위해 성령과 그 은혜를 얻게 하는 예전이다. 고대 교회에서는 유아세례를 받은 청소년이 아직 교회 앞에서 신앙고백을 하지 않았음으로 청소년기에 부모가 다시 한번 주교 앞에 데려가 교리문답의 형식에 따라 심사를 받게 하였다. 주교에 의해 견신례를 받은 사람은 교회의 정식 회원으로 받아들여졌다. 이 성례의 효과는 그것을 통하여 성령과 힘이 주어진다는 것이다. 견신례는 성유를 가지고 다음과 같은 형식으로 베푼다: "나는 성부와 성자와 성령의 이름으로 거룩한 십자가 성호(聖號)를 긋고 구원의 성유로 그대에게 안수하노라". 견신례를 받지 않으면 세례를 받았어도 불완전한 기독교인이요, 심지어는 구원을 받을 수 없다고 하였다.

4) 고해

고해성사는 세례나 성찬에 비길 바 못되었으나 중세교회의 중요한 성례였다. 토마스 아퀴나스에 의하면 참회는 네 단계에 의해 행해졌다. 곧 통회(*contritio*), 고백(*confessio*), 보상(*contributio*) 그리고 사면(*absolutio*)이다. 여기서 '통회'는 마음의 회개(*contritio cordis*)이고 '고백'은 입으로 죄를 시인하고 고백(*confessio oris*)하는 것이요, '보상'은 행위로 만족(*satisfactio operis*)시키는 것이다.[17)]

신자는 세례 받음으로 원죄를 사유 받았으나 세례 받은 후의 범죄는 반드시 참회해야 하였다. 파선한 사람이 부서진 배의 널조각에 매달려 있지 않으면 살 희망이 없는 것처럼 세례라는 무죄의 배에 탔다가 고해의 널조각을 붙들지 않으면 구원의 소망을 잃는다. 고해는 모든 죄를 사함받고 지옥의 형벌을 면하게 해준다. 그러므로 고해가 없으면 지옥으로 간다.

또 한편 고해는 죄와 보상이라는 사상에서 나왔다. 초대교회에서는 신도가 죄를 지으면 교회 공동체에 통회 자복하고 회중이 그 죄에 해

---

17) Walther von Loewenich, *Martin Luther* (München: List Verlag, 1982), 104.

당하는 벌을 부과하였고 참회자는 그 죄과를 모두 치른 후 회중의 사면으로 교회에 다시 들어올 수 있었다. 그러나 후대에 들어와서 사제가 회중을 대표하여 벌을 부과하기도 하고 용서를 베풀었다. 사제가 고해성사에서 신자에게 자범죄가 용서받을 죄인지, 죽을 죄인지를 결정한다. 일곱 가지 죽을 죄는 교만, 탐욕, 음란, 분노, 술 취함, 시기 그리고 영적 태만으로 여겼다.[18]

중세에서는 죄와 의를 어떤 상태라기보다 행동으로 보았기 때문에 하나님과 인간의 관계를 채권과 부채의 면에서 보았다. 어떤 죄를 고백할 것인가? 토마스 아퀴나스는 세례 후 대죄(大罪 = 우상숭배, 배교, 살인, 간음)에 빠진 자만 고백할 필요가 있다고 하였다. 1215년 인노센트 3세는 제4차 라테란 회의에서 모든 신자는 적어도 1년에 한 번씩 모든 죄를 사제 앞에 고백할 것을 선언하였다. 사제가 죄의 보상으로 성지순례, 교황이 주도하는 각종 십자군 종사, 구제행위, 헌금, 금식, 고행 등을 제안하고 그 대가로 죄를 사해 주었다. 고해는 어떤 효력이 있는가? 대죄(大罪)는 고해로 소죄(小罪)가 되고 소죄는 속량함으로 인해 사함을 얻는다고 보았다.

이 고해성사가 불신앙적이고 기계적으로 시행됨으로 신앙은 그 가치를 잃게 되었다.

5) 임직

성직 안수를 말한다. 성직에 임명됨으로 7성례를 행할 수 있다. 성직에 대한 권위를 높였다. 성직 안수는 오직 주교에게만 속한다. 임직의 형식은 다음과 같다: "성부의 이름으로 산 자와 죽은 자를 위하여 교회에서 드려지는 희생제사의 예물의 권위를 받을지어다." 그 효력은 수령자가 적합한 목자가 될 수 있도록 은총을 증가시키는 것이다.

18) Kurt Dietrich Schmidt, *Die Kirche in ihrer Geschichte* I (Göttingen: Vandenhoeck & Rupert, 1986), 10.

6) 종유

종유성사는 야고보서 5장 14-15절에 근거하고 있다. 12세기 이후 임종 준비로 이 의식이 행해졌다. 사제가 병으로 인해 임종에 가까운 사람에게 5개 처, 곧 양손과 양발 그리고 얼굴(눈, 코, 입, 귀)에 십자가를 그으면서 봉헌된 기름으로 바르고 기도하였다. 그 형식은 다음과 같다: "이 신성한 기름으로 주님께서 그대를 사해 주시기를 바라며 다른 지체들의 경우에도 마찬가지로 사해 주기를 바라노라."

7) 혼례

로마교회는 결혼을 신성시하고 이혼을 금지하였다. 로마교회는 제롬의 불가타 성경의 에베소서 5장 31-32절을 오역했기 때문에 오랫동안 결혼을 성사라고 주장하였다. "이러므로 사람이 부모를 떠나 그 아내와 합하여 그 둘이 한 육체가 될지니 그 비밀이 크도다"에서 그 '비밀의'(secret)를 '거룩한'(*sacra*, 신성한)으로 번역하였다. 그리하여 로마교회에서는 결혼이 7성례 중 하나로 들어왔고 오직 사제만이 혼례성사를 집례한다. 그것은 결혼이 성사(聖事)이기 때문에 교회가 관장해야 한다는 것이다. 반종교개혁 회의인 트리엔트공의회(1546년)는 사제가 집행하지 않은 결혼은 무효라고 선언하였다. 즉 일반적인 의식으로 치러진 결혼은 불법적인 것으로 선포되었다.[19] 그러나 마르틴 루터는 결혼을 성례로 보지 않고 개인적이며 세속적인 일로 여겼다.

2. 성자 숭배(聖者崇拜)

성자 숭배의 풍습은 고대 교회에서 순교자를 존중히 여기는 사상에

19) Loraine Boettner, *Roman Catholicism* (New Jersey: the Presbyterian and Reformed Publishing Company, 1983), 333-335.

서 일어났고 중세에 더욱 성행하였다. 성자라는 칭호를 주는 풍습은 800-940년 간에 일어났다. 십자군 전쟁은 성자를 숭배하는 풍속을 더하게 하였다. 토마스 아퀴나스는 숭배의 정도를 하나님께 대해서는 예배(*latria*)로, 성모 마리아에 대해서는 최고의 숭배(*hyperdulia*)로, 성자에 대해서는 숭배(*dulia*)하는 것으로 구분하였다. 악마와 위험으로부터 구해 주기를 바라는 마음에서 성자숭배가 더욱 성행하였다. 성자를 불러 구하는 형식은 "어느 어느 성자여! 우리를 위하여 기도하소서" 또는 "어느 성자의 적성(積成)한 공덕에 의하여 기도합니다"였다.

3. 성모 숭배(聖母崇拜)

성자의 최상위를 점하는 분은 신의 어머니(*Theotokos*)인 성모 마리아이시다. 로마교회에서는 431년 에베소 회의에서 마리아를 신의 어머니로 확정하여 섬겼다. 각 교회는 성모 마리아를 위해 측당(側堂, *capella chapel*)을 설치하여 마리아를 칭송하고 숭배하였다. 로마교회는 그리스도 외에 신에게 가까이 할 수 있는 중보자를 구하게 되었는데 동시에 신과 인간의 어머니가 되는 마리아를 그 적임자로 여겼다. 로마교회 교도들은 아들은 어머니에게서 듣고 아버지는 아들에게서 듣는다고 믿었다. 그들은 성모 마리아가 하나님과 사람 사이를 중재할 수 있는 능력이 어느 정도 있다고 믿었다.

4. 성물 숭배(聖物崇拜)

경건한 신자들은 성물이 수집되어 보관된 곳으로 순례 여행을 떠나 기도하였다. 성유물은 1098년에 안디옥에서 발견했다는 그리스도가 찔린 창과 1101년 가이사랴에서 발견했다는 그리스도가 최후의 만찬에서 사용한 잔(聖杯)과 그리스도가 입었던 성의(聖衣) 등등이다. 루터 당시 작센의 선제후인 프레드릭은 약 5천 종류의 성유물을 비텐베르크에 수집하여 순례자들을 자기의 도시로 끌어들이는 데 노력하였다. 그는 성유물을 모을 수 있는 데로 모았고 사기도 했으며 교환하기도 하였다. 그가 수집한 것 중에는 아기 예수의 포대기, 마구간에서 나왔다는 한 묶음의 짚단, 성모 마리아의 머리카락, 마리아의 모유 방울, 그리스도의 십자가 처형 때 사용했다는 못과 채찍 등이 있다. 사람들은 비텐베르크의 성교회(城敎會)에 전시되는 성유물들을 보기 위해 주일에서 월요일까지 비텐베르크를 방문하여 경의를 표하였다.

5. 선행의 공덕(功德)

로마 가톨릭교회는 회개의 정신을 표하기 위해 선행을 행한 사람은 그만큼 죄 사함을 얻는다고 믿게 되었다. 교황청이 선행에 따라 죄 사함을 베풀었다. 예를 들면 1095년 우르반 2세가 십자군 종사자들에게 모든 죄를 사면한다든지, 그레고리 6세가 로마교회를 수리하는 데 금전을 요구하고 면죄해 준 일이라든지, 그레고리 7세와 하인리히 4세의 서임권 투쟁 때 교황이 황제의 반대파 사람들을 사죄한 일이라든지, 레오 10세의 베드로 성당 건축을 위해 면죄부를 판 일들을 볼 수 있다.

6. 공로의 보화(寶華)

교황은 무슨 근거로 사죄할 수 있는가?라고 물으면 그것은 그리스도와 성자들이 축적해 놓은 공로의 보화에 힘 입어서라고 말한다. 공로의 보화(*Thesaurus meritorum*)라는 개념[20]은 알렉산더(Alexander von Hales, ?-1245)가 처음으로 13세기에 형성한 것으로서 토마스 아퀴나스가 그의 사상을 계승하여 더욱 확대시키고 발전시켰다. 즉 그리스도와 성자들의 희생과 공로는 모든 죄를 씻기에 충분한 은혜를 가지고

---

20) Kurt Dietrich Schmidt, *Die Kirche in ihrer Geschichte* I, 42.

있는데 그것을 로마 교황청이 보관하고 있다고 주장하였다. 그리하여 교황이 교회에 쌓인 공로들을 신자들에게 얼마든지 나누어 줄 수 있다는 것이다. 이런 사상이 면죄부 판매의 근거를 마련해 주었다.

7. 미신 숭배(迷信 崇拜)

그 당시 종교 상태는 미신 숭배와 마녀와 악마에 대한 두려움으로 가득 찼다. 보통 악마들은 물에서 또는 광산에서 살았다고 믿었다. 광산의 악마는 은이 없는데도 있는 것처럼 홀리기도 한다는 것이다. 사람들은 악마에 의해서 못생긴 아이나 기형아가 생긴다고 보았다. 악마에 의해 질병이 생기며 질병을 하나의 악마 공격으로 생각하였다. 그리하여 로마교회는 악마에 대한 방어 수단을 만들어냈다. 그것은 곧 성자 숭배의 기초를 만든 것이다. 광부들을 위해서 성모 마리아의 어머니인 성 안나(Anna)가 도와준다. 위험과 질병에 대해서는 소위 구난성인(救難聖人)이 도왔다. 준비적(準秘蹟), 즉 봉헌된 초, 묵주(로사리오), 기도, 성수, 성유 따위가 악마의 계교를 방어하는 수단이 되었다. 또한 성자의 유골이나 유품도 악마에 대한 방어의 수단이 되었다.

8. 연옥(煉獄) 사상

연옥은 의인이 누리는 영복(永福)의 천국과 악인이 받는 영벌(永罰)의 지옥 사이에 중간 처소가 있어 죄의 보상을 모두 치루기까지 죽은 영혼이 괴로움을 받아서 깨끗함을 받는 곳이다. 이 중간 처소에 있는 영혼들은 스스로 구원할 힘이 없고 세상에 있는 독실한 신자들의 기도와 미사로 말미암아 천국으로 옮겨갈 수 있다고 믿었다. 연옥에 머무는 영혼은 천국에 이르지 못하고 하나님의 자비로운 처분만 기다릴 뿐이다. 영혼이 얼마 동안 연옥에서 정화되어야 하는지는 모른다. 오직 알 수 있는 것은 성자와 복자 위에 오른 사람들은 연옥의 형벌이 제거된다는 것뿐이다.

연옥의 교리가 공식화 된 것은 교황 대그레고리(Gregory der Große, 590-604)에 의해서다. 중세의 구원론은 신화적인 색채를 띠기 시작했으며 천국과 지옥 그리고 연옥으로 이루어진 사후 세계는 온갖 상상력을 동원하여 생생하게 묘사되었다. 1439년 플로렌스 회의에서 연옥의 교리는 믿음의 중요한 항목으로 선포되었고, 1545년 트리엔트 회의에서 최종 확정되었다. 중세의 로마교회에서는 연옥과 지옥과 심판에 대한 공포심을 조장하였다. 로마교회는 사람이 죽은 후에 지옥, 천당 혹은 연옥으로 간다고 믿었는데 기독교 신앙을 거절한 자들과 세례를 받지 않은 어른, 세례를 받은 후에 중대한 죄를 지은 사람들과 기독교 신앙을 배교한 자들은 곧 바로 지옥으로 가며, 성자들과 복자 위에 오른 사람 등, 도덕적으로 완벽한 사람은 연옥의 형벌이 제거되고 곧 바로 천국으로 간다. 그 나머지 사람들, 곧 교회에 순종하기는 하지만 세례를 받은 후 자질구레한 죄를 지은 사람들은 연옥이라는 중간 단계로 가게 되는데 모든 죄들이 깨끗해질 때까지 그곳에서 고통을 치러야 한다.[21] 연옥에서 겪는 고통은 사람의 죄에 따라 매우 다양하다고 믿었다. 그러니까 단 몇 시간 동안 비교적 가벼운 고통을 받으며 있다가 천국으로 가기도 하고, 죄에 따라서 몇 천 년 동안 지옥과 별 차이 없는 고통을 당할 수도 있다. 단지 지옥과의 차이는 언젠가는 연옥에서 벗어나 천국으로 가게 되어 있다는 것이다. 루터 당시 면죄부는 특별히 연옥의 형벌을 제거해 주는 용도로 판매되었다.

중세 교부들은 연옥의 불은 지속성을 제외하고 지옥의 불과 다를 바 없다고 보았고, 토마스 아퀴나스도 지옥의 불은 연옥의 불과 같다고 하였으며 "연옥에서 가장 적은 고통도 금생의 최대 고통을 능가한다"고 말했다.[22] 가톨릭 신학자 벨라마인은 연옥에 대해 이렇게 밝히고 있다: 연옥의 불은 지옥의 불과 다르지 않다. 다만 그 불 속에 있어야 하는

21) Ibid., 10.

22) Loraine Boettner, *Roman Catholicism,* 220.

기간이 다를 뿐이다. 지옥에서는 영원히 머물러야 한다는 것만이 연옥과 비교해 더 끔직한 것이다.[23] 교회는 미사 희생제나 기도, 금식, 구제 등으로 연옥에 있는 영혼들을 도울 수 있다"고 가르쳤다. 자주 연옥 교리를 '성직자의 금광'이라고 한다. 그 이유는 이것이 대단히 수지맞는 수입원이기 때문이다.[24]

로마교회는 연옥의 본질이나 거기에서 겪어야 하는 고통에 대한 공식적인 입장을 발표하지 않았다. 그러나 비공식적인 문건이나, 사제의 가르침을 통해서 연옥의 모습은 끔직한 모습으로 공공연하게 묘사되었다. 이것은 가톨릭 교도들로 하여금 공포에서 떨게 하는 충분한 무기가 되었다. 로마교회는 흔히 공포의 종교라고도 불린다. 그 공포의 중심에는 연옥이 있다.

9. 교황 무오설(無誤謬說)

로마교회는 교황은 교회의 머리로 신성하고 직무 수행 시 하등의 실수나 잘못이 없다고 믿는다. 교황은 베드로의 후계자로 천국 열쇠권을 가지고 있다. 그러므로 누구든지 교황에게 복종해야만 구원받는다는 것이다.

---

23) Ibid.

24) Ibid., 222.

제2장 종교개혁 이전의 개혁자들

사람들은 종교개혁하면 루터나 칼빈 그리고 츠빙글리를 연상하게 된다. 그러나 루터와 칼빈과 츠빙글리 등이 행한 종교개혁 이전에 개혁을 주도한 선각자들이 있었다. 그들은 시기상조로 로마 가톨릭교회의 위력에 눌려 뜻을 이루지 못하고 이단으로 몰리거나 순교 당하였다. 그러나 이들의 희생이 있었기 때문에 종교개혁의 기운이 싹터 성공할 수 있었다. 그들을 세 종류로 분류한다면 다음과 같다.

1) 신비적 개혁자이다. 마이스터 에크하르트, 하인리히 수소, 요한 타울러 등은 하나님과 일치를 도모하는 신비적 신앙으로 교회갱신 운동을 전개하였다.

2) 실제적 개혁자이다. 발도(Waldes, ?-1218)와 사보나롤라(Girolamo Savonarola, 1452-1498)는 도덕과 윤리적 실행의 혁신을 시도하였다.

3) 교리적 개혁자이다. 존 위클리프(John Wycliff, 1329-1348)와 얀

후스(Jan Huss, 1370?-1415) 등으로 교리와 신학 면에서 로마교회에 대항하여 불복하였다.

먼저 독일 신비주의와 신비적 개혁자들부터 살펴보기로 한다.

I. 독일 신비주의와 신비적 개혁자

16세기 종교개혁자의 사상적 전통은 세 가지이다. 즉 르네상스의 인문주의(*Humanismus*)와 중세 후기 스콜라철학의 유명론(*Nominalismus*)과 신비주의(*Mystizismus*)이다. 급진적 종교개혁자에게는 지상 천년왕국적 혁명사상이 첨가되었다. 13세기 들어와서 탁발수도원의 발생과 때를 같이하여 신비주의 물결이 일게 되었는데 이 흐름은 종교개혁 시대까지 면면히 그 영향을 끼쳐왔다. 새로운 신비적 개혁운동을 통한 종교적 비판이 낡은 가톨릭 교회를 붕괴시키는 원인의 하나가 되었고 종교개혁 선구자 역할을 하였다.

종교개혁 이전에 이성과 논리에 의한 중세의 스콜라 철학적 신 인식 방법은 좋은 반응을 얻지 못했고 신앙에 큰 도움을 주지 못하였다. 그리하여 일부 성직자와 수도사들 사이에서 새로운 신앙의 열정이 일어나게 되었는데 그것은 하나님을 내적으로 직접 경험하려는 것이었다. 그들은 지금까지 하나님을 내세적-초월적 하나님으로 여겼던 스콜라주의적 신관에서 벗어나 각 개인의 영혼의 심연(深淵)에서 현존하고 경험되는 직접적이고 현재적이며 내재적인 하나님을 인식하려고 하였다. 그리하여 명상, 감동, 환상, 황홀, 신비적 직관 등을 통해 하나님께로 가는 길을 추구하였다.

교황청의 아비뇽(Avignon) 포로와 그 후 교황청 분열로 교회에 근거를 둔 제도적 신앙이 흔들리게 되었고 순수 경건적 신비주의가 독일 라인강 유역을 따라 물결치기 시작하였다. 경건적 신비주의 운동이 바젤(Basel)에서부터 쾰른(Köln), 그리고 북해(Nordsee)까지 전파되었다.

이 종교운동은 내적 종교적 생활과 명상을 통한 하나님과의 영적 교통을 중요하게 생각했다. 최근에는 이 신비주의의 많은 수가 도미니크 수도원에 속했기 때문에 이 운동을 도미니칸 신비주의라고도 부른다. 개신교 종교개혁처럼 이 신비운동은 독일 땅에 그 기원을 두었지만 종교개혁과는 달리 독일과 그 주변 네덜란드를 벗어나지 못하였다. 이 운동의 중심지는 스트라스부르크와 쾰른이고 이 운동을 대표하는 사람들은 독일에서 마이스터 에크하르트(Meister Eckhart, 1260-1327), 하인리히 수소(Heinrich Seuse, 1295-1366), 요한 타울러(Johannes Tauler, 1300-1361)였고 네덜란드에서는 요한 루이스부룩크(Jan van Ruysbroek, 1293-1381), 게르하르트 구루테(Gerhard Groote, 1340-1384) 그리고 토마스 아 켐피스(Thomas a Kempis, 1380-1471) 등이 활약하였다.

이 경건한 신비주의자들의 초기 호칭은 '하나님의 친구들'(Gottesfreunde, *amici Dei*)이었다. 이 용어의 사용은 구약에서 하나님이 아브라함을 친구로 여긴 것과 신약에서 예수께서 제자들을 친구로 여긴 것(요한 15:15)과 교부시대에 순교자들을 하나님의 친구로 여긴 것에서 유래한다. 이들은 미사에 의해 추구된 중세의 무미건조한 신앙에 반대하여 개인의 살아 있는 내적 종교 경험을 그리스도인의 이상으로 여기는 사람들이었다. 이들 경건적 신비주의자들은 '하나님의 현존의 연습' 또는 '하나님의 현존의 경험'을 통해 내적 갱신에 그 목표를 둔 영적 생활의 부흥운동가들이었다. 회원은 교직자뿐 아니라 수녀와 평신도들도 입회하였다. 구루테에 의해 창설된 '공동생활 형제단'도 같은 종류였는데 하나님의 친구들의 운동과 다른 점은 실제적인 크리스천 자선과 박애의 단체로 발전한 것이다.

이들 '하나님의 친구들'의 주장과 가르침은 다음과 같다: 1) 자기부인(自己否認)의 길을 통해 인간의 욕구와 의지를 죽일 때 천국과 구원이 그 삶에 임한다. 2) 성령의 사역(使役)을 통하여 인간 안에 현재 역사하시는 하나님의 계시 곧 계시의 현재성과 역동성을 강조한다. 3) 신비는 하나님과 인간의 최종적 연합과 그로 인한 인간의 신격화(Vergottung des Menschen)를 목표한다. 인간은 하나님과의 연합을 통해 신적이고 영원불멸하는 존재가 된다. 4) 중세의 주입식 공포 신앙(恐怖信仰)을 배격하고 선행에 의한 공로신앙이나 보상을 통한 면죄신앙을 배격한다. 5) 만인 사제직을 강조하여 성직자와 평신도 사이를 차별하지 않는다. 다만 그리스도인의 징계와 훈련을 위해서 교회의 조직은 필수적이다. 6) 하나님 앞에서는 남녀의 성적 차별이 없다.

독일 신비주의에서는 특히 하나님과 개인의 영혼 일치를 중요시하였다. 이 일치는 모든 잘못되고 어두워진 양심과 방탕한 삶에서 해방되어 존재의 근원자인 하나님에게로 복귀를 의미한다. 독일 신비주의자들은 하나님과의 결합을 통해서 직접 하나님을 인식하는 길을 택하였다. 그들은 하나님과의 일치 방법으로 예수 그리스도를 따르는 십자가의 길을 제시하였고 깊은 참회와 십자가 경건(Kreuzfrömmigkeit)을 통해 내적 생활의 갱신과 더불어 신앙공동체의 정화(淨化)를 추구하였다. 그러나 이들은 당대의 교회 타락상에 대해 노골적으로 공격하지 않았고 오히려 그리스도를 본받아 경건의 생활을 모범으로 보였고 가톨릭교회를 떠나지 않았다.

1. 마이스터 에크하르트(Meister Eckhart)

에크하르트(1260-1327)는 1260년 독일 고타(Gotha)에 가까운 호크하임(Hochheim)의 튀링기아 기사 집안에서 출생하였다. 에크하르트는 젊은 시절 에르푸르트(Erfurt)에 있는 도미니크 수도원에서 공부를 마치고 1293년 파리(Paris)로 유학하였고, 1302년 페터 롬바르드의 《언설집》(言說集, *Sentenzen*)을 주석하여 석사학위를 취득하였다. 다음 해에 귀국하여 작센주의 도미니크 수도원 원장이 되었고 1307년에는 보헤미아 지역 수도원의 총책임자가 되었다. 1311년 파리에 교수로 파견되었다가 귀국하여 1314년-1422년에 걸쳐 신비주의 선구자로서 스트라스부르크(Straßburg)에서 설교자로 활동하고 쾰른에서 가르쳤다. 에크하르트는 백성들에게 신앙에 위험한 교리를 전파했다는 이유로 1326년 비넨부르크(Vinenburg)의 대감독인 하인리히에 의해 피소(被訴)되어 이단 심문을 당했다. 그는 무죄함을 교황에게 직소(直訴)하여 1327년 교황 앞에서 자기의 사상을 취소하고 병사하였다. 그가 죽은 지 2년 후인 1329년 3월 27일 아비뇽 교황청의 교황인 요한 22세는 '주님의 밭에'(*In argo dominico*)라는 교서와 함께 에크하르트의 독일어와 라틴어 저서에서 28개 문장을 이단으로 정죄하였다. 즉 에크하르트는 "자신이 마땅히 알아야 하는 것 이상을 알고자 하여 교회라는 밭에 엉겅퀴와 가시를 심은 사람 중 하나로서" 참된 신앙을 어둡게 하는 자이므로 뽑아내야 한다는 것이다.

에크하르트의 저서로는《분별에 대한 교훈》(*Die Reden der Unterscheidung*),《神의 慰勞의 書》(*Das Buch der göttlichen Tröstung*),《고귀한 사람》(*Vom dem edelen Menschen*) 그리고《설교집》(*Deutsche Predigten*) 등이 있다.

에크하르트의 신비주의는 사색적-철학적이다. 그의 철학적-신학적 사상의 배경은 아리스토텔레스의 철학과 토마스 아퀴나스의 신학이었다. 신 인식론에서 에크하르트는 아리스토텔레스와 토마스 아퀴나스의 전통을 따른다. 아리스토텔레스와 아퀴나스에 의하면 신은 만물의 원동자요, 원인자이다. 만물의 존재는 신으로부터 나온 것으로 만물을 통해 신을 인식할 수 있다는 것이다.[1] "만일 모든 존재가 신으로부터가 아니

---

1) 토마스 아퀴나스는 신의 존재를 논증하기 위하여 처음에는 감각의 대상을 분석하고 다음에 이 대상이 존재하기 위해서는 일련의 유한한 원인이 필요하며 궁극적으로는 "제1의 원인" 혹은 "神"이 필요하다는 사실에 근거하고 있다. 모든 발생하게 되는 것은 필연의 원인을 가지고 있다. 이것이 아퀴나스의 신 존재 증명의 골격이다. 그의 다섯 가지 신 존재 증명은 다음과 같다: 1. 제일 원동자- "모든 운동하는 것은 한 다른 것에 의해 움직인다"(*Omne quod movetur, ab alio movetur*- 아리스토텔레스의 이론). 그러나 여타의 것에 움직이지 않고 사물을 움직일 수 있는 존재가 있는데 그것이 신이다. 2. 제일 원인자- 어떤 결과에는 반드시 다른 것을 작용하는 원인이 있는데 스스

라면 신은 존재하지 않거나 그는 신이 아니다. 만일 존재가 신으로서의 다른 어떤 것이라면 사물은 신 없이도 존재할 수 있고 그렇다면 신은 첫 번째 원인이 아니며 모든 사물의 존재를 위한 원인도 아니다. 그러므로 신은 존재이고(*Deus est esse*), 존재는 신이다(*Esse est Deus*). 즉 신과 존재는 동일하다. 존재로서 신은 만물의 안에, 만물의 가장 깊은 곳에 계신다"(*intimus omnium et in intimis omnium*).[2] 이처럼 에크하르트의 신 인식론은 모든 존재에서 신을 인식하려는 범신론(*Pantheismus*)의 경향이 있다.

에크하르트의 신비주의는 신비적 직관(*mystische Intution*)과 '영혼 안에서의 하나님의 탄생'(Gottesgeburt in der Seele)을 통한 신비적 일치를 가져오는 내적 경험을 추구한다. 인간의 개체 속에는 육과 영이라는 두 가지 본성이 있다. 곧 외적인 육의 사람과 내적인 영의 사람이 있는데 육의 사람은 피조물에 향해 있고 영의 사람은 외계를 돌파하고 자신을 하나님과 일치를 도모한다. 인간의 영혼 안에는 하나님의 혼의 불꽃(*scintila animae*)이 있어 철학적-사색적 사고를 통해 하나님을 인식할 수 있다는 것이다. 이 인식은 인간 영혼의 정화와 하나님의 은총을 통해서이다. 에크하르트에 의하면 인간의 영혼은 하나님의 형상이며 하나님과 같은 것이다.[3] 인간 영혼 안에는 하나님의 거주지가 있어서 거기에 하나님이 탄생한다. 인간 영혼 안에서 신의 탄생이란 영원한

로 다른 것에 작용 받지 않으면서 다른 것을 작용하는 제일 원인이 존재한다. 그것이 곧 신이다. 3. 절대 필연자- 존재에는 가능적인 존재(만물)와 다른 사물 안에 필연성을 야기하는 필연적인 존재(神)가 있다. 4. 최고의 선- 어떤 존재든 선하고, 참되고, 아름다운 점에서 차이가 있다. 가장 선하고 가장 참되고 가장 고귀한 존재가 있게 된다. 그것이 곧 신이다. 신은 최고의 완전자이다. 5. 우주의 주관자- 자연 만물은 하나의 목표를 향해 움직이고 있다. 그것은 우연이 아니라 목적된 대로 성취된다는 것이다. 모든 자연 사물에게 그들의 목적을 지시하는 하나의 영적 지성으로 인식되는 존재가 있다. 이것을 신이라 부른다.

2) Meister Eckhart, *Prolog zum Opus Tripatitum*.

3) Meister Eckhart, *Predigt Nr.*, 16 b.

하나님의 말씀 또는 하나님의 아들의 탄생으로 그 결과는 인간이 피조세계로부터 '초탈', 무심(無心) 또는 '버리고 떠나 있음'(離脫, Abgeschiedenheit)을 이루고 자기 '자신을 버림'(Gelassenheit)으로 철저하게 하나님께 대한 위임(委任)한다.[4] '무심' 또는 '이탈'이란 무엇인가? 에크하르트는《분별에 대한 교훈》에서 이렇게 말한다.

> 그 어떤 덧없는 애착이나 슬픔이나 명예나 비방이나 악에도 움직이지 않는 마음이야말로 진정으로 무심에 이른 것입니다. 이는 미풍에 전혀 흔들림 없는 장대한 산과도 같습니다. 아무것에도 영향 받지 않는 무심은 인간으로 하여금 하나님을 닮게 합니다.[5]

이같이 에크하르트는 피조물과 관계된 그 어떤 것에도 영향 받지 않는 마음을 무심이라고 말하면서, 이것을 '텅 빈 없음'(empty nothingness)의 상태라고도 말하는데, 이러한 무심이야말로 인간이 하나님과의 일치에 이를 수 있게 하는 것이라고 말하는 것이다.[6]

에크하르트의 신비주의는 신과의 합일을 추구하는데 그 기본 전제는 하나님의 인간되심(Meschenwerden), 곧 신의 인간화로 인해 '인간의 신격화' 또는 인간의 하나님과의 신비적 일치(*unio mystica*)가 가능하다는 것이다.

> 성만찬에서 빵이 그리스도의 몸으로 변하듯이 똑같은 방법으로 우리도 완전히 하나님으로 변형되고 변화된다.[7]

---

4) Meister Eckhart, *Predigt* Nr., 2-5.

5) Meister Eckhart, *Die Reden der Unterscheidung,* 54.

6) 레이몬드 B. 블레크니 엮음/이민재 옮김,《마이스터 에크하르트》(서울: 다산글방, 1994), 259.

7) Gehard Wehr, *Deutsche Mystik,* 31.

에크하르트는 버나드(Bernhard von Clairvaux, 1091-1153)와 보나벤투라(Bonabentura, 1221-1274)가 제시하는 하나님과의 합일의 세 길(*De Triplici via*)과 똑같은 주장을 펴고 있다. 첫째 단계는 정화의 길(*Via purgativa*)이다. 여기서는 참회가 핵심이고 자기 자신을 깨끗하게 하고 마음을 비우는 것이다. 죄에 대한 깊은 회개와 고백을 통해 완전한 참회를 이루고 자기 자신의 존재를 무(無)나 공(空)으로 여긴다. 그로 인해 내적 평안을 누리고 자신을 하나님께 위임한다. 둘째 단계는 조명(照明)의 길(*Via illuminativa*)이다. 곧 성령의 가르침과 깨우침의 단계이다. 여기서는 죄를 극복하고 덕과 선을 실천하고 모든 유혹과 시련과 불행을 감수하고 극복한다. 셋째 단계는 합일의 길(*Via unita mystica*)이다. 여기서는 마음의 정화와 순결에서 그리고 신적 사랑 안에서 창조자 하나님을 바라봄으로 하나님과 영혼이 일치하게 된다.[8]

2. 하인리히 수소(Heinrich Seuse)

수소(1295-1366)는 1295년 콘츠탄츠(Konstanz)에서 귀족 집안에서 태어났다. 13세에 출생지인 콘스탄츠의 도미니크 수도원에 들어가 수도생활을 하였고 18세에 신비적 생활을 하였다. 그는 타울러처럼 1324년부터 1328년까지 쾰른에서 에크하르트의 제자로 수업을 받았다. 쾰른에서는《진리의 소책자》를 썼다. 여기서 수소는 에크하르트가 자유로운 영의 소유자라는 데 대한 오해를 풀기 위해 노력하였다. 1327년에 콘스탄츠의 도미니크 수도원에서 수도사들을 가르치는 강사가 되었지만 1329년과 1334년 사이에 해임되었는데 아마도 라틴어 작품인《지혜의 시계》(*Horologium sapientia*)의 번역서인《영원한 지혜에 대한 소책자》의 출판 때문인 것 같다. 수소는 1338년까지 콘스탄츠에서 수녀원 중심의 활기찬 목회를 하면서 순회 설교자로 편지와 설교를 통해 신비적 지혜를 스위스와 라인강 상류까지 전파하였다. 많은 '하나님의

8) Martin Luther, *Deutsche Theologia,* Kap. 14.

친구들'과 교제를 나누었고 특히 퇴쓰(Töß) 수도원의 수녀인 스타겔(Elsbeth Stagel)과 교우를 나누었다. 바이에른의 루드빅(Ludwig von Bayern)과 아비뇽 교황청의 교황 요한 22세의 싸움으로 도미니크 수도사들은 콘스탄츠에서 추방되었다. 수소도 그의 동료들처럼 1339년에서 1346년 사이에 콘스탄츠에서 멀지 않은 디센호페(Diessenhofe)와 쇼텐(Schotten)에 있는 수도원에 은신하였고 1343년에 수도원 원장으로 선출되었다. 그 후 1346년 그는 콘스탄츠로 귀환하였다. 그러나 그에 대한 한 여인의 중상모략으로 1348년 울름(Ulm)으로 이사하였고 거기서 《귀감》(龜鑑, *Exemplar*)을 편집하였다. 이 책에는 그의 주저인 《생명》과 《영원한 지혜의 소책자》와 《진리의 소책자》 그리고 《소 서간집》이 들어 있다. 수소는 1366년 1월 25일 울름에서 죽었고 거기에 있는 '설교자 교회'에 안장되었다.

수소의 신비주의는 먼저 그의 스승인 에크하르트의 철학적-사색적 신비주의와는 달리 종교적-감정적 신비주의이다. 수소는 성 버나드와 보나벤투라의 《그리스도 중심의 신비주의》에 영향을 받은 서정 시인으로 그의 신비는 강한 서정적 시(詩)로 나타내는 감상적 신비이다.[9] 그는 명상만이 아닌 가혹한 참회 훈련 곧 금식, 육체 학대, 채찍질에 의한 편타 고행(鞭打 苦行) 등을 실시함으로 신비의 경지에 도달하기를 바랐다. 그는 놋으로 된 150개 정도의 못을 끼어 넣어 만든 참회의 옷을 밤낮으로 입고 고통스러워 이를 악물고 마치 사람이 뾰족한 바늘로 벌레를 찌르는 것과 같은 고통 속에서 신음하였다. 그런 방법으로 자신을 그리스도가 십자가에 못 박혀 고난당한 것과 동일시하였다. 이처럼 수소의 시적(詩的)이며 감상적인 신비주의는 그의 종교적 고행에서 나온 것이다.

수소는 8년 간 밤낮으로 십자가에 달리신 그리스도를 찬미하기도 하였다. 그는 그리스도에 대한 우아하고 진실한 사랑을 갈망하는 상상의

9) Josef Quint, *Textbuch zur Mystik des deutschen Mittelalters* (Tübingen: Max Niemeyer Verlag, 1957), 135.

세계에서 살았다. 그리스도를 생각하고 깊이 숙고할 때 비애(悲哀)와 애상(哀想)과 슬픔을 느끼고 그리스도에 대한 연민의 정과 사랑을 갈망하였다. 그리스도가 겪은 기쁨과 슬픔을 동감(同感)하며 그리스도와 같이 그 자신도 종교적-금욕적 싸움에서 오는 고난을 감수하였다. 그리하여 황홀의 경지에서 나오는 희열(喜悅)을 느끼며 내적 평안을 느꼈다. 그런 다음 하나님께 대한 또는 고난 당하시는 그리스도께 헌신하는 것이다. 수소에게서는 개인의 영혼과 그리스도와 영적 결혼을 추구하는 '그리스도 신랑-신부 신비'가 들어 있다. 이것은 구약 아가서에 나오는 성애적(性愛的) '사랑 신비주의'(Liebes-Mystik)와 일맥상통하는 것이다.

3. 요한 타울러(Johannes Tauler)

타울러(1300-1361)는 1300년 스트라스부르크에서 출생하였고 그곳 도미니크 수도원에 입문하였다. 하인리히 수소와 니콜라우스(Nikolaus von Straßburg)와 함께 쾰른에서 에크하르트 밑에서 공부하였다. 바이에른의 루트비히가 1338년 교황 요한 22세의 파문령(*Interdict*, 황제를 지지하는 지역에 성찬을 금하는 명령)에 도전했을 때 타울러는 그 당시 정치적-종교적 압박 속에 방황하고 있던 스트라스부르크와 콘스탄츠의 도미니크 수도사들과 함께 양심의 갈등을 해소하기 위해 바젤로 옮겨갔다. 그는 바젤에서 4-5년(1338-1343)을 지냈는데 이 기간 동안 '하나님의 친구들'의 모임에 들어가 영적 지도자로 활동하였다. 타울러는 스승인 에크하르트를 가장 위대한 선생으로 평가하고 찬양하였다. 그의 신비주의는 에크하르트의 정신 중의 정신이었다. 특히 에크하르트의 '영혼 안에서의 하나님의 탄생'이라는 용어와 그 밖의 신비적 용어를 이어 받았다.

타울러의 신비주의는 철학적-사색적 신비주의를 추구하는 그의 스승 에크하르트와는 달리 그리고 동료인 수소의 고행적-감상적 신비주의와도 다른 기독교 윤리적 요구에 부응하는 행동을 하고 실천하는 삶(*Vita activa et publica*)의 신비의 길을 전개하였다. 하나님의 소명의 길은 외적으로나 내적으로 예수 그리스도의 십자가 모범을 뒤따르는 것이다. 타울러는 깊은 명상으로 터득한 그리스도 고난의 신비를 삶의 현장에서 실천하였다. 그는 하나님과의 일치의 길로서 그리스도의 뒤따름(Kreuzesnachfolge)을 그의 신비의 길로 삼았다. 타울러는 명상의 생활과 행동하는 삶을 조화시킨 것이다. 1346년 페스트가 유럽에 번졌을 때 병자 구호에 전력하였고 시체 처리에 헌신적으로 참여하였다. 타울러는 "탁월한 신학자"요 "영적 지도자"이며 "훌륭한 설교자"인 동시에 "사랑의 실천가"였다.

타울러의 설교에 나타난 신비주의 사상은 다음과 같다: 1) 하나님은 끊임없이 우리 영혼 안에 태어나신다. 2) 자신의 의지와 이기심과 세속적인 욕망을 버리고 완전히 하나님께 위탁할 때 하나님을 만날 수 있다. 3) 하나님과의 신비적 일치는 자아를 없애는 것(무, *perditio*)과 자아를 비우는 것(공, *vanitas*) 곧 자기를 부인하는 것에서 출발한다.[10] 4) 외부 세계와 감각적인 것으로부터 이탈하여 생활하고 행동과 사고와 태도가 모두 내면화되어야 한다. 5) 명상은 하나님의 거룩한 탄생을 위한 비옥한 땅이다. 명상할 때 인간의 내면에서 하나님의 말씀이 들려온다. 6) 우리 스스로 내면의 가장 깊은 곳으로 몰입하여 거기서 하나님을 찾아야 한다. 하나님의 나라는 영혼의 깊은 곳에 있다. 하나님과 인간의 영혼은 동격이며 인간의 영혼은 하나님의 거주지이다.[11] 7) 본성의 빛과 신성의 빛은 차이가 있다. 본성의 빛은 온갖 감각적이며 신적인 빛은 영혼으로 하여금 내면의 깊은 곳으로 향하게 하고 원래의 근원으로 향하게 한다. 8) 하나님과 영혼은 하나가 된다. 영혼은 하나님과 합일 안에서 황홀한 기쁨에 잠겨 자신을 하나님으로 여긴다. 9) 그리스도

---

10) Ferdinand Vetter(Hrsg.), *Die Predigten Taulers,* Nr., 42. (Deutsche Texte Mittelalters, Bd. XI, 1910), 176-181.

11) Ferdinand Vetter, *Die Predigten Taulers,* Nr., 37, 142-147.

와의 일치의 신비는 그리스도의 십자가의 고난을 본받아 인내하며 겸손히 그리스도의 삶을 뒤따르는 겸비의 신학(Demutstheologie)이다.[12)]

II. 실제적 개혁자

1. 발도(Petrus Waldes)와 추종자들(Waldenser)

'리용의 빈자'(貧者)라고 불리는 발도파는 프랑스 리용지방의 부자 상인인 발도로부터 시작되었다. 발도파의 자료들에 의하면 발도는 과감한 결단력을 가진 사람으로 1218년 이전에 죽었다는 사실 이외에는 구체적인 정보가 없다. 성 알렉시오(St. Alexio)가 결혼하는 저녁에 신부(新婦)와 부모를 작별하고 수도사가 되었다는 이야기를 읽고, 또 마태복음 19장에 나오는 부자 청년에 대한 예수님의 말씀을 읽고 나서 발도는 재산을 팔아 가난한 자들에게 나눠주고 남녀 동지와 함께 복음을 전할 목적으로 1170년 하나의 회(會)를 조직하였다. 발도는 신앙심이 깊어 돈을 들여 성자와 교부들의 문서를 통속어(通俗語)로 번역하게 하였다. 또한 성경을 번역하게 하여 배우고 가르쳤다. 발도파는 성경의 가르침 대로 지팡이나 주머니를 갖지 않고 복음을 전하려 나섰고 시골에서, 도시에서, 그리고 거리와 광장에서 설교하고 토론하였다. 발도파의 설교는 단순하여 그 당시 대부분의 교육받지 못한 사람들에게 이해하기 아주 쉬웠다. 발도파는 사회에서 고난 받는 자, 압박 당하는 자, 병든 자들을 동정하였고 모든 사람을 형제로 여겼다.

발도는 처음에는 로마 가톨릭교회에 남으려고 하였다. 그러나 기존 성직 계급들과 충돌하게 되었다. 발도파 사람들의 독단적인 설교는 곧 리용의 대주교와 사제들의 의혹과 적대감을 불러 일으켰으며 대주교는 그들에게 설교 중지를 명령하였다. 그러나 발도는 이를 거부하였다. 지

12) Ferdinand Vetter, *Die Predigten Taulers,* Nr., 45, 194f.

역에서 반대를 받자 발도와 그의 추종자들은 1170년 제3차 라테란 회의에 참석중인 교황 알렉산더 3세(Alexander III, 1159-1181)에게 자신들도 설교할 수 있도록 허락을 요청하였다. 그러나 리용의 대주교 반대로 무산되었다. 교황은 발도파에게 사제들의 특별한 요청을 받기 전에는 설교를 해서는 안 된다고 금지하였다. 발도파는 자신들에게 설교할 수 있는 권리를 제한한 것에 대해 하나님의 음성을 거역하는 인간의 음성이라 생각하고(사도 5:29), 공적으로 사제들의 요청 없이 계속적 거리에 나가 설교하였다. 이처럼 리용의 대주교와 교황의 명령에 불복종함으로 발도파는 리용 교구에서 추방당했고 1184년 교황 루키우스 3세(Lucius III, 1181-1185)는 교서 '아드 아볼렌담'(*Ad abolendam*)에 의해 그들을 이단으로 정죄하였다. 이 일로 발도파는 로마 가톨릭교회에서 떨어져 나가게 되었고 세력이 급속히 확장되어 얼마 안 되어 가톨릭교회의 큰 문제로 등장하게 되었다.

발도파는 남 프랑스와 알프스를 넘어 남부 독일과 이탈리아 그리고 스페인까지 퍼져 나갔다. 그 명칭도 알프스 산 북쪽에서는 리용의 빈자라고 불렀다. 발도파 운동은 교회의 세속화에 대한 저항운동이었다. 발도는 1217년 보헤미아에서 죽었고 그 무리에 대한 로마교회의 금지는 1215년 제4차 라테란 회의에서 인노센트 3세에 의해 반복되었으며 이 회의에서 발도파와 카타리파를 탄압하기 위해 도미니크 수도단에게 이단 심문(종교재판)을 주관하도록 결정했다. 또한 발도파는 로마교회가 1229년 툴루즈(Toulouse) 회의에서 이단을 탄압하기 위해 평신도가 성경 읽는 것을 금하는 법을 만들자 큰 타격을 받게 되었다. 발도파는 오직 한 마음으로 성경에서 가르친 대로 지키고 사도들의 삶을 모방하려고 하였다.

발도파의 주장을 보면 그들은 로마교회에서 행하는 전통을 버리고 오직 성경을 신앙과 실행의 유일한 표준으로 삼았다. 성경에서 정당한 근거를 찾을 수 없는 것은 무엇이든지 교회에서 정당화되지 못한다는 것이었다. 한 걸음 더 나아가 성경의 모든 규정들은 문자 그대로 따라야 한다는 것이다. 그들은 연옥의 교리와 죽은 자를 위한 미사와 기도를 거부하고 평신도라도 선한 사람이면 성례전을 집행하는 것을 허용하였다. 발도파는 교리나 사상보다는 윤리적 실행을 중요시하여 산상수훈을 엄격히 준행하도록 힘썼다. 특히 마태복음 5장의 팔복을 강조하고 그것을 신앙의 핵심으로 삼았다. 처음부터 이들은 엄격한 금욕주의를 고수하여 월, 수, 금요일에는 금식을 하였다. 이들은 기도에도 헌신하였다. 처음에는 시간을 정해놓고 드리는 기도를 무시했으나 나중에는 매일 일곱 번씩 기도하였다. 이들은 성경에 따라 무력 사용을 금하고 박해를 감수하였다. 조직적 무력이나 교회와 세속 당국의 공권력을 거부하였고 타락한 로마교회의 권위를 인정하지 않았다. 중세 봉건사회에서는 모든 일에 주종 간에 맹세하는 것이 들어 있었는데 그들은 어떠한 행태의 맹세도 금지하였다(마태 5:34 이하). 그들 중에는 신학자가 없었고 또 교리나 사상적 산물(產物)도 볼만한 것이 없었다.

13세기 도미니크 수도사가 지적한 발도파들이 주장하는 이단 사상은 다음과 같다:

> 로마교회는 그리스도의 교회가 아니다. 로마교회는 4세기의 교황 실베스터(Sylvester) 이래로 타락하였다. 현 로마교회는 죄악 투성이요, 그들 발도파만이 옳다. 교황이 모든 잘못의 원인이요 교황과 모든 주교들은 전쟁을 일으킨 살인자들이다. 십일조는 낼 필요가 없다. 그 이유는 초대 교회는 십일조를 내지 않았기 때문이다. 성직자는 소유해서는 안 된다. 교황이나 추기경, 주교 등과 같은 고위 성직의 칭호들은 폐지되어야 한다. 어느 누구도 신앙을 강요당해서는 안 된다. 또한 교회의 모든 성례는 폐기되어야 한다. 복음서에 나타나지 않은 교회의 모든 관습을 버려야 한다. 주기도문이 10개의 종소리가 울리는 것보다 낫고 미사보다도 더 가치가 있다. 맹세는 죽음에 해당하는 죄이다.[13)]

13) W. Blasig und W. Bohusch, *Von Jesus bis heute* (München: Kösel-Verlag, 1973), 68.

국가는 무엇보다도 발도파 등 이단자들이 내세우는 세속 업무나 성생활과 군복무에 대한 금지에 위협을 느꼈다. 그래서 독일 황제 프리드리히 2세(Friedrich II)는 1232년 3월 다음과 같이 포고하였다.

> 1) 로마교회에 의해 이단자로 저주받은 자들은 세속 재판관들에 의해 사형시킨다. 2) 죽음이 두려워 교회의 품으로 되돌아오는 자는 종신형에 처한다. 3) 모든 혐의자들은 조사 중에 엄격하게 구금한다. 4) 이단자들에게 호의를 베푸는 자들은 이단자들과 같이 취급한다. 5) 이단자들은 비록 그들이 다른 곳에 가더라도 어디서나 처벌할 수 있다. 6) 상습적인 이단자들은 즉각 사형에 처한다. 7) 이단자들과 그의 지지자들은 호소하거나 공식 재판에 상소할 권리가 없다. 모든 방법을 동원해 이단자들을 색출하여 독일에서 추방해야 한다. 8) 이단자들의 후손과 상속인들에게는 두 세대까지 모든 세속적인 특전과 공공의 지위를 빼앗는다. 단, 이단에 빠진 그들의 부모를 신고하는 바른 신앙을 가진 자녀는 제외한다.[14)]

이와 비슷한 법들이 유럽의 모든 나라에서 공표되었다. 카타르파와 발도파는 종교재판(Inquisition, 이단 심문)에 회부되었다. 원래 종교재판은 이단자, 유대인, 개신교도, 마녀 그리고 모든 신앙상 의심이 가는 자들을 재판하는 중요한 수단이었다. 누구든지 이단자라고 의심이 가는 사람들을 고발할 수 있었고 재판은 비밀로 진행되었으며 고문에 의한 자백이 강요되었다. 누구든지 죄를 자백하면 세속 당국자에게 넘겨져 주로 화형에 처해졌다. 그만큼 중세의 종교재판은 악명을 날렸다. 후에 성자로 명명된 오를레앙의 요한(Johannes von Orleans)도 개혁자 얀 후스(Jan Huss)처럼 화형당했고 오늘날 성자와 교회 박사로 불리는 토마스 아퀴나스도 이단자로의 죽음을 겨우 면하였고 갈릴레오는 진리를 침묵하도록 강요당했으며 예수회의 이그나티우스 폰 로욜라(Ignatius

14) Ibid., 69.

von Loyola)와 그의 동지들이 투옥되기도 하였다.

2. 사보나롤라(Girolamo Savonarlola)[15)]

사보나롤라는 종교개혁 이전의 진정한 예언자였다. 그는 마르틴 루터가 출생하기 약 30년 전인 1452년 9월 21일 이탈리아의 페라라(Ferrara)에서 태어나 1498년 5월 23일 플로렌스에서 순교하였다. 그는 소년 때부터 침착하고 고독한 사람이었다. 부모는 의사가 되기를 원했으나 사보나롤라는 그 당시 사회의 타락과 불의를 보고 뜻한 바 있어 신학을 택하였다. 그는 23세에 집을 나와 볼로냐(Bologna)에 있는 도미니크 수도원에 들어갔으며, 그 이유를 아버지께 다음과 같이 편지하였다.

> 나는 이탈리아의 사악함에 눈 먼 백성들을 더 이상 보고 참을 수 없었습니다. 나는 덕이 도처에서 경멸되고 악이 추앙되며 경외되는 것을 보았습니다.

도미니크 수도원에서 사보나롤라는 어거스틴과 토마스 아퀴나스에 대해 공부하였고 성경에도 정통하였다. 1481년 그는 플로렌스에 있는 성 마가 수도원으로 옮겨갔다. 10년 후 사보나롤라는 수도원 원장이 되었다. 수도원장으로 있으면서 플로렌스에서 대담하게 죄악을 통박하는 설교를 했으나, 세상 영화(榮華)에 취한 시민들은 그의 설교에 귀 기울이지 않았다. 그럼에도 불구하고 옛 예언자와 같이 열심을 다해 절규함으로 차츰 반응이 일어나 그가 설교하는 곳에 인산인해를 이루었다. 많은 사람들은 사보나롤라가 플로렌스 대성당에 도착하기를 몇 시간 동안 기다렸고 강변 설교에서는 만 명에서 만 이천 명이 모이기도 하였

15) 이 부분은 Philip Schaff의 *History of the Christian Church*의 제6권, 684-716(§76)를 발췌 요약한 것이다.

다. 그의 메시지는 도시에 가득 찬 부패를 가차 없이 공격하였고 성직자들이 영적인 생활보다 성직록과 금(金)과 외적 의식에 치중하는 탐욕을 책망하였다. 사보나롤라는 교회와 세상의 멸망에 대해 설교했는데 그 뒤 배경은 구약의 예언자적인 자의식과 요하킴의 묵시에 따른 무시무시한 심판이 교회에 임박함을 느꼈고, 따라서 교회의 갱신을 촉구하였다.[16] 그는 성직자들의 위선을 다음과 같이 공격하였다.

> 이 시대의 고위 성직자들과 설교자들은 세상의 것을 사랑하므로 이 세상에 속박당했다. 영혼을 보살피는 것은 그들의 관심이 아니다. 그들은 세금 걷는 데 만족한다.… 그들은 자신들의 방법대로 새로운 교회를 세웠다. 로마에 가서 보라! 이전의 고위 성직자들은 금이 거의 없는 주교관(主教冠)과 성배(聖杯)를 사용하였는데, 우리의 고위 성직자들은 금으로 된 성배를 유지하기 위해 가난한 자의 영혼을 희생시킨다. 당신은 내가 당신에게 무엇을 말하는지 모르십니다. 당신은 무엇을 하십니까? 오, 주여! 일어나십시오. 그리고 오셔서 악의 손에서, 전제 폭군의 손에서 그리고 고위 성직자들의 불법의 손에서 당신의 교회를 구하소서!

사보나롤라의 설교 특징 중 하나는 성경의 권위를 역설한 데 있다. "나는 나의 유일한 신앙 지침인 성경과 함께 전 교회의 새로 거듭남을 촉구한다." 사보나롤라는 노아의 방주, 출애굽기, 학개, 에스겔, 아모스, 호세아, 요한계시록 등을 주제로 설교하였다. 사보나롤라의 설교에 힘과 기운을 준 또 다른 요소는 예언자적 자의식이었다. 그는 "보라, 땅위에 급하고 속히 임할 주님의 칼!"(*Ecce gladius Domini super terram cito et velociter!*)에 대한 환상을 보았다. 그는 메디치가의 쇠퇴와 프랑스의 찰스 8세가 플로렌스를 침공할 것을 예언하였는데 이것이 머

16) Karl Müller, *Kirchengeschichte,* Zweiter Band/ Erster Halbband (Tübingen: J.C.B. Mohr, 1922), 161.

지않아 현실로 이루어졌다. 플로렌스의 지배자인 메디치가의 로렌조가 병으로 죽게 되자 플로렌스는 사보나롤라가 주도하는 공화적 신정정치가 수립되었다. 1494년부터 사보나롤라의 명성이 높아 갔고 정치적 영향력은 확대되었다. 프랑스 군대가 플로렌스의 국경에 다가오고 있을 때 사보나롤라는 외쳤다:

> 보라! 심판의 검이 너희에게 내리쳐 온다. 이 예언, 하늘의 응징은 성취된다. 이 군대는 주님이 이끄시는 것이다. 오 플로렌스여! 이제 노래하고 춤추던 시절은 갔다. 지금은 우리 죄를 인하여 회개의 눈물을 흘릴 때이다.

사보나롤라의 경고는 너무나도 강력해서 그 자신도 그것을 전하면서 움츠러들기도 하였다. 그가 전하려고 했던 설교를 그는 '공포의 설교' 라고 불렀다. 플로렌스 사람들은 그의 예언자적 외침을 진지하게 경청하였다. 사보나롤라는 찰스 8세와 협상을 통해 프랑스 군을 순순히 퇴각시켰다. 그가 아니었더라면 플로렌스의 모든 거리는 피로 물들었을 것이다. 이제 플로렌스에서는 사보나롤라의 이상적 통치체제, 즉 주님을 머리로 하는 신정정치가 시도되었다. 1494년 학개서를 주제로 한 설교와 1495년 시편 설교에서 그는 왜 자기가 정치에 관여해야 하는가를 반문하였다. 주님은 그에 대해 "네가 플로렌스를 진정으로 성스러운 도시로 만들려고 한다면 너는 이 도시를 탄탄한 기초 위에 세워야 하며 '의로움' 을 소중히 여기는 통치체제를 만들어야 한다"고 답하셨다. 그렇게 이 선지자(사보나롤라)에게 위임되었다. 사보나롤라는 그 도시의 정치 형태로써의 건전한 통치와 민주주의의 기초는 '덕' 이라는 것을 선포하였다. 그는 플로렌스 공화정(共和政)의 제일의 통치자 자리를 하나님에게 맡겼다. 그는 단상에서 외쳤다.

> 하나님 홀로 여러분의 왕이 되실 것입니다. 오, 플로렌스여! 구약에

서 이스라엘의 왕이 그분이었던 것처럼 여러분의 새 왕은 예수 그리스도입니다.

플로렌스를 거룩한 참회의 도시로 만들기 위해 사보나롤라는 '허영의 화형식'을 거행하였다. 그는 사순절 전 카니발 축제 때(1496, 1497년) 음란하고 부정한 서적, 가면, 그림, 화장품, 노리개 등을 쌓아 불태워 버렸다.

사보나롤라는 그의 생애 마지막 시기에 로마 교황 알렉산더 6세[17]와 투쟁하게 되었다. 그는 모든 부패의 원인이 되는 교황청을 공격하며 교황과 충돌하였다. 그는 교황을 1) 하나님을 모독하는 자, 2) 성직을 매매하는 자, 3) 각종 사악한 범죄를 저지르는 자라고 공격하였다: "그들은 성직을 매매하였다. 그들은 최고의 값을 부르는 자에게 성직을 판다. 로마의 사제들은 창부와 하인과 개들을 가지고 있지 아니한가? 궁전들은 향료와 아첨꾼들과 융단과 비단으로 가득 차지 않았는가? 이것이 하나님의 교회란 말인가?" 알렉산더 6세는 한편으로 그를 회유하고 또 한편으로는 위협을 가하며 탄압하였다. 사보나롤라가 교황의 설득에 불응하자 1497년 5월 12일 교황은 결국 그의 설교를 금지하는 명령을 내렸고 이단자로 파문하여 사형에 처하라고 명령하였다.

로마로부터 온 편지에 나타난 추기경 회의의 결정 사항은 다음과 같은 내용이었다. "사보나롤라가 또 다른 세례 요한일지라도 사형에 처한다"는 것이었다. 교황 알렉산더 6세도 이 성명서와 전적으로 같은 입장이었다. 사보나롤라를 사형시키기 위해 교황청에서는 많은 고발자들을 동원하였다. 플로렌스의 마가 수도원의 수도사들로 하여금 그들의 원장이요 스승인 사보나롤라를 갖가지 죄로 고소하게 하였다. 그는 로마교회의 위원들에 의해 이단자이며 교회를 분열시키는 자로 고발되었

---

17) 알렉산더 6세(1431-1503)는 1492년에 이노센트 3세를 계승하였다. 로마 여인에게서 4남매를 두었는데 그의 자녀들은 아버지에게 욕이 돌아가게 하였고 교황청의 자금을 낭비하였다. 사보나롤라는 그를 드러내놓고 비난하였다.

다. 사보나롤라가 고발되었던 가장 중요한 요인은 교황권의 권위에 도전하고 반항한 것에 있었다. 그는 고소 당하는 중에도 회개의 시편 32편과 51편으로 묵상집을 만들었다. 여기서 우리는 그의 뜨거운 종교적 심성을 보게 된다. 그는 삭개오, 막달라 마리아, 가나안 여인 그리고 베드로와 탕자처럼 호소한다.

> 주여, 주께서 죽음의 권세와 지옥의 문에서 수많은 죄인을 구하셨던 것처럼 나를 구하소서. 그러면 나의 입술로 주님의 의로우심을 외쳐 찬양하겠나이다.

영혼이 육체와 분리되어야 한다는 뜻으로 사보나롤라를 교수형에 처한 후 불태우도록 하였다. 형 집행은 시민 광장에서 행해졌고 두 달 전부터 군중들은 이들은 불로 심판받는 것을 보기 위해 몰려 들었다. 사보나롤라와 그의 동료들은 옷과 신발이 벗겨지고 손이 묶였다. 그들이 남긴 말은 "예수님, 예수님"이었으며 곧 형 집행단으로 올려졌다. 메디치가의 종자(從者)들과 부도덕한 주민들이 남아서 그들에게 욕을 하였다. 육체는 불에 타 한 조각도 남지 않아서 유골로 쓸 수 없었으며, 재는 아르논(Arnon) 강에 뿌려졌다. 사보나롤라는 알렉산더 6세의 명령에 의해 다음과 같이 공포되었다.

> 그는 우리가 그를 사람이나 수도사로 부를 수 없을 만큼 사악한 수도사, 가장 지독하고 사악한 자이다.

사보나롤라는 이탈리아가 낳은 가장 주목할 만한 인물 중의 한 사람이었다. 현대 기독교 세계 곧 가톨릭과 개신교는 그를 모든 나라와 역사에서 열정적인 종교적 선각자들의 대열에 세웠다. 그는 의로운 설교자였으며 애국자였다. 그는 이탈리아 출신의 그레고리 7세, 이노센트 3세, 세계적인 시인 단테, 앗시시의 성 프랜시스, 토마스 아퀴나스 등과 비교된다. 사보나롤라는 도덕적 신념, 조국에 대한 사심 없는 사랑, 의로운 일에 대한 헌신 등 실로 위대한 인물이었다. 그는 진정한 가톨릭 신자였다. 그는 중세의 단일 교회를 부인하지 않았다. 하지만 그는 교회의 형식보다는 그리스도의 근본적인 가르침에 뿌리를 두었고 영적 거듭남을 촉구하였다.

19세기 후반 사보나롤라 처형 400주년이 다가오자 가톨릭계, 그 중에서도 도미니크 교단에서는 전 세계 각지에서 그를 추모하며 그를 성자로 모시려는 노력을 하였다. 알렉산더 6세에 의해 '파문'을 받았던 판결이 잘못되었다는 것을 증명하기 위해 논쟁도 진행되었다. 양식 있는 가톨릭 역사학자 헤펠레 크뇌플러(Hefele Knöpfler)는 사보나롤라의 죽음이 부당한 사형선고였다고 말하기를 주저하지 않았다.

랑케(Ranke, 1795-1886년)는 사보나롤라를 종교개혁 운동의 선구자 중 한 사람으로서 인정했는데 이는 개신교의 일반적인 동의에 기초한 것이다. 사보나롤라는 믿음으로 의롭게 된다는 교리의 옹호자는 아니었다. 로마교회는 그에게 모든 교회의 어머니였으며 교황이 그 우두머리였다. 그의 《십자가의 승리》(*Triumph of the Cross*)에서 그는 그리스도의 언약으로써 7성례를 주장하였다. 그럼에도 그는 개혁가이며 "하나님의 은총"에 대한 그의 찬사는 종교개혁자들의 가르침과 일치한다.

> 행함과 보응이 예정론에 원인을 두고 있는 것이 아니듯 하나님의 은총이 미리 존재하는 선행에 의해 얻어진다는 것은 거짓이다. 이것들은 예정론의 결과이다. 베드로, 막달라 마리아여 나에게 말해 보시오. 당신이 왜 낙원에 서 있는가를. 당신 자신의 공로로 당신이 구원 얻은 것이 아니라 하나님의 선하심으로 구원 얻었다는 것을 고백하십시오.

사보나롤라는 그의 《명상》(*Meditation*)에서 "우리 자신이 그럴만한 가치가 있어서가 아닙니다. 주님, 우리 자신의 선행에 의해 구원받는 것이 아니니 어느 누구도 자랑치 않게 하옵소서"라고 말했다.

마르틴 루터는 사보나롤라의 시편 해석을 다음과 같이 평가하였다.

> 그것은 하나님의 자비로부터 무엇을 믿고 무엇을 신뢰하며 기대할 수 있는지 그리고 우리가 어떻게 우리 행위에 대해 절망하게 되는지를 보여주는 순수하고 아름다운 예이다."

또한 독일 개혁가들은 이렇게 외친다.

> 비록 교황과 가톨릭 교도가 그를 갈기갈기 찢어놓았지만 그리스도는 그를 성자로 칭하고 계신다.

보름스(Worms)에 있는 종교개혁 기념탑에 조각가는 루터의 발등상에 그리고 위클리프와 후스의 옆에 사보나롤라의 자리를 정하였다. 이 소식을 들은 가톨릭 교도들은 루터나 위클리프, 후스 같은 종교개혁자 계열에 플로렌스 출신의 도미니크 수도사 사보나롤라가 포함되는 것이 부당하다는 글을 썼다. 리츨(Rieschel)은 이에 관해 하제(Hase)에게 자문을 구하였다. 이에 존경할만한 그 교회사가는 다음과 같이 대답하였다.

> 가톨릭 교도들이 사보나롤라를 이단으로 몰든 성자로 여기든 거기엔 아무런 차이가 없다. 어느 경우든 그는 종교개혁 선구자의 한 사람이었으며 루터도 그를 그렇게 인식하고 있었다.

1882년 플로렌스 시는 시 창설 500주년 기념으로 사보나롤라의 동상을 세웠다. 그의 동상은 그가 처형된 곳으로부터 몇 야드 떨어진 곳에 도미니크 수도사 제복에 두건을 쓴 모습으로, 그의 왼손은 사자의 머리 위에 올려놓고 오른손으로 십자가를 들고 맑은 그의 눈을 위로 향한 채 서 있다. 1901년 5월 22일 이 도시는 사보나롤라가 죽음으로 고통 받았던 지점에 그의 초상화가 새겨진 원형의 청동 기념패를 헌정하여 다시 한번 이 수도사에게 존경을 표하였다.

성 마가 수도원에 있는 사보나롤라의 방에는 그의 초상화가 걸려 있고 그가 체포되어 죄수생활을 하던 수도원 벽에도 또 다른 초상화가 걸려 있다. 방문객들은 불멸의 플로렌스의 설교자이자 애국자의 산 증거가 남아 있는 그 방에서 신선한 화관(花冠)을 자주 발견할 것이다.

III. 교리적 개혁자

1. 존 위클리프(John Wyclif)

1) 그의 생애와 활동

존 위클리프(1324?-1384년)는 1320년과 1324년 사이에 요크셔(Yorkshire)에 있는 리치먼드(Richmond) 근처 위클리프-티즈에서 태어났다. 그가 약 16세 때에 옥스퍼드 대학에 입학했으며 이로 인해 그의 경력 중 상당히 많은 부분들이 옥스퍼드 대학과 깊이 관련되었다. 위클리프는 1345년 옥스퍼드 대학에서 특대생으로 학사학위를 받았고 1360년에 석사학위를 받은 이후 옥스퍼드, 캔터베리 및 발리올의 교수로 활약하였다. 그는 1372년 옥스퍼드의 발리올(Balliol) 대학에서 신학박사 학위를 받았다. 그는 유창한 화술로 논리학과 형이상학에서 큰 명성을 얻었다. 위클리프는 그 당시 지배적이었던 유명론(*Nomialismus*)보다 실재론(*Realismus*)을 주장하였다. 그는 1361년 필링햄 교구 소속의 교회 사제로 서품되었다가 1368년에는 리저살 교구로 옮겼다. 위클리프는 1361년 이후에 얼마 동안 발리올 대학의 학장으로 일했으며 1365년에는 캔터베리 대학의 학장으로 선출되었다. 그러나 교황은 선출된 위클리프를 파격적으로 면직시켰다. 그 후 위클리프는 영국 왕 에

존 위클리프

드워드 3세의 배려로 1374년 루터워드(Lutterworth) 교회의 주임 사제로 전보되었다. 여기서 그는 별세할 때까지 교회를 지켰다. 그의 주요 경력은 신학대학 교수, 교구 목사, 교리적 개혁자였으며 영국과 로마 가톨릭 교황과의 세금 등의 문제를 조정하기 위해 왕실 사절로서 외교 임무도 수행하였다.

처음으로 위클리프가 개혁운동에 나선 것은 로마교회의 권력 남용에 관한 부당성을 지적하면서부터이다. 그의 전 생애에 심혈을 기울여 바친 투쟁의 목표는 신적 진리(der göttliche Wahrheit)와 인간 자유(der menschliche Freiheit)의 확립이었다. 위클리프는 조국과 복음 그리고 신앙과 자유의 양극의 조화를 위해 헌신하였다.[18] 1374년 위클리프는 왕의 사절단 중 하나로 교황 그레고리 11세(1370-1378)의 사절과 만나기 위해 부르게(Bruges)를 방문하였다. 거기서 "성직 임명법" 문제와 교황의 봉토로서 영국의 지위에 대한 문제를 다루게 되었다. 40년 동안 프랑스와 싸워온 영국은 프랑스 왕의 꼭두각시 노릇을 하는 아비뇽 교황청 시대(1309-1378)에 대항하여 영국의 성직자에 대한 교황청 임명을 반대하였다. 또한 영국은 아비뇽 교황의 통치 및 교황청 지배에서 벗어나려고 했기 때문에 교황이 세속 왕권에 간섭하는 것을 거부하였다. 이미 1366년 영국 국회는 영국 왕 존(John)이 1213년 교황에게 행한 봉신 인정을 거부하였다. 위클리프는 신학적으로 교황권과 교회의 재산에 대해 관심을 두었다. 1376년에 위클리프는 교황이 영국교회 재산과 영국의 정치에 간섭하는 것에 반기를 들었다. 위클리프는 이미 1370년대 초에 "어떤 특정한 상황들 아래에서는 국가가 교회의 재산을

18) Rudolf Buddensieg, *Johann Wiclif und seine Zeit* (Gotha: Friedrich Andreas Perthes, 1885), 2.

몰수하는 것이 정당하다"는 국가의 주권과 통치권을 주장하였다. 그리고 "모든 합법적인 통치권은 오직 하나님으로부터 와야 한다"고 주장하였다. 이로 인해 위클리프는 왕실 근무와 루터워스 교구를 맡을 수 있었다. 위클리프는 더 나아가 교황을 적그리스도로 규정하고 "가장 저주받은 도둑이요 사기꾼이며 교만한 로마의 사제"라고 비난하였다.

고위 성직자들과 토지를 가진 수도원들과 로마 교황청은 위클리프의 가르침을 공격하였다. 1377년 2월 위클리프는 자신의 견해를 밝히도록 런던의 주교 윌리암 코티나이(William Courtenay)에 의해 런던에서 모인 주교들 앞에 출두하도록 소환되었다. 그러나 곤트의 존(John von Gaunt)과 왕실과 귀족들의 보호로 그 소송이 흐지부지 되었다. 같은 해 5월 교황 그레고리 11세는 교서를 발하여 위클리프를 심문하도록 명령하였다. 1378년 1월 런던의 주교가 소송을 제기했으나 왕실의 보호와 민중의 후원으로 캔터베리 대주교와 런던 주교의 위클리프에 대한 체포, 심문 노력은 수포로 돌아갔다. 1378년 교황청의 대분열(1378-1417년) 사건으로 위클리프 자신의 견해가 더욱 급진적으로 진행되어 궁극적으로 중세 교회의 전 구조 전체를 거부하였다. 그러나 위클리프는 탁발 수도회를 "가인의 자식들"이라고 비난한 것과 또 1379년 로마 가톨릭의 화체설을 공격함으로 왕실과 그의 동조자들의 지원을 상실하였다. 1348-1450년 사이에 흑사병으로 야기된 심각한 경제적 혼란으로 하층민의 불안이 점점 높아 가다가 1381년에는 진압하기 어려운 농민반란이 일어났다. 농민전쟁이 절정에 달하자 위클리프의 대적들은 그의 이단적 행동과 동조자들에 의해 폭동이 일어나게 되었다고 그를 고발하였다. 그리하여 1382년 새로 캔터베리의 대주교가 된 윌리엄 코티나이는 런던회의를 소집하여 위클리프의 저술 중 24개 명제를 골라 정죄하였으나 그를 소환하지는 않았다. 이제 왕실은 위클리프를 포기하였고 코티나이는 이 정죄된 명제들의 옹호자들은 누구라도 구속할 권한을 얻었다. 그 사이 위클리프는 1382년 11월에 중풍으로 쓰러졌으나 자신의 교리들을 13권으로 된 《신학대전》(*Summa Theologia*)

을 집대성하였다. 1384년 12월 24일 위클리프는 미사 참석 중 두 번째로 쓰러지고 사흘 후 세상을 떴다. 그는 로마 교황을 상대로 싸웠으나 루터워스 교회 묘지에 안장되었다. 위클리프가 세상을 떠난 후 위클리프 운동 곧 롤라드 운동은 박해를 받게 되었다. 1401년에 이단에 대한 대책이 의회에서 채택되고 법령 "이단자 화형에 대해"(*De haeretico comburendo*)를 통과시켜 롤라드파 다수가 화형당하였다. 1406년에는 이 운동을 반대하는 법안이 통과되었으며, 1409년 주교회의에서는 위클리프의 교리를 정죄하고 성경번역 사업과 거리 순회 전도운동을 금지하였다. 1415년 5월 4일 콘스탄츠 공의회는 위클리프의 글에 나오는 260개의 명제들과 함께 그를 이단으로 정죄하고 "그의 뼈들이 가까이 묻힌 기독교인들의 뼈들과 구분될 수 있도록 성별된 땅에서 파헤쳐 던져 버리라"는 명령과 또 그의 모든 저서를 불태우도록 명령하였다. 위클리프의 유해를 파헤쳐 던져 버리라는 이 명령은 위클리프가 죽은 후 44년 동안 유예되다가 1428년 링컨의 주교 플레밍이 유해를 신성한 땅에서 파내어 화형시키고 그 재를 스위프트(Swift) 강에 뿌렸다. 17세기 바로크의 수사학자인 토마스 훌러(Thomas Fuller)는 위클리프 유해의 최후에 대해 다음과 같이 시적으로 표현하였다:

> 그 조그마한 강은 그의 재를 아본(Avon) 강으로 옮겼고, 아본강은 세베른(Severn) 강으로, 세베른 강은 메렌(Meerenge) 강으로 옮겼으며 거기서부터 더 넓은 대양으로 나아갔다. 그리하여 대양으로 나간 위클리프의 재는 전 세계로 번져나간 그의 교리의 상징이 되었다.[19]

19) Friedenthal Richard, *Ketzer und Rebell, Jan Hus und das Jahrhundert der Revolutionskriege* (München: R. Piper & Co Verlag, 1972), 62.

2) 위클리프의 사상

(1) 성서관 - 성경의 진리에 대하여(*De veritate sacre scripture*)

위클리프는 학자로서 크리소스톰, 어거스틴, 라틴 교부 그리고 중세 신학자 안셀름부터 둔스 스코투스(Duns Scotus, Johannes, 1265?-1308)까지 그들의 작품들을 읽고 인용했지만, 그의 주장은 최종적으로 성서에 근거를 두었다. 성경 연구를 통해 그는 중세신학의 오류를 발견하였고 그 잘못을 지적하였다. 위클리프는 그의 《성경의 진리에 대하여》에서, "성경은 모든 그리스도인을 위한 최고의 권위이며 신앙의 기준이고 모든 인간적 완전함의 기준이다"라고 말했다. 위클리프는 성경의 최고 권위는 성경의 내용에 있고 그리스도의 증거를 통해 나타나게 된다고 보았다. 위클리프의 신학에 있어서 주요한 원리는 성경 곧 하나님의 법이었다. 위클리프의 주장은 성경은 생명의 책(*liber vitae*)이요, 하나님의 법이요, 만일 교황과 공의회의 결정이 성경에 포함되어 있는 것이 아니라면 그것들은 인간적인 교리로서 무가치하다는 것이다.[20] "하나님의 법은 흠이 없고 참으로 완전하고 최상의 구원"(*lex domini immaculata....verissima, completissima et saluberrima*)이다.[21] 위클리프는 성경 안에 구원에 대한 모든 대답이 들어 있다고 하였고 성경이 크리스천의 신앙이요 설교의 토대가 된다고 보았다. 또한 위클리프는 하나님의 말씀과 교회의 주장이 서로 맞지 않는다면 하나님의 말씀에 순종해야 한다고 주장하였다. 또 만약에 신앙의 양심과 교회의 권위가 충돌한다면 사람들은 신앙의 양심에 순종해야 한다고 보았다.

위클리프는 믿음에 의한 칭의론을 언급하지 않았지만 끊임없이 그

20) Heussi Karl, *Kompendium der Kirchengeschichte* (Tübingen: J.C.B. Mohr, 1981), 248(§68 d).

21) Philip Schaff, *History of the Christian Church,* Vol. VI (Michigan: Eerdmans Publishing Company, 1976), 339.

와 같은 표현을 사용하였다. 즉 그리스도 안에서 사는 것이 생명이라고 말한다. 그는 공적(功積)의 교리를 부인하였다. "믿음이 핵심 신학이다"(*fides est summa theologia*)라는 그의 사상은 오히려 종교개혁자들에 가깝게 접근하였다. 위클리프는 오직 성경을 읽고 믿음으로써 진정한 한 사람의 크리스천이 되는 것이 가능하다고 보았다.

위클리프에 의하면 성경이야말로 모든 논리의 시금석이요, 기준이다. 다른 논리들은 자주 변하지만 성경의 논리는 결단코 변하지 않고 영원히 서 있다(*Aliae logicae saepissime variantur logica scripturae in eternum stat*).[22] 발도파를 근절하기 위해 로마교회는 1229년 툴루즈(Toulouse) 회의에서 평신도들이 성경 갖는 것을 금하였다. 성경은 오직 성직자들의 전유물처럼 여겨졌다. 이와 대조적으로 위클리프는 평신도들도 성경을 소지하고 또 읽을 권리가 있다고 주장하였다. 위클리프는 교황과 교회법을 잘 아는 사람만이 성경을 해석할 수 있다는 것을 부정하고 성경은 모든 크리스천들에 의해 읽히고 연구되어야 한다고 강조하였다. 그 이유는 성경이 완전한 진리이기 때문이다(*illum librum debet omnis Christiananus a discere cum sit omnis veritas*).[23] 위클리프는 성경에 반대되는 것은 이단이라고 보았고 자신은 필요하다면 순교할지라도 성경의 가르침에 따르겠다고 말하였다.

위클리프는 성경이란 자기 고유의 언어로 읽히고 해석되어야 한다고 말하였다. 그는 평신도들에게 성경을 금하는 것은 근본적인 죄라고 단정하였다. 그리하여 위클리프는 평신도들이 성경을 자유롭게 읽게 하기 위해 동료들의 도움으로 불가타(라틴역) 성경을 영어로 번역하였다. 그는 성경을 모국어로 번역하여 그의 민족에게 소개한 최초의 사람이 되었다. 이렇게 번역된 성경은 그의 추종자들이 필사하여 휴대하고 전도하였다.

---

22) Ibid.

23) Philip Schaff, Ibid., 341. Vgl., *De veritate sacre scripture I*, 109.

(2) 목회직 - 목회의 직무에 대하여(*De officio pastorali*)

위클리프는 그의 논문 '목회의 직무에 대하여'에서 사제의 최고 직무를 설교라고 보았다. 주교들이 설교해야 함에도 그것을 행하지 않는 것은 예수를 죽이는 것과 같다. 그러므로 사제들은 주어진 이 특권에 따라 설교할 의무가 있다. 하나님의 말씀에 대한 설교를 성찬 집례보다 더 중요한 사명으로 보았다. 이것은 분명히 위클리프의 개신교적 복음 사상이다. 사도시대에 교회가 생성되고 성장된 것은 복음의 선포에 의한 것이다. 그러므로 교황의 지시 또는 수도원의 규정이나 모든 의식보다 특별히 그리스도의 말씀에 더 높은 권위를 두는 것이 중요하다. 위클리프는 교황의 지위는 오직 성경의 가르침과 교황이 가르치고 행하는 모든 것에 얼마나 일치하고 조화하고 있느냐에 기준되어야 한다고 역설하였다. 이상적인 성직자의 직무는 성직자가 기도나 소망이나 생각에 있어서 항상 거룩하게 살아야 한다는 것이다. 또 성직자는 참되게 가르쳐야 하고 하나님의 말씀을 내적으로 체험해야 한다. 성직자의 주 임무 중 하나는 참으로 회심의 경험을 한 신앙인으로서 그의 이웃을 하나님에게로 인도하는 것이다. 무엇보다 산상수훈은 인간의 전통보다 더 중요한 이웃 사랑의 길잡이다.[24)]

(3) 통치권 - 하나님의 통치권에 관한 3권의 책(*De dominio divino liblis tris*), 시민 통치권에 관한 논문(*Tractatus de dominio civili*)

위클리프는 1374년 4월 7일 에드워드 3세로부터 루터워스의 주임 사제로 임명받은 무렵부터 신학자로서 정치에 관심을 보였다. 그는 이미 1370년대 초 어떤 특정한 상황 아래에서는 국가가 교회의 재산을 몰수할 수 있다는 것을 주장하였다. 이 견해는 그가 왕의 신하로 들어간 시기에 쓴 두 논문 '하나님의 통치권에 대하여'와 '시민 통치권에 대하

24) Philip Schaff, Ibid., 329.

여' 에서 충분히 자신의 입장을 발전시켰다. 이 논문에서 위클리프는 첫째, 교회가 십일조와 소작료 등으로 치부(致富)한 것을 비난하였다. 둘째, 교황이 세속권을 간섭하는 것을 비난하였고 셋째, 교황권과 세속권에 대해 진술하였다. 그 내용을 요약하면 다음과 같다: 일체의 합법적인 통치권은 하나님으로부터 비롯된다는 것이다. 통치권은 하나님의 대권이며 하나님 이외에는 누구도 소유할 수 없고 어느 누구도 세상을 다스릴 권리가 없다. 그 이유는 죽을 죄를 가지고 있기 때문이다. 다만 하나님은 은혜로 모든 소유와 권력을 청지기로서의 시민과 교회에게 주셨다. 하나님께서는 시민 지배자들에게는 세속적인 것들에 대한 통치권을 주셨고 교회에게는 영적인 것들에 대한 통치권을 주셨다. 그것들은 영구적 재산이 아니라 신실한 봉사의 조건에서만 유지되는 일시적인 하나님의 위탁이다. 예수 그리스도는 교회와 교황이 절대적인 행정 치리자로서 이 세상을 다스리는 것을 원하지 않으신다. 그 반대로 성례전의 수행자로서 사용되기를 원하신다. 그리스도는 인간으로서 완전한 종이 되셨다. 통치권은 자신의 것이 아니라 위임된 것이므로 오용할 때는 빼앗기게 된다. 옳은 자들만이 통치권을 정당하게 사용할 수 있기 때문에 죄를 지으며 살아가는 사악한 성직자들은 세속적 재산에 대한 모든 권리를 상실한다. 교회의 재산이 무익하게 잘못 사용된다면 세속 정부에 의해 빼앗길 수 있다. 왕의 권위는 하나님으로부터 직접 주어졌으며 왕은 영광을 받으시고 세상을 다스리는 그리스도를 대표한다. 사제는 고난을 겪으시고 복종하신 그리스도를 대표한다. 왕은 하나님의 의지를 대표하며 사제는 하나님의 사랑을 대표한다. 왕은 모든 죄를 조사할 수 있으며 죄 속에 있는 성직자들로부터 재산을 몰수해야 한다.[25] 그 당시 교회는 영국 땅의 삼분의 일을 소유한 막대한 부를 누리고 있으면서 면세를 주장하였는 데 위클리프의 교리는 프랑스와의 전쟁 비용을 위해 정부가 성직자들에게 세금을 징수할 수 있는 좋은 구실을

---

25) Philip Schaff, *History of the Christian Church,* Vol., VI, 327: Richard Friedenthal, Ketzer und Rebell, 74.

제공하였다.

교회 재산의 행사권에 대한 이 이론은 교회에 세금을 징수하는 것과 교황들의 세속 지배 문제로 교황청과 분쟁을 일으켰던 영국의 세속 권력자들이 기쁘게 받아들였다. 직접적으로 에드워드 3세의 아들인 랭카스터(Lancaster)의 공작 존(John von Gaunt)과 그의 귀족들을 기쁘게 하였다. 그들은 교회의 재산을 빼앗아 치부하기를 원했다. 그것은 또한 오랫동안 탐욕스런 교권주의에 불만을 품었던 평신도들에게 만족을 주었고 "사도적 청빈"을 옹호했던 탁발수도회 또한 불쾌하게 하지 않았다.

(4) 교황권 - 교황의 권력에 대하여(*De potestate papae*)

위클리프는 자신의 사명으로 알고 수행하려는 두 가지 임무를 가지고 있었는데 첫째, 그의 조국 영국이 정치적으로 교황의 간섭과 지배로부터 벗어나 국가의 통치권을 확고하게 세우는 것이고, 둘째, 영국이 경제적으로 가톨릭 교회의 돈에 대한 탐욕으로부터 보호되는 것이었다. 위클리프는 그의 신학대전의 마지막 책《교황의 권력에 대하여》에서 다음과 같이 주장하고 있다:

> 만일 그가 진정으로 사도적 순전함과 청빈으로 베드로를 본받으려 한다면 보이는 교회는 한 사람의 지상 지도자를 갖게 될 것이다. 그런 교황은 아마도 선택된 자들 중 하나일 것이다. 그러나 세상의 권력을 거머쥐고 부에 혈안이 된 교황은 아마도 선택된 자가 아닐 것이며 그러므로 적그리스도이다. 교황직은 그 기원에 있어서 인간적—즉 그리스도가 아니라 콘스탄티누스 의해 창설된 것—이며 그것의 관할권은 엄밀히 영적 문제에 국한된다

고 강조하면서 교황제도의 폐지와 교회 재산의 몰수를 요구하였다. 위클리프처럼 교황권을 깎아내리고 교황들을 모독한 자는 없었다. 그는

교황을 적그리스도로, 추기경들을 악마의 종들로 묘사하였다. 위클리프는 교황과 추기경들이 그들의 이욕(利欲)에 따라, 세속적 향락의 추구로 그들의 양들을 잊어버린 것을 비난하였다.[26] 그는 교황제도에서 인간의 죄의 계시를 보았다. 교황제도는 절대적으로 유해하다고 믿었다.

> 교황은 교회에 꼭 필요한 것이 아니고 또 교황은 무오류하지도 않다. 교황은 성경을 가르치거나 하나님의 법을 선포할 특별한 권한을 가지고 있지 않다. 교황은 사면하거나 파문시킬 권한이 없다. 많은 교황들은 저주받았다(*multi papae sunt damnati*).[27]

위클리프는 이런 언급으로 교황제도를 없애려고 한 것이 아니라 오히려 교황들로 하여금 하나님의 법에 순종하도록 촉구하기 위한 것이었다. 마태복음 16장 18절 주석에서 위클리프는 베드로와 모든 신실한 크리스천들을 반석으로 묘사하였다. 하나님의 나라에 대한 열쇠(천국 열쇠)는 금속으로 된 것이 아니라 "영적 능력"으로 된 것으로 열쇠는 베드로에게만 주어진 것이 아니라 하나님의 나라에 들어가는 모든 성자들은 천국의 열쇠를 가지고 있다고 보았다.

(5) 교회론 - 교회에 대하여(*De Ecclesia*)

위클리프가 '교회에 대하여'라는 논문을 작성하게 된 동기는 교황청이 추기경 회의를 통해 위클리프를 조사하고 "교회가 위클리프를 정죄하였다"는 것 때문이었다. 도대체 교회란 무엇인가? 교회가 무엇이기에 자신(위클리프)을 정죄한다는 것인가? 위클리프는 교회의 중심은 흔히 로마교회 사람들이 생각하는 교황이나 추기경들이 아니라 어거스틴의 예정론적 교회관에 따라 교회는 "지금 살아 있는 자나 이미 죽은 자들

26) Philip Schaff, *History of the Christian Church,* Vol., VI, 328.

27) Ibid., 332.

이나 또한 아직 태어나지 않은 모든 예정된 자들의 총체"(*Ecclesia est totus numerus predestinatorum, presentes, preteriti et futuri*)라고 보았다. 예수 그리스도만이 교회의 머리요, 교황은 다만 자기 지역교회(로마교회)의 머리일 뿐이다.[28] 로마 가톨릭 교도들은 교회란 교황과 추기경들이 대표하는 것이요 그들에게 순종하는 것이 영혼 구원에 필수적인 것으로 이해하였다. 그러나 위클리프는 생애의 마지막 작품인 《그리스도에 대하여》(*De Christo*)에서 교황을 적그리스도로 표현하였고 베드로는 교회의 머리가 아니며 그리스도를 대리하지도 않는다고 하였다. 따라서 교황은 그의 권위의 유래를 베드로에게 둘 수 없다고 주장하였다.[29] 영어로 된 전단(傳單)에서 위클리프는 사람들이 교회를 주교, 사제, 수도사 등 성직자 표시의 모자(*Tonsur*)를 쓴 사람들로 이해하나 이들은 하나님의 말씀과는 정반대로 살고 있다. 그와 반대로 평신도들은 교회의 사람으로 취급하지 않으나 그들은 하나님의 법에 따라 신실하게 산다. 그럼에도 성 교회의 지체자(성직자들)가 천국에서 복을 받게 되고 그밖에는 없다고 말한다. 이것은 잘못된 생각이다. 이 같은 잘못된 표현, 즉 마치 교회와 성직 계급을 동일시하는 것에 반대하는 데 위클리프의 교회론의 목적이 있다. 그것은 교회란 "영원 전부터 구원으로 정해 놓은 모든 이의 총체"라는 것이다.[30] 교회는 예정된 자의 전체 회중(*congregatio omnium predestinatorum*)이다.

비록 위클리프가 보이는 교회와 보이지 않는 교회 사이를 구분하지는 않았지만 경우에 따라 이 구분을 지지하였다: "사도는 두 종류의 물고기를 구분하였다. 일부는 그물에 남겨두고 일부는 버린다. 교회 내의 일부는 구원으로 일부는 정죄된다. 교황이 비록 그 자신이 예정된 자라고 말하나 어느 누구도 알지 못한다. 그가 선택되었는지 아닌지를, 또

28) Ibid., 331.

29) Rudolf Buddensieg, *Johann Wiclif und seine Zeit*, 162.

30). Johann Loserth, *Huss und Wyclif. Zur Genesis der hussitischen Lehre*(München und Berlin, 1925), 162.

누가 선택되고 누가 버림받았는지는 하나님의 결정에 달려 있다. 그러므로 교황도 저주받은 자일 수 있다"고 주장한다.[31] 이것은 위클리프의 하나님의 절대 주권 사상과 예정론의 배경에서 나온 것이다.

(6) 성찬론 - 성찬에 대하여(*De Eucharistia*)

위클리프의 성찬론은 그의 신학과 사상에서 핵심이 될 뿐만 아니라 교황청을 공격하는 가장 중요한 무기가 되었다. 그는 초기에 화체설(化體說)을 주장했으나 도중에 바뀌었다. 1215년 제4차 라테란 회의에서 화체설의 교리를 선언하였는데 위클리프는 고대교회의 가르침에 따라 화체설 교리를 비논리적이고 비성서적이며 비신앙적이라고 거부하였다. 위클리프가 화체설에서 중요하게 여긴 문제는 떡과 포도주가 되는 본질 요소인 실체가 없어졌음에도 계속 그 모양과 맛, 냄새, 색깔은 그대로 존재한다는 사실을 어떻게 설명할 수 있느냐 였고 더 구체적으로 외부적 형태가 본질이나 속성이 되는 원 실체로부터 어떻게 분리될 수 있는가 였다. 그는 성찬에서 떡은 가시적으로 보이는 것과 같이 단지 떡일 뿐이며 그 이상이 아니라고 주장하였다. 실재론자였던 위클리프는 만일 떡과 포도주의 본질이 없어진다면 존재도 없어진다는 이유로 화체설을 거부하였다. 그리하여 위클리프는 화체설은 지어낸 거짓말이요 화체설을 숭배하는 것은 가장 불순한 우상이며, 또 모든 이단 가운데 가장 불경스런 것이라고 공격했다.

위클리프는 화체설보다 오히려 공재설(共在說) 또는 영적 임재설을 주장한다. 위클리프는 화체설에서 떡의 본질이 파괴되지 않고 떡은 그리스도의 몸으로 변한다고 주장하는 토마스 아퀴나스의 주장에 반대하고 모든 외부적인 형태는 반드시 주체에 속한다고 역설한다. 그는 물체나 사물의 모양이나 색깔, 냄새와 맛 같은 외부적인 본질은 변하지 않으면서 속성, 즉 본질만 변형된다는 것은 철학적 논리로 불가능하다고

31) Ibid., 90 und Philip Schaff, *History of the Christian Church,* Vol. VI, 331.

주장한다. 그러므로 떡의 외형은 그대로 있으나 떡의 본질만 없어진다는 것은 모순일 뿐만 아니라 거기에 그리스도의 몸으로 변화된다는 것은 불가능하다고 보았다.[32] 위클리프는 물이 얼음으로 변화되듯 외형은 변형될 수 있으나 실체나 본질은 변형이나 변화될 수 없다고 보고 성별 후에도 떡은 떡으로 그냥 남는다는 원리를 주장하였다. 즉 물리적 떡의 실체는 성화된 성찬에 그냥 떡으로 남아 있다는 것이다. 떡은 변화되지 않고 그대로 남아 있는 바로 거기에 그리스도의 몸이 더하여져 공재한다는 것이다.

만약 사제가 떡을 뗄 때마다 그리스도의 몸을 쪼개는 것이라면 그것은 분명히 신성 모독죄라고 주장한다. 위클리프는

> 우리는 이빨로 그리스도의 몸을 찢는 것이 아니라 그리스도의 몸을 영적으로 받는다. 신자는 그리스도의 몸을 육체적으로 먹는 것이 아니라 영적으로 먹는 것이다. 그분의 살을 육적으로 먹어야 하고 그분의 피를 육적으로 마셔야 하는 것보다 더 무시무시한 일은 없을 것이다

라고 했다.[33]

성찬에 대한 위클리프의 기본 사상은 그리스도의 영적 임재(*spiritual presence*)이다. 그리스도의 몸은 하늘에 계시는데, 떡에 임재하는 것은 효과적으로 사실상 상징 안에서 떡에 임재한다는 것이다. 이 상징은 몸을 대리하는 것이다. 그리스도가 성찬에 임재하는 것은 하늘에 계신 그대로의 몸이 아니라 성례전적으로, 영적으로 그리고 효과적으로(*sacra-metaliter, spiritualiter et virtualiter*) 임재한다는 것이다. 위클리프는 그리스도가 떡에 계신다는 것은 마치 국왕이 그의 통치권이 미치는 어디에나 있는 것과 같고 마치 영혼이 그의 몸 안에 거하는 것과 같다고

32) Philip Schaff, *History of the Christian Church,* Vol. VI, 337.

33) Ibid., 337.

하였다.[34)]

그리하여 위클리프는 그리스도의 몸이 성찬에 함께 하신다는 것을 믿어야 함을 역설하였다. 위클리프가 화체설을 반대하고 공재설을 주장함으로 영국 왕실과 귀족들과 탁발 수도사들 그리고 옥스퍼드 대학의 동조인들의 지원을 상실하였다. 그러나 그의 성찬론은 후에 루터의 공재설을 뒷받침 하였다.

3) 위클리프의 애국적 관심

위클리프의 작품에서 그의 애국적인 면을 살펴보기로 한다. 위클리프는 영국의 애국자로 조국을 교황청의 정치적 간섭과 경제적 착취로부터 보호하려고 시도하였다. 그의 설교와 논문에서 교황이 세속의 문제에 간섭하고 교회의 돈을 로마로 가져가는 것에 대해 비난하였다. "첫째, 교황은 무장한 기사다. 영국은 칼에 의해 정복되었다. 교황은 칼로 그의 요구를 관철할 수 있었다. 둘째, 공세는 다만 바쳐야 할 사람에게만 내야 한다. 교황은 공세를 받을 자격이 없다. 그는 그리스도의 후계자여야 한다. 그런데 그리스도는 세상 통치를 원하지 않았다. 셋째, 교황은 신도들의 종이어야 한다. 그런데 그는 우리나라(영국)에 어떤 봉사를 하였는가? 그는 다만 개인적 목적과 그의 정부(情婦)들을 위해 우리를 착취한다. 더 악한 것은 돈과 계교로 우리의 적인 프랑스를 지원한다. 넷째, 교황은 모든 교회의 소유주이다. 우리나라 땅 삼분의 일이 그의 소유이다. 세상 통치권에 있어서 두 주인은 있을 수 없다. 하나는 주인이고 또 하나는 봉신이다. 우리는 우리의 왕이 그 어떤 사람(교황)에게 신하 노릇하는 것을 원하지 않는다. 다섯째, 존 왕은 파문에서 면제받으려고 영국 땅의 일부를 교황청에 희사하였다. 그 희사는 영원히 유효해서는 안 된다. 그 조건들은 효력이 없다. 그것들은 파렴치한

34) Ibid., 336.

성직매매요, 독직(瀆職)이다. 여섯째, 면죄 받기 위해 해마다 수많은 돈이 지불된다면 그것이 기독교적인가? 그러면 그 돈은 누구에게 부담되는가? 죄 있는 왕이 아니라 잘못이 없는 백성에게 떨어진다. 그 돈은 차라리 가난한 자들을 구제하는 데 쓰여야 한다. 일곱째, 실수 많은 존 왕에 의해 잘못 체결된 협정은 유지될 수 없다. 그 땅의 협정에 대해 국민이 찬성해야 한다."[35] 위클리프의 이 같은 애국적인 관심은 그의 종교개혁과 밀접한 관계가 있었다.

4) 위클리프의 영향

위클리프의 저작을 통해 많은 추종자들이 생겨났는데 그들이 곧 롤라드파이다. 롤라드(Lollards)라는 말은 "중얼거리다"는 뜻의 네덜란드에서 유래된 비웃는 말로 네덜란드에선 오랫동안 베긴회와 베가드회에게 적용되었다. 위클리프와 그의 전도자들 곧 롤라드파는 교회와 성직자들의 부패를 과감하게 공격하였다. 그러나 1401년 반 이단법령(*De haretico Comburendo*)이 채택되자, 그 법령 아래에서 많은 롤라드파들이 화형당했다. 1406년에는 '반롤라드 법적 조치'가 취해졌고 1409년 런던 교회 대회에서는 위클리프의 교리들과 허가받지 않은 성경번역을 정죄했으며 허가 없는 전도자들의 전도를 금지시켰다. 1417년에는 롤라드파의 지도자인 존 올드케슬(John Oldcastle) 경이 정죄되고 모반으로 몰려 처형되었다. 이때 이 운동에 참가하였던 상류 계급층의 지지를 상실하게 되었다. 그러나 하급 계층이 지하에서 계속 활동하였고 그 성격 또한 극단적으로 변하였다. 계속되는 박해 속에서도 롤라드파의 운동은 근절되지 않았으며 후에 영국의 프로테스탄트 운동에 큰 힘을 주었고 그 영향은 유럽 대륙의 보헤미아 지방까지 이른다.

위클리프의 사상은 그가 태어난 영국보다 오히려 멀리 떨어진 보헤

35) Friedenthal, Richard, *Ketzer und Rebell,* 65.

미아(체코)에서 더욱 영향을 끼쳤다. 1382년 보헤미아 왕 벤첼(Wenzel)의 누이동생인 앤(Anne) 공주와 영국 왕 리처드 2세가 정략적인 결혼을 함으로써 보헤미아와 영국 간에는 밀접한 교류가 시작되었다. 이 시기에 보헤미아의 학생들이 옥스퍼드로 유학하였고 거기서 위클리프의 저서와 사상을 알게 되었다. 이들은 위클리프의 사상을 프라하 대학으로 전했다. 위클리프의 사상을 잘 전수받아 보헤미아 교회의 개혁에 앞장 선 사람이 얀 후스(Jan Huss)였다. 그는 보헤미아의 민족적 열망들을 열정적으로 대변했으며 위클리프의 종교개혁 이념을 받아들여 본격적인 보헤미아의 교회 개혁운동을 전개하였다.

위클리프는 후스와 함께 일반적으로 종교개혁의 선구자로 규정되어 왔다. 그들은 로마교회의 악폐에 대한 반항, 성경의 권위를 높이고 결국에는 교회의 개혁을 몰고 온 선구자 역할을 수행하였다. 위클리프의 개혁운동은 루터가 종교개혁 운동 한 세기 이전에 일으킨 종교개혁이었다. 만일 위클리프가 종교개혁의 여건이 성숙한 독일에서 태어나 활동했다면 루터보다 먼저 종교개혁에 성공했을 것이다. 어쨌든 위클리프는 "종교개혁의 서광" 또는 "종교개혁의 샛별"이라고 말할 수 있다.

2. 얀 후스(Jan Huss)

1) 후스의 생애와 활동

얀 후스(1371-1415)는 1371년 남 보헤미아의 후시넥(Husinec)에서 출생하였다. 후스의 이름은 고향의 이름에서 유래했다고 볼 수 있다. 그는 1386년 프라하대학교에 입학하여 1393년에 학사 학위를 받았고 1396년 석사 학위 취득과 함께 철학부 교수가 되었다. 1400년에 그는 대학에서 계속 가르치면서 사제 서품을 받았다. 후스는 1401년에 철학부장이 되었고, 1402년에 프라하에 있는 베들레헴 성당의 설교자로 임명되었다. 모국어인 체코어로 하는 그의 열띤 설교는 열렬한 지지자들을 얻었다. 찬송가도 회중으로 하여금 체코어로 된 옛 찬송가를 부르게 하는가 하면 자신이 직접 새 찬송가를 작곡하기도 하였다. 처음에는 대주교였던 츠비넥 차이익(Zbynek Zajic, 1401-1411)의 지지도 얻었다. 그러나 후스가 1404년 교황 정치의 부패를 공격하고 위클리프의 사상을 옹호함으로 츠비넥과 불화하게 되었고 1408년 프라하의 성직자단은 후스의 설교를 금지하였다.

그는 결국 1410년 불복종의 혐의로 로마에 소환되었지만 응하지 않아 1411년에 파문당했다. 이러한 가운데 후스는 피사 회의 측 교황에 대항하여 점점 과격한 입장을 갖게 되었다. 즉 그는 자격 없는 교황에게는 복종할 필요가 없다고 하였다. 그러나 이때까지만 해도 후스의 입장은 아직 교황청에 대해 정면 대결하는 데까지는 이르지 않았다. 그러나 1411년 요한 23세가 대립 교황인 그레고리 12세의 지지자인 나폴리의 라디슬라브를 무력으로 굴복시키기 위해 십자군을 소집하면서, 십자군에 직접 참여하거나 기부금을 내는 사람에게 면죄부를 발급하자 후스는 반기를 들었다. 더구나 1412년 7월 후스는 위클리프의 사상은 이단이 아니고 오류가 없다고 주장하였다. 그리하여 1412년 10월 18일 반대파는 후스에게 보다 강력한 파문을 촉구하였다. 후스는 반대파의 압력에 의해 벤첼 왕의 피신하라는 권고로 프라하를 떠났다. 왜냐하면 후스로 인해 프라하에 성사금지령이 내려졌기 때문이었다.

한편, 콘스탄츠 공의회(1414-1418)는 신성 로마제국의 황제 지기시문트와 교황 요한 23세의 동의로 이루어졌다. 세 가지 의제가 중요한 문제로 상정되었다. 1) 교황청 대분열의 종식, 2) 위클리프와 후스의 사상으로부터 교회의 보호, 3) 로마교회의 개혁이었다.

후스는 프라하 시 밖의 은신처에서 지기시문트 황제가 그를 초청하여 공의회 석상에서 그의 입장을 변호하겠다는 것과 황제가 직접 후스의 안전 통행권을 보장했다는 소식을 듣고 기꺼이 그 제안을 수락하였다. 마침내 후스는 1414년 10월 11일 길을 떠나 11월 3일 콘스탄츠에 도착하였다. 그의 출현은 큰 반향을 일으켰다. 그는 많은 군중 사이를 뚫고 마을로 들어왔다. 교황은 후스에게 미사를 집전하는 것을 금하였다. 그러나 후스는 매일 자기 처소에서 미사를 집전하였다. 이에 격분한 추기경들은 황제와의 약속과 달리 후스를 체포하여 12월 6일 도미니크 수도원의 토굴 속에 감금시켰다. 후스는 토굴에서 3개월간 비참한 생활을 해야만 했다. 그의 감옥은 화장실 옆에 있어 더욱 견디기 어려웠으며 구토와 열이 나기 시작하였다. 이에 대해 지기시문트 황제는 처음에는 항의했으나 추기경들의 눈치를 살피며 기회주의적 태도로 일관했기 때문에 후스는 석방되지 못했다. 마침내 후스는 1415년 6월 5일부터 8일까지 추기경, 대주교, 주교, 신학자들로 구성된 '이단 심리위원회' 앞에 서게 되었다. 이 위원회는 후스의 저서에서 30가지의 교리를 이단으로 기소하였다. 후스는 이러한 기소에 대해 모두 자신의 저술임을 인정했으나 그것들을 이단으로 해석하는 위원회의 견해에 반박하고 자신의 입장은 정통적이라고 주장하였다. 드디어 심판 날짜가 다가왔다. 지기스문트 황제의 요청에 따라 피에르 다이이(Pierre d'Ailly) 추기경과 자벨라 추기경이 마지막으로 감옥을 방문하여 후스의 주장을 철회하도록 설득했으나 후스는 단호히 거부하였다. 그리하여 마침내 후스는 1415년 7월 6일 콘스탄츠 대성당으로 끌려갔고 그곳에 모인 공의회 석상에서 최종 판결을 받았다. 판결은 사형이었고, 집행은 그날 정오였다. 후스는 손을 뒤로 묶였고 그의 목은 쇠사슬에 의해 기둥에 묶였다. 다시 한번 철회 기회가 주어졌으나 후스는 거부하였고, 결국 화형이 집행되었다. 이 사건이 원인이 되어 11년에 걸쳐 보헤미아와 독일을 불안과 공포로 몰고 간 후스 전쟁(1420-1431)이 발발하였다.

2) 후스의 개혁사상

1400년에 사제 서품을 받은 이래 후스는 하나님의 말씀을 설교하는 것을 자신의 주요한 과업이라고 생각하였다. 이것은 그가 평신도 대중의 영적 각성을 불러일으키게 하는 복음적 개혁사상을 가지고 있었음을 뜻하였다. 1402년 후스는 베들레헴 성당의 설교자로 부임하였고 모국어인 체코어로 설교하였다. 후스의 강점은 그의 대중설교에 있었다. 그는 불같은 설교로 많은 추종자를 얻었다. 후스는 설교를 통해 제도적 교회에 개혁적 메시지를 전하고 평신도의 영적 각성을 불러일으키는 운동을 전개하였다. 후스는 베들레헴 소성당에서 10년 동안 약 3,000회의 설교를 하였는데 이것은 중세 가톨릭 교회에서 설교의 비중이 약화되었던 일반적 현실을 볼 때 과히 혁명적이라 할 수 있다. 설교의 내용은 성직자들의 부패와 세속성을 비판하고 평신도들의 영적, 도덕적 각성을 촉구하는 것이었다.

후스는 이미 초기부터 위클리프의 교회론을 전수받아 청중들에게 소개하였다. 후스 역시 위클리프처럼 《교회론》(*De ecclesia*)에서 어거스틴의 교회 개념을 인용하여 교회를 예정된 자들의 모임으로 정의하였다.

> 거룩한 가톨릭 교회는 우주적이며 모든 예정된 자들의 공동체, 곧 과거나 현재나 미래의 모든 예정된 자들의 총체이다(*Ecclesia... sancta catholica, id est universalis, est omnium predestnatorum unversitas, que est omnes predestinati, preteriti et futuri*).[36]

후스는 '선택받은 자들'을 그리스도의 신비적 몸의 지체로 묘사하는 것과 비교하여 '버림받은 자들'을 악마의 지체(*corpus diaboli*)로 묘사하였다. 후스에 의하면 '버림받은 자들'은 참으로 그리스도의 교회의 일원이라 보기 어렵다는 것이다.

> 세상적인 생각에 의하면 비록 많은 사람들이 교회의 머리나 교회의 일원이라고 말하지만 그러나 실상은 하나님 앞에서는 악마의 지체들이다(*multi secoundum famen seculi vocantur ecclesia capita vel*

36) Machilek, Franz, "Hus/ Hussiten", in: *TRE* 15, 718.

membra, licet secumdum dei prescienciam sunt membra diaboli).[37]

교회를 이렇게 이해할 때 교황 제도뿐 아니라 가시적 교회의 권위까지 부정될 수밖에 없었다. 후스는 주장하기를 "교황이나 주교는 결단코 교회의 이름으로 칼을 잡을 수 없고 전쟁을 수행해서는 안 된다. 세속권이나 세속적인 보화에 관심을 두어서도 안 된다"는 것이었다.[38] 그러나 일반적으로 로마 교황청은 영적 감화력이 없었고 신앙적인 지도보다는 유럽의 정치적, 외교적, 군사적인 이익을 위해 전심전력을 다하였다. 그 당시 통계를 보면 요한 22세 때의 아비뇽 교황청은 유럽에서 가장 큰 금권력을 가지고 있었다. 교황청의 일 년 수입이 약 2백만 금화였는데 63.7%가 외교 정책과 전쟁 수행에 쓰였고 오직 7.2%만 구제와 교회 건축과 선교를 위해 쓰였을 뿐이었다.[39]

후스는 교황이나 주교의 허락 없이 설교를 하거나 하나님의 말씀을 듣는 자는 파문하고 심판 날에 배교자로 취급된다고 말하는 것은 이단적이라고 공박하였다.[40] 후스와 후스파의 또 다른 특징은 성찬에서의 이종 배찬이었다. 후스는 콘스탄츠에서 미사드릴 때 평신도에게 잔을 주었고 후스파들은 1414년부터 평신도들에게 잔을 주기 시작하였다.[41]

3) 후스 전쟁(1420-1431)

후스가 콘스탄츠에서 피살되었다는 보도가 보헤미아에 도달하자 백성들은 크게 분개하여 452인의 귀족이 콘스탄츠 회의 결정을 반대하

37) Ibid.

38) W. Blasig und W. Bohusch, *Von Jesus bis heute*, 84.

39) Joachim Dachsel, Jan Hus, *Leben und Briefe des tschechischen Reformators* (Berlin: Evangelische Verlaganstalt, 1964), 18.

40) Richard Friedenthal, *Ketzer und Rebell*, 108.

41) Malcolm Lambert, *Ketzerei im Mittelalter*, 434f.

고, 후스파는 1420년 프라하에서 로마 교황 측에 반대하여 4개 조항을 선포하였다. 첫째, 성경에 의하여 자유롭게 설교할 것, 둘째, 성찬에 잔도 베풀 것, 셋째, 교직이 국가 정치권을 겸행(兼行)함이 불가함, 넷째, 교직의 여러 죄와 부패를 방지할 것 등이었다.

후스가 죽은 후 후스파에는 두 파가 급속히 일어났는데 곧 온건 귀족파와 과격 민주파였다. 온건 귀족파는 보헤미아의 수도인 프라하를 중심한 귀족들로 구성된 중용파로 성찬에서 떡과 잔을 모두 베푸는 것으로 만족하였기 때문에 떡-포도주파 또는 배당(盃黨)이라 하고 양형색설(*Utraquists*, 兩形色設)주의자라고도 말한다. 이들은 성경이 금하는 의식만 금지하며 복음의 자유와 평신도들에게 포도주 잔을 주는 것과 교직자의 사도적 청빈과 엄격한 교직생활을 요구하였다.

과격 민주파는 로마교회의 교리 개혁까지 요구하였고 성경으로 증거할 수 없는 모든 교리를 금지시켰다. 이들은 오직 성경만이 기독교인들의 신앙과 실행의 유일한 기준이 되며, 화체설은 오류이며, 고행과 종부성사는 폐지되어야 하며, 연옥과 죽은 자를 위해 성자에게 드리는 기도, 성상 및 성유물에 대한 예배 등은 모두 미신이라고 규정하였다. 이들은 타보르(Tabor) 고원을 근거지로 삼았기 때문에 타보르파라고 부른다.

두 파 간의 논쟁은 격렬했으나 외부의 공격에는 두 파가 연합 전선을 펴서 방어하였다. 교황 측이 일으킨 십자군의 공격으로 후스 전쟁이 일어났다. 이 후스 전쟁의 성격은 지그시문트(1419-1437) 황제를 보헤미아 왕으로 인정하지 않고 제도적인 왕조를 뒤엎고 환상적이고 종말론적인 천년왕국의 건설을 목표하고 있었다.[42] 보헤미아의 영웅인 타보르파의 맹인(盲人) 장군 요한 지즈카(John Zizka, 1376-1424)가 보헤미아를 잘 방어하였고 그의 후계자인 프로콥(Prokop, ?-1434)은 보헤미아의 국경을 넘어 교황 측과 전쟁하였다. 불리한 교황 측에서 타협을

---

42) Alexander Randa(Hrsg.), *Handbuch der Weltgeschichte* II (Olten und Freiburg: Walter-Verlag, 1962), 1984.

제시하였고 1433년 바젤회의에서 교섭 끝에 떡-포도주파(온건 귀족파)는 성찬 시 잔의 사용을 인정받고 교황 측과 휴전하였다. 그러나 타보르파는 계속 항쟁함으로 떡-포도주파와 내전이 벌어졌다. 타보르파는 리판(Lipany) 전투에서 떡-포도주파에게 거의 전멸당하고 프로콥은 전사하였다(1434). 승리한 떡-포도주파는 바젤회의에서 합의한 대로 1436년 명목상 로마 가톨릭의 일원이 되었다. 그러나 1462년 교황 피우스 2세(1458-1464)가 그 합의를 무효화시키자 떡-포도주파는 자신들의 입장을 고수하였고 보헤미아 국회는 1485년과 다시 1512년에 로마 가톨릭과 동등 됨을 선언하였다. 종교개혁 때 상당수가 개혁사상을 받아들였고 소수는 로마교회로 돌아갔다.

위클리프-후스의 사상의 진정한 대표자들은 떡-포도주파라기보다는 타보르파였다. 1458년경부터 타보르파와 떡-포도주파 그리고 발도파가 합하여 보헤미아 일치 형제단(Unitas Fratrum)을 조직하였는데 그것이 후스운동의 핵심적 요소를 흡수하여 후대 모라비안 경건주의의 정신적 조상이 되었다.[43] 이 모라비안파는 영국의 요한 웨슬레에게 큰 영향을 끼쳤다.

43) Rudolf Rican, Das Reich Gottes in den bömischen Ländern (Stuttgart: Evangelisches Verlagswerk, 1957), 68-77.

제3장 마르틴 루터와 종교개혁

I. 종교개혁의 간접적 원인

1. 교회의 타락

종교개혁 전까지 성직매매(Simonie)는 일반화되었다. 돈으로 성직을 샀고 더 큰 교구로 옮겨가기 위해 교황청에 뇌물을 바쳤다. 성직매매는 교황청의 아비뇽 포로(1309-1377) 때와 교황청의 분열시(1378-1417) 두 교황청에서 재정을 조달하기 위한 수단으로 성직을 경매하는 관습에서 심화되었다. 성직 첫 수입세(Annate) 등을 실시함으로 성직매매의 기회는 점차 증가되었다. 교황 레오 10세 때 돈을 주고 살 수 있는 성직의 수는 사상 최고에 달했다. 화려한 성당 건축과 교황의 호사스런 생활 및 고가의 미술품, 조각품 수집의 취미생활로 교황청의 재정이 딸리자 성직매매와 세금 착취, 면죄부 남발 등이 자행되었다. 면죄부 판매는 성당 건축이나 터키에 대항하기 위한 십자군 원정 자금으로 모금하였으나 실제로는 교황이나 고위 성직자들의 부채를 갚기 위한 것이었다. 교회와 수도원은 비교적 부유한 형편에 있었다. 유럽 토지의 삼분의 일이 하나님의 이름 아래 등기되어 교회와 수도원에 속해 있었다. 막대한 재산을 가지고 있는 일부 주교들은 동시에 봉건 영주로서 "주교 영주" 또는 "교회 영주"라고 불렸다. 교회와 수도원에서 거둬들이는 소작료만 해도 거액이었다. 예를 들면 독일의 총 수입의 5분의 2가 로마 교황청으로 유입된 것으로 추정되었다. 애국적 관심과 의식 있는 자들은 당연히 불평하게 되었다.

주교직과 추기경직은 교황의 가족이 독점하여 족벌(*Nepotismus*)체제를 구축하였다. 교황 가족이 추기경직을 독점하는 족벌체제가 교황 선출에 있어서 결정적인 역할을 하자, 교황 가족에서 교황이 나올 수밖에 없었다. 그리하여 피렌체의 메디치(Medici) 가문은 교황들을 많이 배출한 가문으로 명성을 날렸다. 축첩, 세속 이권 개입, 성직매매, 범법행위 등 교황의 부정과 부패는 세속인의 귀에 추문거리였고 교황청의 위신을 추락시켰다. 일반 사제들은 영적 감화력이 없었고 형식적인 예전만 거행했으며 복음에 관한 교리는 무지하였다. 지방 사제들은 초급 라틴어와 기초적인 교리문답의 신학 그리고 미사를 올리는 데 필요한 의식만 배웠을 뿐이다. 또한 성직자의 독신생활이 음란과 부정의 원인이 되었다. 보카치오(Boccacio, 1313-1375)가 쓴 《데카메론》에는 그 시대의 타락하고 부패한 로마 교회의 사제와 수도사들의 음풍(淫風)이 사실적 수법으로 묘사되었다.

교황이 세속 정치에 깊이 간섭하여 압력을 가하거나 조공을 요구하는 행위가 각 나라의 군주들과 백성들로에게 민족주의 사상을 갖게 하였고 교황청에 반항하게 하였다.

2. 문예부흥과 지성의 각성

종교개혁에 한 몫을 도운 것은 이탈리아와 북구(北歐)의 문예부흥(Renaissance)이다. 르네상스는 '재생'이라는 뜻으로 인간의 재발견과 인간의 가치와 위엄을 존중하고 인간성의 해방과 자유로운 발달을 원하는 인문주의(*Humanismus*)라고 볼 수 있다. 따라서 인간관과 예술관, 세계관의 대변혁과 지성의 새로운 각성을 가져왔다. 문예부흥을 가져오게 된 데에는 여러 요인들이 작용하였다. 그것은 첫째, 십자군 전쟁 때 동방과의 접촉으로 동, 서 문화가 교류되고 그리스-라틴의 고전문학이 부흥되었다. 둘째, 교회나 수도원에 속한 부속학교의 발달로 학문 연구가 활발하였고, 셋째, 1453년 동로마제국의 멸망으로 동방의 학자들이 서방으로 몰려와서 고전문학에 대한 연구가 활발하게 이루어졌다. 넷째, 자연과학의 원리, 컴파스, 망원경, 항해술, 화약, 지류 및 인쇄술의 발달, 신대륙 발견, 천문학의 진보 등 새로운 발명과 새로운 발견이 학문을 꽃피웠다. 특히 인쇄술의 발달로 새로운 지식과 사상을 빠르고 널리 전파할 수 있었다. 다섯째, 교회의 지배나 간섭으로부터 지적 자유를 추구하고 교권의 독재와 부정에 대한 비판과 신에 대한 인간의 해방 등 신본주의에서 벗어나 인본주의 및 개인주의 사상이 팽배하였다. 사람들의 관심이 천상에서 지상에 대한 관심으로 전환되었다. 인본주의 문학과 사상을 고취한 사람들은 단테(Dante, 1265-1321), 페트라카(Petrarca, 1304-1374), 보카치오(Boccacio, 1313-1375) 등이었다.

이탈리아를 중심으로 한 문예부흥이 학문 증진에 있었다면 북구의 문예부흥은 학문 증진과 더불어 경건 사상과 훈련이 첨가되었다. 북 유럽 학생들과 예술인들이 이탈리아로 자주 왕래하여 북구의 문예부흥이 이루어졌다. 독일과 네덜란드에서는 "공동생활 형제단"이란 신앙 단체가 융성하였다. 이들이 행하는 새로운 헌신(*Devotio moderna*) 운동은 학문 증진과 경건 사상이 조화를 이루었다. 특히 성경과 고전을 복사하여 성경 본문과 교회 교부들을 연구하였다. 이들은 실천적 신비주의자들로 낮에는 힘써 일하고 그 대가로 얻은 수입으로 구제사업을 전개하였다. 타락한 교회를 개혁하는 것이 목적이었기 때문에 성직자 양성보다 청소년들을 교육시키는 길을 모색하였다. 그리하여 청소년들로 하여금 성경과 고전을 연구하게 하였다. 이리하여 기독교 문서를 널리 보급하고 개인의 영적 각성운동을 전개하였다. 이런 점에서 북구의 문예부흥은 종교개혁을 위하여 그 길을 준비했다고 볼 수 있다. 북구 문예부흥의 대표적인 인물로는 에라스무스와 로힐린 등을 들 수 있다. 에라스무스는 그의《우신 예찬》에서 성직자와 교회의 타락과 부패를 풍자하여 비판하였다. 교황과 주교와 수도사들의 악덕과 그들의 야망을 노출시켰으며 축제와 순례와 면죄부와 성물에 대한 어리석은 신뢰를 폭로하였다. 기독교의 개혁은 교리가 아니라 생활이라고 하여 그리스도의 생활에 실현된 사랑, 겸손, 순결 등을 강조하였다. 진정한 종교개혁은 도덕적 혁신을 행하고 그리스도의 종교로 돌아감에 있다고 하였다. 그는 일면 풍자로써 그 당시 종교 신학의 어리석음을 폭로함과 동시에 순수한 기독교를 회복시키기 위해 헬라어 신약성서의 원문을 발행하였다. 에라스무스는 평화적 조화주의자로서 그의 사상은 이지적 비판으로부터 나온 것이므로 루터와 같이 깊은 신앙의 경험에서 나온 산물이 아니었다.

인문주의와 종교개혁과는 공통점이 있었다. 그것은 자유를 소중히 여기고 개인의 의식과 판단을 중요하게 생각했으며 내세 지향주의를 탈피하고 현세 생활의 가치를 인정한 점이었다. 그럼에도 인문주의적 윤리와 종교개혁의 신앙 사이에는 상호 조화될 수 없고 동의할 수 없는 차이가 발견되었다. 인문주의자들은 인간에 대해 낙관적이며 자연인의 잠재 능력을 강조하고 교육의 중요성을 강조하였다. 그에 반해 종교개혁자들은 인간의 본질적 타락과 인간이 신의 은총에 의존해야 할 필요성을 강조하였다. 인문주의자들의 대표격인 에라스무스와 종교개혁의 대표자 루터와의 결정적 결별은 1525년 "인간의 의지"에 대한 논쟁에서였다.

3. 시대의 변화

13세기 말경부터 교회의 세력이 쇠퇴하고 봉건 영주들의 힘이 약해지자 상대적으로 왕권이 신장되었다. 구체적으로 말하면 십자군 전쟁(1096-1291)[1]과 백년전쟁(1339-1453)[2]과 장미전쟁(1455-1485)[3]으로 각 국의 봉건 영주 세력이 쇠퇴하고 절대 군주가 등장하여 교황청에 대항하는 세력이 되었다. 각 국의 국왕은 자신의 과세권과 재판권을 확대하는 한편 관료제와 상비군을 정비하여 중앙집권 체제를 확립하였다. 15세기 후반까지 이베리아 반도에는 카스틸라와 아라곤과 포르투갈 세 왕국이 강력하였는데 카스틸라와 아라곤의 두 왕국이 합동하여 에스파냐(Espana) 왕국을 성립하였고, 1492년 이슬람 세력을 반도에서 완전히 몰아내고 국가적 통일을 이룩하였다. 포르투갈도 이슬람 세력을 내몰고 중앙집권 체제를 갖춘 통일 국가를 형성하였다. 그러나 신성로마제국 이름 아래 독일과 이탈리아는 정치적 분열이 계속되어 독일은 일곱 명의 선제후 통치 아래 300개의 연방으로 존재하게 되었다. 이로 인해 독일이 교황청의 주요한 착취 대상이 되었고 따라서 종교개혁의 도화선이 되었다. 이탈리아에서도 교황령, 베네치아와 피렌체와 제노아의 도시국가, 밀라노 공국, 사보이 공국, 시에나 공국, 나폴리 왕국 등 많은 제후국과 도시가 분립하였고 교황파와 황제파로 나뉜 싸움으로 통일을 이루지 못하고 있었다. 각 국의 민족주의는 교황의 신정정치를 약화시켰다. 민족국가들은 교회의 수입과 성직 임면을 국가의 통제 아래 두려고 하였고, 그로 인해 교황권과 황제권은 수시로 싸웠다.

---

1) 십자군 전쟁을 통하여 첫째, 처음에는 교황의 권위가 높아졌으나 그것이 실패로 돌아가자 교황의 권위가 실추되었고, 둘째, 십자군 원정에 종군한 봉건 영주들이 전사하거나 몰락하여 봉건제도가 타격을 입었으며, 셋째, 동서 문화가 교류되어 학문과 예술에 크게 자극받았고, 넷째, 지중해를 통한 동방과의 무역으로 서방세계의 상공업과 무역이 발달하게 되었다.

2) 이 전쟁으로 프랑스는 노르망디, 부르군디, 플랑드르를 합친 통일된 국토를 가지게 되었고 영주의 세력이 쇠퇴하여 왕권이 강화되고 중앙집권 체제를 가지게 되었다.

3) 랭카스타와 요크의 두 왕가의 싸움으로 영주들의 대부분이 몰락하여 15세기 말 내란을 종식시키고 왕위에 오른 튜더가(家)의 헨리 7세(1485-1509)는 왕권을 강화하여 중앙집권 체제를 굳혀 나갔다.

II. 루터와 종교개혁의 직접적인 원인

1. 루터의 어린 시절

루터는 1483년 11월 10일 독일의 아이스레벤(Eisleben)에서 한 농부의 가정에서 출생하였다. 출생 다음날 루터는 세례를 받고 그날의 성자 이름인 마틴을 받았다. 그 당시 농부의 신분은 업신여김을 당하는 계층임에도 불구하고 루터는 "나는 농부의 아들이며 나의 아버지, 나의 할아버지, 나의 증조 할아버지는 모두 참된 농부들이었다"고 고백한다. 아버지 한스 루터(Hans Luther)는 튜링기아의 북동쪽인 뫼라(Möhra) 출신이며 어머니 마가렛트 지글러(Ziegler)는 아이젠아흐(Eisenach)의 도시민 가문 출신이었다.

튜링기아 농민의 전통은 막내아들에게 집과 그곳에 딸린 경작지를 물려주는 풍습이 있었다. 다른 아들들은 성장하면 약간의 생활비를 주어 분가시켰다. 그래서 한스 루터는 1484년 만스펠트(Mandfeld)로 이사하여 그 지역에서 광부로 생활하였다. 한스 루터는 초기에 네 명의 아들들과 네 명의 딸들에 대한 부양으로 고생이 많았으나 1491년에 작은 제련장을 임차할 수 있었고 1508-1509년에는 이미 최소한 8개의 갱도와 3개의 정련소를 운영하고 있었다. 그는 큰 부자는 아니었지만 그의 가정은 행복했다. 1491년 한스 루터는 네 명의 마을의회 의원 가운데 한 사람으로 뽑혔다. 그것은 주민의 존경과 경제적 부요를 의미하였다. 루터는 《탁상담화》(*Tischrede*)에서 "나의 아버지는 젊은 시절에 가난한 광부였으며 어머니는 등에다 나무를 짊어지고 나르곤 하였다. 그렇게 하여 우리를 양육시켰다. 오늘날 세상 사람들이 더 이상 견딜 수 없는 그러한 쓰디 쓴 고통을 참고 견디셨다"고 말한다. 이처럼 루터는 소 농가적 분위기에서 자라났다. 교육은 엄격하였고 교육시간은 정확하였다. 교육은 딱딱하고 엄격했으며 잘못할 때마다 용서 없는 매질이 가해졌다. 그는 《탁상담화》에서 "어린애들을 심하게 매질해서는 안 된다. 한 번은 아버지가 나를 아주 심하게 매질해서 다시 친숙해질 때까지 나는 아버지로부터 도망했으며 불안에 싸여 있었다"고 말한다. "나의 어머니는 호두 하나 때문에 나를 피가 날 때까지 매질하였다. 이 엄격한 교육으로 그들은 나를 수도원에까지 이르게 하였다"고 술회한다. 미국의 유명한 심리학자였던 에릭슨(Erik H. Erikson)은 《마르틴 루터》에서 루터와 그의 부모에 대한 관계를 분석하였다. 에릭슨은 루터의 아버지와의 갈등과 어머니와의 불화 등에서 젊은 루터의 종교적이며 신학적인 발전을 설명하려고 시도하였다. 예를 들면 엄격한 아버지를 하나님의 모습과 동일시한 것이다. 화난 아버지에서 심판하시는 그리스도와 진노하시는 하나님을 본 것이다.

루터는 어려서부터 황제는 이 지상에 있는 하나님의 대리 통치자이며 백성을 터키족으로부터 보호해주고 교회는 백성들의 집이며 로마교황이 이 집의 가장이라고 배웠다. 그는 신조, 십계명 그리고 주기도문을 배웠다. 루터는 하나님과 성자들에게 기도하는 것과 교회와 신부들을 존경하는 것을 배웠고 일생 동안 그의 생각에 따라다닌 마녀들과 악마에 관한 무서운 이야기를 들었다. 로마교회는 연옥과 지옥과 심판에 대한 공포심을 조장하였다. 루터도 지옥과 연옥에 대한 공포에서 벗어나기 힘들었다.

2. 루터의 학교 시절

루터의 가족이 만스펠트로 이사한 후 1490년부터 1496년까지 만스펠트에 있는 사립 라틴어 학교를 다니게 되었다. 이 학교는 근본적으로 채찍과 꾸지람의 교육이었다. 라틴어 시제변화를 제대로 하지 못해 루터는 아침에 15대 정도의 매를 맞은 것을 기억하고 있었다. 여기서 루터는 라틴어와 교회 음악을 배웠다. 루터는 이 학교생활을 감옥과 지옥으로 표현하였다. 라틴어 수업 시간에는 모국어인 독일어로 말하는 것이 금지되었다. 만약 이 규칙을 위반하면 주말에 구타당하는 벌을 받았다. 라틴어의 격 지배와 시제변화를 제대로 못하면 엄격한 체벌이 가해졌다. 선생의 일부는 사형 집행수처럼 잔혹하였다.

루터는 1497년 1년간 마그데부르크에 있는 공동형제단이 운영하는 "경건의 학교"(*Devotio moderna*)에 입학하였다. 이 시기에 루터는 학교에서 가르친 경건 훈련을 받았다. 이곳에서 그의 기억에 남을 만한 일은 안할트(Anhalt)의 영주인 빌헬름이 프란시스코파의 수도사가 되어 구부러진 등에 구걸 행낭을 걸쳐 메고 거리를 지나가는 모습을 보고 감동한 것이었다. 일 년 후 루터는 신부가 운영하는 아이젠아흐(Eisenach)의 학교로 옮겨갔다. 여기서 그는 교리문답서를 배웠는데 곧 사도신경, 주님의 기도, 십계명 등이다. 그리고 서너 개의 라틴어와 독일어 찬송가였다. 이미 14세 때 루터는 거리에서 노래하는 것으로 자급자족해야 했다. 또한 교회 성가대에서 노래하여 생활비를 벌었다. 루터는 노 귀부인의 도움으로 숙식 문제를 해결했다. 그 노 귀부인은 아마도 하인리히 쇨베(Heinrich Schalbe)인 것 같고 그의 아들이 루터를 보살폈던 것 같다. 루터의 교수인 라첸베르거(Matthäus Ratzenberger)에 의하면 루터는 코타(Kunz Cotta)와 그의 부인 우르술라(Ursula), 곧 처녀 때 이름이 쇨베(Schalbe)인 집에서 숙소와 식사를 제공받았다고 한다. 사람들은 루터가 코타의 집에서 살았고 샬베 부인에게서 식사를 제공받았다는 것을 인정한다. 루터는 처음으로 그 당시 살아 움직이는 종교적인 분위기와 교양 있는 분위기를 맛보았다. 샬베의 가족은 아이젠아흐에서 가장 경건한 집으로 평판이 나 있었다. 그들은 바르트부르크(Wartburg)의 기슭에 있는 작은 프란시스코파 수도원에 많은 기부를 하던 집안이었다. 이곳에서 수도원의 사제이며 아버지처럼 루터를 돌봐 주었던 브라운(Johannes Braun)과 친교를 나누었다. 사람들은 아이젠아흐에서 이런 친교 모임이 루터로 하여금 수도원에 들어가게 하는 결정적인 영향을 주었다는 것을 인정한다. 브라운, 샬베, 코타도 음악을 좋아하였다. 이런 자극들이 젊은 루터에게 신앙적으로 비옥한 토양이 된 것이다. 루터는 조화 있는 가족의 삶을 배웠고 이것이 그에게 깊은 인상을 주었다. 아이젠아흐에서의 세월들이 루터의 젊은 시절에 가장 행복했던 시절이었다. 여러 해 후에 쓴 그의 글에서 루터는 아이젠아흐를 "사랑하는 도시"라고 불렀다. 루터는 겁쟁이 소년에서 즐거워하는 젊은이로 변하였다.

3. 에르푸르트의 대학 시절

루터는 아이젠아흐의 학교에서 3년을 지냈다. 세월이 흘러 그는 18세가 되었다. 무엇이 될까? 그의 아버지는 큰 계획을 가지고 있었다. 루터의 아버지는 법률가로서 돈과 명예를 얻게 되기를 바랐다. 그리하여 루터는 1501년 18세 때 아버지의 권유로 에르푸르트 대학에 들어갔다. 에르푸르트는 그 당시 독일에서 서너 번째로 큰 도시였다. 에르푸르트 대학은 루터가 입학하기 약 백십 년 전인 1392년에 세워진 역사가 깊은 학교였다. 에르푸르트 도시는 대학에 대한 자부심이 강했는데 대학의 졸업식 날은 도시 전체의 휴일로 졸업식 행렬이 지나가면 도시 당국자 모두 대학의 교수들과 행진하였다. 새로 탄생한 박사는 말을 타고 시내 한 바퀴를 돌았다. 마인츠의 대주교가 학장이었고 수준 높은 교수들로 구성되었다.

루터는 1501년 4월 말 법학을 공부하기 위해 대학에 등록하여 기숙사 생활을 하게 되었다. 기숙사는 거의 수도원적인 규칙을 따라야 했다. 이 규칙은 새벽 네 시에 기상하여 저녁 여덟 시에 취침하게 되었다. 옷은 유니폼 종류였고 식사는 규칙적이었다. 물론 정해진 기도의 시간도 규칙적으로 준수해야 했다. 루터는 정규적으로 미사에 참석하였고 매일 성실한 헌신 기도를 드렸다. 그의 신조는 "기도 잘하는 것이 절반의 공부다"였다. 그는 성모 마리아를 잘 받드는 숭배자였다.

학생들의 생활은 학장과 교수들의 감독 아래 있었다. 학생들은 자기가 하고 싶은 대로 공부하는 것이 아니라 정확한 교과 과정을 통해 마지막 석사시험을 합격해야만 졸업할 수 있었다. 의무 강좌 외에 다른 것들은 특별한 허락 하에 참석이 허락되었다. 교수들은 읽을 책들을 정확히 지시하였는데 당시 학생들은 그것이 견딜 수 없는 강요라고 느끼지 않았다. 그들은 이런 생활에 익숙해져 있었다. 정도에 벗어나는 그릇된 일들은 거의 드물었다. 기숙사 밖에서 불확실한 여자와의 교제도 엄격하게 금지당했다. 그럼에도 이들은 명랑할 수 있었다. 루터는 그의 동창들에게 명랑하고 사교적인 친구로 평판이 나 있었다.

루터는 라틴어 성경을 보게 되었다. 그는 교회에서 읽거나 들어보거나 설명한 것 이상의 내용이 포함된 것을 발견하자 놀랐고 기뻐하였다. 특히 사무엘의 이야기를 기쁘게 읽었다. 그러나 루터는 수도원에 들어가기까지 조직적으로 성경을 연구하지는 않았다. 이때까지는 성경에서 하나님의 사랑과 자비를 발견하지 못했고 오히려 하나님의 의와 진노를 발견하였다. 루터는 개인적인 구원에 많은 관심을 두었고 자신의 죄된 상태 곧 죄의식으로 심한 우울적 반응을 보였다. 한 때는 위험스런 지경(병)에 빠졌고 절망의 감정에 사로잡혔다. 친구들이 이를 사제에게 알리자 사제는 루터를 위해 기도하였다: "나의 사랑하는 학사여! 용기를 내게. 이런 아픔으로 그대는 죽지 않을 것이다. 하나님은 많은 위로를 통해 그대를 위대한 사람으로 만들 것이다." 죄 중에 죽어야 할 두려움을 해결하지 못한 채 루터는 대학생활 보냈다.

그 당시 학생들은 고등 전공과목, 즉 신학, 법학, 의학을 정하기 전에 먼저 '예술교양학부'에 소속되었다. 이 학부에서는 각자가 전공에 들어가기 전에 시험을 쳐서 졸업해야 하는 교양, 기초과목을 가르쳤다. 이 학부는 예술교양학부라 불렀는데 그 안에서 자유로이 예술 기능을 연마해야 했다. 이것들은 문법, 논리학, 수사학의 3학(學)과 수학, 기하학, 천문학, 음악의 4학으로 구성되었다. 이것을 중세의 7자유 예술학부(septem artes liberales)라고 부른다. 3학은 토론술, 즉 논리학에 결속되었고, 4학은 수학에 집중되었다. 학생들은 예술과목에서 보통 3-4년을 공부하였다. 루터는 열심히 공부하였고 졸업시험을 치렀다. 그는 1502년 가을에 이미 학사학위와 함께 3학을 마쳤고 아리스토텔레스의 자연

철학, 형이상학, 윤리학의 책들에 몰두하였으며 아울러 4학의 과목들을 마쳤다. 그는 1505년 1월 7일에 가장 빠른 기간 내에 합격한 17명 중 두 번째로 석사시험에 합격하였다. 루터의 아버지는 자기 아들이 부지런한 학생이었다는 것을 자랑스럽게 여겼고 루터에게 값비싼 법전(法典)을 선물하였다. 그리고 석사를 마친 후에 아버지는 루터를 '너'(Du, 친칭)라고 부르지 않고 '당신'(Ihr, 경칭)이라고 불렀다.

루터는 대학에서 방법론과 논리학을 배웠다. 또한 규칙적인 토론들이 벌어졌는데 이것을 루터는 일평생 중히 여겼다. 학생으로서 루터는 동료들에게 음악가로, 사려 깊은 철학자로 평가되었다. 에르푸르트 대학의 교양학부는 옥캄의 철학을 수용하였다. 루터도 옥캄의 제자인 가브리엘 비엘(Gabriel Biel)로부터 그의 신학을 배웠다. 루터는 옥캄의 신 인식론에 사로잡혔다. 모든 인식은 지각으로부터 출발한다. 그러나 개념적인 신 인식은 있을 수 없다. 하나님에 대한 진술들은 논리적으로 충분히 파악할 수 없다. 신앙과 이성의 문제는 루터에게 중요한 문제였다. 이성과 신앙은 그에게 하나의 정해진 궤도 위에서 조정된다. 루터에게는 교회의 교리가 권위로 받아들여지는 것이 아니라 성경만이 권위를 갖게 된다. 토마스 아퀴나스파에게는 이성과 신앙 사이에 대립이 없다. 이성은 신앙의 부족한 점을 보충한다는 것이다. 그러나 옥캄주의자 루터는 신앙을 하나님의 영으로 깨우쳐지지 않은 이성과 대립시킨다. 루터가 신적인 것에 대해 이성을 불신함은 실재적 가치, 곧 탐구 불가능한 하나님의 신비성에 관한 종교적 체험에 기인한다. 실재의 가치는 이성적인 개념의 한계를 뛰어넘는다. 만약에 루터가 그의 젊은 시절에 토마스 아퀴나스의 학설에 몰입했다면 과연 종교개혁자가 되었겠는가? 라는 질문을 할 수 있게 된다. 사실 그는 내적인 갈등에 빠졌고 결국 복음의 발견에서 문제 해결을 얻게 되었다.

4. 수도원 생활

문학석사로서 루터는 1505년 4월 24일에 강의를 시작하였고, 법학공부는 5월 20일에 시작하였다. 그가 법학을 시작한 후 6월 20일 만스펠트로 가서 거의 일주일을 머물렀는데 그곳에서 무엇을 하려고 했는지는 알 수 없으나 당시에는 항상 침울해 있었다. 6월 30일 루터는 만스펠트에서 다시 에르푸르트로 출발하였다. 7월 2일 그는 스토테른하임(Stotternheim)이란 마을에서 무서운 뇌우(雷雨)를 만났다. 번개가 그의 가까운 부근에 내리쳤고 바람에 의해 그는 땅바닥으로 내동댕이쳐졌다. 이 극한의 놀라움 속에서 그는 "성 안나여! 도와주십시오, 내가 수도사가 되겠습니다"라고 소리 질렀다. 루터가 곧 바로 성모 마리아의 어머니이신, 성 안나를 부른 것은 우연이 아니었다. 성 안나는 광부들의 성자였고 루터의 집에서 어려운 곤란이 있을 때 많이 불렀다. 루터의 이 서원이 우연인가? 아니면 내적으로 준비된 것이었는가? 루터는 이미 학생으로서 은총의 하나님과 씨름하고 있었다. 루터가 수도원에 들어간 것은 그 자신에 대한 의심, 즉 그 자신의 구원에 대한 의심이었다. 루터에게 영향을 끼친 그림들이 있었는데 이 그림들은 그의 영적 고뇌를 한마디로 나타내주며 그를 수도원으로 몰고 간 의심이 무엇인가를 말해준다. 이 그림들은 첫째, 만스펠트 교회당의 유리창에 그려진 것으로 예수님이 무지개 위에 찡그린 얼굴로 손에 칼을 들고서 사악한 자들을 심판하시는 자리에 앉아 계시는 모습이다. 그 당시 이중으로 날이 선 칼을 입에 물고 계시는 심판주의 그리스도 상(像)이 일반적으로 잘 알려져 있었다. 둘째, 마그데부르크 성당에 있는 제단의 그림으로, 큰 배가 하늘을 향해 항해하고 있는데 그 배에는 사제들과 수도사들 외에는 아무도 없었으며 평신도들은 바닷물에 빠져 죽어 가는데 배 안에 안전하게 있는 사제들과 수도사들이 던져주는 밧줄을 붙들고 구원을 받는 모습이었다. 당시 사람들은 사제나 수도사들은 확실히 구원받은 자로 여겼다. 셋째, 안할트(Anhalt)의 영주에 대한 생생한 이야기로써, 루터는 그 영주가 영혼의 구원을 위해 탁발 수도사가 되어 구부러진 등에 구걸 행낭을 걸쳐 메고 마그데부르크 거리를 지나가는 모습을 자주 보았던 것이다. 넷째, 아이젠아흐 교회의 유리창에 화려하게 장식된 그림으로, 성 엘리자베스(St. Elizabeth)의 일대기에 대한 것이다. 엘리자베스는 헝가리 공주로 14세에 바르트부르 성의 성주와 결혼하였는데 남편이 십자군 전쟁에 종군하다가 병사한 후로 가난한 사람, 병자들을 위해 일생동안 헌신한 성녀였다. 마르부르크(Marburg)에서 구제 사업에 종사하다가 30세의 젊은 나이에 죽었다. 그녀는 성녀로 추존되었다. 다섯째, 에르푸르트 교회의 고위 성직자의 끔직스런 임종 모습으로, 그는 22개의 성직록을 가지고 있었으며 루터는 행진할 때 그의 호화로운 모습을 보았는데 일생동안 악하게 살다가 죽을 때 괴성을 지르면서 숨을 거두었다는 것이다.

이런 저런 종교적 경험으로 루터는 자기 영혼의 구원에 대한 의심과 불안에 싸였으며 죽음의 공포와 하나님의 심판에 대한 공포 때문에 수도원으로 들어가려는 생각이 있었다. 그렇지 않고서는 그가 이 경악의 순간에 바로 수도사가 될 것을 맹세했다는 것은 이해할 수 없게 된다. 그러나 결국 스토테른하임의 번개 사건이 루터로 하여금 수도원 행을 결정하게 한 것이다. 루터는 친구들의 간곡한 만류에도 최종적으로 수도원 행을 결심하였다. 7월 15일 수도원으로 들어가던 날 루터의 친구들은 수도원의 문 앞에서 눈물로 루터와 작별하였다.[4] 루터의 아버지는 루터의 수도원 행에 대단히 실망하였고 분노하였다.

수도원 생활에는 대개 1년간의 수습기간이 있다. 이때 진로를 결정하게 된다. 루터는 1년의 수습 과정을 마친 후 순결, 청빈, 복종의 서약으로 정식 수도사가 되었다. 루터는 머슴 같은 일을 떠맡았다. 마루 청소, 거리에서 빵 구걸, 고행적 금욕에 절대 복종, 매일 일곱 번의 기도, 스물다섯 번의 아베 마리아 기도문을 드렸다. 수도회 소속 전원은 참회 기도와 성서 읽기가 주된 임무였다. 전체 시편이 일주일 동안의 기

4) *WA* TR IV, Nr. 4707.

수도사 시절 루터

도로 암송되었다. 여기에 더하여 교부들의 설교, 기도, 찬양에서 뽑은 강독이 따랐다. 그날의 성자에 대한 성담(聖譚)을 읽고 명상하고 기도하는 일이 첨가되었다. 루터는 적어도 일주일에 한 번 정도 사제에게 죄를 고백하였다.

수도원 생활은 엄격한 금욕주의 생활이었다. 이것은 펠라기우스적인 구원 방법으로 결론은 항상 인간은 자신의 구원을 스스로 완성해야 한다는 것이다. 루터는 가장 엄격한 금욕주의를 통해서 구원의 완성을 이루어 보려고 시도하였다. 루터의 주된 관심은 성자(聖者)가 되는 것이요, 천국을 차지하는 것이었다. 후에 루터는 "만일 수도생활에 의해 수도사가 천국에 들어갔다면 나도 거기에 들어가게 되었을 것을 동료 수도사들이 증거할 수 있다"[5]고 하여 자신의 완벽한 수도생활을 내세우고 있다. 루터는 수도원 규율을 가장 세심한 부분까지 모두 지켰다. 명상, 기도, 금식, 그리고 철야에서 루터를 능가할 사람이 없었다. 이미 그는 성자의 모델로서 충분하였다. 그래서 동료 수도사들은 그를 "젊은 성자"라고 부를 정도였다.

그러나 슬프게도 수도생활 이면의 죄와 유혹으로부터 탈출을 바라는 희망은 좌절되었다. 루터는 금식기도를 하고 자신을 회초리로 내리치고, 자신을 쇠약하게 하는 방법을 총 동원하기도 하고 금욕하는 새 방법을 고안해 내기도 했으나 모든 것이 헛수고에 불과하였다. 경건의 훈련에서 그는 참된 평화와 안식을 얻지 못하였다. 죄의 짐은 더욱 더 무겁게 느껴졌다. 성경을 통해 그는 하나님의 노여움과 심판에 대한 두려움을 느끼게 되었다. 그는 하나님을 화해한 아버지요, 사랑과 자비의

---

5) *WA* 38, 143.

하나님으로 믿을 수 없었고 진노의 하나님, 불길로 사르는 하나님으로 보아 그 앞에서 떨었다. 루터가 느낀 죄는 모든 사람에게 세력을 펼치고 부패시키는 원리로서 죄, 자연 본래의 타락으로서의 죄, 하나님께 대한 적대와 하나님으로부터 소외된 상태로서의 죄였다. 위의 것들이 악몽같이, 악마의 압박같이 루터의 마음을 짓눌렀고 그때마다 그는 절망의 구렁텅이에 빠졌다. 루터는 바울이 로마서 7장에서 묘사한 죄와 율법 사이의 갈등을 경험하였다.

그리고 결론적으로 바울이 했던 대로 "오호라 나는 곤고한 자로다. 누가 이 사망의 몸에서 나를 구해줄 것인가?"라고 부르짖었다. 그러나 루터는 그때까지 바울의 그 다음 말을 깨닫지 못하였다.

> 나는 우리 주 예수 그리스도로 말미암아 하나님께 감사하노니 그리스도 예수 안에 정죄함이 없느니라. 왜냐하면(그러므로) 예수 그리스도 안에 있는 생명의 성령의 법이 죄와 사망의 법에서 나를 해방하였기 때문이다.

루터는 심한 번민을 이기기 위해 한층 더 고행을 강요하였다. 규정된 기도, 철야기도, 성경 암송, 장시간 명상 등을 강행했다. 그러나 점점 더 예리해진 양심의 음성은 그를 규탄하였다. 루터의 주된 관심은 구원의 문제 곧 "내가 어떻게 자비로운 하나님을 만날 수 있을까?"였다.

수도원장인 요한 슈타우피츠는 루터가 영적으로 고뇌하는 것을 보고 그에게 성경을 읽으라고 권면하였다. 루터에게 행간 주석(Glossa ordinaria) 혹은 교회 주석을 주었는데 그것은 각 구절마다 뛰어난 교부들의 설명을 인용하여 사이사이에 설명해 놓았으며 어려운 난제들은 경건한 은유로 훌륭하게 설명한 것들이었다. 루터가 슈타우피츠에게서 배운 것 중 하나는 하나님의 의는 예수 그리스도 안에서, 그리고 예수 그리스도를 통해서 내 자신의 소유가 될 수 있다는 설명을 들은 것이다. 슈타우피츠의 설명은 "하나님은 인간에게 하나님과 더불어 교제할 수 있다고 약속하셨으며 이 모든 교제는 인격적인 신뢰에서 찾을 수 있다"고 하였다. "의인은 믿음에 의해서 산다"는 생각이 루터에게서 살아 움직이자 슈타우피츠는 루터가 점진적으로 평화의 길을 찾아 나서도록 도와주었으며 상당히 오랜 시간이 지난 후에 슈타우피츠에게 "영혼의 어두움을 몰아내고 빛의 서광을 보게 하신 분이 당신이었다"라고 고백하였다.

5. 로마 여행

1510년 11월에 루터는 어거스틴파 수도원의 일로 로마에 가게 되었다. 11월에 걸어서 출발하여, 1511년 1월 초 꿈에 그리던 로마에 도착하였다. 루터는 순례자의 심정으로 거룩한 도시 로마에 가게 됨을 기뻐했는데 그것은 성자들의 유적지를 순례하여 효과적으로 죄에서 구원받기를 갈망했기 때문이었다. 그러나 로마 안의 종교적 상태는 엉망이었다. 그 당시 로마는 고전문학과 예술의 재생의 열정으로 가득 차 있었지만, 종교에 대해서는 전혀 무관심하였다. 이 당시 교황 율리우스 2세(1503-1513년)는 파렴치한 외교와 피 흘리는 싸움의 수단을 가지고 세속 지배의 확대에 정력을 쏟았다. 그는 바티칸 박물관을 설립하였고 성 베드로 성당을 건축 중에 있었다.

루터는 영원한 도성 로마를 볼 수 있는 곳에 도착했을 때 땅에 엎드려 그의 손을 들고 "만세! 거룩한 로마여! 여기에 순교자들의 많은 거룩한 피가 뿌려졌도다"라고 외쳤다. 그는 옛 로마와 화려한 기독교 궁전의 로마를 관람하였다. 그는 순교자들의 기적과 유물에 관한 전승에 대한 의심 없는 믿음으로 모든 교회와 토굴과 지하묘지(*Catacomb*)를 미친 성자와 같이 뛰어 다녔다.

루터는 로마의 모든 교회 그리고 시내 구석구석까지 돌아다녔다. 그는 보다 거룩한 곳에서 미사를 드림으로 죽은 부모를 연옥에서 빼내는데 도울 수 있기를 바랬다: "나는 그 당시 나의 아버지와 어머니가 여전히 생존해 계심을 매우 유감으로 생각하였는데 왜냐하면 나는 기꺼이 나의 미사와 경건한 기도로 그들을 연옥으로부터 구해내고자 했기 때문이었다"고 회고하였다. 그 당시 "라테란 성당의 성 요한에게 미사를 거행하는 아들을 둔 어머니는 축복받은 자이다"라는 말이 있었다.

면죄를 얻기 위해 루터는 그 유명한 '쌍타 스칼라'(Santa Scala - 일명 빌라도 계단) 28개 계단을 무릎을 구부리고 올라갔는데 이 계단은 예루살렘에 있는 본디오 빌라도의 재판정에서 운송했다고 전해진다. 면죄 받기 위해 이 계단을 무릎으로 기어 올라가는 전통은 850년 교황 레오 4세 시대 이후 행한 하나의 고행적 수행이 되었던 것이다. 매 계단에서 루터의 귀에 의미 있는 항의로써 "의인은 믿음으로 살 것이다"(로마 1:17)라는 성경 말씀이 들려왔고 그래서 효력을 의심했다고 한다. 또 하나의 전승이 있다. 루터는 아들 파울(Paul)에게 그 당시 있었던 일을 설명하기를, 자신이 라테란 계단에서 기도하던 중 바울의 로마서 1장 17절에 인용된, 즉 "의인은 믿음으로 살리라"는 하박국 선지자의 말씀이 떠올라 기도를 중단하고 걸어서 올라갔다는 루터의 직접적인 고백도 있다. 그는 1545년 설교에서 "나는 로마에서 나의 할아버지를 연옥에서 구해내려고 하였고, 쌍타 스칼라의 계단 위로 올라가 매 계단에서 주기도문을 외웠다. 그렇게 기도하는 자는 한 영혼을 연옥에서부터 구한다는 확신을 가지고 있었다. 그러나 내가 맨 위에 도착했을 때 그것이 정말 진짜인지 아닌지를 누가 아느냐? 라는 생각이 들었다. 이와 같은 기도는 아무런 가치가 없는 생각이 들었다"고 증언하였다.[6]

루터는 로마에서 큰 충격을 받았는데 불신앙으로 가득한 도시, 동성연애와 매음의 도시, 성직자의 부도덕, 사도적 청빈 대신 재물과 사치스런 생활, 교황 율리우스 2세의 궁전의 세속적인 화려함, 교황 알렉산더 6세와 그의 가족의 무시무시한 범죄와 추문에 관한 소문 등이 만연했기 때문이었다. 또 한편 루터는 로마의 사제들이 드리는 미사에서 큰

---

6) *WA* 11, 273, 7.

충격을 받았다. 루터가 한 미사를 낭독할 동안 로마의 사제들은 여섯, 일곱 번 미사를 마치기도 하였다. 그들은 미사에 대한 준비나 명상 없이 미사를 빠르게 드렸다. 루터는 회고하기를 "나는 어떻게 그렇게 재빠르게 미사를 올릴 수 있는지 매우 구역질이 났다. 내가 복음을 선포(미사 때 낭독)하기 전에 내 옆의 사제는 이미 미사를 마치고 나에게 빨리 끝내라(*passa, passa!*)고 소리 질렀다. 그들이 6-7번 미사를 올리는 동안 나는 단 한 번밖에 못 올린다는 것을 안다. 그들은 돈을 받고 나는 그렇지 않다"고 하였다. 로마의 사제들은 재산 축적에 힘썼고 추기경들은 웅장한 저택에서 호화스런 생활을 하고 있었다. 로마에서 팔고 있는 것은 그리스도와 성직과 매음이었다. 루터가 말하기를 "만일 지옥이 있다면 로마가 그것을 만들었다. 그리고 그 같은 일은 곧 끝이 와야만 한다"고 했다. 루터는 "한 때 로마는 가장 거룩한 도시였으나 지금은 가장 악한 도시가 되어 버렸다"는 인상을 받았다. 로마 여행은 루터의 개신교 사상의 발전을 위한 로마교회에 대항한 하나의 반대 감정을 가지게 하였다. 이 부정적인 인상이 후에 종교개혁에 깊이 작용하였던 것이다.

6. 루터의 탑상 체험

루터는 1508년 가을 에르푸르트 어거스틴파 수도원에서 스타우피츠의 추천으로 비텐베르크 수도원으로 전입해 왔다. 비텐베르크 시는 작았고 아름답지 않았다. 1513년 당시 3천 명의 주민과 356채의 집이 있을 뿐이었다. 루터는 이 도시를 주정의 도시, 의무와 미덕이 없는 황량한 도시로 평가하였다. 비텐베르크 대학은 1502년 선제후 프레드릭이 세웠다. 이 대학은 처음에는 에르푸르트와 라이프치히 대학과는 경쟁할 수 없었다. 루터는 비텐베르크 대학에서 도덕철학-윤리학 교수로 일하게 되었다. 처음에는 스콜라 철학을 강의하였고 아리스토텔레스의 변증론과 물리학을 설명하였다. 1509년 3월 9일에 성서학 석사가 되었고 성경 일부분을 강의하였다. 1512년에 신학박사 학위를 받고 1513년 8월 1일부터 시편을 강의하였고, 1515년 가을부터 로마서를 그리고 1516/17년 사이에 갈라디아서를 강의하였다. 이 강의들이 루터에게는 다메섹으로 가는 구원의 길이었다. 루터가 겪은 세 가지 큰 충격적인 사건은 첫째, 스토테른하임에서의 번개 사건이었고 두 번째, 사제로서 첫 미사를 드릴 때 느낀 두렵고 떨리는 감동이었고 세 번째, 어거스틴 수도회의 탑상에서 '하나님의 의'라는 개념을 통해 하나님을 재발견한 것이었다.

루터 당시 비텐베르크

현재의 비텐베르크

루터는 대학 시절과 수도원 시절에도 심판자로서의 하나님과 그리스도에 대한 공포를 느꼈다. 그는 전능자 앞에서 무기력하고 의에 도달할 수 없는 자신을 느꼈다. 루터는 거룩한 분 앞에서 더러우며 죄 된 인간을 느낀 것이다. 어거스틴 수도회에서는 두 가지를 강조하였다. 첫째, 하나님 사랑과 이웃 사랑을 가르쳤고 둘째, 하나님과 이웃에게 완전한 순종을 가르쳤다. 그러나 루터는 이 두 가지 요구를 충족시킬 수 없다는 것을 체험하였다. 근본적인 원인은 자기 자신의 이기심 때문이었다. 이기심은 루터에게 있어서는 원죄였다. 그래서 무섭게 심판하시는 하나님 그리고 칼을 입에 물고 무지개 위에 앉은 심판관이신 그리스도가 언제나 그를 압도하였다.

신학 교수로서 1513년 그의 첫 강의는 시편이었고, 특히 시편 22편

"나의 하나님, 나의 하나님 어찌하여 나를 버리셨나이까"에서 고난 당하시는 그리스도를 발견하게 되었다. 무엇 때문에 그리스도가 고통 당하신 것일까? 그 이유는 그리스도가 우리 모두의 불의를 짊어지셨다는 사실이다. 새로운 모습의 그리스도! 심판하시는 무지개 위의 그리스도는 어떻게 되는 것인가? 그는 여전히 심판관이시다. 그러나 그리스도는 심판하실 수밖에 없지만 심판하시면서 그가 정죄할 수밖에 없는 자들과 더불어 고통을 느끼고 사형 받는 자들과 한 마음을 느끼는 것이다. 무지개 위의 심판자가 이제 십자가 위에서 버림받은 자로 바뀐 것이다. 여기서 루터는 자비의 그리스도, 사랑의 그리스도, 은혜의 그리스도, 화해의 그리스도를 발견한 것이다. 하늘의 임금님이 몸소 우리의 육신을 입고 배고픔과 추위와 죽음과 좌절에 시달리다니 이 얼마나 놀라운 은혜인가!

다음으로 루터는 1515년 로마서를 강의할 때 하나님의 의를 재발견하였다. "주의 의로 나를 구원하소서"(시편 31:1)라는 이 구절에서 루터는 처음에 하나님의 의를 심판하시는 '의'로 이해하였다. 이 '의'라는 말은 하나님께서 의로우신 분이요, 따라서 루터는 의로우신 하나님이 불의한 사람들을 공정하게 처벌하신다는 뜻으로 받아들였다. 여기서 하나님의 의가 하나님의 엄한 심판이 된다고 생각하였다. 수도사로서 루터는 흠잡을 데 없었지만 하나님 앞에서는 여전히 괴로운 죄인임을 느낀 것이다. 루터는 하나님의 진노를 누그러뜨릴 자신이 없었다. 그리하여 루터는 이 '하나님의 의'라는 말에 두려움을 느꼈고 한탄하고 증오까지 하였다. "노발대발하며 심판하며 정죄하는 하나님을 누가 사랑할 수 있단 말인가? 하나님을 사랑하라고? 나는 그분을 증오했던 사람이다!"[7] 그러나 루터는 로마서를 강의하다가 '하나님의 의'가 '의인은 믿음으로 산다'는 말씀과 관련 있음을 발견하였다. 루터는 하나님의 의란 그리스도가 주시는 의에 의해서 우리를 의롭다고 인정하는 의임을 알

7) Roland Bainton, *Martin Luther Rebell für den Glauben,* 47.

게 된 것이다. 곧 하나님께서 은혜와 사랑을 베푸심으로 우리의 믿음을 보시고 우리에게 죄 없다고 취급하는 그 의라고 보았다. 이것은 로마서 1장 17절의 "복음에는 하나님의 의가 나타나서 믿음으로 믿음에 이르게 하나니 기록된 바 오직 의인은 믿음으로 살리라"를 발견한 것이다. 이 발견은 루터에게 하늘로 향하는 하나의 구원의 문이었다. 루터는 하나님의 의가 하나님의 용서로, 그리고 전가된 의로 변한 것을 터득하였다. 루터에게 하나님은 더 이상 심판만 하시는 하나님이 아니라 용서하시고 사랑하시며 은혜를 베푸시는 하나님이었다. 하나님은 실상 우리에게 죄가 있지만 우리를 죄 없는 것처럼 취급하신다. 그리하여 루터는 그리스도를 새롭게 보았고 하나님을 새롭게 발견하였다.

7. 면죄부 논쟁과 95개조 항의문

로마교회의 면죄에 대한 신학적 배경은 중세의 고해(참회)제도에 있었다. 토마스 아퀴나스가 규정한 참회의 과정은 네 단계이다. 곧 회개(*contritio*)와 고백(*confessio*) 그리고 보상(*contributio*)과 면죄(*absolutio*)이다. 면죄의 신학은 루터 이전의 천 년 전부터 시작되었다. 고대교회에서는 중죄를 지은 사람은 교회의 교제에서 차단되었고 재입회는 전체 회중이 모인 가운데서 공개적인 고백을 하고 노예 해방, 장기간의 금식, 고행, 광범위한 구제 등 일련의 보상을 시행하는 참된 회개를 보인 후에 허가되었다. 세월이 지남에 따라 전체 회중에게 고백하던 공고백(公告白)이 사제에게 개인적으로 고백하는 사고백(私告白)으로 바뀌게 되었으며 회중 전체가 부과하는 공적인 보상 대신 사제가 정한 보상으로 대치되었다. 7세기부터는 일정량의 구제금으로 보상을 대체하는 관습이 생겼는데 처음에는 부과된 고행을 돈으로 대체시키거나 경감시킬 수 있는 권리가 사제의 수중에 있는 것으로 생각했으나 사제들이 이 제도를 악용함으로 면죄의 권한을 주교에게 맡겼고 주교들은 여기에서 얻은 돈으로 중세의 대성당을 건설하는 데 사용하였다. 그러나 면죄부에 대한 교회의 남용이 끊이지 않자 면죄부 권한은 교황에게 온전히 보류되기에 이르렀다.

본격적인 면죄부 판매의 실시는 교황 우르반 2세가 1095년 십자군에게 교회법에 따라 규정된 모든 죄를 완전하게 사면한다는 것을 약속한 것에서 볼 수 있다. 14세기에 면죄부는 교황청이 전쟁을 위해서 군인을 징집하는 수단으로 사용하였고 헌금의 수단으로 면죄부가 남발되었으며 성유물 순례자들에게도 면죄부가 수여되었고 병원이나 다리 또는 도로의 건설에 면죄부가 이용되기도 하였다. 일반 사람들은 교황청에서 발행하는 면죄부 값을 지불하고 사기만 하면 족했으며 무슨 죄를 지었든지 면죄부로 자신의 처벌이 보속(補贖)된다고 믿었고 그것을 통해 하나님의 공의가 만족되었다는 확신을 갖게 되었다. 그리하여 면죄부 판매는 교황청의 재정적 필요와 구원에 대한 확신을 바라는 대중의 욕망을 함께 충족시켜 주었다.

그러나 루터 시대에는 점차 면죄부 사용의 주된 목적이 현세의 죄 문제보다는 연옥의 고통과 관련해서 판매되었다. 즉 연옥으로부터 고통을 완전히 해소하기 위한 방편으로 면죄부가 이용되었다. 사람들은 고해에서 빠뜨린 죄나 고해성사를 하지 않은 죄는 죽음 이후의 처벌 장소에서 혹은 죽음 이후의 정화의 불로 깨끗하게 될 때까지 연옥에서 고통받을 것이라는 생각을 갖게 되었다. 또 만일 사제가 고해자에게 하나님이 만족하는 양보다 적은 양을 부과했다면 나머지 고통은 연옥에서 당해야 한다는 것이다. 누가 완전히 만족을 행하였다고 확신할 수 있는가? 그래서 누구나 연옥에 대한 두려움이 강했다. 여기서 연옥으로부터 고통을 덜어주는 면죄부의 가치가 등장하게 된 것이다.

교황 레오 10세가 베드로 성당을 건축하기 위해 면죄부를 판 것이 직접적으로 종교개혁의 도화선이 되었다는 것은 잘 알려진 사실이다. 면죄부 판매의 직접적인 원인 제공자는 레오 10세와 마인츠 대주교인 알브레히트(Albrecht von Mainz)였다. 알브레히트는 브란덴부르크 제후의 동생으로 호엔촐레른(Hohenzollern) 가 출신이었다. 그는 1513년

8월 30일 참사회를 통해 마그데부르크의 대주교로 뽑혔다. 1514년 5월 9일에는 선제후의 자리이며 제국의 수상, 황제 선거 시 의장, 독일 교회의 대표 등 막강한 지위와 권력을 지닌 마인츠의 대주교에 선출되었고, 1514년 9월 9일에는 참사회를 통해 할버슈타트 교구의 주교가 되었다. 알브레히트는 이미 30세 미만에 두 지역의 대주교 자리와 한 지역의 주교 자리를 차지한 수단꾼이었다. 그는 휴거(Fugger)가에게서 막대한 돈을 빌려 대주교 자리를 샀던 것이다. 1514년 8월 18일 알브레히트는 교황청의 추기경 회의를 통해 마인츠의 대주교로 인준되었다. 이 인준을 얻기 위해 알브레히트는 1만 4천 금화(Dukanten)를 초과해서 1만 금화를 더 지불하였다. 그리하여 그는 마그데부르크의 대주교 직과 할버슈타트의 주교 직을 동시에 차지할 수 있었다. 휴거가는 그 돈을 선불해 주었다. 이때부터 알브레히트는 빚진 돈을 갚기 위해 자기 교구 내에서 면죄부에 대한 설교를 장려하고 교황청으로부터 면죄부 판매의 특허권을 얻어냈다. 이로써 면죄부 문제가 처음으로 등장하게 되었다. 판매 금액의 절반은 교항청의 금고로 들어가고 절반은 알브레히트의 금고에서 빚을 갚기 위해 다시 휴거가의 금고로 넘어갔다. 면죄부 판매에 대한 협상의 결과로 3년 동안 면죄부 설교가 실시되었다. 면죄부 설교는 1517년 초 시작되었다. 그 당시 도미니크 수도사인 요한 테첼(Johannes Tetzel)이 두각을 나타내기 시작했고 마인츠 대교구의 면죄부 판매의 책임자로 선정되었다.

루터는 로마에서 있었던 면죄부의 판매 허락에 대한 협상을 알지 못했다. 테첼 뒤에 마인츠의 알브레히트가 후원하고 있는 줄도 몰랐다. 테첼은 루터의 분개를 직접 사는 일 때문에 비텐베르크에 오지 않았다. 비텐베르크는 작센의 프레드릭 선제후 령에 위치하였다. 이곳에서는 선제후 프레드릭이 자기 영내에서 로마의 면죄부 판매를 위한 설교를 허락하지 않았다. 그것은 신앙적인 문제에서가 아니라 자기 영내의 돈이 로마로 흘러 들어가는 경제적인 문제 때문이었다. 종교개혁 이전 시기에 프레드릭은 비텐베르크에 값진 성유물들을 모아서 많은 순례객들을 도시로 끌어들이는 데 성공하였다. 사람들은 성(城)교회에 전시되는 성유물들을 보기 위해 주일에서 월요일까지 비텐베르크에 방문하여 경의를 표하였다. 동시에 사람들은 제성자(諸聖者)의 날에 드리는 봉헌물과 고해로 모든 죄를 면죄받는 총 면죄부(*indulgentia ab omni culpa et poena*)를 얻을 수 있었다. 루터는 비텐베르크에서 테첼의 작태를 허락하지 않았다. 즉 면죄부 설교자들과 면죄부 판매자들이 나타나지 못하게 한 것이다.

테첼은 1482년 파리대학 신학부(소르본느 대학)에서 규정한 내용인 "신자가 성 베드로 성당의 수리를 위해 모금함에 돈을 떨어뜨리면 연옥에 있는 모든 영혼이 곧 바로 모든 고통에서 해방받게 된다"를 그대로 인용하였다. 그는 만약 면죄부 수요자들이 헌금을 면죄부 판매통에 넣으면 그들 죄가 완전히 용서받을 수 있다고 선포하였다. 그는 면죄부 판매를 위해 설교하기를 면죄부를 사면 첫째, 살아 있는 자나 죽은 자들을 위해 어느 때나 필요한대로 수도원의 고해자나 세속의 고해신부를 선택할 권리가 있고 둘째, 최소한 4분의 1의 프로렌틴(Florentiner) 금화를 내면 보통의 죄뿐만 아니라 특별한 죄를 위해서도 완전히 면죄 받을 수 있다. 셋째, 일정한 액수의 헌금이 전제된다면 연옥에 있는 그 어떤 영혼일지라도 죄로부터 완전히 용서받을 수 있다는 것이다. 이처럼 테첼은 면죄부로 세 가지 특전을 팔았다. 곧 고해신부의 선택권과 모든 죄의 사면권과 연옥의 영혼을 구할 수 있는 권한이었다. 그는 불같은 설교로 "당신들의 부모가 당신들을 위하여 한 바를 생각해 보시오! 당신들에게 유산을 물려주지 않았는가! 당신들은 지금 적은 돈으로 그들을 연옥의 벌로부터 자유롭게 할 수 있습니다. 돈이 돈궤에 떨어지자마자 영혼은 연옥으로부터 뛰어 나옵니다!"(*Sobald das Geld im Kasten klingt, die Seele aus dem Fegefeuer springt!*)라고 당당히 외쳤다.

루터는 1515년부터 1517년까지 내적 위기를 경험하여, 특히 로마서 강의에서 명백히 그의 종교개혁적 사상을 수립하였다. 그리고 자기 자신의 복음적 신학을 다른 이에게 전하던 시기였다. 즉 신학생들, 일반

청중, 동료 신학자들, 학자들, 자신의 초기 선생님들에게 그의 복음적 사상을 전하였다. 그리하여 하나의 원리를 제창하였는 데 그것은 믿음으로의 칭의이다. 루터는 율법과 은혜 사이의 근본적 갈등을 증명한 것이다. 하나님의 은총 없이 율법의 완전한 행위는 하나의 외형적인 선일 뿐이며 다만 죄일 뿐이다. 그리하여 루터는 자기의 개신교 사상을 요약하여 1517년 9월 〈스콜라 신학과의 논쟁〉(*Disputatio contra scholasticam theologicam*)이라는 논문을 발표하였다. 여기서 루터는 스콜라주의 신학과 아리스토텔레스의 윤리학 그리고 인간의 이성을 공격하였다. 이런 상황에 면죄부 판매에 대한 테첼의 작태는 루터를 분노하게 했다.

비텐베르크 성교회 정문에 붙인 95개조 항의문

루터의 반응은 95개조 항의문을 통해 즉각적으로 나타났다. 루터는 1517년 10월 31일 만성절(萬聖節)에 비텐베르크 성(城)교회 정문에 공개 토론을 요구하는 형식의 95개 조항[8]의 항의문을 붙였다. 그 항의문은 근본적으로 면죄부 판매를 반대한 것으로 면죄부가 죄인들에게 거짓된 확신을 주는 것을 고발하는 것이었다. 이 95개조 항의문 안에는

8) *WA* 1, 233-238.

일관된 루터의 종교개혁 사상이 들어 있다. 그것은 면죄부의 무익성과 참된 회개와 하나님의 사죄의 은총에 의한 구원이다. 95개조 논제의 중심은 무엇보다 그 제1조에 언급된 회개(*Penitentiam*, 마태 4:17)이다. 루터에 의하면 회개는 인간의 전 생애를 통해 계속되며 또 계속되어야 한다는 것이다. 크리스천은 그의 전 생애에 걸쳐서 매일 매일의 내적인 뉘우침과 외적인 혁신이 계속되어야 하며 이 같은 회개로 말미암아 하나님의 사죄의 은혜를 받을 수 있다는 것이다. 95개조 항의문 전체의 내용을 요약하면 다음과 같다.

첫째, 면죄부는 단순히 교회적인 처벌에 대해서 사면하며 사면할 수 있다. 면죄부는 하나님이 부과한 것(처벌)은 사면할 수 없다.

둘째, 면죄부는 죄책감(*culpa*)을 결코 제거할 수 없다. 교황 자신이라도 그런 일을 할 수 없다. 하나님이 그 일을 자신의 수중에 보전하셨다.

셋째, 면죄부는 죄에 대한 하나님의 처벌을 사면할 수 없다. 그 사면권은 역시 하나님에게만 있다.

넷째, 면죄부는 연옥에 있는 영혼에게는 아무 효력도 없다. 교회가 부과한 처벌은 오로지 산 자에게만 적용된다. 연옥에 있는 영혼에게 교황이 할 수 있는 일은 오직 기도뿐이다. 자신의 관할권이나 천국 열쇠권에 의해서 자신의 힘을 미칠 수 있는 것이 아니다.

다섯째, 참으로 회개한 신자라면 면죄부는 상관없이 하나님으로부터 이미 용서받은 것이며 따라서 면죄부는 전혀 필요하지 않다. 오히려 그리스도께서는 모든 사람들로부터 참된 회개를 요구하신다.

여섯째, 공로의 보화는 옳게 규정된 것이 아니다. 공로의 참된 보화는 거룩한 은총의 복음이며 하나님의 영광일 뿐이다.

이제 구체적으로 95개조 중에서 핵심 되는 조항들을 발췌하여 살펴보기로 한다.

1. 우리의 주님이시며 선생님이신 예수 그리스도께서 "회개하라…"(마태 4:7)고 말씀하셨는데 이는 신자들의 전 생애가 참회가 되어야

한다는 것을 의미한다.

2. 이 말씀은 참회의 성례 곧 사제의 권한으로 수행되는 고백과 속죄로 이해할 수 없다.

5. 교황은 그가 그 직권 또는 교회법에 의해 부과한 형벌 이외에는 다른 어떤 벌이든지 용서할 수 없고 해서도 안 된다.

6. 교황은 하나님께서 죄를 사하였다는 것을 선언하거나 확증하는 것 이외에 어떤 죄든지 사할 수 없다.

11. 종교상의 벌을 연옥의 형벌로 변경시키는 '가라지' 는 확실히 감독들이 잠자는 동안에 심어진 것이다.

12. 이전에는 종교상의 벌은 회개의 증거로서 사면 이후가 아니라 사면 전에 부과되었다.

27. 연보궤에 돈이 떨어지는 소리를 내자마자 영혼이 연옥에서 벗어난다고 말하는 것은 인간의 교리를 설교하는 것이다.

32. 면죄부에 의해 자신의 구원이 확실하다고 믿는 사람은 그것을 가르치는 사람들과 함께 영원히 저주를 받을 것이다.

33. 교황의 사면을 가리켜 인간이 하나님과 화해되는 측량할 수 없는 하나님의 선물이라고 말하는 사람들을 참으로 경계해야 한다.

34. 왜냐하면 이 사면의 은총이 인간에 의해 정해진 예전적인 사죄 행위(만족)에만 적용되기 때문이다.

36. 어떤 크리스천이든지 참으로 자기 죄에 대해 뉘우치고 회개하는 사람은 면죄증서 없이도 형벌과 죄책에서 완전히 사함을 받는다.

37. 참다운 신자는 죽은 자나 산 자 할 것 없이 면죄증서 없이도 하나님께서 주시는 그리스도와 교회의 모든 영적 은혜에 참여하는 것이다.

43. 가난한 사람을 도와주고 필요한 사람들에게 꾸어주는 것이 면죄증을 사는 것보다 더 선한 일이라는 것을 크리스천에게 가르쳐야 한다.

45. 가난한 사람을 보고도 본체만체 지나쳐 버리고 면죄를 위해 돈을 바치는 사람은 교황의 면죄가 아니라 오히려 하나님의 진노를 사는 것이라는 것을 크리스천에게 가르쳐야 한다.

52. 면죄증서로 구원받을 것을 믿는 것은 헛된 것이다. 비록 판매 위탁

자나 아니 교황 자신이 자기 영혼을 걸고 보증한다 해도 그렇다.

62. 교회의 참 보배는 하나님의 영광과 은총의 가장 거룩한 복음이다.

79. 교황의 문장(紋章)으로 장식된 십자가 상이 그리스도의 십자가와 똑같은 능력이 있다고 말하는 것은 신성 모독이다.

92. 그런고로 그리스도의 백성을 향하여 평안도 없는데 "평안, 평안" 하고 부르짖는 예언자들은 모두 물러가라(에겔 13:10, 16; 예레 6:14; 8:11; 살전 5:3).

93. 그러나 십자가는 없지만 그리스도의 백성을 향하여 "십자가, 십자가" 하고 부르짖는 모든 예언자들은 축복을 받을지어다.

94. 크리스천은 형벌이나 죽음이나 지옥을 통해 머리되신 그리스도를 부지런히 따르도록 훈계 받아야 한다.

95개조 논제는 그 당시 선례를 찾아보기 어려울 정도로 대 선풍을 일으키며 2주가 약간 넘어서 독일 전역에 알려졌고 4주가 못되어 전 유럽으로 퍼져 나갔다. 루터는 자신의 견해에 대한 반대가 거센 것을 알고 1518년 하이델베르크에서 돌아온 후 "95개조 논제 해설"(*Resolutiones disputationum de indulgentiarum virtute, WA,* 1, 525-629)을 썼다.

8. 파문과 저항

루터가 테첼과 그의 사람들로부터 즉각적인 공격을 받았음은 당연했다. 비텐베르크의 주교는 95개 조항의 사본을 교황에게 보냈으며, 이 일을 보고받은 교황은 루터에게 즉시 로마로 와서 재판받을 것을 명령하였다. 그러나 루터의 보호자인 작센의 선제후 프레드릭의 중재로 루터는 로마로 가지 않고 아우구스부르크에서 교황의 사절에게 출두해도 좋다는 교황의 두 번째 명령을 받았다. 루터는 1518년 10월, 아우구스부르크에서 제국의회가 열리고 있는 동안 교황의 사절인 추기경 카예탄에게 심문을 당하였다. 그 후 재판은 계속 지연되었다. 그러나 최종적으로 로마 교황청의 결정은 파문 위협이었다. 1520년 6월 15일에 교황 레오 10세(1513-21년 재위)에 의해 루터에 대한 파문 협박장인 대교서 '주여! 일어나소서'(*Exsurge Domine*)가 발부되었다. 이 대교서는 6개월이 지난 12월에야 교황의 사절인 알레안더에 의해서 독일에 도착되었다. 그 내용은 60일 내에 41개 항목의 루터 주장을 철회하라는 요구였다.

> 일어나소서. 오 주여! 당신의 소송 사건을 심판하소서. 한 마리의 멧돼지가 당신의 포도원에 침입하였나이다. 오 베드로여! 당신의 피로 성별된 모든 교회의 어머니 되는 거룩한 로마교회의 형편을 살피소서. 일어나소서! 오 바울이여, 당신의 가르침과 죽음으로 이 교회를 밝히셨으며 지금도 밝히시는 분이여! 당신네 모든 성자들이여! 그리고 모든 세계의 교회들이여! 이 교회의 성경 해석이 공격을 받고 있나이다. 우리는 그 옛날 여러 이단이 오늘날 독일 땅에서 다시 살아나는 것을 보니 슬픔을 금할 길 없도다. 우리가 그렇게 상심하는 것은 독일이 끊임없이 이단 박멸에 앞장 서 왔기 때문이도다. 우리의 목회 사역에 비추어 볼 때 날뛰는 다음의 41개 오류의 독소를 더 이상 용납할 수 없도다(이어서 41개 조항이 열거된다. 그 내용을 아래에 실었다). 우리는 그 뱀이 주님의 포도원에 기어 다니는 것을 도저히 참을 수 없도다. 이단 사상이 들어 있는 루터의 책들은 조사되어 불태워져야 한다. 괘씸하도다. 마르틴 루터 자신만 해도 그렇지, 그의 잘못을 취소하게 하는데 우리는 아버지 같은 사랑의 본분을 다하지 못한 적이 있었는가? 우리는 그에게 안전 통행권과 여행 경비를 제공하지 않았던가? (이러한 제안은 루터에게 한 번도 제시되지 않았다). 그리고 우리의 선임자 피우스 2세와 율리우스 2세가 교회 회의의 개최 호소를 이단의 처벌로 위협하였는데도 불구하고 그는 뻔뻔스럽게 앞으로 교회 회의를 열도록 호소하는구나. 그러므로 우리는 루터에게 복종하도록 이 교서가 그의 지역에서 선포되는 날로부터 60일을 주노라. 누구든지 우리의 파문

과 저주를 어기면 전능하신 하나님과 사도 베드로와 바울의 진노를 살 것이다. 1520년 6월 15일.[9]

로마교회가 루터의 주장을 이단으로 규정하는 41개 항목[10]은 다음과 같다.

제1항 - 죄에 관해 조금도 회개치 않아도 성례전은 각 사람에게 은혜를 준다는 것은 이단이다.

제2항 - 유아세례 후도 원죄가 어떤 아이에게 남아 있다는 사실을 부인하는 것은 그리스도와 바울을 모독하는 것이다(해설 - 루터는 원죄는 우리가 살아 있는 동안 존속하고 있다고 주장한다).

제3항 - 전혀 죄를 짓지 않았더라도 원죄가 영혼이 하나님의 나라로 들어가는 것을 방해한다.

제4항 - 연옥이 있다고 주장하는 것은 잘못된 것이다.

제5항 - 고해(告解)는 완전한 통회(*Contritio*)와 고백(*Confessio*)과 배상(*Contributio*)의 세 부분으로 되어 있다는 것은 성경에 근거하고 있지 않으며 옛날의 거룩한 기독교 교사들에게서도 볼 수 없다.

제6항 - 죄를 탐구하고 관찰하고 그것을 미워함으로 마련되는 통회는 사람을 위선자로 만들고, 또 큰 죄인이 되게 한다(해설 - 루터는 의식에 따른 강요된 통회가 아니라 마음 중심의 통회를 강조하고 있다).

제7항 - 최고의 회개란 전 생활(全生活)의 통회이다.

제8항 - 모든 죄를 인식하는 것은 우리에게 불가능하다. 그런고로 모든 죄를 회개하려고 해서는 안 된다.

제9항 - 우리가 모든 죄를 모두 참회하려고 기도하는 경우에는 죄를 사하는 하나님의 자비를 잃지 않도록 그것만을 위해서 노력한다.

제10항 - 사제(司祭)가 사죄(赦罪)를 선언하는 때에 그것을 받는 자의

---

9) Roland H. Bainton, *Martin Luther, Here I stand* (Göttingen: 1958), 119f.

10) Hans J, Hillerbrand, *Brennpunkte der Reformation* (Göttingen: Vandenhoeck & Rupert, 1967), 79-82.

신앙이 없으면 안 된다.

제11항 - 사죄의 선언은 우리의 통회로 되는 것이 아니라 그리스도의 말씀의 판결로 되는 것이다. 우리가 할 수 있는 모든 통회를 했는가 어떤가는 별문제로 치고 사죄는 신앙에 의해서 얻는다(해설 - 사죄의 은혜는 다만 하나님의 자비로 값없이, 공적(功績)이 없는 자에게 주어지는 것이다).

제12항 - 재차 루터의 「회개에 관한 설교」가 문제되고 있다.

제13항 - 회개의 성례와 죄에 대한 용서의 선언에 있어서 교황이나 감독이나 부인이건 아이건 모든 기독교인은 마찬가지 일밖에 하지 못한다(해설 - 교황이나 감독이 죄의 용서를 선언할 권리가 없다는 뜻이다).

제14항 - 루터의 '회개에 관한 설교'의 일부가 다시 비난을 받고 있다.

제15항 - 성찬에 대해서는 먼저 신앙이 없으면 안 된다.

제16항 - 일반 신도는 성찬식에서 떡만이 아니라 포도주까지 먹는 것을 허락해야 한다.

제17항 - 교회의 보배, 곧 공로의 보화는 그리스도의 공적도, 성자들의 공적도 아니다.

제18항 - 면죄부는 하나님을 빙자한 사기(詐欺)이고 선행의 포기이다.

제19항 - 면죄부는 죄의 대가로써 요구되는 벌이나 고통을 제거하는 데는 소용이 없다.

제20항 - 면죄부가 구원을 가져오고 또 영혼에 필요하다고 믿는 자는 속고 있는 것이다.

제21항 - 면죄부는 다만 사회적인 죽음에 해당하는 죄에 필요하고 본래는 태만한 자나 유약한 자에게 주어지는 것이다.

제22항 - 교황이 면죄부는 영혼에게 유용하고 구원을 가져온다고 거짓말을 하고 있는데 유혹되어서는 안 된다.

제23항 - 파문은 외면적인 형벌에 불과하고 예를 든다면 그 인간으로부터 기독교계 공동의 '주기도문'을 뺏을 수 없다. 그러므로 파문은 외면적인 벌에 불과하다.

제24항- 기독교인은 파문을 두려워하기보다는 보다 많이 사랑하도록 가르치지 않으면 안 된다.

제25항- 성 베드로의 후계자인 로마 교황이 그리스도에 의해 설정된 전 세계의 모든 교회를 지배하는 그리스도의 대리자가 되는 것은 아니다.

제26항- 순례나 연옥에 관해 교황이 교리 결정을 할 권한이 없다.

제27항- 교황도, 교회도 신앙규정이나 도덕 혹은 좋은 행위의 규정을 정하는 권리가 없다.

제28항- 교황이나 공의회의 결정이 구원에 불필요하다.

제29항- 공의회에서 성경에 반대되는 어떤 일을 결정했을 때 우리는 공의회보다 오히려 성경을 믿지 않으면 안 된다.

제30항- 콘스탄츠에서 정죄된 요한 후스의 몇 개의 항목은 가장 기독교적이며 진리를 가지고 있으며 아주 복음적이고 전 기독교계는 그러한 항목을 정죄할 수 없다.

제31항- 신앙 있는 자가 그 모든 좋은 행위로 죄를 범하고 있다.

제32항- 전항과 같은 뜻의「95개조 제목 해설」58번이 비난을 받고 있다.

제33항- 이단자를 화형에 처하는 것은 성경의 뜻에 반대된다.

제34항, 35항- 그리스도 없이는 자기의 죽음에 해당되는 죄가 인식되지 않는다.

제36항- 아담의 타락 이후 자유의지는 다만 명목이고, 자유의지가 자기에 속하는 것을 행하는 경우, 그것은 죽음에 해당하는 죄를 범하고 있다.

제37항- 연옥이 있다는 것을 성경으로 증명할 수는 없다.

제38항에서 제40항- 동일하게 연옥에 관한 창작을 책망하고 성경과 하나님의 말씀에 의지하도록 호소하고 있다.

제41항- 걸식하면서 돌아다니는 탁발수도회는 그 악영향 때문에 폐지되어야 한다.

교황 레오 10세 파문 협박장과 루터의 대적자의 저작들을 불태우는 루터

루터는 1520년 12월 10일 교회법전과 교황의 파문 교서를 시민들과 전 대학인(大學人)이 보는 가운데 불태웠다. 화가 난 교황은 1521년 1월 초에 루터를 파문하고 독일 신성로마제국의 황제인 칼 5세에게 루터를 처형할 것을 요구하였다. 그러나 루터는 독일 제후들, 귀족들, 성직자들과 신학자들뿐 아니라 일반 민중의 후원과 특히 선제후 프레드릭의 보호를 받고 있었기에 처형이 쉽지 않았다. 프레드릭은 루터를 처형하기 전에 국회는 그를 심문하고 본인에게 자기 변호의 기회를 주도록 황제께 청원하였다. 두 틈에 끼인 황제는 망설였다. 가톨릭 신봉자인 황제는 루터를 저주받을 이단자로 생각했으나 그를 처형해 독일 국민의 감정을 상하게 하고 싶지는 않았다. 반면에 무명의 수도사 하나를 희생시켜 교황의 호의를 얻어 프랑스와의 싸움에 도움을 얻고도 싶었다. 황제는 결국 루터에게 1521년 4월 17일 보름스(Worms) 제국회의에 출두하도록 명령을 내렸다. 보름스 회의에서 루터는 그의 종교개혁 사상과 책들에 대해 취소할 것을 강요받았다. 그러나 루터는 자신이 격렬한 논쟁으로 남의 감정을 상하게 한 표현은 있을지 모르나 그 내용이 성서나 정당한 논증에 의해 잘못되었다는 확신을 얻기 전에는 철회할 수 없다고 항변하였다: "나는 달리 할 수 없습니다. 나는 여기에 서 있

루터를 지지하고 보호한 선제후 프레드릭

습니다. 하나님이여 나를 도우소서!"라고 외쳤다. 루터는 그 회의에서 자기의 확고한 의지를 보인 후 퇴장하였고 회의는 결론을 내리기 위해 계속하였으나 신, 구교 제후간의 불화로 결렬되었다. 루터가 귀로에 오른 지 한 달 후, 황제는 루터의 공민권을 박탈하고 루터의 체포와 처형, 그리고 저서를 불태울 것을 명령하였다. 이 선고는 루터가 죽을 때까지 유효했으나 교황과 황제는 이 독일 국민의 영웅을 감히 처형하지 못하였다. 또한 이 형벌은 루터뿐만 아니라 모든 그의 동료들, 그를 지원한 사람들, 그의 저작을 인쇄 또는 매매하거나 읽는 사람에게도 부과되었다.

선제후 프레드릭은 보름스에서 비텐베르크로 귀환하는 루터를 보호하기 위해 일단의 무장 기마병들을 파견하여 안전 조치를 취하였다. 프레드릭은 부하들에게 루터를 어디로 데려가는지를 자기에게 알리지 말라고 지시하였다. 그 이유는 자신이 의회에서 루터의 행방에 대한 질문을 받을 때 거짓 말함 없이 모른다고 대답하기 위해서였다. 5월 4일 선제후의 기병들은 루터를 납치해 하루 종일 달려 그날 밤 아이젠아흐에서 가까운 바르트부르크 성에 숨겼다. 루터는 이곳에서 기사 외르그(Jörg- 게오르크의 별칭)라는 가명 하에 기사 복장을 하고 수염과 머리를 기른 후 은둔생활에 들어갔다. 그는 마치 사도 요한이 밧모 섬에 유배되어 그곳에서 하나님의 계시를 받아 계시록을 기록했듯이 심신의 고통(불면증, 신경쇠약, 변비)에도 불구하고 여러 가지 논문들을 집필하였고 "새들이 깃들인 곳", "사막에서", "밧모 섬에서" 등의 신비스런 주소를 사용하여 편지들을 발송하였다. 10개월 간의 바르트부르크 성의 은둔생활에서 루터가 이룩한 최대의 업적은 1521년 12월에서 다음해 2

월까지 걸쳐 완성한 헬라어 신약성경을 독일어로 번역한 것이라고 말할 수 있다. 이 헬라어 독일어 역본과 그 후 1534년에 완성된 히브리어 구약성서의 독일어 역본은 독일 역사에 기록될 만큼 독일 문학과 독일 민족의 신앙생활에 큰 공헌을 하였다. 루터의 성서번역 이후 비로소 독일어의 대중적 표준어가 생기게 되었다. 그의 성서번역은 인류 정신사뿐 아니라 독일 어문학사(語文學史)에 획기적인 사건이었다.

루터가 바르트부르크 성에 숨어 지내던 기간에 비텐베르크에서는 과격한 종교개혁 운동으로 도시가 무질서와 혼란에 빠졌다. 그래서 선제후 프레드릭의 요청으로 루터는 은둔생활을 청산하고 1522년 3월 1일 그의 집이 있고 대학이 있는 종교개혁의 진원지인 비텐베르크로 귀환하게 되었다. 루터는 불같은 설교로 비텐베르크의 소란을 진압하였고 그 후로 루터는 점진적이고 온건한 방법으로 종교개혁을 진행시켰다.

III. 루터의 종교개혁 원리

1. 오직 믿음으로(*Sola fide*)

인간이 죄인임에도 불구하고 인간을 구원하시는 하나님의 이 구원 과정은 자동적으로 일어나는 것이 아니다. 하나님이 구원을 제공하시지만 인간은 나름대로 기여해야 한다. 인간은 구원의 메시지를 듣고 믿어야 한다. 그러나 인간이 자신의 구원에 기여할 것이 있다고 주장하는 속에서도 루터는, 그의 또 하나의 역설로, 인간 자신이 이런 기여를 할 수 있다는 사실을 부정한다. 인간이 믿음에 이른다면 그것은 하나님이 먼저 그에게 이런 믿음을 주시기로 작정하셨기 때문에 가능할 수 있다. 인간의 신앙마저도 구원의 절대적 은총(*the absolute gratuity of salvation*)의 증거이다.[11)]

이렇게 보면 하나님 편에서는 오직 은총이 구원하고, 인간 편에서는 오직 신앙이 구원한다. 구원의 대화에서 하나님은 말씀하시고 인간은 응답한다. 우리가 할 수 있는 일이란 하나님이 우리를 구원하시는 것을 믿는 일밖에 없다. 여기, 오직 은총과 오직 신앙의 이 대화 속에 루터가 신앙과 선행에 의한 구원을 거부하는 이유가 있다. 1517년 면죄부에 항의한 95개 조항을 써 붙인 루터의 행동은 로마 가톨릭교회의 「공로신학」(*merit theology*)에 대항한 그의 공공연한 첫 번째 행동이었다.

그러나 일단 의롭다 함을 받은 다음에 인간은 선행을 통하여 의로운 삶을 성장시켜야 한다. 의롭다 함을 받은 때에도 인간은 죄인으로 남아 있으며(*simul iustus et peccator*) 죄인으로서 인간은 자신의 노력으로 천국을 결코 얻을 수 없다. 그러나 루터는 신앙이 인간에게 선행을 할 의무를 면제하는 것이라고 생각지 않았다. 로마 가톨릭교회의 경우 고전적인 공식은 구원은 신앙과 선행에 의해 이루어진다는 것이었다. 루터의 공식은 인간은 오직 신앙에 의해서만 구원받는 것이지만 행함을 부정하는 것은 아니라는 것이었다. 그러면 이 차이점은 무엇인가? 루터는 그 차이를 다음과 같이 정리하고 있다. "선행이 선한 사람을 만들지 못하나, 선한 사람은 선한 일을 행한다. 그리고 악한 행위가 악한 사람을 만들지는 못하지만, 악한 사람은 악한 일을 행한다."[12] 루터에 의하면 아무 선행도 불신자를 도와서 의롭게 하거나 구원하지 못한다는 것이다. 신앙 외에는 아무것도 사람을 선하게 만들지 못하며 불신(不信) 외는 아무것도 사람을 악하게 만들지 못한다.[13]

로마 가톨릭교회에서는 행함, 곧 선행이 하나님의 은총과 더불어 구원의 원인으로 이해되고 있는데 루터에게는 행함(선행)이 신앙을 통하여 성취된 구원이 가져온 한 결과라고 이해되고 있다. 선행은 하나님의 자비에 대한 인간의 자연적인 응답이다. 선행은 이 자비의 원인이 되는 것이 아니고 하나님의 자비를 지탱시키는 것도 아니다. 그러나 선행은

---

11) 윌리엄 A. 스코트 著/金快相 譯, 《改新教神學思想史》, 22.

12) *WA* 7, 32.

13) *WA* 7, 33.

하나님께로부터 받은 놀라운 은총에 대해 표하는 인간의 정상적인 감사의 표현이다. 즉 선행은 구원받은 결과로 나와야 한다는 것이다. 이리하여 신앙은 하나님의 율법 요구와 그것에 따를 수 없는 인간의 무능력이란 문제를 해결한다. 신앙은 율법의 의무를 제거함으로써가 아니라 율법을 이행할 수 없는 인간의 무능력을 제거함으로써 이 딜레마를 해결한다. 신앙이란 실로 율법으로부터 해방이 아닌, 율법에 직면한 인간의 무능력으로부터의 해방이며, 신앙은 율법을 지킬 수 없는 능력이 그리스도 예수에게서 오는 것을 가리킴으로써 이 해방을 얻는다. 한마디로 신앙은 인간의 의무로부터 면제시키는 것과 거리가 멀며, 기독교인의 도덕적 행위의 유일한 참된 원천이 곧 신앙이다. 하나님의 의의 선물에 응답하는 인간의 선한 행동을 포함하지 않는 신앙이란 진실한 신앙이 아니다.

2. 오직 하나님의 은혜로(*Sola gratia*)

하나님은 인간에게 구원을 선사하신다. 구원 문제에 있어서 루터는 그 자신이 행한 것을 기초로 한 확신을 찾으려고 무척 애써왔다. 그러나 어떤 확신도 얻을 수 없다는 절망으로 찾아왔다. 지금까지 루터와 로마교회는 구원은 인간의 문제이므로 그 해결책 역시 인간에 의해 이루어져야 한다고 믿었다. 그러나 궁극적으로 루터가 깨닫게 된 해답은, 구원은 인간의 손에 있지 않고 하나님의 손에 있다는 것이었다. 인간이 자신을 구원하려고 애쓸수록 자신의 무능력에 대해 더욱 더 절실히 느끼게 된다. "나는 과연 비참한 인간입니다. 누가 이 죽음의 육체에서 나를 구원해줄 것이니까?"(로마 7:24). 이 같은 절망적인 의식에 이른 인간에게만 하나님의 답변이 주어지게 된다: "우리 주 예수 그리스도를 통한 하나님의 은총"(로마 7:25)이 너를 구원해 줄 것이다. 인간은 하나님의 구원 계획에 아무것도 기여하지 못한다. 루터의 노예의지론에 의하면 구원은 전적으로 하나님의 사업이다. 인간은 하나님의 구원 사업에 아무것도 기여하지 못한다. 구원은 오직 하나님의 은총에 의한다. 루터는 이중적 예정의 은총론을 제시하였다. 하나님은 그의 영적인 사역을 통해 어떤 사람들에게는 신앙을 선사하며 어떤 사람에게는 그것을 거절하고 불신앙 가운데 붙잡아 두신다. 그러므로 구원과 멸망은 하나님의 예정과 그에게 상응하는 이중 사역으로 귀결된다. 하나님의 선택은 구원과 멸망에로의 무조건적인 영원한 예정을 의미한다.[14] 루터는 로마서 9-11장을 읽고 고백하기를 "누가 믿거나 누가 믿지 않을 것인지, 그리고 누가 죄에서 풀려나거나 누가 풀려나지 못할 것인지는 오직 하나님의 영원한 섭리이다"라고 했으며 "우리가 경건하게 되는 것은 전혀 우리의 수중에서 취해져 오직 하나님의 수중에 있게 하기 위하여"라고 하였다.[15]

3. 오직 그리스도의 십자가 공로로(*Solus Christus*)

하나님은 그리스도의 십자가를 보아서 인간을 의롭다고 선언하시며 인간을 구원받은 존재로 대우하신다. 인간의 어떤 공로로도 하나님의 용서를 얻지 못한다. 그리스도만이 우리의 중보자가 되신다. 루터는 사제의 중보기도나 사제가 인간과 하나님 사이를 중재한다는 모든 중보권을 부인했다. 하나님은 인간에게 그리스도를 통해 당신의 의를 나누어 주신다. 그리스도에 대한 믿음으로 하나님의 의가 인간에게 전가(轉嫁)된다는 것이다. 이 하나님의 의가 복음 속에서 나타났다는 것이 바울의 신학이다. 루터에 의하면 신·구약성서의 모든 곳에 그리스도가 나타난다고 보았다. 계시란 우리의 죄인 됨과 우리가 하나님의 용서를 받을만한 공로가 없음에도 그리스도의 십자가로 용서해 주신다는 것이다. 하나님은 그리스도의 죽음으로 우리가 받을 분수와는 달리 우리를

14) Paul Althaus, *Die Theologie Martin Luthers* (Gerd Mohn: Gütersloher Verlagshaus, 1983), 239.

15) *WA* DB 7, 23, 26-30.

대우하신다.

루터 신학의 중심 개념으로서의 십자가 신학은 그의 하이델베르크 논제(*Disputatio Heidelbergae habita* 1518, *WA* 1, 353-374)에 잘 나타나 있다. 여기서 루터는 명백히 그의 신학을 인간의 행위를 그리스도의 수난으로 대치한 스콜라 신학을 대표하는 영광의 신학(*Theologia gloriae*)과 구분지었다. 루터는 그의 십자가 신학에서 인간이 하나님 앞에서 그들의 공적을 자랑하고 인간의 행위로 칭의를 얻으려는 중세의 행위를 통하여 경건한 신앙생활을 영위하려는 시도(Werkfrömmigkeit)를 반박한다. 루터의 십자가 신학은 구원론과 신 인식론에 근거를 두고 있다. 신 인식론은 숨겨진 하나님(*Deus absconditus*)은 다만 십자가와 고난 속에서만 드러난다(*Deus revela-tus*). "그러므로 십자가에 달리신 그리스도 안에서 참된 신학과 하나님의 인식이 있다"(*Ergo in Christo crucifixo est vera Theologia et cognitio Dei*).[16] 또한 구원론에 있어서 오직 그리스도의 십자가만이 우리 구원의 보증이 되고 인간 행위의 부정을 드러내는 것이다. 즉 영광의 신학이 윤리적 행적과 율법의 성취로써 하나님 앞에 서기 위한 것이라면 십자가 신학은 구원을 위해 인간이 "무엇을 행하려는 대신에 오히려 '자신을 멸망시키며' 하나님이 모든 것을 자신 안에서 역사하시게 함으로써 그는 도덕적인 적극주의에서 순수한 영접으로 이끌리게 되는 것이다."[17] 결국 루터 신학의 핵심은 "오직 십자가만이 우리의 신학이다"(*Crux sola est nostra Theologia*)라는 말에서 요약될 수 있다.

4. 오직 하나님의 말씀으로(*Sola scriptura*)

루터에게 있어서 하나님의 계시를 인간에게 전달하는 데는 오직 성서만이 권위를 가진다. 하나님이 인간에게 말씀하시려는 모든 것은 성

16) *WA* 1, 362, 18.

17) Paul Althaus, *Die Theologie Martin Luthers*, 36.

서에 있다. 루터에게나 그 이후의 개신교에서 성서의 중요성은 성서를 믿는 것이 아니라 그보다는 성서가 증언하는 것, 하나님 말씀(*Rede*)을 믿는 데 있다. 말씀은 루터에게 있어서 시종일관 구전의 말씀, 즉 그때 그때 현재에 일어나는 살아 있는 선포의 말씀이다. 복음이란 어떤 진리의 전달이 아니라 하나님의 인간을 향한 대언(對言, *Anrede*)이다.[18] 성서는 구전의 말로부터 오고 전해지며 그것 때문에 현존하는 것이다. 따라서 루터가 한 신앙 행위는 성서 안에 있지 않고 성서가 증언하는 하나님의 말씀 안에 있다. 예를 들면 우리가 창문(성서)을 보지 않고 창문을 통해 보는 것과 같은 원리이다.

성서가 지향하고 있는 통일성은 무엇이며 품고 있는 내용은 무엇인가? 그것은 성서 전체가 오직 그리스도에게 집중되고 있다는 것이다. 루터는 그의 "노예의지론"에서 성서의 유일한 내용으로서 그리스도를 밝히고 있다. "성서로부터 그리스도를 빼내어 보아라, 성서 속에서 당신은 무엇을 더 찾아볼 수 있겠는가?"(*Tolle Christum e scripturis, quid amplius in illis invenies?*).[19] 따라서 전 성서는 어디에서나 오로지 그리스도에 관한 것이다(*Universa Scriptura de solo Christo est ubique*).[20] 이와 같이 성경은 그의 유일하고 전적인 내용이 그리스도일 경우에만 하나님의 말씀이 될 수 있다.

루터는 로마 가톨릭교회가 성서보다 교회의 권위를 더 중요시하는 것을 배격하였다. 루터에 의하면 어느 누구도 성서를 공인할 수 없으며 성서가 자기 자신을 보증한다는 것이다. 성경이 왕이다. 모든 사람은 성서의 선생이나 재판장이 되어서는 안 되고 단순한 증인과 제자와 고백자가 되어야 한다. 성서에 대한 교회의 증거는 성서가 하나님의 말씀으로서 자기 자신에 행한 증거에 대해 복종하는 것 이외 다른 무엇이 될 수 없다. 교회는 결코 하나님의 말씀 위에 있는 심판대가 아니라 단지,

---

18) Ibid., 71.

19) *WA* 18, 606, 29.

20) *WA* 46, 414, 15.

그 밑에 있을 뿐이다. 교회가 성서를 공인하는 것이 아니라 그 반대로 성서가 교회를 공인하는 것이다.[21]

루터의 주장은 성서 해석에 있어서 성서 자신이 최종적인 권위와 최고의 재판장이 되어야 한다는 것이다. 이것은 성경의 자기 해석은 스스로 명료하다는 사실을 전제하는 것이다. 루터는 성서 자신이 스스로 가장 확실한 것이며 가장 논란이 없고 가장 분명한 것이며 자기 자신의 해석자라는 사실을 내포한다(*ut sit ipsa per sese certissima, facillima, apertissima, sui ipsius interpres*)[22]고 하였다.

루터는 성서 해석의 최종 권위를 공의회의 결정이나 교황에게 두는 것을 배격하였다. 또한 특별한 영 은사를 주장하는 열광주의자들의 성서 해석도 거부하였다. 이처럼 양측에서는 성서 자체 이외에 교황의 직분이나, 각자의 영을 통해 성서를 해석하기 때문이다. 루터는 성서 해석을 교회 내의 성령의 역사에 둔다. 성서의 자기 해석과 성령을 통한 해석—이것은 루터에게 있어서 동일한 것에 대한 관련된 표현들이다. 루터는 하나님의 영으로 움직이는 사람들만이 성서를 해석할 수 있다는 입장을 알고 있다. 그러나 그들이 성서를 해석할 수 있는 것은 그 영이 성서 자체를 통하여 그들에게 오는 것이다.[23] 다만 사람의 차이에 따라 성령은 다른 영감을 이용하여 말씀의 의미를 개인적으로 깨닫게 하신다. 개인은 성령의 인도에 따른다. 그러나 성서의 의미를 이해하고 전달하려는 노력 가운데서 교회 전통의 목소리를 인식해야 한다. 루터에게는 신앙 공동체와의 연속성이 성서의 최종적 해석들을 형성하는 데 중요한 역할을 하였다. 성서는 교회에 속해 있다. 성서의 해석에 대한 최종 책임은 개별의 신자가 아니라 성서를 위탁받고 있는 신앙 공동체(교회)이다.

---

21) Paul Althaus, *Die Theologie Martin Luthers,* 74.

22) *WA* 7, 97, 23.

23) Paul Althaus, *Die Theologie Martin Luthers,* 75.

제4장 루터의 논쟁과 저서

I. 루터의 초기 논쟁

1. 하이델베르크의 논제(Disputatio Heidelbergae habita)[1]와 십자가 신학

1517년 10월 31일 비텐베르크 성(城) 교회의 정문에 붙인 루터의 95개 조항의 면죄부 판매 반박문은 논쟁을 통한 판매의 부당성과 기독교 진리를 수호하려는 그 본래적인 목적을 즉각 달성하지는 못했지만 95개의 논제가 두 주 만에 전 독일로 퍼졌고 한 달 만에 전 유럽 사람이 받아 볼 수 있어서 일반 사회에 선풍적인 반향을 불러일으키게 되었다. 95개 반박문을 붙이고 얼마 후 루터는 독일 어거스틴파 수도회 총회에 참석하였다. 수도회의 총 책임자인 요한 폰 스타우피츠(Johannes von Staupitz)는 1518년 4월 25일 수도회의 정기 총회를 하이델베르크에서 소집하였다. 이런 회합에서는 보통 주제를 제출하고 토론하였다. 스타

1) *WA* 1, 353-374.

우피츠는 루터에게 면죄부 문제를 제외한 다른 주제로 회의를 이끌어 가도록 요청하였다. 루터는 4월 9일 비텐베르크를 출발하여 21일에 하이델베르크에 도착하였다. 4월 26일 루터가 사회를 맡고 젊은 수도사인 바이어(Leohard Beyer)가 40개의 주제를 설명하였다. 28개의 신학적 의제와 12개의 철학적 의제를 준비했는데, 루터가 직접 작성하였다. 여기서 루터는 그가 내세운 새로운 복음주의적 신학인 "십자가 신학" (*Theologie Kreuzes*)을 소개하였다. 그 내용은 1517년 9월 4일에 나온 "스콜라 신학에 반박한 논제"(*Disputatio contra scholasticam theologiam*)[2]에서 뽑은, 주로 '죄', '자유의지' 그리고 '하나님의 은혜'에 관해 토론하도록 주제를 제한한 것이다. 이 논쟁에서는 면죄부에 대해 언급하지 않았다. 여기서 루터는 자연적 이성과 보이는 영역에 포용성과 본질을 둔 스콜라 신학의 근간을 이루고 있는 아리스토텔레스의 형이상학을 거부하고 그의 복음적-개혁신학인 십자가 신학을 전개하였다.

발터 폰 레벤니히(Walther von Loewenich)는 그의 《루터의 십자가 신학》(*Luthers Theologia crucis*)에서 "영광의 신학에 반대되는 십자가 신학은 사변적 신학에 반대되는 구속사적 신학(heilsgeschichtliche Theologie)을 의미한다"고 말했다.[3] 또 그는 "십자가 신학은 루터의 특수한 시기에 머무는 초기 시대의 신학으로 제한될 수 없고 오히려 바울에게서와 같이 그의 전체 신학적 사고를 묘사한다"고 보았다.[4]

논제 1-18에서 루터는 율법과 선행과 자유의지에 대해 다룬다. 성경에 의하면 인간의 최선의 행위들은 하나님 앞에서는 죄라는 것이다(논제 1-12). 율법은 하나님이 주신 영적인 것이지만 인간을 의롭게 하거나 구원으로 이끌지 못한다(논제 1). 자연적인 도덕의 행위들은 여전히 율법을 따라갈 수 없다(논제 2). 인간의 행위들은 항상 아름답게 그리

---

2) *WA* 1, 221-228.

3) Walther von Loewenich, *Luthers Theologia crucis* (Bilefeld: Luther-Verlag, 1982), 13.

4) Ibid, 14-15.

고 좋고 훌륭해 보이나 여전히 원죄이다(논제 3). 하나님께서는 그의 기이한 행위 곧 십자가와 부활의 사건을 통해 자신을 드러내셨고 그것이 우리에게 유익이 된다. 자신의 행위 안에서 유죄선고를 두려워하지 않고 자신을 숭배하는 것은 희망이 없다(논제 11). 인간이 죄로 죽어야 할 것으로 두려워 할 때 그 죄는 하나님께 용서받게 된다(논제 12). 하나님 앞에서 자유의지로 칭의에 이르는 가능성을 내다보는 것은 아주 어리석은 것이다. 인간의 타락 이후 자유의지는 다만 이름뿐이고 어떤 사람이 죄 안에 있어 그가 행하려고 하는 것은 치명적인 죄뿐이다(논제 13). 그는 다만 악인이 되는데는 자유롭다. 행위로 하나님의 은총에 도달할 수 있다고 믿는 사람은 죄 위에 죄를 더 쌓을 뿐이며 그래서 그는 이중으로 죄를 범하게 된다. 은혜를 받는 데는 다만 자신의 의지와 행위를 완전히 단념하고 그의 전 신뢰를 그리스도에게 두는데 있다(논제 16). 그러면 이것은 도덕적 파산과 윤리적 허무주의가 아닌가? 라고 반문할 수 있다. 그러나 루터의 대답은 다음과 같다. 도덕적인 의미에서가 아니라 신학적인 의미에서 선행을 통해 구원을 얻는다는 것은 인간에게 불가능하다. 선행이란 인간들 앞에서는 생길 수 있지만 절대적인 기준 앞에서, 즉 하나님 앞에서는 존재할 수 없다.

루터는 주제 19에서 28까지에 더 많은 중점을 두었고 역설적인 방법으로 그의 십자가 신학의 핵심을 분명하게 전개시킨다. 루터는 말하기를 "하나님의 창조하신 행위에서 하나님의 볼 수 없는 것(*invisibilia Dei*) 곧 하나님의 능력, 하나님의 신성, 하나님의 지혜, 하나님의 정의, 하나님의 선함을 인식하고 직관하는 자가 신학자로 불리는 것이 아니라(논제 19) 하나님의 볼 수 있는 것(*visibilia Dei*), 곧 하나님의 연약함, 하나님의 인성, 하나님의 어리석음, 하나님의 불의함과 하나님의 뒷모습(*posteriora*)을 십자가와 고난에서 보고 인식하는 자라야 올바른 신학자라 불릴 수 있다"(논제 20)는 것이다. 루터는 하나님의 뒷모습이라는 표현을 출애굽기 33장 23절에 비유한다. 하나님의 뒷모습은 곧 하나님의 인성(Menschheit)이요, 그의 연약함(Schwachheit)이요, 그의 미련함(Torheit)이요, 그의 치욕(Schande)이다. 그러므로 사람들이 십자가의 치욕스러움과 비참함에서 하나님을 인식하지 못하고 다만 하나님을 그의 영광스러움과 존귀함에서 인식하려는 것은 충분하지도 유용하지도 않다는 것이다. 숨겨진 하나님(*Deus absconditus*)은 단지 십자가와 고난 속에서만 발견될 수 있다(*Deus revelatus*)는 것이다. "그러므로 십자가에 달리신 그리스도 안에서 참된 신학과 하나님의 인식이 있다"(*Ergo in Christo crucifixo est vera Theologia et cognitio Dei*).[5] 십자가는 하나님을 숨긴다. 왜냐하면 십자가에서 하나님의 능력은 무력함과 비천함을 통해서 직접적이 아니라 역설적으로 나타나기 때문이다. 영광의 신학은 악한 것을 선하다 하고 선한 것을 악하다고 말한다(논제 21). 즉 영광의 신학은 하나님의 창조사역을 통해 하나님을 아는 것이요 반면에 십자가의 신학은 그리스도의 고난을 통해서 하나님을 아는 것이다. 루터가 '행위'를 하나님의 창조사역을 묘사하는 데 사용하고 '고난'을 그리스도의 십자가로 묘사하는 데 사용하고 있다는 점을 분명하게 드러낸다. 영광의 신학은 하나님의 분명한 신적 능력, 지혜, 영광을 통해 직접 하나님을 알고자 하고, 반면에 십자가 신학은 바로 하나님이 자신을 감추시는 곳에서, 그의 고난 가운데서, 영광의 신학이 악하고 어리석다고 간주하는 모든 곳에서 역설적으로 하나님을 인식한다. 그리스도를 알지 못하기 때문에 고난 속에 숨겨진 하나님을 모르는 것이다. 그래서 영광의 신학을 신봉하는 자는 행위와 공적을 고난에, 영광을 십자가에, 능력을 연약함에, 지혜를 우둔함에 대치한다. 이 맥락에서 루터는 하나님의 영광뿐만 아니라 사람들이 행위의 영광, 즉 자기 자신의 영광을 사랑하고 있다는 사실을 지적하고 있다. 빌립보서 3장 18절에 보면 "여러 사람들이 그리스도 십자가의 원수로 행한다". 왜냐하면 그들은 그리스도의 고난과 십자가를 미워하고 자신들의 행위와 화려함을 사랑하기 때문이다. 그래서 십자가의 선함을 악이라 하고 행

5) *WA* 1, 362, 18.

위의 악함을 선이라고 말한다.

루터가 이해한 하나님과 그의 구원의 행위는 역설적이고 반대되는 것에 감춰져 있다는 것이다. 이성은 그것을 이해할 수 없고 경험할 수 없다. 신앙만이 역설적인 현실을 이해할 수 있다. 결과적으로 루터의 신학 체계에서는 이성과 세상의 논리가 신앙의 관점과 반대되는 것으로 나타난다. 따라서 루터의 십자가 신학은 종교적 사변이나 신학적 논리 체계와 대립되어 있다. 십자가 신학은 관념 안에 사는 것이 아니라 신앙의 경험 안에 사는 것이다. 이런 의미에서 루터의 십자가 신학은 예수 그리스도의 십자가에 나타난 계시의 신학(*Offenbarungstheologie*)이요, 또한 칭의를 가져다주는 신앙의 신학(*Glaubenstheologie*)이다. 자연신학은 자연이나 종교나 역사 안에서 하나님을 인식하려는 것이요, 자연신학에서는 하나님이 우리의 바라는 상(像)을 통해 바뀌는 위험이 따른다. 그러나 그리스도 십자가에 대한 참된 인식은 종교적 환상(幻想)과 곡해(曲解) 앞에서 우리를 보호한다. 십자가 사건은 우리의 종교적 희망 사항에 순응하지 않는다. 십자가는 유대인에게는 거리끼는 것이요, 헬라인에게는 미련한 것이었다. 십자가는 마치 무력함과 어리석음으로 보이나 루터가 말하려고 하는 것은 십자가 사건은 "하나님의 기이한 행동"이요, "숨겨짐 속에서의 계시"이다. 십자가에 나타난 하나님의 사랑의 계시는 오직 믿음으로만 인식된다.[6] 그러므로 신학의 참된 본질에 대한 루터의 최종적인 결론은 "십자가만이 우리의 신학이다"(*Crux sola est nostra Theologia*)라는 말로 요약된다.[7]

2. 라이프치히 논쟁(*Disputatio I. Eccii et M. Lutheri Lipsiae habita*, 1519)[8]

루터의 95개 논제의 출판으로 면죄부 판매가 위축되자 마인츠의 대

6) Walther von Loewenich, *Martin Luther*, 117-118.

7) *WA* 5, 176, 32.

주교인 알브레히트(Albrecht)는 논제의 사본을 레오 10세에게 보냈고 교황은 어거스틴파 수도회의 원장에게 루터를 잠잠케 하도록 지시하였다. 한편 잉골스타트(lngolstadt)의 교수인 요한 엑크(Johannes Eck, 1486-1543)는 '오베리스크'(Obelisks-의심스런 점을 지적하기 위해 사용하는 단검표)라는 제목의 답변서로 루터의 95개조에 대한 반대 입장을 분명히 하였다. 그에 대한 답변으로 루터는 아스테리스크(Asterisks-의견 보충을 위해 사용하는 별표)라는 제목의 소책자로 응수하였다. 면죄부 문제에 있어서 루터의 반대자들은 교황권의 우위를 들어 루터를 공격하였다. 루터가 교황의 절대 권위에 대해 불신하고 있을 때 요한 에크가 그에게 교황의 권위와 우위권에 대해 논쟁하자고 도전장을 보냈다. 이에 루터는 아우구스부르크에서 추기경 카예탄(Kardinal Cajetan, 1470-1553) 앞에서의 심문(1518년 10월 12일-14일) 이후 라이프치히 논쟁(1519년 6월 27일-7월 16일)이 시작되기 전까지의 기간동안 이 논쟁을 준비하기 위해 로마 교황권에 대해서 연구하였다.

논쟁 장소는 라이프치히로 결정되었다. 라이프치히는 루터의 적지(敵地)로 그곳에는 보헤미아의 프라하 대학과 양대 세력을 이루고 있는 라이프치히 대학이 있었다. 라이프치히 대학은 프라하 대학에서 탈퇴한 독일인들이 세운 대학으로 논쟁 시 요한 에크의 로마 가톨릭 신학을 지지하였다. 비텐베르크 대학에서는 총장 바르님(Barnim)을 위시해서 교수 멜란히톤(Melanchthon), 요나스(Jusutus Jonas), 암스도르프(Nikolaus von Amsdorf) 등이 교수들을 보호하기 위해 투구와 도끼창으로 무장한 200여 명의 학생들과 함께 루터와 칼스타트(Karlstadt)를 동행하였다.

논쟁의 내용에 대해서는「루터가 스팔라틴에게 라이프치히 논쟁에 대해 써 보낸 서신」[9]에 들어 있다. 처음 칠일 동안은 에크와 칼스타트

8) *WA* 2, 158-161.

9) *WA* Br.1, 420-424.

사이에 '인간의 타락과 자유의지'에 관한 논쟁이 있었으며 그 다음 주 루터가 논쟁 석상에 나와서 '교황의 권위와 로마 교회의 사법권' 문제를 토론하게 되었다(7월 4일). 에크는 교황의 권위가 하나님으로부터 유래한 것이며 그리스도에 의해 제정되었다고 주장하는 데 반해 루터는 교황권은 역사의 흐름 속에서 이루어진 인위적인 기구라고 반박하였다.

첫째, 교황권의 문제로 논쟁하였다. 루터는 과거 천년 동안의 동방교회와 고대 교부들의 예를 들었는데, 헬라지역의 동방교회도 그리스도교의 일부이지만 로마 교황권 아래 있지 않았다는 것이다.[10] 또한 고대 여러 세기의 교회들은 교황의 절대권을 알지 못했다는 것이다. 즉 교황권은 하나님으로부터 온 것이 아니라 황제에 의해 왔다는 후스의 입장을 지지하였다.

둘째, 총회의 권위에 대해 논쟁하였다. 에크는 루터가 중세 이단자들과 다를 바 없다는 논제로 몰고 갔다. 그리하여 에크는 발도파, 위클리프파, 후스파까지 논쟁의 주제로 끌고 갔다. 그러나 루터는 후스의 화형을 결의한 1415년 콘스탄츠 총회의 잘못을 지적하였다. 루터는 후스파의 견해에는 어느 정도 복음적이며 진리가 있다고 인정하였다. 루터는 콘스탄츠 회의에서 후스를 이단으로 몰아 화형시킨 것은 마치 바울, 어거스틴, 심지어는 그리스도 자신의 말씀을 정죄한 것과 같은 잘못이었다고 공언(公言)하였다.[11] 에크는 이것을 꼬투리 잡아 프라하 대학의 후스를 극히 싫어하는 라이프치히의 분위기를 이용하여 루터가 후스파에 속한 이단자라고 몰아 붙였다. 에크는 종교회의의 무오류를 부인하는 자는 이단이요 죄인이라고 선언하였다. 그리고 변증적인 설전에서 그는 자신의 의도대로 승리했다. 루터가 스스로 이단자의 동조자라고 시인하게 만드는 것이 목적이었기 때문이다.

셋째, 고해, 연옥, 면죄부, 사제의 사죄권에 대해 논쟁하였다. 루터의

10) *WA* Br.1, 422, 68-70.

11) *WA* Br.1, 422, 71-73.

증언에 의하면 면죄부 문제에 대해서 에크는 거의 모든 점에서 자기에게 동의를 했다고 하였다.[12)]

에크와 루터와의 논쟁이 끝나고 스콜라 신학의 문제로 에크는 마지막 3일 동안 칼스타트와 한 번 더 논쟁했다. 루터와 칼스타트가 동의한 것은 자유의지에 은혜가 없다면 죄밖에 행할 수 없다는 것과, 모든 선행 속에서 죄가 있다는 것과 사람으로 하여금 은혜를 받아들일 준비를 하게 하면서 그 사람 안에 있는 것을 행하게 하는 것도 은혜 자체라는 것이었다. 그러나 스콜라 신학자들은 이 모든 것을 부정하였다.[13)]

논쟁이 끝난 후 루터는 비텐베르크로 돌아가 로마 교황의 최고권 주장에는 역사적 근거가 없다는 것과 종교회의에는 오류가 있었음을 지적하면서 독일 민족에게 자기 입장을 호소하였다. 루터의 라이프치히 논쟁 이후 1520년 5월에 프란시스코 수도회 소속 수도사인 알벨트(Augustine Alveld)가 루터를 공박하는 논문 〈사도의 지위에 관하여〉(*Super apostolica sede*)[14)]를 발행하였다. 이 글에서 알벨트는 루터를 "양 가운데 섞인 이리", "이단자", "몰지각하고 우둔한 바보", "미치광이", "뱀과 같은 자", "유독한 벌레"라고 욕하면서 로마 교황권을 옹호하였다. 알벨트의 결론은 로마교회가 기독교의 중심이라는 말이다. 이에 대해 간단한 루터의 반박문이 5월 12일에 나왔다. 알벨트가 다시 일반 대중을 상대로 이전의 것과 비슷한 글을 독일어로 써서 5월 중순에 출판하자 루터는 크게 화가 나 5월 17일-30일 사이에 그에 대한 논박문을 썼는데 그것이 1520년 6월 26일에 〈로마 교황권에 관하여: 라이프치히에 사는 가장 유명한 로마주의자를 반박함〉(*Von dem Papsttum zu Rom: wider hochberühmten Romanisten zu Leipzig*)[15)]이라는 이름으로 인쇄되었다. 여기서 루터는 기독교 세계를 실질적으로 지배하는 로마의

---

12) *WA* Br.1, 422, 80f.

13) *WA* Br.1, 423, 96-102.

14) *WA* 6, 277-279.

15) *WA* 6, 285-324.

교황권이 신적 질서로부터 유래되었는가 아니면 인간의 질서로부터 인가 하는 문제를 제기하고 그 대답으로 교황의 권력 있는 권위가 신적 질서로부터 유래되었다는 것은 교황 또는 그의 모든 추종자들과 아첨꾼들의 견해라고 공박하였다. 루터의 공박 핵심은 다음과 같다.

> 기독교 세계의 머리는 그리스도이시다. 교회는 주교든 교황이든 지상에 있는 어느 누구에 의해도 통치될 수 없다. 오직 하늘에 계신 그리스도만이 교회의 머리이시고 그만이 홀로 교회를 다스리신다.

II. 루터의 1520년의 3대 논문

1. 독일 그리스도인 귀족에게 보내는 글(An den christlichen Adel deutscher Nation)[16)]

이 논문은 1520년 7월 20일에 완성되어 8월 18일에 출판되었고 두 주간도 못되어 4천부가 매진되어 가을에 라이프치히와 스트라스부르크에서 재판된 논쟁의 글이다. 27개조로 된 논문에서 루터는 로마교회의 횡포를 규탄하고 독일 귀족에게 교회와 국가의 개혁을 호소하였다. 이 글은 출판과 동시에 많은 사람의 공감을 불러 일으켰고 루터의 그 어떤 논문보다 더 독일 국민을 감동시켰다. 이 논문에서 신학자로서, 예언자로서, 독일 사람으로서 루터는 그의 조국을 로마 교황의 횡포로부터 해방시키려는 복음적인 조국애를 나타내었다.

루터는 먼저 로마 교황을 적그리스도의 현현(顯現)으로 보았고 곧 최후의 심판이 가까웠음을 믿었다. 로마교회가 중세의 교리에 따라 영적 계급과 세속 계급으로 분리하여 영적 계급의 우위를 주장하는 데 반해 루터는 만인사제직(萬人司祭職)을 주장하였고 올바르고 자유스런

16) *WA* 6, 404-469.

공의회를 수행하게 하는 임무가 평신도의 신분으로 최고의 신분인 황제와 귀족들에게 있음을 역설하였다.

제1부에서 루터는 모든 종교개혁의 시도를 방해하는 로마교회의 세 가지 담(Mauern)을 공격하였다. 제2부에서는 다시 두 부분으로 나누어 첫 부분은 로마교회에 고통당하는 문제들을 공의회에서 다룰 주제로 제시하고, 두 번째 부분은 27개 논제를 구체적인 개혁안으로 제안하고 있다. 이 제안들은 주로 교회의 개혁에 대한 것이지만 또한 대학의 개혁과 정치적 그리고 사회적 생활의 갱신을 촉구하는 것이었다.

이제 로마교회가 방어의 수단으로 이용하고 있는 세 가지 담에 대해 살펴보자.

첫째 담은 영적인 문제에 관해서는 교황이 최고의 권위를 가지고 있다는 것이다. 그러나 루터의 반박은 모든 신자는 참으로 영적인 신분에 속하며 그들 가운데는 성직 직무상의 차별 외에는 아무것도 없다는 것이다. 여기서 루터는 모든 신자들의 영적 사제직(벧전 2:9-10)을 주장하였다: "너희는 왕 같은 제사장이며 제사장 같은 나라이다." 평신도나 사제나 주교는 모두 영적인 신분으로 성별된 자들이다. 루터는 하나의 예를 든다. 사제가 없는 광야에서 모든 사람들을 위해 성직의 임무를 위해 뽑힌 사람은 교황이나 주교가 성별한 사제와 똑같다는 것이다. 옛날 곧 성 어거스틴, 성 암브로시우스, 성 키프리안 시대에는 교회의 회중이 자기들 중에서 주교와 사제를 먼저 선택한 후 그들이 오늘날과 같은 허식(虛式) 없이 주교들의 인준을 받았다는 것이다.

둘째 담은 성경 해석에 있어서 교황만이 유일한 권위를 가지고 있다는 것이다. 루터는 이에 대해 교황이 성경을 깊이 연구했든 안 했든, 교황이 경건하든 아니든 간에 성경에 대해 유일하게 해석의 권위를 가졌다고 주장하는 것은 무용하고 악한 장애물이라고 반박하였다. 루터는 교황은 결코 성경을 잘못 해석할 수 없다는, 교황의 성경 해석 무오류설(無誤謬說)을 배격하였다. 루터는 베드로의 열쇠에 의해 유일하게 교황만이 성경의 최고 해석권을 가지고 있다는 것은 조작된 것이며 열쇠는 베드로에게만 아니라 전 회중에게 주어진 것이라 하였다.[17] "그들은 우리 가운데 진실한 신앙, 영 이해, 그리스도의 말씀과 정신을 가진 경건한 크리스천이 있다는 것을 고백하지 않으면 안 된다. 그렇다면 우리는 왜 이 사람들의 말과 이해를 거부하고 신앙도 없는 교황을 따라야 하는가? 이것은 모든 신앙과 그리스도의 교회를 부인하는 것이 될 것이다."[18]

셋째 담은 교회 공의회(*Konzil*)를 소집하는 권한이 오직 교황에게만 있다는 것이다. 그러나 이 장애물은 두 장애물이 무너질 때 곧 교황이 영적인 문제와 성경 해석에 있어서 유일한 권위를 주장할 수 없게 될 때 제풀에 넘어 간다는 것이다. 루터의 주장은 공의회의 소집권과 결의를 확인하는 권한이 오직 교황에게 속한다는 것은 성경에 근거가 없다는 것이다. 왜냐하면 이것은 그들 자신의 법령에 근거를 두고 있기 때문이다.[19] 루터는 예를 들어 말하기를, 예루살렘 사도회의를 소집한 것은 사도 베드로(교황의 시조)가 아니라 사도들과 장로들이었다(행 15:6)는 것이다. 또 루터는 최초의 에큐메니칼 공의회인 니케아 회의는 로마 주교(교황)에 의해 소집된 것이 아니라 콘스탄틴 황제가 소집하고 확인한 것이며 그 이후의 공의회들도 황제들에 의해 소집된 것이라고 주장하였다.

루터가 주장하는 것은 기독교의 권위는 그리스도에게만 있다는 것이다.

> 로마교도(교황주의자)들도 모두 우리와 마찬가지로 세속적인 정부의 지배 하에 있으며, 배움 없이 다만 권위만 가지고 성경을 해석할 권한이 없다. 그들은 공의회를 저지하거나 제멋대로 제한하거나 속박하거나 또는 공의회를 열 자유를 박탈할 권위가 없다. 오히려 만

---

17) *WA* 6, 411, 33-412, 1.

18) *WA* 6, 412, 11-14.

19) *WA* 6, 413, 12-14.

일 그렇게 한다면 그들은 실로 적그리스도와 악마의 무리이다.[20]

제2부에서 루터는 공의회에서 논의되어야 할 악폐(惡幣)와 개선해야 할 것에 대해 제안하고 있다. 핵심적인 것을 요약하면 다음과 같다.

1. 교황의 속된 마음: 가장 거룩하고 가장 영적이라는 칭호를 내세우는 자가 더 세속적이라는 것은 두렵고도 놀라운 일이다. 예를 들면 제왕들이라도 홑겹의 왕관밖에 쓰지 않는데 교황은 3중의 관을 쓴다. 교황은 이 세상의 주(主)로 행세한다. 교황이 하늘의 천사들보다 위에 있고 또 그 천사들을 다스릴 권위를 가진다고 주장한다.
2. 추기경들(Kardinäle): 이들은 제일 좋은 교구와 수도원들과 영지들을 독차지하고 1년에 1천 굴덴(Gulden)에서 1만 굴덴까지 모금하여 로마 교황청에 상납한다.
3. 교황청: 교황청의 궁정은 너무 비대하다. 교황의 비서들만 해도 삼천 명 이상이나 된다. 지금 독일은 과거에 황제들에게 바치던 것보다 로마 교황에게 더 많은 것을 바친다.
4. 첫 수입세(Annaten): 이전에 황제와 제후들이 교황이 터키 사람들과 불신자들과 싸우는데 전쟁 부담금으로 독일의 개개 영지로부터 첫해 수입의 절반을 징수하도록 허용한 것을 악용하여 고정 세금으로 하였다.
5. 사라센세: 교황들이 터키 사람들과 싸운다는 핑계로 사절들을 보내어 모금하였다. 때로는 터키 사람들과 싸운다는 것을 구실로 면죄부도 발급하였다.
6. 교황의 달: 1년 중 6개월을 교황이 직접 다스리는 달로 정해서 이 기간 중 비어 있는 성록령(聖祿領)을 로마로 흡수시킨다. 그 대상으로는 자유 교구령과 추기경이나 교황 가족의 성록령과 분쟁에 관련된 교구령이다.
7. 팔리움(*Pallium*): 팔리움은 털로 짠 주교의 외투로서 주교직을 받는

20) *WA* 6, 415, 1-5.

사람은 서약과 함께 거액의 돈으로 사고 꼭 로마에서 받아야 한다. 서약한 주교가 교황에게 감히 반항하지 못하는 이유가 이것이다.

8. 주교 보좌직: 연로자나 병자나 무능한 자가 차지하고 있는 주교구를 교황청에서 교황의 측근을 보좌주교로 세워 그 교구령을 가로챈다.
9. 위탁제도: 교황은 부요하고 수익 많은 수도원이나 교회의 판매물을 추기경이나 부하에게 맡겨 그로 하여금 순례자들에게 성자들의 전기물과 성상 등을 팔아 수익을 빼돌리게 한다.
10. 통합과 연합: 교회법에 의하면 한 사람이 두 교구나 주교구를 동시에 가질 수 없는데 교황청이 통합과 연합이라는 이름으로 한 교구령처럼 만들어서 한 사람으로 하여금 다스리게 한다.
11. 관리: 한 사람이 자기 주교구 외에 관리자라는 칭호를 가지고 대수도원 관구나 요직을 가질 수 있으며 거기에 따르는 모든 재산을 소유할 수 있다.
12. 복귀(귀속권): 만일 재직자가 사망할 경우 그 성록령을 이전의 매도자 또는 양도자 곧 교황청이 거기에 대한 귀속권을 보유한다는 것이다. 그리하여 교황청은 다시 그 교구령을 팔거나 대여한다.
13. 가슴 속의 보류: 어떤 사람이 로마에서 관례에 따라 성록령을 얻고 또 정식으로 서명과 인장을 받은 후에 또 다른 사람이 그 성록령을 원해 더 많은 돈을 가져 오면 교황은 처음 사람에게서 성록령을 빼앗아 두 번째 사람에게 준다. 그에 대한 비난은 교황의 자유의지에 따른 마음속의 보류에 의한 것, 곧 "목자적 유보"(*reservatio pectoralis*)라고 변명한다.
14. 거래소(Datarhaus): 교황청 내에 한 집(교황 인노센트 7세 [1484-90]에 의해 세워짐)이 있어 거기서 조정이라는 구실로 온갖 불법이 자행된다. 예를 들면 각종 성직매매, 고리대금업의 정당화, 절도나 강도로 모은 재산의 합법화, 수도사의 서약 파기, 성직자의 결혼 매매, 사생자의 적자 둔갑 등의 일들이 돈으로 거래된다.

제3부에서는 개선할 것에 대해 제안하고 있다.

1. 첫 수입세 폐지: 로마에 첫 수입세를 지불하는 것을 금하고 완전히 폐기해야 한다.
2. 로마의 임명에 대한 금지: 위탁제도, 보좌제도, 마음의 보류, 교황의 달, 통합, 팔리움 등으로 로마 교황청이 임명한 사제가 독일 교회에서 사목활동하는 것을 반대한다. 그리스도인 귀족들은 최선을 다하여 독일 안에서 이러한 성록령을 임명하는 권리와 직무를 개 교회 당국자에게 다시 찾아주어야 한다.
3. 개교회의 권리회복: 주교복(主教服)과 일체 요직의 인준을 로마에서 받게 하지 말고 니케아 공의회의 규정(법규 VI- 주교는 제일 가까운 곳에 있는 두 주교나 혹은 대주교의 인준을 받아야 한다)에 따라야 한다. 교황은 사소한 문제로 개교회에 간섭하지 말고 모든 기독교계를 위해 기도하고 명상하고 돌보는 일에나 전념하라.
4. 교황의 법정에서 세속적인 문제를 배제: 세속적인 문제는 로마로 가지 못하게 하고 세속적인 사건은 속권에 맡기도록 해야 한다. 또한 주교의 법정에서 세속적인 문제를 배제해야 한다. 주교구에서는 다만 신앙과 도덕적인 문제만 다루고 돈, 재산, 목숨, 명예 등의 문제들은 세속적인 재판관들에게 맡겨라. 성록령과 교구령에 관련된 사건들은 주교와 대주교와 수석주교들 앞에서 다루어져야 한다. 불화와 분쟁을 해결하기 위해 독일의 수석주교가 일반 추기경 회의를 열어 독일에서 일어난 사건은 독일에서 관장해야 한다.
5. 보류제도 폐지: 성록령이 교황의 "마음속의 보류"로 인해 로마에 의해 억류되는 것을 반대한다.
6. 보류사항의 폐지: 교황이 돈을 받고 어떤 이단적인 죄들 곧 로마로 향하는 순례자들을 방해하는 일, 터키인들에게 무기를 제공하는 일, 교황의 서신을 위조하는 일 등으로 죄 지은 자들을 면죄할 수 있다는 것을 반대한다.
7. 교황의 가족 축소: 직위를 받는 교황의 가족 수를 줄이고 교황 자신의 재정으로 그들을 부양하라. 교황의 궁정은 제왕의 궁정보다 사치스럽거나 호화롭거나 해서는 안 된다.

8. 주교의 서약: 엄격하고도 두려운 주교의 서약은 폐지되어야 한다. 서임권은 원래 독일 황제에게 있었다. 주교들은 불법으로 교황에게 서약하기를 강요당하고 있는데 그것은 주교들의 정당한 권리를 방해하고 불쌍한 영혼들을 손상시키는 일로 황제와 귀족들은 이러한 횡포를 의무적으로 방지하고 징벌해야 한다.

9. 교황과 황제: 교황이 황제 위에 군림하는 것은 적그리스도적인 것이다. 교황권을 제왕권보다 더 높인 그레고리의 교서 '솔리테'(*Solite, Decretal. Greg. lib.*)의 장(章)은 한 푼의 가치도 없다. 설교와 사면과 같은 영적인 직무 외에 교황 자신을 세속권보다 높이는 것은 마땅치 않다. "목회"(*pastoralis*) 교서(교황 클레멘트 5세의 1313년의 교서)에 의해 왕위가 공석으로 될 경우 교황이 그 왕국의 상속자가 된다고 주장하는 것은 가소로운 것이다.

10. 속권-나폴리 왕국과 교회 국가들: 교황이 나폴리 왕국과 시실리 왕국의 왕의 칭호를 요청하는 것을 거절해야 한다. 볼로그나(Bologna), 이몰라(Lmola), 비센짜(Vicenza), 라베나(Ravenna), 안코나(Ancona) 그리고 로마그나(Romagna) 등을 교황이 강제로 뺏은 것은 부당하다.

11. 교황에 대한 경의: 교황의 발에 입 맞추는 행위는 반 그리스도교적이다. 그리스도와 교황 두 사람을 비교해 보아라. 그리스도께서는 제자들의 발을 씻기시고 닦아 주셨다(요한 13:1 이하).

12. 로마 순례의 폐지: 로마 당국은 "로마에 가까우면 가까울수록 크리스천이 더 나쁘게 된다"는 격언을 입증해주고 있다. 순례를 선행으로 여기는 것은 잘못된 것이다. 또한 고액의 순례 비용이 문제다. 그런 돈이 있으면 차라리 아내와 가족을 돌보고 이웃을 섬겨라. 교황들이 거짓된 "황금의 해"[21]의 규정으로 순례를 조장하는 행위는 하나님의 계명을 경멸하는 것이다.

13. 걸식수도단의 개혁: 군주들과 교황은 탁발수도단의 건립을 더 이상 허가해서는 안 된다. 이미 있는 탁발수도단도 너무 많다. 모두 없애

21) 교황 보니파스 8세에 의해 1300년에 제정됨. 「황금의 해」(goldenes Jahr)에 로마교회에서 미사드리면 특별한 보상이 따른다.

거나 혹은 2-3개의 수도단으로 통합하는 것이 좋겠다. 그들은 재정이 넉넉함으로 구걸할 필요가 없다. 수도단 내의 분파와 싸움은 지양되어야 하고 수도원은 사도 시대와 그 후의 시대처럼 모든 사람에게 개방되어야 한다. 수도원의 정절 서약은 그리스도가 명한 것이 아니기 때문에 크리스천은 스스로 고안한 인간적인 관습과 법규에 사로잡혀서는 안 된다.

14. 성직자의 결혼: 처자식을 거느린 사제들이 과중한 부담을 지고 또한 양심의 괴로움을 당하고 있으니 결혼은 허락되어야 한다(딤전 3:2-4; 딛 1:6). 모든 도시가 자기들의 목회자를 선택하되 결혼의 재량권을 주도록 하자. 로마 교황청이 자의로 개입하여 사제들의 결혼을 금한 것이다(딤전 4:1 이하). 그로 인해 희랍교회가 성직자의 독신 문제로 탈퇴하는 계기가 되었고 또한 죄와 수치와 추문이 끊임없이 증대되었다.

〈마르틴 루터〉

〈루터의 아내 캐터린 폰 보라〉

15. 수도원 가운데서 보류 사항 폐지: 수도원장, 수녀원장 등 고위 성직자가 고해 때에 전부 또는 일부의 죽을 죄를 보류하는 것을 폐지하라.
16. 죽은 자를 위한 미사 폐지: 모든 기념일과 죽은 자의 미사와 영혼을

위한 미사는 그 목적이 돈벌이와 폭식과 폭음에 있음으로 경건의 신앙으로 대치되어야 마땅하다.

17. 성사(聖事) 금지의 폐기: 성사 금지는 악령의 날조이다. 파문은 그 용도를 규정하는 곳 이외에는 사용해서는 안 된다.
18. 성자의 날 폐지: 음주, 도박, 태만 및 모든 형태의 죄를 짓게 하는 모든 축일 곧 성자의 날과 종교적 경축일은 폐지되어야 한다.
19. 사면권의 확대: 교황이 돈벌이 수단으로(돈의 올가미) 면죄, 면죄증, 버터 식용 허가증, 미사증 등을 발급하여 사면할 수 있다면 일반 사제들도 보수 없이 사면할 수 있다. 금식은 자유로워야 하며 모든 종류의 음식은 자유롭게 먹을 수 있어야 한다.
20. 순례의 금지: 거짓되고 조작된 신앙을 만들어내고 교구 내의 교회를 약화시키고 주막과 매음을 증대시키며 돈과 노력을 소모시키는 순례 제도는 악마의 소행이다. 이 일로 교황과 주교는 '순례 면죄부'를 뿌린다. 교황이 면죄부의 판매 특허와 그 이익을 어느 특정 교회에게 주는 것은 폐지되어야 한다.
21. 거지 생활을 금하고 가난한 자를 돌보는 일: 순례자이거나 수도사이거나 어떤 사람이라도 전 기독교계를 통해 구걸을 금지시켜야 한다. 모든 도시가 자체 내의 가난한 자들에게 필요한 것을 공급해야 한다. 자유롭고 보편화된 구걸 행위는 일반인들을 손상시킨다.
22. 무용한 미사 금지: 희생제와 선행으로 여겨지는 미사는 중단되어야 한다.
23. 성우회(聖友會)와 특별 허가증 판매, 교황의 동맹: 성우회 - 가난한 자들을 구제하는 형제애는 선하지만 폭식과 폭음하는 모임이 되어서는 안 된다. 특권 - 교황청은 불법으로 독일 영토 내에서 면죄부, 버터 식용 허가증, 미사증 등 각종 특별 허가권을 거액에 팔고 있다. 우리는 교황의 사절들을 그들의 특허권과 함께 독일 영토에서 추방해야 한다. 교황의 동맹 - 교황이 이교도인 터키 사람과 동맹을 맺어 그리스도계를 핍박하는 적그리스도적인 행위는 하나님의 계명을 유린하는 것이다.

24. 보헤미아 사람들 문제: 교황은 콘스탄츠 공의회가 얀 후스를 화형에 처한 잘못을 시인해야 한다. 그리하여 교황은 니케아 공의회에 따라 보헤미아 사람들의 영혼을 위해 그들이 자기들 가운데서 하나를 선출하여 프라하 대주교가 되도록 해야 한다. 저들이 떡과 포도주로 행하는 두 가지 형태의 성찬을 금하는 것을 반대한다.
25. 대학교: 대학교도 역시 철저한 개혁이 필요하다. 대학교에서 아리스토텔레스의 물리학, 형이상학, 영혼론, 윤리학 등을 완전히 제거해야 한다. 교회법과 교령집(敎令集)은 완전히 없애야 한다. 성경에는 생에 대한 충분한 지침이 들어 있음으로 교회법의 연구는 성경 연구에 장애가 될 뿐이다.
26. 교황과 신성로마제국: 교황이 신성로마제국을 독일 황제에게 준 것을 자랑하나 실제로 교황이 제국의 모든 것—재산, 명예, 생명, 영혼—을 장악하고 있다. 교황들이 바라는 것은 황제가 되는 것이었다. 그리고 그들은 적어도 자신들을 황제들 위에 두는 데 성공하였다.
27. 경제개혁과 사회개혁: 의복의 사치 - 독일 귀족들은 외국의 물품 곧 비단, 비로도, 귀금속, 장신구 등을 위해 거액의 돈을 낭비해서는 안 된다. 조미료 거래 - 조미료 거래도 통제할 필요가 있다. 이것은 돈이 독일 밖으로 운반되는 또 다른 큰 배(船)이다. 사회악 - 크리스천들이 정결의 세례를 받았는데 공공연한 홍등가(紅燈街)를 유지시키는 것은 가련한 것이다. 독신생활과 그 폐해 - 독신생활은 정욕을 없애지 못하고 오히려 정욕을 끌어 들인다. 그러므로 소년, 소녀들이 30세 이전에 정절의 서약이나 "영적 생활의 서약"을 못하게 해야 한다.

2. 교회의 바벨론 감금(*De captivitate Babylonica ecclesiae praeludium*)[22]

루터는 이 글을 신학자들과 지식인들을 대상으로 썼다. 이 글은 1520년 10월에 발표되었는데 〈독일 그리스도인 귀족에게 바라는 글〉에

22) *WA* 6, 497-573.

서 루터가 교회의 신앙적이고 외적인 개혁을 목표로 했다면, 〈교회의 바벨론 감금〉에서는 성례전(Sakrament)을 다루고 있다. 루터는 교회가 잘못된 성례전의 교리와 의식(儀式) 밑에 감금 당하여 영적인 포로상태에 있음을 서술하여 로마 가톨릭의 성례전을 비판하였다. 그는 로마교회의 성례전 제도에 있어서 〈독일 그리스도인 귀족에게 바라는 글〉에서의 세 개의 담에 비교되는 세 가지 과오가 있다고 지적한다. 루터는 로마 가톨릭의 7성례 중 세례, 성찬, 참회만 인정하였다. 그 구체적인 내용을 요약하면 다음과 같다.

제1부 떡의 성례(성찬)

첫째 감금은 성찬 수여 시 평신도들에게 잔을 주지 않고 떡만 주는 것이다. 로마교회에서는 그리스도나 사도들이 평신도들에게 두 가지를 모두 주라고 명령한 것이 없다고 주장한다. 거기에 대한 성경 구절로 요한복음 6장 35, 41, 51절을 들고 있다. 거기서 평신도들을 위해서 한 가지 요소만으로 성례가 제정되었다고 결론 내렸다. 그에 대해 루터는 요한복음 6장 53절과 55절을 통해 두 가지 요소의 성찬을 주장한다: "평신도들에게 두 가지 요소를 거부하는 것은 사악하고 폭군적이며 또한 이러한 것은 어떤 천사의 권한 중에도 없고 더욱이 어떤 교황이나 공의회의 권한에도 없다고 나는 결론을 내린다."[23] 또 고린도전서 11장 23-26절은 어느 한 요소의 사용을 명령하신 것이 아니다. 그런데도 잔을 주는 것을 금하는 것은 비성서적이요, 성례전을 파멸시키는 것이 된다.

둘째 감금은 로마 교회가 최근 300년 사이에 화체설에 갇혀 있다는 것이다. 교회들은 1,200년 동안 참 신앙을 지켜왔는데 이 기간 중 어느 때 어느 곳에서도 화체설에 대한 언급이 없었다는 것이다.[24] 루터는 위

23) *WA* 6, 506, 33-34.

24) *WA* 6, 509, 27-29.

클리프의 견해[25]를 따라 로마 가톨릭의 화체설을 배격하였다. 화체설은 사제가 제정어를 선언함과 동시에 떡과 포도주는 사라지고 그것들의 자연 본질은 잃어버리고 다만 외적인 표징으로 떡의 형태와 포도주의 색깔만 남아 있는데 그것이 참으로의 떡과 포도주가 아니라 그리스도의 몸과 피로 변한다는 것이다. 그에 반해 루터는 오히려 떡과 포도주에 그리스도가 임재 또는 공재함을 주장하였다. 마치 빨갛게 달구어진 쇠에 있어서는 불과 쇠의 두 본질이 완전히 혼합되어 있어 모든 부분이 쇠이자 불이듯이 그리스도의 살과 피가 떡과 포도주에 함께 포함되어 있다는 것이다.[26] 그리고 루터는 예수 그리스도의 제정어, 곧 그리스도의 말씀에 근거하여 그리스도의 몸이 떡 가운데 있다는 것만이 아니라 떡이 곧 그리스도의 몸이라는 것을 확실히 믿는다고 하였다. 여기에 대한 근거는 바울이 말하기를 "그가 떡을 가지사 축사하신 후에 떼시고 말씀하시기를 '받아 먹으라 이것(곧 그가 가지시고 떼신 이 떡)은 나의 몸이다' 라고 하셨다"(고전 11:23-24)는 것이다. 그리고 바울은 "우리가 떼는 떡은 그리스도의 몸에 참여함이 아니냐"(고전 10:16)라고 말한다. 그는 "떡 가운데 있다"고 말하지 않고 "떡 자체가 그리스도의 몸에 참여함이다"라고 말한다.[27]

셋째 감금은 성찬(미사)을 미사 희생제로 드리는 것이다. 곧 성례전의 사악한 오용(誤用)이다. 이 거룩한 성찬이 순전히 상품과 시장의 이익 사업으로 변하고 말았다. 루터는 예를 들어 대도(代禱)라든지 기념제와 추도일 등에 미사를 사고파는 것을 지적하였고 사제들과 수도사들이 여기에 그들의 모든 생계를 의탁하고 있다고 비판했다.[28] 루터는

25) 위클리프는 그의 《성찬론》(*De Eucharistia*)에서 중세 교리 특히 화체설의 부당성을 지적하였다. "예수 그리스도의 계심은 마치 국왕이 그 국토 어디에나 있는 것과 같다." 이것은 루터가 주장하는 공재설(公在說)과 하나님의 편재설(偏在說)을 뒷받침해준다.

26) *WA* 6, 510, 4-8.

27) *WA* 6, 511, 19-25.

28) *WA* 6, 512, 7-15.

또한 성례의 성취된 행위(*Opus operatum*)[29]를 비판하고 성찬은 반드시 신앙 안에서 수행(*Opus operantis*)[30]되어야 한다고 주장하였다. 그리고 루터는 성찬을 그리스도의 언약으로 이해할 것을 촉구하였다. 즉 우리가 드리는 미사(성찬)는 하나님께서 우리에게 주시는 사죄의 약속이며 하나님의 아들의 죽음으로 확증된 구원의 약속이라는 것이다.[31] 그래서 미사(성찬)는 복음의 일부이다. 실로 미사는 복음의 총체와 실체이다. 전체 복음은 사죄의 좋은 소식이라는 것이다.[32]

제2부 세례의 성례

첫째, 세례는 하나님의 구원의 약속이다(마가 16:16). 대체로 성례에는 말씀의 약속과 물질의 표시 두 요소가 있는데 언제나 중요한 것은 약속이 담겨진 말씀이다. 세례 받음으로 우리에게 행해진 약속을 계속 기억함으로 죽을 때까지 신앙을 유지하는 것이다.[33] 루터는 구원의 표식으로서 세례의 유일성을 강조하였다. 루터는 제롬의 표현에 따라 참회(고해성사)가 세례(파선) 후 제2의 널빤지라고 생각한 것은 잘못된 것이라고 하였다. 세례라고 하는 "그 배는 견고하고 정복할 수 없는 것이며 결코 조각난 널빤지로 부서지지 않을 것이다. 구원이라는 항구에 닿는 사람들은 모두 이 배로 운반된다. 왜냐하면 이 배는 세례 가운데서 우리에게 약속해 주시는 하나님의 진리이기 때문이다."[34] 세례는 곧 완전한 구원의 배라는 것이다. 루터에 의하면 모든 성례는 신앙을 기르기 위해 제정되었다. 세례는 인간의 손에 의해 받지만 실상은 그리스도

---

29) 행동의 행위자 곧 성례의 집례자와는 아무런 관련 없이, 믿음 없이 이루어지고 완성되고 종결된 행위를 뜻한다. 성례의 집전 효력설을 말한다.

30) 행동의 행위자와 밀접하게 관련되어 있는 '믿음으로' 행하는 행위를 말한다.

31) *WA* 6, 513, 34-36.

32) *WA* 6, 525, 36-38.

33) *WA* 6, 527, 33-528, 13.

34) *WA* 6, 529, 24-27.

의 세례이며 하나님의 세례라는 것이다. 또 세례의 능력은 이것을 베푸는 사람의 신앙이나 활용보다는 받는 사람의 신앙이나 활용에 많이 달려 있다.

둘째, 세례는 표징이나 성례로서 물속에 잠기는 일이다. 세례를 통한 의는 세례에서 약속한 말씀을 믿는 신앙에 있다. "어떤 사람을 의롭게 하거나 이롭게 하는 것은 세례가 아니며, 세례에 첨부된 저 약속의 말씀인 신앙이다. 이 신앙이 바로 세례가 뜻하는 것을 의롭게 하고 성취시킨다. 왜냐하면 신앙(세례)은 옛 사람의 침몰과 함께 새 사람의 출현이기 때문이다"(에베 4:22-24; 골로 3:9-10).[35] 죄인은 세례를 통하여 그리스도와 함께 죽고 다시 살아난다. 세례는 곧 죽음과 부활의 한 표상이다. "그러므로 세례는 두 가지 곧 죽음과 부활, 말하자면 완전무결한 의인(義認)을 뜻한다."[36] 그래서 루터는 원칙적으로 침수 세례를 선호했다. "나는 세례를 받으려고 하는 사람들을 완전히 물속에 잠기게 하고 싶다. 그것은 그 낱말이 나타내고 그 비밀을 표시해주는 것과 같다. 그 이유는 내가 이것을 필요하다고 생각하기 때문이 아니라 오히려 철저하고 완전한 것에 철저한 표징을 주는 것이 좋기 때문이다. 그리고 그리스도께서 분명히 그렇게 제정해 주신 것이기 때문이다."[37]

세례의 능력 또는 유효성은 죽을 때까지이며 우리가 마지막 부활할 때까지이다. 일단 세례를 받았으나, 부단히 죽고 부단히 살기 위해서는 신앙으로 늘 세례를 받을 필요가 있다. 그것은 그리스도를 믿는 신앙으로 죽고 다시 살라는 것이다.

유아세례 문제에 있어서 루터는 원칙적으로 유아세례를 인정하였다. 유아는 세례를 받게 하려고 데리고 오는 사람들의 신앙 도움을 받는다고 말한다.[38] 왜냐하면 하나님의 말씀은 말하실 때 어린아이와 마찬가

35) *WA* 6, 532, 36-533, 2.

36) *WA* 534, 3-4.

37) *WA* 6, 534, 19-24.

38) 이 점은 성 어거스틴에게 소급할 수 있으며 토마스 아퀴나스도 신학적으로 인정하였

지로 무감각하고 무력한 그리고 불경건한 마음까지도 변화시킬 수 있을 만큼 강력하기 때문이다. 루터는 세례를 베푸는 교회의 기도를 통하여 유아가 주입된 신앙으로 변화되고 깨끗해지며 새로워진다고 보았다.[39] 루터는 부모의 신앙과 교회의 기도를 보증으로 시행하는 유아세례를 받아들였다.

루터는 각종 서약의 부작용을 심각하게 느끼고 그 부당성을 지적하였다. 루터에 의하면 수도사가 될 때 또는 세례 받을 때 행하는 모든 서약은 폐기하고 무효로 돌려야 한다는 것이다. 서약, 특히 평생을 두고 행한 서약은 전반적인 포고(布告)로 폐기시키고 조급하게 서약하지 못하도록 경고해야 한다. 서약은 실로 부득이한 경우에만 허락해야 한다. 서약이 증가해 갈 때 법과 행위가 증가되고 이러한 것들이 증가할 때 신앙은 꺼지고 자유는 포로로 사로잡힌다는 것이다. 서약은 교회와 영혼들에게 가장 해로운 것이다. 왜냐하면 첫째로 서약은 일종의 의식법(儀式法)이며 인간적인 법령이나 인간적인 추정이므로 그리스도인들의 생활과는 정반대가 된다. 둘째로 성경 가운데 이 같은 수도원의 서약 곧 평생의 정절, 복종, 빈곤에 대한 예가 하나도 없다. 서약 문제에 있어서 교황이 두 가지 잘못한 것은 로마 교황이 서약을 해면(解免)할 권리를 가졌다고 하는 것과 교황이 결혼 계약보다 수도원 서약을 더 우선시 하는 것, 또한 빚진 자의 수도원 입단을 용인하는 것 등이다.[40]

제3부 참회의 성례

루터는 로마교회의 참회(고해성사)의 네 부분 곧 회개(*contritio*), 고백(*confessio*), 보상(*contributio*), 사면(*absolutio*)을 오용한 것을 비판한다.

고 1311-1312년의 Wien 공의회에서 클레멘트 5세에 의해 재가되었다.

39) *WA* 6, 538, 6-11.

40) *WA* 6, 538, 26-543, 3.

첫째, 루터는 로마교회가 회개를 신앙의 행위가 아니라 하나의 공적처럼 여기는 것을 비판하였다. 로마교회는 회개를 '불충분한 회개'(*atritio*)와 '참회'(*contritio*)로 나누어 불충분한 참회는 저들이 알지 못하는 열쇠의 권능에 의해 참회로 바뀐다고 보았다. 이에 대해 루터는 양심이 떨리는 회개의 마음을 강조한다.[41]

둘째, 고백이 교황들의 독재와 강요에 지배받았다. 죄의 고백은 하나님이 명령하신 것으로 고백제도는 마태복음 18장 18-20절에 의해 입증되었는데 죄의 보류, 고해신부의 지정, 보상의 지시 등 교황의 횡포로 오용되었다. 루터는 번뇌하는 양심의 치료제로서의 형제에게 하는 사고백(私告白)을 인정하고(마태 18:15-17) 꼭 교회, 곧 고위 성직자나 사제에게 말할 필요가 없다고 말한다.[42]

셋째, 무가치한 보상은 면죄부 남용에서 알 수 있다.

루터는 로마교회가 보상, 즉 '생활의 갱신'에 대해 이해하지 못함을 비판한다. 교황청의 보상에 대한 지시 곧 성지순례, 편타 고행, 금식, 철야 등은 인류를 타락하게 하는 것이요, 이로써 사람들은 선한 행위로써 하나님에게 죄를 보상할 수 있다고 믿는다. 또한 잘못된 규정은 참회가 부과된 보상을 다하지 못한 모든 죄를 새로 되풀이해야 한다는 것이다. 또 그릇된 것은 참회자가 보상을 마치기 전에 죄인을 사면(*absolutio*)하는 것이다. 이에 대한 개선책으로 루터는 사면은 초대교회에서 행한 것처럼 오히려 보상을 마친 다음에 주어져야 한다고 주장한다.[43]

3. 그리스도인의 자유(Tractatus de libertate christiana, Von der Freiheit eines Christenmenschen)[44]

1520년 11월에 출판된 이 논문을 루터가 쓰게 된 직접적인 동기는

41) *WA* 6, 544, 22-545, 8.

42) *WA* 6, 546, 17-547, 16.

43) *WA* 6, 548, 33-549, 14.

에크를 통한 루터에 향한 로마 교황의 파문 교서인 '주여 일어 나소서!'(*Exurge Domine*)의 출판에 있었다. 또한 교황청 사절인 밀티츠(Karl von Miltitz, 1490-1529)가 교황청과 루터 간의 중재 노력으로 루터에게 그의 신앙을 요약하여 교황에게 보내달라고 하였다. 루터는 나중에 이 논문을 독일어로 번역하여 친구인 묄포르트(Mölfort) 시장에게 보냈다. 이 논문은 교황 레오 10세(Leo X, 1513-1521)에게 보내는 공개 서한을 포함하고 있었는데 거기서 루터는 자기의 주장은 사적으로 교황 레오 개인을 공격하기 위함이 아니라 교회의 부패 및 잘못된 교리를 바로 잡고자 하는 것이라고 해명하고 있다.

루터는 한 마디로《그리스도인의 자유》는 "기독교인 생활의 총 핵심"이라고 하였다. 루터가 말하는 그리스도인의 자유는 복음에 입각한 크리스천의 삶의 자유를 강조하고 있다. 자기의 복음적-종교개혁적 사상을 설명하기 위해 루터는 '자유'라는 개념을 통해 기독교인의 신앙과 삶을 복음과 율법과의 관계에서 서술하고 있다.

루터는 이 논문에서 근본적으로 사도 바울의 말씀에서 출발한다(고전 9:19; 로마 1:3, 8; 갈라 4:4; 빌립 2:16). 그리하여 그는 역설적인 대명제를 제시한다.

> 크리스천은 더할 수 없이 자유로운 만물의 주인이며, 아무에게도 예속하지 않는다. 크리스천은 더할 수 없이 충성스런 만물의 종이며 모든 사람에게 예속한다.[45]

이 두 명제는 서로 모순되는 것 같이 보이나 궁극적으로 크리스천의 본질을 밝혀주는 것이다. 이 역설적인 명제의 근저에는 복음이 우리를 죄와 죽음과 사탄에게서 자유하게 했으나 이 자유하게 된 크리스천을 통해 이웃들을 섬기게 만든다는 견해가 담겨 있다. 인간을 영적이고

---

44) 라틴어판 *WA* 7, 49-73; 독일어판 *WA* 7, 20-38.

45) *WA* 7, 21, 1-4.

육체적으로 구분한 데서 출발한 루터는 크리스천은 신앙에 있어서는 모든 일에 자유로운 주인이나 세상적인 삶에는 모든 일에 봉사하는 종이라는 것을 주장한다.

> 사람은 영적이며 육체적인 이중적인 본성을 가지고 있다. 사람들이 영혼이라고 표시하는 영적인 본성에 의하면 그는 영적, 내적 혹은 새사람이라고 불린다. 사람들이 육이라고 표현하는 육체적인 본성에 의하면 그는 현세적, 외적 혹은 옛사람이라고 불린다.[46]

무엇보다도 루터는 크리스천의 영적이고 내적인 자유, 즉 신앙의 자유를 강조한다. 인간은 신앙에 의해 자유하게 된다. 신앙은 영적 노예상태로부터 신자들을 해방시키고 이웃에 대한 사랑과 봉사의 생활로 인도한다고 하였다. 기독교인에게서 참 해방은 신앙을 소유하는 데 있다. 신앙만이 인간을 의롭다 할 수 있다는 것이다. 내적 자유는 오직 하나님의 말씀, 곧 복음에 의한 자유이다. 루터는 반 로마교황 운동의 일환으로 하나의 새로운 종교개혁적인 경건의 이상을 제시하였는데, 그것은 교회와 세상을 분리하여 신자들의 영적생활이 세속 정부로부터 해방되게 하는 것이었다.

내적 인간은 의롭게 되기 위하여 율법적인 착한 행위를 할 필요가 없다. 그럼에도 루터는 크리스천들이 매일의 세속생활에 있어서는 당국에 순종해야 한다는 것을 인정하였다. 하나님이 선한 일을 명하는 것은 무슨 까닭인가? "만일 신앙이 모든 것을 행하고 단독으로 의에 이르기에 충분하다면 왜 선행이 명령되어 있는가?" 그것은 인간은 이 세상에서 그 자신만을 위하여 사는 것이 아니라 세상에 있는 모든 인류를 위해서도 살기 때문이다. 루터는 선행에 대해 다음과 같이 진술한다.

> 선행이 선한 사람을 만들지 못하나 선한 사람은 선한 일을 한다.

---

46) *WA* 7, 21, 12-15.

그리고 악한 행위가 악한 사람을 만들지 못하나 악한 사람은 악한 일을 행한다.[47]

이것은 아무 선행도 불신자를 도와서 의롭게 하거나 구원하지 못하지만 오직 신앙이 선인을 만들고 그 선인이 사랑에서 우러나오는 선행을 한다는 것이다. 루터는 불신자의 선행을 인정하지 않으며, 좋은 나무와 나쁜 열매의 비유를 들어 선행을 행하기에 앞서 선인이 될 것을 주장하며 선인이 되는 조건은 공적을 행함으로가 아니라 신앙으로 말미암는다고 하였다. 다시 말하면 믿음이라야 선행을 한다는 것이다. 이러한 선행은 하나님의 의를 얻기 위한 것이 아니라 다만 자유로운 행위로써 하나님을 기쁘시게 하려고 하는 일이다. 그러므로 크리스천은 이웃에 대하여 그들을 섬기며 유익을 위하여 자유로운 의도로서 행하여야 한다. 또 루터는 그리스도께서 우리에게 행한 것 같이 우리 또한 그리스도처럼 이웃을 섬겨야 한다고 말한다. 이 논문의 명제에서 볼 수 있듯이 크리스천은 이웃에게 봉사하는 종으로서 모든 것에 예속된다. 저술의 마지막 말에서 루터는 "크리스천은 자기 자신 안에서가 아니라 그리스도와 그의 이웃 안에서 산다… 그렇지 않을 경우 그는 크리스천이 아닌 것이다. 그는 신앙으로 그리스도 안에 살며, 사랑으로 그의 이웃 안에서 산다. 신앙에 의하여 그는 그 자신 이상으로 하나님에게 올리워지며, 사랑에 의하여 그는 그 자신 이하로 이웃에게로 내려간다. 그러나 그는 항상 하나님과 그의 사랑 가운데 머문다."[48] 루터는 자유에 대해 결론 짓기를 "여기서 말하는 것은 영적이고 참된 자유이며, 모든 죄와 율법과 계명에서 우리의 마음을 해방시켜 주는 자유이다"[49]라고 하였다.

루터의《그리스도인의 자유》에 나타난 그의 자유 개념을 종합해 보

47) *WA* 7, 32, 5-7.

48) *WA* 7, 38, 6-10.

49) *WA* 7, 38, 12f.

자. 루터가 말하는 그리스도인의 내적 자유가 믿음에 근거한다면 이웃을 향하는 외적 자유는 오직 사랑에 근거한다. 루터에게 있어서 크리스천의 자유 개념은 '믿음과 사랑'의 한 덩어리가 같은 의미를 갖는다고 볼 수 있다. 즉 믿음은 영적이고 내적이고 그리스도의 영역이며, 사랑은 세속적 영역에 속한다. 왜냐하면 크리스천의 자유의 중심 사상이 크리스천은 믿음을 통하여 그리스도 안에 살고, 또 사랑을 통하여 이웃 안에 사는 것이기 때문이다.

1524년 급진적 열광주의자들은 루터의 이 《그리스도인의 자유》라는 개념을 육체적 자유와 평등이라는 개념으로 오용하여 그들의 농민전쟁을 정당화하였다.

III. 루터의 이왕국 교리에 나타난 정치사상

1. 루터의 이왕국론의 시대적 배경

루터는 학사로서 에르푸르트 대학시절에 아리스토텔레스의 정치학과 윤리학을 배웠는데 곧 국가의 임무에 관해 연구하였다. 즉 국가의 임무는 국민의 행복증진에 있다는 것이다. 국가는 인간 업무의 자연적 규정이요, 질서이다. 국가를 통해 인간은 올바른 삶, 곧 안녕과 행복으로 이끌어진다. 중세에 이미 아리스토텔레스의 학설이 교회에 적용되었다. 국가 권력의 의미가 아리스토텔레스에 의해 명백히 드러났지만 교회의 종교적 영역에 완전히 접목되었다. 루터가 얻은 결론은 아리스토텔레스의 국가 및 도덕철학이 중세에 들어와 토마스 아퀴나스에 의해 왜곡되었다는 것이다. 즉 이 세상의 일로 존재하는 국가가 저 세상의 목적으로서의 교회에 종속되었다고 보는 점이다. 토마스 아퀴나스는 영권이 세속권보다 우위에 있어야 한다고 주장하였다. 세상의 통치자는 교황에게 복종해야 하고 세상의 법은 하나님의 법, 곧 교회의 법에 따라야 한다는 것이다. 아퀴나스는 하나님의 법을 어느 때나 최고의 규범(*Norm*)으로 보았다.

루터는 신학적으로 어거스틴의 역사 철학인《두 도성》(*Duo civitas*)의 교리와 중세의 두 절대권, 곧 교황권과 황제권에 관한 교리에 영향을 받았다. 또한 루터는 옥캄의 국가와 종교의 분리이론에 따라 이 세상의 국가 영역과 초자연의 영역, 곧 신앙의 영역으로 날카롭게 분리시키고 두 세계(이왕국)의 일들을 인정하고 이왕국론을 전개시킨다. 이와 같이 루터가 두 왕국론을 제창하게 된 동기는 첫째, 교회와 제국 간의 관계에서 로마교도들이 주장하는 교황권의 "두 검의 교리"(Zwei-Schwert-Lehre)에 따라 세속 정부가 로마 가톨릭교회의 권력에 종속된다는 이론을 배격하기 위한 것이었다. 둘째, 세속권이 기독교인의 신앙 문제까지 간섭하는 것을 배격하기 위한 것이었다. 셋째, 예수 그리스도의 산상수훈에 따라 과격한 성령 세례파들이 세상 당국이나 세상 질서로부터 해방을 추구하는 것을 배격하기 위한 것이었다. 세상은 산상수훈에 의해 다스릴 수 없고, 악인을 징계하는 데는 검이 필요하다는 것이다.

루터가 종교개혁을 진행함에 있어서 '개신교 신앙'과 '교회의 본질'에 대한 새로운 규정이 중요한 문제가 되었을 뿐 아니라 한편으로 교황권과의 싸움에서, 또 한편으로는 열광주의자들과의 싸움에서 '정치적 문제 해결'이 중요한 과제였다.[50] 그리하여 루터는 끊임없이 영권과 세속권을 혼합하는 위험스런 악으로부터 두 영역을 확고히 구분하려고 했고 또한 정치적 무정부주의를 표하는 열광주의자들의 종교혁명을 철저히 배격하였다. 특히 루터는 1521년 12월에서 1522년 2월까지 비텐베르크에서 발생했던 열광주의자들의 폭동을 보면서 종교개혁이 위기에 처해 있음을 깨달았다. 종교개혁의 본거지인 비텐베르크는 칼스타트

50) Walther von Loewenich, "Luthers Stellung zur Obrigkeit", Günther Wolf (Hrsg.), *Luther und die Obrigkeit* (Darmstadt: Wissenschaftliche Buchgesellschaft 1972), 427.

와 츠비카우 예언자들이 선동하는 폭력으로 혼란에 빠졌다. 미사 도중 사제들은 머리채를 잡힌 채 끌려 나갔고 각종 성상들은 파괴되고 불태워지고 매장되었으며 수도사들과 수녀들은 종신(終身) 순결의 서약을 어기고 수도원을 이탈하였다. 루터는 항상 칼과 공권력은 행정 당국자에게만 위임되었고 비록 자기 방어라 할지라도 폭력은 보통 사람에 의해 사용될 수 없다는 것을 분명히 밝혔다. 루터는 1522년 3월 6일에 돌연히 바르트부르크에서 비텐베르크로 돌아와 설득과 수난절 설교를 통해 비텐베르크의 폭동을 진압시켰다.

루터는 이왕국론을 통해서 교황권의 횡포를 막고 교회의 종속에서 세상 국가를 해방시켜 창조질서 안에 있는 그의 독립성과 가치를 재확립 시키려고 한 것이다. 루터는 세상 당국은 하나님에 의해 제정된 것으로 하나님이 한편으로 세상 당국을 통하여 세상 나라를 다스리고 또 한편으로 복음을 통해 하나님의 나라를 다스린다고 주장하였다. 루터는 특히 로마서 13장 1-2절을 근거로 세상 당국이 악하거나 불신앙적일지라도 일반 사람들은 하나님이 제정한 당국에 "복종의 의무"가 있음을 강조하였다. 통치자가 악하든 불신앙인이든지 간에 그들의 '공직' 이나 '권력' 은 악하지 않고 오히려 하나님에 의해 주어진 것이라 보았다. 그러므로 루터에 의하면 크리스천은 신앙이란 이유로 불의한 치리자에게 순종하는 것을 거절해서는 안 된다는 것이다. 루터는 권력을 존중히 여기라는 바울의 가르침은 교회의 질서를 저해하려는 것이 아니라고 보았다. 로마서 13장에서 바울은 세상 질서를 유지하는 것이 중요하다고 말한다. 권력은 인간의 내적 평화와 외적인 평화를 유지시키기 위해 하나님에 의해 제정된 것이다.[51] "창녀의 목에 걸려 있는 금목걸이도 금은 금이다"[52]라는 루터의 표현은 세상 당국이 아무리 악하다 해도 하나님에 의해 제정된 공권력이고 세상 당국이 하나님의 이 세상 목적에

---

51) *WA* 1, 115-118.

52) *WA* 10 III, 9, 1f.

이용되는 도구라는 입장을 나타내 준다. 그럼에도 루터는 악한 통치자의 등장을 큰 재앙으로 보았다.[53)]

루터의 이왕국론의 뼈대는 1523년 출판한《세상 당국에 대하여, 어디까지 복종해야 하는가》(*Von weltlicher Obrigkeit, wie weit man ihr schuldig sei*)[54)]에 잘 나타나 있다. 이 저서는 루터가 1522년 10월 24일과 25일에 바이마르 궁정의 요한 공작 앞에서 행한 두 편의 "세상 당국과 권세"에 대해 설교한 것을 더 발전시킨 것이다. 루터는 그 시대의 상황인 교권과 세속권의 혼합을—곧 교회 감독들이 하나님의 말씀으로 교회를 다스리는 것이 아니라 성이나 도시들 또는 지역 땅들을 지배하고 반대로 세상 군주들은 그들의 지역을 다스리는 것이 아니라 교회를 간섭하고 영혼을 다스리는 형편을—잘 알고 있었다.[55)] 루터가 이 글을 쓰게 된 직접적인 동기는 세상 당국이 기독교인의 신앙 문제까지 간섭하는 것을 배격하기 위함이었다. 그 당시 수많은 세속 당국, 곧 바이에른의 공작들, 브란덴부르크의 선제후 요하킴 1세, 또한 작센의 공작 등이 루터의 신약성서 번역본의 확산을 금지했기 때문이다. 또 한편으로 루터는 열광주의자들의 무정부적 세상 당국에 대한 저항 내지 세상 당국에 대한 경시 풍조에 올바른 신학적-기독교 윤리적 원리를 제시할 필요가 있었다.

2. 이왕국론의 신학적 배경

《세상 당국에 대하여, 어디까지 복종해야 하나》는 세 부분으로 되어 있다.

제1부에서는 성서를 근거로 하여 세상 당국의 본질과 존재의 필연성이 기술되어 있다. 첫째, 루터는 무엇보다도 먼저 하나님의 제정으로

53) *WA* 6, 250.

54) *WA* 11, 245-281.

55) *WA* 11, 265, 7-20.

서의 세상 당국의 인정을 요구하고 있다. 성서적 근거로 로마서 13장 1절 이하, 베드로전서 2장 13절 이하, 그리고 창세기 9장 6절과 출애굽기 21장 12절 이하와 누가복음 3장 14절을 들고 있다. 세상의 검은 하나님의 질서와 규정이다. 세속 권력에 관한 법은 세상이 시작될 때부터 있었는데 가인과 아벨의 이야기에서 가인은 살인을 하면 죽임을 당한다는 공포를 느꼈으며 또 홍수 심판 이후 하나님은 "무릇 사람의 피를 흘리면 사람이 그 피를 흘릴 것이니"라고 하여 살인은 곧 죽음이라는 법을 세우셨다. 그러므로 세속 권위와 검은 하나님의 뜻에 의해 제정된 것이다.[56] 루터는 세상 당국에서 악인에 대한 징계의 기능을 보고 있다.[57] 즉 세상 당국은 죄를 방지하고 정직한 자를 보호하는 역할을 한다는 것이다. 둘째, 세상 당국의 존재 필연성에 대한 두 번째 근거는 성서에 있는 그리스도의 말씀(마태 5:38-44)에 모순이 없다는 것이다. 즉 열광주의자들은 예수 그리스도의 산상수훈 중에서 세상 당국의 존재가 무폭력성을 주장하는 그리스도의 말씀에 위배된다는 것이다. 산상수훈의 무폭력 윤리는 크리스천이 세상 권력(검)을 가져서는 안 되는 것 같아 보인다. 중세교회는 이 산상수훈을 지킬 대상을 둘로 구분하여 일반 신도들에게는 지키기 어려운 것으로 권고 또는 명령이지만 신학자와 목회자와 수도사들에게는 지키도록 주신 계명이라고 규정하였다. 그러나 루터는 예수 그리스도의 말씀은 어느 누구에게나 해당된다고 주장하며, 이 구분은 더 이상 필요치 않다는 것이다. 다만 완전함과 불완전함을 결정하는 판단 기준은 행위에 있지 않고 마음과 신앙 태도에 달려 있다는 것이다. 셋째, 루터의 두 왕국의 교리는 그의 두 정부(Regimenten)의 원리와 일치한다. 즉 아담 이후로 인류는 하나님의 나라에 속해 있는 자들과 세상 나라에 속해 있는 자들로 구분되어 있다. 하나님의 나라에 속한 자들에게는 복음이 필요하지 세속 권력과 법이 필요하지 않다. 그러나 세상 나라에 속한 자들 때문에 율법이나 세상 법이

56) *WA* 11, 247, 21-23.

57) *WA* 11, 248, 29-30.

필요하다는 것이다(딤전 1:9-10). 넷째, 참된 기독교인이 아닌 모든 사람들은 이 세상 나라에 속하며 법 아래 있다는 것이다. "하나님께서는 두 가지 권세를 세우셨으니 하나는 영적 권세로서 성령께서 기독교인들과 의로운 백성들을 그리스도 아래 두는 것이요, 다른 하나는 세속 권세로서 비기독교인들과 사악한 자들을 다스려 외적 평화를 지키고 유지하는 것이다."[58] 두 가지 권세를 신중하게 구분해야 하며 양자가 존속해야 한다. 다섯째, 기독교인들에게 세속 권력이 필요하지 않다면 왜 바울은 권세자들에게 복종하라고 했으며(로마 13:1), 베드로는 인간이 세운 제도를 주를 위해 순복하라고 했을까(벧전 2:13). 세속 권세나 칼이 기독교인에게 그 자신만을 위해서는 필요하지 않으나 이웃을 위해 필요하고 유용하기 때문이다. 세속 권력이 평화를 유지하고 죄를 징벌하며 사악자들의 행위를 제어하는 데 필요하고 유익하기 때문에 크리스천도 기꺼이 세속 권세에 복종하며 세금을 내고 권세 있는 자들을 존경해야 하는 것이다. 여섯째, 기독교인들에게 세속 권력이 필요치 않다는 것은 잘못된 생각이다. 루터는 세례 요한이 군인들에게 칼과 그들이 받는 녹을 버리라고 하지 않았고, 베드로도 고넬료에게 그의 직업을 버리라고 하지 않았다는 것이다. 예수 그리스도는 모세의 율법을 폐하거나 세속 권력을 가지는 것을 금하려고 의도하지 않았다. "어떤 기독교인도 그 자신을 위하여 권력을 휘두르거나, 권력에 호소해서는 안 된다. 그 대신에 악을 저지하고 선을 보호하기 위해서는 그것을 사용하거나 호소할 수 있다."[59] 요약하면 세속 권력은 하나님의 시녀라는 것이다.

제2부는 세속 권력이 어디까지 미치는가에 대한 것이다. 루터는 근본적으로 세속 권력의 정당성을 인정하면서 세속 권력이 어디까지 미칠 수 있느냐는 문제를 제기한다. 그 이유는 세속 권력이 하나님의 나라와 영적 정부를 침해하지 않도록 하는데 있다. 여기서 루터는 세속 권위(당국)의 한계를 제시하는데 그것은 세상 정부의 권력과 법들은

58) *WA* 11, 251, 15-18.

59) *WA* 11, 260, 17.

오직 생명과 세속 물질이나 재산에 해당하고 영혼의 문제는 다룰 수 없다는 것이다. 그 이유는 하나님은 그 자신 외에 누구도 인간의 영혼을 다스리도록 허용하실 수 없고 또 그렇게 하시지 않기 때문이다.[60] 사람이 종교를 믿거나 안 믿거나 하는 문제는 강요할 수 없는 각 개인의 양심에 관한 문제이기에 영혼을 다스리는 일은 세속 권력이 강요하거나 만들어 낼 수 없는 하나님의 일이다. 그러나 구체적인 상황은 실제로 그렇지 못했다. 영적 제후(감독)들은 세상 권력에, 그리고 세속 제후(세상 당국)들은 제반 영적인 문제에 끼어 들었다. 루터는 이것과 더불어 자신의 저작물들에 대한 제거 명령에 민감하게 반응한다. 여기서 루터는 세상 당국의 의미와 그에 따른 복종의 의무를 주장할 뿐 아니라 세상 당국의 한계를 분명히 규정하였다.

> 친애하는 군주여, 나는 당신께 몸과 재산 건에는 복종할 의무가 있습니다. 땅에 속한 당신의 권력에 따라서 저에게 명령하면 따르겠나이다. 그러나 믿음을 강요하거나 서적들을 버리라고 명령한다면 복종할 수 없나이다.[61]

거짓된 교리와 이단을 제어할 수 있는 일은 주교들 곧 성직자들이 해야 할 일이지 군주에게 위탁된 일이 아니다. 그래서 이단은 칼이 아닌 다른 방법으로, 즉 하나님의 말씀으로 싸워야 하는 것이다. 세속 정부가 하나님의 말씀과 신앙에 관여하지 않고 세상의 질서를 위해 일한다는 조건 하에서는 기독교인이 정부에 복종할 의무가 있지만 하나님의 말씀과 신앙조차 복종할 것을 요구한다면 복종할 의무가 없다는 것이 루터의 입장이다.

제3부에서는 크리스천 군주가 세속 권력을 어떻게 사용해야 하는지에 대해 충고하고 있다. 대전제는 군주는 권력을 휘두르는 것이 아니라

---

60) *WA* 11, 265, 7-18.

61) *WA* 11, 267, 3-6.

봉사해야 한다는 것이다.[62] 루터는 크리스천 군주가 그 자신의 권력으로 다스릴 것이 아니라 이성(理性)과 자연법에 의해, 곧 사랑의 법으로 다스려야 한다고 보았다.[63] 루터가 제시하는 크리스천 군주가 이행해야 할 의무를 요약하면 네 가지이다: 첫째, 군주는 하나님을 진실하게 믿고 그에게 성실한 기도를 드리는 것이다. 둘째, 그의 백성을 사랑으로 돌봐야 하며 기독교 정신으로 그들에게 봉사해야 한다. 셋째, 자신의 조언자들과 신하들에게 열린 마음을 갖고, 냉철한 판단으로 그들의 조언을 받아들여야 한다. 넷째, 군주는 악행자들에게 너무 지나치게 엄격하거나 단호해서는 안 된다.[64]

루터는 이왕국론을 언급하기 이전에 이미 에르푸르트와 비텐베르크의 폭력과 혼란을 보면서 1522년 두 왕국과 관련된 하나의 중요한 논문을 발표하였다. 그것은 "반란과 봉기에 대해 주의하도록 모든 크리스천에게 주는 진지한 경고"(Eine treue Vermahnung zu allen Christen, sich zu hüten vor Aufruhr und Empörung)[65]였다. 여기서 루터는 신앙과 정치 사이의 그의 입장을 확실히 밝혀 놓고 있다. 루터는 원천적으로 일반인들이 폭력 사용하는 것을 반대하고 있다. 비록 일반 사람들이 정치적 혁명으로 영적 신분들 곧 사제들, 주교들 그리고 수도사들을 때려 죽이고, 몰아내고 싶어도 교황권과 사제권은 사람의 손으로나 폭동 또는 혁명으로 제거해서는 안 되고 오히려 하나님의 말씀으로, 하나님의 진노로 되어야 한다고 보았다.[66] 루터에 의하면 권력의 사용은 오직 세상 당국에 속한 것이다. 토마스 뮌처 등 과격파가 주장하는 것과 같이 일반 사람들이 불성실한 성직자들을 죽여서는 안 된다는 것이다. 루터의 판단은 일반인은 세뇌당하기 쉽고 복음에 위배되는 사악한 자와

---

62) *WA* 11, 271, 35f.

63) Rudolf Mau, "Der christliche Fürst, wie dachte" (*Luther*, 3. Heft 1992), 129-130.

64) *WA* 11, 278, 18-23.

65) *WA* 8, 676-687.

66) *WA* 8, 676, 10-18.

무죄한 자를 구별할 능력이 없다고 보았다.[67] 루터의 변함없는 신념은 신앙의 문제는 어디까지나 폭력으로 해결할 수 없고 오히려 하나님의 말씀으로 해결해야 한다는 것이다. 폭력은 어떤 사건을 개선하는 이성이 없고 또 어떤 정당성도 갖지 못한다는 것이다.[68] 루터의 견해에 의하면 반란, 봉기, 폭동, 혁명은 근본적으로 하나님에 의해 금지된 것으로 그와 같은 것은 오히려 악마의 지시요, 고취요, 부추김이다.[69]

루터는 복음을 강제로, 즉 권력 또는 폭력으로 전파하려는 것은 악마의 유혹으로 보았다. 마귀는 폭동을 교사하고 복음을 조롱거리로 만들고 부끄럽게 하려는 것으로 보았다.[70] 이런 까닭에 폭동은 하나님께 대항하는 악마의 최후적인 발악으로 이해되었다. 근본적으로 폭력은 악마를 쫓을 수 없고 그 반대로 강하게 할 뿐이다. 다만 하나님의 말씀으로 악의 나라를 쳐부순다. 루터에게 있어서 악마를 이기는 것은 세상의 힘이 아니라 하나님의 말씀이 결정적이었다.

농민전쟁 중에도 루터는 그의 두 왕국 교리를 강력하게 주장하였다. 루터는 그의 저작《쉬바벤 농민들의 12개 조항에 답한 평화를 위한 경고》(*Ermahnung zum Frieden auf die zwölf Artikel der Bauernschaft in Schwaben*)[71]에서 한편으로 영주들의 잘못을 지적하는 반면에 또 한편으로는 봉기를 일으킨 농민들을 비난하고 있다. 루터는 반란을 일으킨 농민들에게 성서의 말씀을 인용하여 항상 "칼을 쓰는 자는 칼로 망한다"(마태 26:52)는 것을 강조한다. 이것은 어느 누구도 폭력을 사용하여 권력을 탈취해서는 안 된다는 것을 의미한다. 루터는 신명기 32장 35절을 인용하여 복수하는 것은 하나님께 달려 있다는 것을 강조한

---

67) Gerhard Müller, "Luthers Gedanken zu Aufruhr, Krieg und Frieden", Ders, *Zwischen Reformation und Gegenwart II* (Hannover, 1988), 47.

68) *WA* 8, 680, 18.

69) *WA* 8, 680, 36f.

70) *WA* 8, 681, 15f.

71) *WA* 18, 291-334.

다.[72] 하나님의 이름으로 세상 당국에 반란하는 것은 기독교의 진리를 잘못 이해한 것이라고 지적하였다. 루터는 농민들이 "기독교적 복음의 자유"를 "육체적 세속의 자유"로 오용하는 것을 용납할 수 없었다.[73] 비록 당국이 악하다 할지라도 일반 사람들은 복종해야 하고 반란을 일으킬 정당성을 가질 수 없다는 것이 그의 입장이다.[74] 이것은 루터가 당국의 불의를 변호하고 정당화하려는 것이 아니라 이 세상에서 평화와 질서를 유지시키려는 것이 그의 뜻이었다. 루터가 걱정한 것은 복음의 선포와 세상 질서의 유지였다. 그래서 자신이 당국과 농민들에게 폭력을 경고하는 것이 목회자적 임무라고 보았던 것이다. "내가 보건대 이 비참한 싸움에서 가장 끔직한 것은 양쪽 모두가 회복 불능의 타격을 입을 것이라는 사실이다. 이런 일을 막을 수 있다면 기꺼이 내 목숨이라도 내놓겠다. 양쪽이 모두 선한 양심으로 싸우는 것이 아니라 불의를 옹호하기 위한 싸움이다. 첫째로, 싸움에서 죽임을 당하는 자들은 아무런 참회나 은혜도 없이 하나님의 진노 아래, 죄 가운데 죽을 것이며 몸과 영혼을 상실할 것이다…. 둘째로, 독일 땅이 황폐하게 되고 피로 물들게 되리라."[75]

루터는 그의 전단(傳單) 「도적질하고 살인하는 농민 강도떼들에 반대하여」(wider die räublichen und mörderlichen Rotten der Bauern)[76]에서 근본적으로 폭동과 혁명의 문제를 다루었다. 루터는 먼저 농민들이 하나님 앞과 사람에게 저지른 세 가지 죄를 폭로한다. 첫째, 농민들은 이 세상 당국에 대한 순종의 서약을 깨뜨림으로 하나님의 명령을 어겼다(로마 13:1-2; 누가 20:25). 둘째, 농민들은 반란을 일으켜 자신들의 소유가 아닌 수도원들과 성들을 약탈하였다. 셋째, 농민들은 반란을

72) *WA* 18, 300, 17; 302, 17-304, 8.

73) *WA* 18, 326, 14f.

74) *WA* 18, 303, 14f.

75) *WA* 18, 331, 5-332, 23.

76) *WA* 18, 357-361.

복음으로 위장하여 하나님을 모독하고 그 이름을 더럽혔다. 반란자들은 복음이라는 미명 아래 일반 백성들에게 죄악에 공모할 것을 강요한다. 그들은 복음을 내세우지만 악마를 섬기고 찬양하는 것이다.[77] 여기서 루터는 농민전쟁은 하나님의 계명에 위배되는 범죄로 정죄하고 하나님의 봉사자로서 세상 당국이 하나님을 모독하고 불순종한, 즉 반란을 일으킨 자들을 검으로 응징할 권리를 가지고 있음을 선언하였다. 그리하여 루터는 영주들에게 살인하고 약탈하는 농민들을 무자비하게 진압할 것을 촉구하였다.

> 영주가 기도함보다 피를 봄으로 하늘에 들어갈 수 있는 더 나은 놀라운 시기가 바로 지금이다…. 찌르고 치고 교살하라.[78]

"영주들과 주인들은 폭군으로서 죽는 것이 아니라 오히려 하나님의 임무를 위해 축복 받은 순교자적 죽음을 맞는 것이다. 정부의 방어를 위해 죽는 자는 축복된 죽음이며 하나님 앞에서 진실한 순교자들이다. 충실한 기독교인들은 농민들의 요구를 머리털 하나라도 양보하기보다는 일백 번 죽는 고통을 당하는 것이 더 낫다"고 하였다.[79] 잔혹하게 농민들을 쳐 물리치라는 루터의 이 권고는 비난을 받았지만 이것은 루터의 이왕국론에서 나온, 곧 그의 기독교적 윤리관과 정치관에서 나온 결론이었다.

루터의 이왕국 교리는 1528년부터 1529년 사이의 수난절 설교에서도 잘 나타나 있다. 루터는 베드로가 겟세마네 동산에서 검을 사용한 것에 대한 해석에서 "누구에게 검(공권력)을 사용할 권리가 있느냐?"를 중점적으로 다루고 있다. 루터는 항상 검의 사용 권한은 오직 당국에 의해 명령받은 자에게 있다고 강조하였다. 루터에게는 누가 옳으냐, 또

77) *WA* 18, 357, 21-358, 24.

78) *WA* 18, 361, 41.

79) *WA* 18, 361, 24-28.

는 무엇이 옳고 그르냐가 중요한 것이 아니라 누구에게 검을 사용할 권리가 주어졌느냐가 중요하였다.[80] 베드로가 그리스도를 위해 검을 사용한 것처럼 보이지만 그리스도에게는 그것이 잘못되고 악한 것으로 여겨졌다. 왜냐하면 실상 검을 휘두르는 일이 베드로가 명령받지 않은 일이기 때문이다.[81] 루터의 해석은 검의 사용은 다만 하나님으로부터 위임받은 자, 곧 세상 당국이 정당한 권리를 행사할 수 있다는 것이다.

3. 루터의 이왕국론 해석에 대한 논쟁

루터의 이왕국론에 대한 논쟁은 히틀러 치하에서의 독일교회 투쟁 이후로 수십 년 동안 계속되었다. 중요한 논쟁은 알트하우스(Paul Althaus)와 헥켈(Johannes Heckel) 사이에 있었다. 알트하우스가 하나님의 두 왕국을 하나의 통치 영역이 아닌 하나님의 통치 방법, 즉 영적 정부와 세속 정부로 이해한 데[82] 반해 헥켈은 하나님의 두 왕국을 하나의 하나님의 통치 영역으로 보았고 더 나아가 두 소속의 모형, 곧 두 그룹의 인간들로 보았다.[83] 알트하우스는 "루터가 사용한 이 용법은 '나라'를 하나의 '통치 영역'이 아닌 하나의 '통치 정부' 또는 하나님의 '통치 방법', 곧 하나님에 의해 행해지는 일과 사건을 의미한다"고 말한다. 그는 "루터가 후에는 '나라'와 '정부' 사이를 더 이상 날카롭게 구분하지 않고 서로 섞어서 사용하고 같은 의미로 다루었다"고 주장한다.[84] 계속해서 "그러므로 이제는 '나라'와 '정부'는 더 이상 구분되어서

80) *WA* 28, 247, 10-11; 252, 6.

81) *WA* 28, 247, 5f.

82) Paul Althaus, "Luthers Lehre von beiden Reichen im Feuer der Kritik", Luther Jahrbuch, XXIV, 1957; Heinz Horst Schrey (Hesg.), *Reich Gottes und Welt* (Darmstadt: Wissenschaftliche Buchgesellschaft, 1969), 108.

83) Johannes Heckel, "Im Irrgarten der Zwei-Reiche-Lehre", *Theologische Existenz Heute Heft 55* (München: Kaiser Verlag, 1957), 34-35.

84) Paul Althaus, *Die Ethik Martin Luthers* (Gerd Mohn: Gütersloher Verlagshaus, 1965),

는 안 되고 같은 의미로 사용되어야 한다. 두 정부는 이제 더 이상 하나님의 나라에 반대되는 의미로서 '세상 나라'와 '하나님 나라'로 구분되지 않고 오히려 '영적인' 정부 그리고 '세속적인' 또는 '외적인', '육체적인', '세상적인' 삶을 주관하는 정부로 나뉘어야 한다. 곧 그리스도가 다스리는 '영적 정부'와 황제가 다스리는 '세속 정부'이다"라고 하였다.[85] 알트하우스의 이런 주장은 히틀러의 정부(정권)를 정당화해주는 결과를 낳게 된 것이다. 그에 반하여 헥켈은 루터의 "두 정부 이론"을 하나님 나라와 그와 대립되는 세속의 나라,[86] 더 넓은 의미로는 악마적인 나라로 전개시켰다: "만약에 세상 나라 안에 설치된 정부가 악의 통치로 묘사된다면 그것은 바벨론 제국의 정부, 곧 악마적 정부로 생각하는 것이 자명하다."[87] 즉 세상 나라는 하나님 나라와 투쟁 관계에 있는 것으로 보았다. 따라서 헥켈의 주장에 의하면 악마적인 정부는 제거되어야 한다는 것이다.

그러나 무엇보다도 루터가 어떻게 그리고 어떤 생각에서 세상 당국에 대한 그의 사상, 곧 이왕국론 혹은 두 정부론을 발전시켰는가 하는 것이 중요하다. 적어도 루터의 "세상 당국"에 대한 이해는 두 가지 근거에서 설명되어야 한다. 곧 역사적-정치적인 것과 종교개혁적-신학적인 근거이다. 이왕국론에 대한 역사적 관련은 한편으로 산상수훈에 따라 비무장, 비조직, 무정부, 반공권력(反公權力)을 주장하는 심령주의적-무정부주의적 열광주의 운동을 배격하였고 또 한편으로, 중세의 교황의 영권과 황제의 세속권 사이의 권력 투쟁을 방지하기 위한 것으로, 두 왕국 또는 두 정부 사이를 철저히 분리시킴으로 상호 불간섭하게 하였다. 그리하여 이왕국론은 중세 교황권에 속박 당하던 세속 통치자

55.

85) Ibid., 58.

86) Johannes Heckel, "Luthers Lehre von den zwei Regimenten", Günter Wolf (Hrsg.), *Luther und die Obrigkeit*, 39.

87) Johannes Heckel, "Im Irrgarten der Zwei-Reiche-Lehre", 32.

들을 해방시켜주는 근거가 되었다. 신학적인 측면에서는 열광주의자들이 복음 안에 약속된 크리스천의 자유를 오해하여 세속적 평등과 자유까지 들고 나왔다. 그들이 사악한 자들이라고 여긴 왕과 영주와 세상 당국자들은 세상과 인간을 다스릴 것이 아니라 오직 그리스도께서 세상 나라를 다스려야 한다고 생각하였다. 그러나 루터의 견해는 정 반대였다. 그리스도는 복음을 통해 그의 교회를 다스리고 세상 당국은 공권력을 통해 세상 나라를 다스린다고 보았다. 교회는 하나님의 말씀을 선포하고 성례전을 집례하고 국가는 외적인 질서와 평화를 책임지는데 그 존재 의의가 있다. 하나님은 그의 말씀으로 교회를 양육하고 세속법(율법)으로 세상을 다스리신다. 루터는 하나님이 세상을 다스리기 위하여 세상 당국을 제정한 것으로 보았고 긍정적으로 하나님의 주권적 도구로 보았다. 루터에 의하면 세속의 칼과 세상 당국은 사람들로 하여금 하나님의 진노를 피하게 해주는 필수적인 제도인 것이다.[88] 세상 당국이 있음으로 범죄를 예방하고 하나님의 진노를 격감할 수 있다는 것이다. 그러므로 두 정부, 곧 영적 정부와 세속 정부는 비록 그들의 통치 방법이나 통치 수단(복음과 율법)이 구분된다 할지라도 서로는 비방하거나 부정해서는 안 되는 것이다. 왜냐하면 둘 모두 하나님에 의해 제정된 것이고 또한 하나님이 인간에게 필요한 것으로 여기고 세우셨기 때문이다. 두 정부는 하나님이 이 세상에 주신 최고의 은사이다. 루터는 하나님이 국가와 교회를 통해서 세속적인 일과 영적인 일을 수행해 나가신다고 보았다. 어거스틴과는 달리 루터에게는 세상 나라는 악한 것도 선한 것도 아닌 중립적인 의미가 있다. 루터가 이해한 하나님 나라는 마음과 신앙 속에 실현되는 현재적인 하나님 나라와 최후의 심판과 함께 나타날 미래적인 하나님 나라의 성격을 지닌다. 루터는 뮌처와 열광주의자들과는 반대로 종교를 빙자한 사회-정치적 변혁을 극구 반대하였고 하나님 나라로서 지상 천년왕국을 배격하였다. 루터는 농민전쟁

88) *WA* 8, 680, 6.

의 대재난과 구교도의 비난에 직면하여 참으로 하나님의 질서로서 이 은사적(恩賜的)인 정부, 특히 국가의 질서와 평화를 유지하는 현존의 세속 정부를 두둔할 수밖에 없었다.[89] 루터의 세상 당국에 대한 견해는 독일 농민전쟁과 떼려야 뗄 수 없는 관계에 놓여 있다.

89) Rudolf Mau, "Der christliche Fürst", *Luther* (3. Heft, 1992), 127.

제5장 급진주의자들의 종교개혁

I. 칼스타트(Karlstadt)

원래 이름이 안드레아스 보덴스타인(Andreas Bodenstein)인 칼스타트(1486-1541)는 1486년 마인(Main)강의 칼스타트(Karlstadt)에서 출생하였다. 1499년-1500년 겨울학기에 에르푸르트 대학교에 입학하여 1503년에 문학사를 받고 쾰른으로 옮겼다. 1505년까지 쾰른에서 수학하다가 1505년 8월 12일 비텐베르크 대학에서 문학석사 학위를 받았다. 1510년에 신학박사 학위를 받고 1511년부터 비텐베르크 대학교 신학부 교수로 전임되었다. 초기에는 토마스 아퀴나스의 신학을 따랐으나 1517년 신비주의자 요한 타울러의 작품에 심취되어 점차 십자가 신학에 관심을 두었다. 처음에는 중세 스콜라 신학을 가르쳤지만 후기에는 루터의 영향으로 어거스틴주의자가 되어 인간의지의 자유를 철저히 부인하였다. 그는 1518년 루터와 함께 라이프치히 논쟁에 참가하기도 하였다. 루터와 에크가 '교황권의 권위' 에 대해 논쟁하기에 앞서서 칼스타트는 에크와 '은총과 자유' 에 대한 주제로 논쟁하였는데 여기서 그는 인간의지의 무능성에 대해서 그리고 인간 구원에 있어서 하나님의 은총만이 효력이 있다고 강조하고 교회의 공로에 의한 칭의 교리를 부인하였다.

칼스타트는 1521/1522년 사이 루터가 바르트부르크 성에 숨어 있는 동안 비텐베르크에서 멜란히톤과 종교개혁을 주도하였다. 칼스타트는 멜란히톤의 주지주의적 종교개혁과는 반대로 신비주의적이고 행동주의적인 종교개혁을 추진하였다. 그는 상당한 독창력과 학식 그리고 능변과 열정과 용기가 있는 사람이었다. 그러나 그는 이기적이며 성격이 편심적(偏心的)이고 급진적이며 침착하지 못하고 지도권에 대한 야망을 품은 사람이었다. 칼스타트는 루터가 종교개혁을 중도에 멈췄다고 생각하고 그가 시작한 개혁을 완벽하게 수행하는 것이 자신의 임무라고 생각하였다. 비텐베르크의 급진파를 대표하는 칼스타트는 반 로마주의에 철저한 나머지 성직자의 독신, 수도원 서약, 성상-성화숭배, 미사 등을 철저히 배격하였다. 그의 교회개혁 원리는 영과 육의 이원론으로써 육체적, 물질적 요소가 영적 생활을 돕기보다는 오히려 방해가 된다는 생각이었다. 그 결과 눈을 통해 신앙생활에 도움을 주는 각종 성상-성화들, 귀를 통해 역사하는 음악(악기), 입을 통해 신성을 보증하는 성찬에서의 그리스도의 신체적 임재 등을 거부하였다.

1521년 성탄절 무렵 츠비카우에서 온 예언자들 때문에 칼스타트의 혁명운동은 강화되었다. 자칭 츠비카우 예언자들은 내면적 신비주의와 실질적 급진주의를 결합하는 것에 칼스타트와 의견을 같이 하였다.

칼스타트가 교회를 급진적으로 개혁한 것은 다음과 같다.

1. 성직자의 독신 문제: 칼스타트는 '독신 생활'이라는 글에서 성직자들은 결혼할 수 있을 뿐 아니라 결혼해야 하며 한 가정의 아버지가 되어야 한다고 주장하였다. 그는 의무적인 독신 생활을 의무적인 결혼 생활과 의무적인 아버지로 대치하려고 했다. 그래서 그 자신은 부요치 않은 귀족의 딸을 신부로 맞이하여 1522년 1월 20일에 시 행정장

관과 전체 대학인(大學人) 앞에서 결혼식을 올렸다. 그는 디모데전서 3장 2절을 예로 들어 성직자는 '반드시' 결혼해야 한다고 주장하였다. 그러므로 결혼하여 자녀를 두지 않은 사람은 사제로 임명되어서는 안 되며, 잔 없이 성찬을 행하는 것은 죄라고 하였다.

2. 수도원 서약 문제: 칼스타트의 개혁에 동조하여 어거스틴파 수도사를 그만 둔 츠빌링(Gabriel Zwilling)은 수도원 생활의 무익성을 설교하였고 그 영향으로 1521년 11월 초 어거스틴파 수도사 40명 중 30명이 난폭한 태도로 수도원을 뛰쳐 나갔다. 수도원장은 선제후 프레드릭에게 보고하는 글에 "저들은 수도복을 입은 수도사들은 구원받을 수 없고 수도원들은 악마의 손아귀에 잡혀 있다고 합니다. 또 수도사들을 내쫓고 수도원들을 없애야 한다고 설교합니다. 그러한 가르침이 복음에 근거하고 있는지 나는 크게 의심합니다"라고 썼다. 루터는 1521년 9월에 쓴 그의 글「서약에 관하여」(*Themata de votis*)[1]와 1521년 11월에 쓴「마르틴 루터가 판단한 수도사의 서약에 관하여」(*De votis monasticis Martini Luteri iudicium*)[2]에서 구원을 얻기 위한 수도원 행은 신앙과 위배되는, 곧 행위를 통한 칭의를 추구하는 무익함이라고 설명하였다. 루터의 입장은 서약에 얽매이지 않은 자유로운 수도원 생활을 지지하는 것이었다: "내게 가능하다면 나는 순결을 지키기로 약속한다. 그러나 만약 내가 그것을 지킬 수 없다면 결혼하는 것이 허락되어야 한다"(*Voveo castitatem, quam diu possiblis fuerit, si autem servare nequiero, ut liceat nubere*).[3] 그리하여 루터의 충고에 따라 어거스틴파 수도원은 수도사들이 수도원에 남든지 떠나든지 자유를 주자는 데 만장일치를 보았다. 사제들은 결혼하기 시작하였고 수도사들과 수녀들도 결혼하였다. 루터는 처음에는 이 변화에 갈채를 보냈다. 그러나 머지않아 상황은 그가 걱정하는 사태로 발전해 나갔다. 비텐베르크에 폭동이 일어난 것이다.

---

1) *WA* 8, 323-335.

2) *WA* 8, 573-669.

3) *WA* 8, 633, 1f.

3. 의식 및 미사의 개혁: 츠빌링이 미사를 우상숭배적인 행위라고 비난하자 1521년 12월 24일 흥분한 군중과 대학생들이 교구 교회와 성 교회(城敎會)에 침입하여 사제들이 미사 드리는 것을 방해하고 조롱하였다. 1521년 성탄절에 2천 명이 성 교회에 모였을 때 칼스타트는 미사복을 걸치지 않고 검정 사제 옷차림으로 미사를 집례하였다. 그는 미사 예문 가운데 희생제의 의미가 들어 있는 모든 구절을 빼고 짧은 형식으로 미사문을 낭송하였다. 그리고 빵과 포도주를 성별하고 분배하는 대목에서 라틴어를 모국어인 독일어로 바꾸었다. 2천 명의 군중들은 그들 생애 처음으로 그들 나라의 말로 된 "이것은 새롭고 영원한 계약과 믿음의 신비에 대한 내 피의 잔으로 모든 죄를 사하려고 너희를 위해 쏟는 것이라"는 말을 들었다. 칼스타트는 사람들에게 빵 뿐만 아니라 포도주까지 주는 이종 성찬을 하였고 그들 자신의 손으로 성체(聖體) 곧 빵을 집도록 허락하였다. 신자들 대다수는 위엄과 두려움에 사로잡혔다. 이것은 과히 혁명적인 사건이었다.
4. 성화 및 성상(聖像) 제거: 칼스타트와 츠빌링은 교회에서 여러 성자들의 그림과 상을 제거하였다. 칼스타트는 출애굽기 20장 4절에 근거하여 성상숭배를 우상숭배로 간주하였다. 그는 사람들이 여러 가지 성상에 애착함으로 참된 예배를 드릴 수 없음을 깨닫고 "하나님은 영이시니 영적 예배를 드려야 한다. 그리스도는 영이시다. 그러나 그리스도의 상은 나무나 은이나 금으로 만든 것이다. 그리스도의 십자가 수난상을 주시하는 사람들은 그리스도의 영적인 고난보다는 오직 그의 육체적 고통만 생각한다"고 주장하였다. 그는 열정적인 언변으로 사람들의 마음을 사로잡았다. 군중들은 자신들이 바알의 우상을 깨뜨린 제2의 엘리야와 같다는 말을 듣고 흥분했으며 그 흥분은 전 시내로 퍼져 나갔고, 성상들을 끌어내어 쓰러뜨리고, 부수고 불태웠다.
5. 기타 로마 가톨릭적인 것의 제거: 물질적 요소의 무시는 각종 의복과 예식의 단순화를 불러왔다. 그는 성직자들의 일체 예복을 거부했고, 스스로 일반 농부처럼 회색 옷을 입었다. 그는 금식제도도 공격하여 사람들에게 금식일에 고기와 계란을 먹으라고 권유했다. 모든 직위와

권위를 부인했고 신학과 모든 학문을 경시했으며 학생들에게 농사를 하여 땀을 흘림으로써 먹을 것을 벌라고 충고했다.

칼스타트는 비텐베르크 시에 개혁을 강압적으로 요청하였으며 1522년 1월 24일 비텐베르크 시 당국은 "제후 도시 비텐베르크의 규정"(Ordnung der fürstlichen Stadt Wittenberg)이란 법령을 발표하였다.[4] 그 내용은 복음적 개혁을 반영하는 것이었다. 첫째는 성찬의 복음적 의미를 강조하는 공중예배로 개혁하는 것이요, 둘째는 사회생활을 개선하는 것이었다. 시 공동의 금고를 설치하여 목회자에게 일정 금액의 봉급을 지불하고 가난한 자들과 수도자에 대해 지원하도록 했다. 그리하여 구걸은 보통 거지든 수도사든 가난한 학생이든 엄격하게 금지되었다.

그러나 비텐베르크의 시 행정 당국은 칼스타트의 일파와 신앙적-사상적 불일치로 그들에게 어떤 도움도 주지 않았고 오히려 과격분자들을 제지하였다. 결국 종교적 열광주의자들은 도시를 떠나야만 했다. 칼스타트는 루터의 동의 하에 작센에서 추방되어 이리저리 방랑하다가 취리히에서 목사직을 얻게 되었고 마지막으로 바젤에서 교수로 일했는데(1534-1541년) 그곳에서 페스트가 창궐할 때 그의 오류 많은 생을 마치게 되었다.

II. 츠비카우의 예언자들(Die Zwickauer Propheten)과 루터의 대응

1521년 성탄절을 즈음하여 비텐베르크가 극단적인 개신교 운동으로 혼란에 빠졌을 때 12월 27일 츠비카우에서 온 토마스 뮌처 일파인 세 사람의 평신도 출신의 예언자들에 의해 종교혁명이 고무되고 강화되었

4) Heiko A. Oberman, *Die Kirche im Zeitalter der Reformation* (Neukirchen Vluyn: Neukirchener Verlag, 1985), 82-84.

다. 환상가이며 과격분자들인 그들은 곧 니콜라우스 스토르흐(Nikolaus Storch), 토매 스튀브너(Thomae Stübner), 토마스 드레첼(Thomas Drechsel) 등 이었다. 이들 츠비카우의 예언자들은 내적 신비주의와 실제적 급진주의를 결합하는 데 칼스타트와 의견을 같이 하였다. 이들은 비전과 꿈과 환상을 통해 하나님 또는 천사장 가브리엘과 직접 교통하는 것을 자랑하였고 성경과 정규 목회를 경시했으며 자기들의 모임만이 참된 구원받은 백성의 모임이라는 것을 주장하였다. 이들의 선동은 첫째, 그들 자신이 예언자들이고 하나님과 직접 교통한다고 하였다. 둘째, 성경을 통한 하나님의 계시보다는 성령의 직접 계시를 주장하였다. 사도 시대처럼 현재에도 하나님이 성령으로 그의 선민에게 말씀하신다고 강조하였다. 셋째, 독자적 신앙의 결단이 없는 유아세례를 거부하였다. 넷째, 사악한 자들에 의해 지배되고 있는 현존 정치체제와 교회체제를 폭력으로 제거하고 선민에 의해 지배되는 새 시대의 도래를 고대하였다. 다섯째, 새 시대 곧 천년왕국은 사도시대와 비슷한 이상적인 사랑과 공동분배적 크리스천의 공동체로 이해하였다.[5] 이들은 천년왕국이 오기 전에 피의 세례를 받아서 그 시대를 맞이하도록 교회를 준비시키려고 노력했으나 배척을 받았다.

개신교 운동은 위기에 처해 있었다. 루터인가, 칼스타트인가? 개혁인가, 혁명인가? 기록된 말씀인가, 환상에 불과한 개인의 영감(靈感), 질서인가, 혼란인가? 등이 결정적인 문제였다. 비텐베르크는 폭동으로 매우 비관적인 상태가 되었다. 종교개혁을 빙자한 폭력이 난무했기 때문이다. 구교인들은 위협을 당했고 사제들은 조롱을 당하면서 제단으로부터 머리채를 잡힌 채 끌려 나갔다. 루터는 이런 무질서를 용납할 수 없었다. 루터는 항상 칼과 공권력은 행정 당국자에게만 위임되었고 비록 자기 방어라 할지라도 폭력은 보통사람이 사용할 수 없다는 것을 표명하였다. 멜란히톤은 입장이 곤란하게 되었는데 그는 너무 신중하고 머뭇

5) Eric W. Gritsch, *Reformer without a Church, The Life and Thought of Thomas Müntzer* (Philadelphia: Fortress Press, 1967), 25.

거렸기 때문이다. 또한 그는 츠비카우 예언자들의 주장, 곧 성령의 직접적인 교통과 부모나 후견인의 신앙이 어린아이를 구할 수 없다고 보는 유아세례의 무익성에 대해 신학적으로 만족할만한 해답을 얻을 수 없었다. 그러나 루터는 유아세례의 문제는 어린아이 속에 역사하시는 성령의 도우심이라는 신앙으로 그 어려운 문제를 넘어섰다. 루터는 세례 공동체의 기도와 믿음으로 유아는 변화되고 깨끗해지며 새로워진다고 보았다(마가 9:23; 마가 2:3-12).

과격파에 의한 비텐베르크의 폭동은 루터가 바르트부르크에서 비텐베르크로 귀환하자 가라앉게 되었다. 루터는 1522년 3월 6일에 돌연히 비텐베르크에 돌아와 설득과 수난절 설교[6]를 통하여 소란을 진압시켰다. 그 여덟 편의 설교의 내용을 요약하면 다음과 같다.

첫 번째 설교(3월 9일)[7] - 각자가 자기의 권리만 주장할 것이 아니라 이웃 형제에게 유용하고 도움이 될 수 있는 것을 생각하라는 것이다. 루터는 고린도전서 6장 12절의 "모든 것이 내게 가하나 다 유익한 것이 아니요"라는 말씀을 인용하여 '신앙에 관계된 필수적인 것'과 '자유롭게 선택할 수 있는 것'을 잘 구분해야 한다고 가르친다. 그런 선택의 문제로 마귀는 소란을 가져오게 한다고 보았다. 루터는 "우리는 교황과 주교에 대항해 싸우는 것이 아니라 마귀에 대항에 싸우고 있다"는 표현을 통해 과격파 종교혁명가들의 정체와 활동을 마귀적 분열을 조장하는 것으로 밝히고 있다.

두 번째 설교(3월 10일)[8] - 희생과 공로의 일처럼 수행되고 있는 미사는 악한 것으로 폐지되어야 한다. 그러나 루터의 뜻은 미사는 폭력으로 제거되어서는 안 되고 스스로 미사를 포기해야 한다는 것이다. 사랑은 폭력 또는 부당한 강제력을 사용하지 않는다. 아무에게도 믿음을 강요

---

6) *WA* 10 III, 1-64(Invokavitpredigt, 1522년 3월 9-16일까지의 8편의 수난절 설교).

7) *WA* 10 III, 1-13.

8) *WA* 10 III, 13-20.

할 수 없다는 것이 루터의 굳은 의지였다: "나는 면죄부와 모든 교황파들을 반대합니다. 그러나 폭력을 사용하지 않습니다. 나는 다만 하나님의 말씀을 가르치고 설교하고 글을 씁니다.… 만일 내가 분쟁을 일으켰더라면, 나는 독일을 피바다로 만들었을 것입니다. 참으로 내가 그런 놀이를 시작했더라면 황제도 견디지 못했을 것입니다." 미사의 폐지에 있어서 강요나 폭력에 의지하지 말고 하나님의 말씀이 역사하게 해야 한다는 것이다.

세 번째 설교(3월 11일)[9] - 루터의 설득은 필수적인 것이라도 강요나 폭력에 의해서 시행되어서는 안 된다는 것이다: "왜냐하면 나는 아무도 몽둥이로 때려서 강제로 하늘나라에 들어가게 만들 수 없기 때문이다." 선택의 문제, 곧 결혼의 문제, 수도원 입단의 문제, 금식의 문제 등은 각자의 양심과 자유로운 선택에 맡겨야 한다. 성상 제거 문제도 그것이 예배의 대상이 될 때는 파괴하여 없애야 하나 강제로 할 것이 아니라 설교를 통해 저절로 없어지도록 해야 한다. 사도 바울은 아테네에서 많은 우상들을 보았지만 그것들을 강제로 뒤엎지는 않았다는 것이다(사도 17:16-17, 22-23).

네 번째 설교(3월 12일)[10] - 루터는 성상들은 우상숭배의 원인이 됨으로 자진해서 폐지하는 것이 바람직하다고 보았다. 먼저 성상이 무익하다는 것을 아는 것이 중요하다고 말한다: "마귀와 싸우기를 원한다면 성경을 잘 알아야 하며 또 바른 때에 성경을 사용해야 한다." 다음으로 고기 먹는 문제에 있어서 건강에 필요하면 고기를 먹어야 한다고 주장한다. 금요일에 고기를 먹지 말라고 하는 교황의 강요에 따를 것이 아니라 자유로운 선택에 따라야 한다. 믿음이 약한 사람들을 위해 각자에게 주어진 자유를 강행함으로 크리스천의 자유를 손상시켜서는 안 된다는 것이다.

다섯 번째 설교(3월 13일)[11] - 루터는 성찬 수찬 시 평신도가 그의 손

9) *WA* 10 III, 21-30.

10) *WA* 10 III, 30-40.

으로 그리스도의 몸(떡) 또는 잔을 만지는 것은 죄가 되지 않는다고 보았다. 그러나 성체용 떡을 만짐으로써 선한 크리스천, 곧 복을 받는다고 생각하는 것은 잘못된 것으로 보았다. 그리스도께서 말씀하신 "받아먹어라"(마태 26:26)는 제정어에 따라 손으로 가져다 먹는 것이 원칙이나 그것을 필수적인 것으로 만들어서는 안 된다. 예를 들면 마태복음 27장 34절과 마가복음 15장 23절과 누가복음 23장 36절에 주님께서 쓸개를 탄 포도주를 받은 것을 기술할 때 '받는다'는 말을 사용했는데 이때에 예수님의 손이 십자가에 못 박혀 있었음으로 예수님께서 그의 손으로 쓸개 탄 포도주를 받아 마신 것이 아니라는 것이다. 보편적인 관습은 사제의 손으로부터 축복된 성체용 떡을 받는다. 그러므로 복음이 철저하게 전해지고 또 이해되지 않는 한 새로운 의식을 도입해서는 안 된다는 것이다. 성찬의 두 종류에 관하여 루터는 "주님께서 정하신 제도에 따라 두 종류의 성찬을 받는 것이 필요하다"고 강조하였다. 그러나 이 문제에 있어서도 사람들에게 자유를 주어야 한다. 그것을 강제로 하나의 법을 만들어서는 안 된다는 것이다.

여섯 번째 설교(3월 14일)[12] - 루터의 주장은 성찬은 외형적으로 받는 것이 되어서는 안 되고 내면적이고 영적으로 받아야 한다는 것이다. 성찬을 받는 일은 신앙 안에서 발생하며 내적인 것이다. 하나님 앞에서 성찬을 받아들이기에 합당한 것으로 만드는 것은 믿음이다. 만일 믿음이 없다면 외형적으로 성찬을 받는 것은 가짜요, 하나의 외형적인 과시에 불과하다. 성례전을 법으로 만들어서는 안 된다. 1215년 제4차 라테란 회의의 결정에 따라 부활절 성례전에 참석하지 않으면 안 되었다. 부활절의 성례전에 참석하지 않은 사람은 거룩하게 봉헌된 땅에 매장될 수 없다고 하였다. 그러나 루터의 개신교적 입장은 다르다. 성례전은 강제성을 띨 수 없으며, 성찬을 강제로 받도록 해서는 안 된다는 것이다. 루터는 '불경건의 먹음'(*manducatio impiorum*), 즉 믿음 없이 합당

---

11) *WA* 10 III, 40-47.

12) *WA* 10 III, 48-54.

치 않게 성찬을 받는 것은 그것을 받음으로 정죄함을 받는다는 교리(고전 11:27-29 참조)에 따라 "준비가 되어 있지 않은 사람은 당분간 성찬에 참여하지 않은 것이 좋다"고 말하고 있다.

루터는 또한 성찬의 능력을 소개하고 있다. 성찬은 위로와 힘이 된다는 것이다. 사람들은 성찬을 통해 아무도 그들을 해칠 수 없다는 것을 기억하고 굳게 믿을 수 있다고 말한다: "너희 중에 한 사람이 나를 팔리라(마태 26:21)는 말씀으로 주님께서 제자들을 모두 공포와 슬픔으로 떨게 하신 후에 이 복된 성례전을 집전함으로 그들에게 다시 위안을 주셨다. 왜냐하면 이 떡은 슬픈 사람에게는 위로가 되며 병든 자에게는 치유가 되고 죽어 가는 사람에게는 생명이요, 굶주린 모든 사람에게 양식이요, 모든 가난한 자들에게는 풍성한 보화가 되기 때문이다. 성찬을 받기에 합당한 사람들은 끊임없이 마귀와 죽음의 공격을 받는 사람들이다."

일곱 번째 설교(3월 15일)[13] - 루터는 비텐베르크 시민이 각자 자신의 유익만 생각했지 이웃의 형편을 무시한 처사를 꾸짖고 있다. 루터가 본 비텐베르크의 혼란은 사랑의 부재였다. 루터는 성례전의 열매를 사랑으로 보았다. 하나님께서 우리를 사랑하신 것처럼 우리도 이웃을 사랑해야 한다는 것이다. 하나님은 땅에서 하늘까지 미치는 타오르는 용광로이다. "여러분은 이 사랑을 실천해야 하지만 나는 이곳 비텐베르크에 있는 여러분 가운데서 이 열매를 찾아 볼 수 없습니다… 만일 여러분이 서로 사랑하지 않으면 하나님께서는 큰 재앙을 여러분에게 보낼 것입니다."

여덟 번째 설교(3월 16일)[14] - 루터는 수난절 마지막 설교에서 고백의 문제를 다루고 있다. 첫째, 어떤 사람이 죄가 드러나면 회중 앞에서 고백하고 용서받았던 교회의 전통을 유지하는 것이 옳다고 보았다. 즉 형제가 고리대금업, 간음, 도둑질, 술주정 등 죄를 범하면 은밀히 그를 찾

13) *WA* 10 III, 55-58.

14) *WA* 10 III, 58-64.

아가 권면해야 한다. 만일 권고를 듣지 않는 경우 증인을 채택하여 온 회중 앞에서 목사에게 그 사실을 말해야 하고 그때에도 자신의 죄를 시인하고 버리지 않으면 목사는 그를 온 회중 앞에서 출교해야 한다. 둘째, 사람들은 자신의 허물을 고백하거나 겸손히 자기를 낮추는 일 등 남모르게 하나님 앞에 나아가 온갖 잘못을 쏟아 놓아야 할 고백이 있다. 셋째, 자기를 괴롭히는 것이 무엇인가를 타인에게 말함으로 위로의 말을 듣는 고백이 있다. 그러나 교황이 이런 고백을 하도록 명령하거나 강요해서는 안 된다. 이런 사적 고백은 각자 자유의지에 맡겨야 한다.

Ⅲ. 토마스 뮌처(Thomas Müntzer)

1. 생애와 활동

1) 진리의 탐구자 뮌처

불행하게도 토마스 뮌처(1488-1525)의 초기생활은 약간의 자료만 있을 뿐 그의 가문과 족보와 사회적 배경에 대해서는 전혀 알려져 있지 않다. 다만 아버지는 화폐 주조공(鑄造工)이었고 어머니는 뮌처에게 유산을 물려줄 만큼 재산이 있었던 것으로 보인다. 뮌처는 1488년 12월 20일 혹은 21일에 작센지방 하르츠(Harz) 산맥 기슭에 있는 스톨베르크(Stolberg)에서 태어났다. 뮌처는 그의 첫 번째 학창시절을 스톨베르크에서 보냈고, 거기서 엄격한 라틴어 문법과 음악연습과 악기 연주법을 배웠다. 그 후 가까운 큰 도시인 할레(Halle) 근방의 쿠웨드링부르크에서 중등교육을 받았다. 역사상 뮌처 이름의 첫 기록은 라이프치히 대학의 입학원서에 "쿠웨드링부르크(Quedlingburg)의 토마스 뮌처"로 등록된 데서 나타난다.

토마스 뮌처의 초상화

뮌처가 1506/07년 학기에 라이프치히 대학교에 들어갔을 때 인문주의(*Humanismus*)는 철학이었다. 뮌처가 얼마동안 라이프치히에 머물렀는지는 알 수 없고, 1512년에 오데르의 프랑크푸르트 대학교에 나타났는데 스톨베르크의 토마스 뮌처로 등록하였다. 이 대학교에서 뮌처는 고전 히브리어와 헬라어를 배웠는데 이것이 후대 그의 성경연구에 큰 도움을 주었다. 젊은 뮌처가 사제가 된 것은 어머니의 경건한 열망 때문이었다. 그래서 1511/12년 사이에 할버슈타트(Halberstadt) 시의회로부터 신부 급료를 받았다. 뮌처는 루터가 체험한 것과 같은 생(生)에 대한 불안, 고민, 죄책 등 내적 갈등의 체험에 대해 전혀 언급이 없고 1516년 이전 그의 육필로 쓴 자서전적 기록은 아예 없다. 다만 그는 여행을 좋아했으며 학문에 대한 관심과 열정이 대단하였다. 뮌처는 진리의 탐구자로서 모든 재능과 정열을 쏟아 어떻게 불멸의 거룩한 기독교 신앙이 존재하게 되었는가를 학문적으로 발견하려고 노력하였다. 또 뮌처 자신이 고백하였듯 "나는 불멸의 거룩한 기독교적인 가르침에 도달하기 위해 열정적으로 공부하였다"고 말한다.[15)]

1514년 5월 6일 브라운슈바이크(Braunschweig)의 시의회에서 뮌처를 성 미카일 교회의 교구신부로 초빙했는데 얼마 후에 뮌처는 할레에서 수마일 떨어진 프로제(Frose)의 작은 수도원으로 옮겨가 원감으로 있었다. 그는 1518년 가을까지 거기에 머물렀다. 그러나 루터가 1517년 10월 31일 95개조 항의문을 극적으로 발표하자 뮌처는 루터를 만나보기 위해 프로제를 떠났다.[16)] 그 후 뮌처는 위터보크(Jüterbog)의 신부로

15) Günther Franz (Hrsg.), *Thomas Müntzer, Schriften und Briefe* (Gerd Mohn: Gütersloher Verlagshaus 1968), 491, 11. 이후로 약자 *MSB*로 표기함.

부임하지만 프란시스칸 수도사들과 교황권에 대한 논쟁으로 충돌하였다. 그는 '교황이 공의회와 성서의 권위보다 우위인 절대적인 권위를 가지고 있다'는 프란시스칸 수도사들의 주장을 반대하였다. 이러한 충돌로 그곳을 떠나 1519년 경 라이프치의 남쪽 보이디츠(Beuditz)에 있는 시토 수도회의 고해신부 직책을 맡게 되었다. 그는 여기서 여러 가지 다양한 서적을 접하면서 기독교의 기원을 연구하였다. 1519년 뮌처는 하인리히 수소와 요한 타울러의 신비주의적 문헌과 경건성과 접하였다. 뮌처는 루터의 추천으로 1519년 5월에 에그라누스(Egranus)를 대신하여 츠비카우(Zwickau)의 성 마리아(Marien) 교회 임시 설교자가 되었다.

2) 츠비카우 시절과 십자가 신학

뮌처가 부임할 당시 츠비카우는 튀링기아 분지와 보헤미아의 산기슭에 위치한 매력적인 도시였고 독일의 가장 중요한 상업 요충지였다. 그 당시 츠비카우는 라이프치히의 인구 7,500명보다 500명이 적고 비텐베르크의 인구 2,000명보다 오천 명이 많은 7,500명의 인구를 가진 제철업과 광산업의 도시로 동서남북을 이어주는 교통의 중심지였다. 곡물, 맥주, 직물이 이 도시의 중요한 생산물이었고 시 주위 계곡의 은광(銀鑛)들은 화폐제도에 편승하여 많은 경제적 모험가들을 츠비카우로 불러들였다. 은광의 개발로 오히려 화폐는 평가절하되었고 반대로 물가는 상승하고 있었다. 따라서 시 당국이 세금을 올리자 옛 산업인 직물업 종사자들은 파산하여 실업자가 늘어나게 되었다. 여기에 보헤미아의 후스-타보르파와 이탈리아 북부에서 온 발도파가 혼합되어 실직자들과 합세함으로 새로운 위기를 조성하고 있었다. 그러므로 츠비카우 시는 종교개혁과 사회혁명의 비옥한 토양이 되었다.[17]

16) Eric W. Gritsch, *Reformer without a Church*, 7.

17) Ibid., 22.

츠비카우에는 로마교회와 루터파 외에 개신교의 영향을 받은 니콜라우스 스토르흐(Nikolaus Storch)가 인도하는 과격파가 있었다. 그의 가정은 츠비카우 전통의 상류사회에 속하였으나 광산업자들에 의해 파산 당하게 되었다. 그로 인해 스토르흐는 부자들에 대한 증오와 현존사회에 대한 강한 불만을 갖게 되었고 이러한 사회적 반발심은 종교적 열정과 일치되어 마침내 극단적인 열광적 개혁운동을 전개하였다. 그는 한때 보헤미아를 방문하여 후스-타보르파 사상을 배웠고 놀랄만한 성경 지식을 가졌으며 예언자적 달변의 소유자였다. 그의 신학적 구조는 하나님의 직접적이고 실제적인 영감(靈感)의 증거였다. 즉 하나님은 오늘날도 여전히 자신의 신자들에게 꿈으로, 환상으로 교통하신다는 것이다. 그래서 특별히 영적 신분 곧 제도적인 성직자가 필요치 않다는 것이다. 왜냐하면 그는 과거 문서로 된 성경이 아닌 현재 성령의 직접적인 역사가 하나님의 뜻을 중재하는 것으로 보았기 때문이었다. 루터의 친구요, 성 카타린(Katharinen) 교회의 뮌처 후임자인 하우스만(Nlkolaus Hausmann)은 스토르흐의 주장을 다음과 같이 요약하였다: 스토르흐는 지상의 천년왕국 도래를 예언하였고 일부다처를 변호하였으며 유아세례를 반대하고 성인세례와 경제적 공유를 제창하였다. 또한 모든 세속의 정치적 정부와 영적의 교회적인 정부를 폭력으로 전복하도록 선동하였다. 교회가 구원의 기관이라는 주장을 비난하였고 크리스천의 외적 표시보다는 내적 표시를 더욱 중요시하였다.[18]

뮌처는 항상 스토르흐가 모든 다른 사제보다 탁월하다고 추겨 세웠고 스토르흐에 매혹되어 그 자신도 점차 과격해졌다. 그는 워터보크(Juterboch)에서와 마찬가지로 츠비카우에서도 프란시스파 수도사들과 격렬한 논쟁에 빠졌고 설교 내용도 점점 과격해지기 시작하였다. 뮌처는 1520년 5월 13일 첫 설교 때 "수도사들은 큰 입을 가지고 있어서 어떤 사람이 수도사들의 입에서 한 파운드를 잘라낸다 하여도 그들은

18) Ibid., 25.

여전히 무의미한 허튼 소리를 하기에 넉넉한 입을 가지고 있다"고 말함으로 그의 추종자들에게 환영을 받았다.[19] 그러나 뮌처는 이 일로 대적자들을 자극하여 선동자로 고소 당하게 되었다. 뮌처는 로마 교황청과 사제들에 대한 증오로 가득 찼고 로마교회가 영혼의 구제보다는 세속적 재물을 탐내는 것에 대해 날카롭게 비판하였다. 그는 "나는 나의 일을 수행하는 것이 아니라 주님의 일을 한다"(*Opus meum non ego, sed domini*)[20]는 자의식과 함께 자기가 하나님의 특별계시와 성령의 지시를 받았음을 주장하고 유아세례의 무익함과 선민들이 다스리는 천년왕국이 도래한다고 주장하였다. 뮌처는 스토르흐파의 영향을 받아 '오직 성경'이라는 루터파의 원리에서 벗어나 현재에도 성령을 통한 하나님의 역사, 곧 하나님의 직접적인 영감과 지시를 강조하는 성령신앙의 신봉자가 되었다.

마침내 츠비카우의 개혁운동은 그 시대의 전형적인 사회적 갈등과 맞물려 루터파 계통인 인문주의의 온건파와 스토르흐파인 과격파로 나뉘었다. 인문주의 루터파는 에그라누스를 중심으로 주로 귀족들과 중, 상류층 지식인들이 성 마리아 교회에서 모였고, 스토르흐의 과격파는 스토르흐를 중심으로 교육받지 못한 광산 노동자들과 직물 공들과 평민들이 성 카타리나 교회에서 모였다. 뮌처는 표면으로 루터파의 일원으로 있으면서 내심으로는 스토르흐파를 지지하였다. 뮌처는 강단에서 "평신도들이 우리의 사제와 주교가 되어야 한다"고 외쳤다. 결국 뮌처는 휴가에서 돌아온 인문주의자이자 온건파인 에그라누스와 '십자가 신학과 그리스도의 고난'을 주제로 신학 논쟁을 벌이게 된다. 여기서 뮌처는 "달콤한 그리스도"가 아닌 "쓰디 쓴 그리스도"라는 신비주의적 가르침을 전개한다. 뮌처는 신학적으로 에그라누스와 함께 할 수 없었다. 결국 그는 1520년 10월 1일 성 카타리나 교회의 설교자로 전임되었다. 뮌처는 스토르흐와 빈민 계층과 함께 하는 카타리나 교회에서의 활

19) Ibid., 27.

20) *MSB*, 360, 11.

동을 통하여 민중을 위한 자신의 신학적 입장을 더욱 더 확고히 하였다. 뮌처에게는 그리스도 고난과 신자들의 고난이 칭의를 위한 전제 조건으로 큰 역할을 한다. 하나님을 알기 위하여 경험할 필요가 있는 것은 바로 "그리스도의 십자가 고난"이다. 반면에 에그라누스에게는 종교와 교육의 결합이 중요했고 신앙의 본질이나 교리에 대한 문제보다 기독교적인 인간으로의 교육이 중요하였다.

뮌처는 카타리나 교회에 출석하는 하층 민중들로부터 큰 호응을 얻고 지지를 받았지만 부유층과 귀족, 시 당국의 지지를 상실하게 되었으며 더 나아가 루터의 후원과 보호를 상실하게 되었다. 점차 츠비카우는 두 파 간의 종교적인 갈등 차원을 넘어 정치적인 갈등으로 비약하게 되었다. 1520년 성탄절부터 1521년 부활절 사이에 시 정부에 대한 피지배 계층의 반항이 공개적으로 나타나기 시작했다. 시의회는 이들의 주동자로 뮌처를 지목하였다.

시의회가 뮌처의 사상을 심문하려고 소환장을 보냈지만 응하지 않았다. 그리고 그를 지지하고 따르던 하층 시민들은 폭동을 일으키려고 몰래 준비하고 있었다. 시의회는 1521년 3월 7일 재의 수요일 전날 밤에 모여서 어떤 폭동도 용납할 수 없고 폭동의 죄에 대해서는 엄벌할 것을 통과시켰다. 1521년 4월 16일 뮌처는 시의회와 행정관 앞에 소환되었고 성 카타리나 교회에서 해임되었다. 그를 지지하던 자들은 체포되었고 뮌처는 츠비카우를 떠나야 했다. 뮌처가 추방당하게 된 배후에는 선제후 프레드릭과 루터의 강력한 압력이 있었던 것이다.

3) 프라하 시절과 선언문

해임된 그날 밤에 뮌처는 츠비카우 시를 떠났고 스토르흐도 시 당국의 압력을 받고 츠비카우 시로부터 추방당했다. 뮌처는 후스파가 있는 보헤미아의 자츠(Saaz)로 갔다가 다시 작센을 거쳐 토매(Marcus Thomae)와 함께 보헤미아의 수도인 프라하로 들어갔다. 보헤미아 지방은 루터가 종교개혁을 시작하기 약 100년 전 위클리프의 사상이 전해진 곳으로 로마교회를 공격하면서 설교의 자유, 성직자의 세속권 지배 반대, 성직매매와 면죄부 판매의 반대로 화형을 당한 얀 후스(Jan Huss, 1371-1415)의 종교개혁 지역이었다. 프라하 시민들은 뮌처를 환영했는데 그를 루터주의자로 알았기 때문이다. 여기서도 뮌처는 신비주의적 십자가 고난을 경험하기를 원하였다. 그는 츠비카우의 후임 사제인 니콜라우스 하우스만에게 무엇 때문에 보헤미아에 가게 되었는지를 다음과 같이 서술하고 있다: "명예와 금전 때문이 아닌 나의 가까운 죽음을 위해서 입니다. 나를 통해 십자가의 신비가 실추되지 않도록 하기 위해 나는 이것을 원합니다."[21] 이때부터 뮌처는 이미 가까운 장래에 자신의 죽음을 예상하고 있었다. 뮌처는 보헤미아에서 후스의 한 파인 진보주의적 타보르파 사람들과 손을 잡고 한층 더 과격한 종교개혁 운동을 전개하려고 하였다. 그것은 뮌처가 요하킴의 종말론에 의거하여 자신의 시대를 마지막 묵시적 종말의 시대로 보았기 때문이다. 그는 "벌써 적그리스도의 시대가 시작되었다"고 판단하였다.[22] 뮌처는 정치적, 종교적 불안정 속에서 하나님이 자신의 왕국 도래를 온 세상에 알리신다고 보았다. 누구를 통해서? 새로운 다니엘 곧 그 자신을 통해서이다: "추수의 때가 되었다. 그래서 하나님이 나를 고용하셨다." 이때부터 뮌처는 자신을 하나님의 고매한 예언자로 소명받았다고 생각하였다. 1521년 6월 15일에 쓴 편지에서 뮌처는 자신을 "하나님의 선택된 종"이라 하였고 그 후에 다른 편지들 그리고 그의 설교와 작품들에서 자신을 "하나님의 말씀의 종", "그리스도의 사자", "기드온의 검을 든 뮌처", "망치를 든 뮌처", "새로운 세례 요한"이라고 불렀다.[23]

---

21) *MSB*, 372, 28-30; non ob gloriolam meam, non ob pecuniarum ardorem, sed spe futurae necis meae. Hic volo, ne mysterium crucis per me praedicatum extirpari possit.

22) *MSB*, 373, 4.

23) *MSB*, 296, 27-297, 3.

뮌처의 설교와 선동으로 1521년 7월 6일 군중들이 후스를 기념하는 시위에서 성 클레멘트(Clement) 수도원을 공격하여 성상과 유물들을 파괴하는 폭동이 있었다. 이처럼 프라하가 시끄러운 가운데 뮌처는 자신의 개혁의 의지를 확실하게 펼칠 수 있다고 판단하여 1521년 11월 1일 만성절(萬聖節, Alleheiligetag)에 마치 루터가 1517년 10월 31일 만성절 전야에 95개 항의문을 비텐베르크 성교회(城敎會)의 정문에 붙였던 것처럼 프라하 선언(Prager Manifest)을 프라하의 여러 교회에 붙였다. 이 선언은 루터보다 더 강력한 종교개혁 지도자가 되기를 바란 뮌처의 혁명적 종교개혁을 신학적으로 묘사한 내용이었다. 독일어, 체코어(보헤미아어), 라틴어로 된 이 선언에서 뮌처는 첫째, 기존 교회의 죽은 문자 신앙에 반대한 살아 있는 하나님의 말씀으로써 성령 신앙을 주장하였고, 둘째, 종말론적 역사관에 입각한 새로운 교회의 형성을 촉구하고, 셋째, 묵시론적-종말론적 예언자로서의 자의식을 밝혔으며', 넷째, 교회와 당국의 사악한 자들과의 종말론적 싸움을 촉구하고 있다. 뮌처는 이 글을 통해 가난하고 눌린 자들이 자신들을 억압하는 교회 당국과 세속 당국에 반기를 들고 선민들로 구성된 새로운 교회를 건설할 것을 부르짖었다. 특히 뮌처는 보헤미아의 민족주의를 고취함으로 그들의 협조를 요청하였고 만일 종교개혁을 거부하면 하나님이 터키족을 동원하여 그들을 벌하실 것이라고 하였다. 뮌처의 개혁운동은 보헤미아의 민족 저항운동과 연합함으로 그의 신학적 이념을 통해 사회를 개혁하려는 의지가 드러났다.

프라하 시 당국은 뮌처의 과격한 선언에 당황하였고 뮌처 또한 그의 선언문이 기대했던 것만큼 큰 반응을 얻지 못하자 체포당할까 두려워 그해 12월 프라하 시를 떠나야만 하였다. 1522년 뮌처는 보헤미아를 떠나 유랑하다가 잠시 비텐베르크로 루터를 찾아갔으나 거기서도 환영받지 못하였다. 그 후 1523년 3월에 알스테트(Allstedt) 시에 도착할 때까지 굶주림의 방랑생활을 계속하였다.

4) 알스테트의 예배개혁과 선민연맹

알스테트에서 성 요한 교회의 목회자로 초빙받아 1523년 부활절에 부임하였다. 알스테트에서의 그의 활동은 예배의식을 새롭게 개혁하는 것이었다. 뮌처는 수세기 동안 사용해오던 로마교회의 예배의식을 전적으로 개정하였다. 예배의식의 개혁에는 세 가지 측면이 고려되었다.

1. 예배의 목표는 공동체로 하여금 신비적 경험으로 인도하는 것이다. 그와 함께 그리스도의 고난의 뒤따름에 중심적인 가치가 부여된다.
2. 모국어를 사용하는 예배를 도입하는 것은 대중이 예배의 의미를 이해할 수 있게 하기 위함이다.
3. 예배는 모든 신도들의 공동 참여이다. 목사와 공동체 사이에는 전혀 구별이 없다."[24]

그리하여 뮌처는 세 개의 예배의식을 만들었는데 첫째, 독일교회의 예배의식이다. 이것은 교회의 큰 다섯 절기, 곧 강림절, 성탄절, 사순절, 부활절 그리고 오순절 기간 중 아침예배와 저녁예배를 위해 사용하는 예배의식이다. 둘째, 로마교회의 미사의식을 '독일 복음적 미사'로 바꾼 예배의식이다. 이것은 주일 낮예배를 위한 새로운 의식으로 그리스도의 성육신 탄생, 수난 그리고 부활을 축하하는 것인데 미사의 희생제보다 설교에 중점을 두었다. 마지막으로 뮌처는 '알스테트의 독일교회의 예배의식'을 공포하였다. 이것은 혼례, 세례, 병자를 위한 성찬과 장례식을 위한 예배의식이며 성만찬을 위한 예배의식이었다.[25] 뮌처는 예배의식의 개정이 필요한 이유를 교황주의의 그릇된 신앙을 알게 하고 자국어로 된 예배를 통해 하나님을 찬양하고 성경을 좀 더 잘 이해하자는 데 있다고 하였다.[26] 뮌처에 의하면 예배는 신비적 신앙심을 고양할 뿐

---

24) Klaus Ebert, *Thomas Müntzer*, 108.

25) Eric W. Gritsch, *Reformer without a Church*, 75-76.

아니라 종말론적 소망을 강화시켜 주기도 한다. 뮌처의 예배의식 개혁에서 발견할 수 있는 것은 신비주의적이며 종말론적인 그의 신학이 가미되었다는 것이다. 즉 신비적 길에서 공동체가 하나님의 성령을 경험하게 되었으며 선택된 자로서의 체험을 갖게 되었다.

뮌처의 혁명적 예배의식 개혁과 열광적인 설교는 알스테트를 넘어 널리 퍼져 나가게 되었고 그것으로 2천 명이나 되는 추종자들이 설교를 들으려고 알스테트로 모여 들었다.[27] 알스테트에서의 첫 충돌은 만스펠트의 에른스트(Ernst von Mansfeld) 백작과의 사이에 일어났다. 로마 가톨릭의 충실한 신봉자인 에른스트는 자기 관할 아래 있는 알스테트의 주민들이 뮌처의 설교를 듣고 종교개혁으로 소란해지는 것을 원치 않았다. 그리하여 주민들이 뮌처의 설교를 듣는 것을 금하였다. 뮌처는 에른스트의 명령을 변덕이라 일축하고 9월 13일 설교에서 에른스트를 "이단의 익살 광대" 그리고 "탐욕스런 압제자"라고 불렀다. 이 말을 들은 백작은 즉시 알스테트 시의회에 뮌처를 체포하도록 명령하였다. 그러나 시의회는 전적으로 민중에 의해 지지 받고 있는 뮌처를 체포하는 것을 거부하였다. 시의회의 지지를 받은 뮌처는 비교적 중립적인 입장인 선제후 프레드릭에게 변증의 편지를 썼으며, 요한 공작에게는 자신의 신학적-정치적 입장을 변호하는 '영주설교'(Fürstenpredigt)를 통해 정치적 공권력은 민중을 보호하고 사악한 착취자를 엄벌하는 데 써야 된다고 강조하였다. 만약 그렇지 못하다면 정치적 공권력은 귀족에게서 민중의 손으로 이양되어야 한다고 역설하였다. 또한 뮌처는 1524년 정초에 〈날조된 신앙에 대하여〉라는 논문을 발표하여 루터의 문자 신앙에 대항하여 성령 신앙을 강조하였다. 여기서 뮌처는 그 자신을 "하나님의 살아 계신 아들의 종"이라고 불렀다. 이 논문에서 그는 유아세례를 공격하였고 세례에 있어서 성령 체험을 중요시하여 인간과 하나님과의 관계는 세례 의식과 같은 외적 행위로 이루어지는 것이 아니

26) Ibid., 76-77.

27) Roland H. Bainton, *Here I stand,* 203.

라 성령의 내적 경험으로 이루어진다고 하였다. 내적 고통과 갈등 속에서 경험되는 성령의 세례야말로 하나님이 인간에게 오는 길이라고 보았다. 성령을 받은 자만이 하나님의 선택된 자들이라 보았고 선민이 현존하는 정치적-교회적 체제를 무력으로 무너뜨리고 새로운 신정정치(Theokratie)의 핵심체를 구성할 것이라고 하였다.

선민을 통한 하나님의 통치를 실현하기 위해 뮌처는 비밀리에 1524년 3월, 30명의 알스테트 시민들로 구성된 선민연맹을 결성하였다. 후에 체포된 선민연맹의 두 대원의 진술에 의하면 이 연맹의 목적은 복음에 입각하여 수도사와 수녀들에게 세금을 납부하는 것을 거부하며 그들을 추방하고 파멸시키기 위한 것이었다고 한다.[28] 뮌처는 그가 조직한 선민연맹을 "하나님의 주권의 도구"라고 표현하였다.[29]

1524년 3월 24일 선민연맹은 로마 가톨릭교회에 대항하는 조치로 알스테트에 있는 동정녀 마리아에게 봉헌된 말러바흐(Mallerbach) 예배당을 불태웠다. 그러나 이 사건은 작센 왕가에 대한 공공연한 도전이었음으로 선제후 프레드릭은 시의회에 방화 관련자를 색출하여 처벌할 것을 명령하였고 그의 조카이자 후계자인 요한(Johannes) 공작도 조사에 직접 나서게 되었다. 그 사이 뮌처는 만스펠트 광부를 중심으로 선민연맹을 500명으로 확대하여 신정정치의 출발로 삼았다. 이로써 뮌처의 혁명 노선이 분명하게 드러났다. 이에 요한 공작은 8월 1일 뮌처를 바이마르(Weimar)로 소환하여 그의 선민연맹의 해산과 더 이상 알스테트를 떠돌아 다니면서 혁명운동하는 행위를 금지시켰다. 이에 자기 뜻을 펼 수 없다고 생각한 뮌처는 1524년 8월 7일 돌연히 밤중에 알스테트를 떠났다. 그러나 뮌처는 혁명 정신을 굽히지 않았고 농민전쟁을 통해 가능성을 찾으려고 노력했으며 신정정치라는 자신의 이상을, 정치적인 투쟁을 통해 이룩하고자 목숨을 걸었다.

---

28) Eric W. Gritsch, *Reformer without a Church,* 91.

29) G. R. Elton, *Europa im Zeitalter der Reformation,* Band 1 (Hamburg: Siebenstern Taschenbuch Verlag, 1967), 74.

5) 뮐하우젠의 종교혁명

뮌처의 혁명적 종교개혁의 최종 근거지는 뮐하우젠(Mühlhausen)이었다. 뮐하우젠은 튀링기아 안에 있는 7,500명의 인구를 가진 제국의 자유도시 중 하나로서, 할레(Halle) 시에서 약 50마일 서쪽에 위치한 농민전쟁 중심지 중 하나였다. 시 주위에 있는 언덕의 기름진 토양에서 자라난 밀, 홉(hop), 포도들은 맥주와 포도주가 되어 널리 수출되었다. 이 시는 120명의 의회원이 소수 독단 정치를 하고 있었다. 1524년 이미 부자 상인들은 직물업자와 농민들을 착취하고 있었다. 뮐하우젠 안에는 열세 개의 교회와 세 개의 수도원이 공식적으로는 마인츠의 감독의 지배 아래 있었으나 마인츠가 200마일 이상 떨어져 있는 까닭에 뮐하우젠의 사제들은 시의회의 의원으로서 많은 자유와 태만을 즐기고 있었다. 시의 정치적 구조는 평민들에게 시 정치에 참여하는 기회를 주지 않았다. 그리하여 뮐하우젠은 사회적, 정치적 대변동이 예상되었다. 족벌정치, 불공정한 고용, 정치적 타락 그리고 사제들의 부도덕의 묵인 등이 그 당시 유행되었던 것이다.

뮌처가 뮐하우젠에 도착하기 전에 뮐하우젠에서는 이미 1523년 수도원을 뛰쳐나온 하인리히 파이퍼(Heinrich Pfeiffer)가 뮌처와 유사한 종교개혁을 시도하고 있었다. 그는 농민같이 옷을 입었고 집회를 열어 부도덕한 사제들을 공격하였고 새로운 교회적, 사회적 질서를 추구하였다. 파이퍼는 자신에게 동조한 농민들과 노동자들과 함께 53개 조항의 개혁안을 시의회에 제시하였다. 또한 조세제도의 완전한 개정과 시 안에 있는 모든 교회에게 '개신교' 설교자의 임명을 요구하였다. 시의회는 힘이 없고 소수라는 것을 자각하고 요구 사항의 대다수를 받아들일 수 있다고 표명하고 시간적 여유를 원하였다. 이때 파이퍼와 그의 동조자들은 더 이상 기다리는 것을 거절하고 7월 3일 세 수도원에 경고한 후 성난 군중들과 함께 급습하여 파괴하고 사제, 수도사, 수녀들을 시 외곽으로 몰아냈다. 파이퍼 측 대표가 시청에 나타나 53개 개혁안을 즉시 모두 받아들일 것을 요구하였다. 의회원 대다수가 공직에 남기를 바라면서 그 요구를 받아들였고 파이퍼 측 8명이 새로 의회석을 차지하였다. 그러나 무질서해진 시가 곧 바로 회복되지는 못했다. 파이퍼가 성 마리아 교회 강단에서 평화와 질서의 유지를 호소할 동안에도 거리는 무질서가 계속되었다. 통행금지령이 내려졌고 긴급한 상황 속에서 사제의 역할을 수행한 평신도들은 조롱거리리가 되었으며 수도원과 수녀원을 이탈한 사람들은 무분별하게 결혼식을 올렸다. 교회에 대한 약탈이 계속되었고 교회는 실직한 노동자들과 십대들의 놀이터가 되었다. 1523년 8월 옛 시의회는 파이퍼 일파를 몰아낼 수 있는 기능을 회복하여 8월 24일 파이퍼를 뮐하우젠 시로부터 무제한의 기간 동안 추방시켰다. 그러나 시의회는 츠비카우 시가 행한 것과 다르게 잔당을 몰아내는 특별한 조치를 취하지 않았다. 그리하여 파이퍼 파의 세력이 회복되어 파이퍼는 1524년 봄에 뮐하우젠으로 돌아 올 수 있었다.

이 무렵 알스테트를 떠난 뮌처가 뮐하우젠에 들어왔다. 파이퍼는 뮌처를 환영하여 성 마리아 교회에서 설교하도록 하였다. 뮌처는 처음에 알스테트에서 성공적으로 사용한 것과 똑같은 예배의식의 개혁을 시도함으로 회중들을 사로잡으려고 했으나 뮐하우젠 사람들은 의식적 개혁보다 사회 개혁에 더 관심을 두었다. 뮌처는 파이퍼와 손잡고 옛 의회의 해산, 새 의회 구성, 시의원들의 부정 폭로 등 11개조의 요구사항을 제시하였다.

그러나 이때는 과격한 혁명이 아직 무르익지 않았다. 시장과 몇 사람의 의회원이 랑엔잘츠(Langensalz) 가까이 도망하였고 뮐하우젠이 선민연맹의 공격을 받았다는 소식이 퍼지게 되었다. 의회원들이 시 안팎의 귀족들로부터 충분한 군사적 지원을 얻어 9월 11일에 11개 조항을 거부하였다. 용병과 무장한 귀족들이 시청 앞에서 뮌처와 파이퍼 측 군중들에게 진군하자 뮌처 일파의 새로운 개혁을 위한 싸움은 패배하였다. 9월 27일 시의회는 뮌처와 파이퍼 두 사람을 뮐하우젠으로부터 추방하였다. 그리하여 뮌처가 종교적 이상을 정치적 실현 모델로 삼은 뮐하우젠에서의 신정정치 시도는 실패하고 말았다.

뮐하우젠에서 추방당한 뮌처는 뉘른베르크(Nürnberg)에 잠시 있다가 스위스로 향했는데 그가 스위스에 간 것은 그곳에는 재세례파 사람들의 개혁운동이 있었기 때문에 그들과 과격한 혁명운동을 전개할 수 있을까 하는 기대에서였다. 하지만 스위스 재세례파는 뮌처의 유아세례 반대에는 매우 동정적이었지만 과격한 혁명운동은 날카롭게 반대하였다. 뮌처가 뮐하우젠으로 돌아온 것은 1525년 1월이었다. 이보다 한 달 앞서 1524년 12월에 파이퍼가 뮐하우젠으로 돌아와 또 한 번 시민들을 선동하여 들뜨게 하였다. 뮌처는 돌아온 파이퍼와 합세하여 비밀리에 갈퀴와 낫과 도리깨 등으로 농민들을 무장시키고 대포를 구입하는 등 반란을 일으킬 준비를 하였다. 이때 이미 도처에서 농민반란이 일어나자 뮌처는 농민과 광부들을 선동하기 시작했다. 뮌처의 선동에 만스펠트와 알스테트에서 많은 광부들과 농민들이 도처에서 교회들을 습격하고 파괴하였다. 연일 영주의 군대와 농민 군대가 격전을 벌였다. 그러나 결정적으로 프랑켄하우젠(Frankenhausen)에서 대패한 농민 군대는 뿔뿔이 흩어졌고 파이퍼와 뮌처는 체포되어 혹독한 고문 후에 1525년 5월 27일에 처형당했다. 그리하여 이곳저곳으로 방랑하며 선동하던 뮌처의 종교혁명 운동은 대단원의 막을 내리게 되었다.

6) 토마스 뮌처와 농민전쟁

다음으로 토마스 뮌처와 마르틴 루터의 농민전쟁과의 관계를 살펴본다. 비텐베르크에서 시작된 교회적-신앙적 열광주의 운동이 사회적-정치적 혁명을 낳았고 이 혁명은 독일 농민전쟁으로 번져 혼란과 살육과 피로 독일 전 지역을 휩쓸었다. 이 사회적-정치적 혁명은 그 사상을 개신교 교리로부터 강한 자극을 받았다. 뮌처는 특히 루터의 "모든 신자는 모두 사제다"라는 만인사제론과 크리스천의 자유를 그의 사회적 혁명에 이용한 것이다. 그러나 이 운동은 과격한 개신교 운동이었고 환상적이고 혁명적인 것이었다.

(1) 농민들의 상태와 요구 조항

혁명의 조짐은 농민들의 상태에 있었다. 농민전쟁이 일어날 당시 독일 농민들은 짐 나르는 짐승과 같았고 노예보다 나은 상태가 아니었다. 보수가 없는 노동이 매일의 생활이었고 일요일까지도 거의 빼놓지 않고 강요당했다. 그들은 합법적 또는 비합법적인 세금 징수로 착취를 당하였다. 농민들은 자기들의 권익보호를 위해 비밀연맹을 구성하였고 자신들의 정당성을 성서에 두었고 그들의 괴로움을 루터에게 호소하였다. 그러나 루터는 농민들의 최종적 목적에 만족을 줄 수 없었다. 반면에 루터와 달리 순례자들과 뮌처와 같은 추방자들로부터 입수된 소책자들과 뮌처의 선동이 튀링기아(Thüringia) 농민들의 불만을 자극시켰던 것이다. 그리하여 농민들은 뮌처의 말을 듣고 그를 지지하였다. 이 당시 농민들에게 하나의 사회민주주의적인 표어가 유행되고 있었다: "아담이 밭 갈고 이브가 길쌈할 때 귀족은 어디 있었는가?"

봉기 시초부터 농민들은 자신들의 요구 조건을 내세웠고 1525년 3월 2일 상당히 정치적인 12개 조항[30]을 제시하였다. 농민들의 12개 조항의 요구는 다음과 같다.

1. 우리의 첫 번째 정중한 탄원과 요구, 또한 우리 모두의 뜻과 생각은 전 교회가 그들 자신의 목회자를 선택하고 심사하는 권리를 가지는 것이다. 교회는 만약 목회자가 부당하게 행동한다면 목회자를 사임시킬 권리를 가져야 한다. 피택된 목회자는 모든 인간적인 첨가나 인간적인 교리나 명령 없이 거룩한 복음을 우리에게 크고 명백하게 설교해야 한다. 왜냐하면 참 신앙을 확고하게 선포하는 것은 우리로 하여금 하나님에게 은혜를 청하도록 하고 참 신앙이 우리에게 새겨지도

30) Heiko A. Oberman, *Die Kirche im Zeitalter der Reformation,* 127-130.

록 하고 그리하여 참 신앙이 우리 가운데 확립되는 계기가 되기 때문이다. 또 만약에 하나님의 은혜가 우리 가운데 새겨지지 않는다면 우리는 여전히 무익한 혈(血)과 육(肉)에 머물게 되기 때문이다. 성경에 분명하게 기록된 것처럼 우리 각자가 참 신앙을 통해 하나님께 향할 수 있고 각자가 하나님의 자비를 통해 축복받게 된다. 그러므로 우리에게 그런 인도자와 목회자가 필요하다. 그리고 그것이 성경 안에 근거하고 있다(딤전 3:1-7; 디도 1:5-9; 사도 14 23; 신명 17:9-13; 출애 31:1 이하; 신명 10:22 이하; 요한 6:63; 갈라 2:16).

2. 두 번째 요구는 비록 구약과 신약에 공정한 세금(십일조)에 대해 기록하고 있는데 우리는 정당한 곡물세는 기꺼이 바치려고 한다.[31] 그러나 그 세금을 올바르게 써야 한다. 즉 그것을 하나님께 드려야 하고 하나님의 목회자들에게 분배해야 한다. 그 세금은 하나님의 말씀을 명백하게 선포하는 목회자에게 돌아가야 한다. 그래서 우리는 이 같은 세금은 이제부터는 회중이 지명한 우리 자신의 교회 담임자를 통하여 거두어지기를 바란다. 거두워진 세금은 전 회중의 승인 후 회중이 뽑은 목회자와 그의 가족에게 적당하고도 충분한 생활비로 주어져야 한다. 남는 것은 회중의 형편과 결정에 따라서 그 교구 안에 살고 있는 필요로 하는 사람에게 분배되어야 한다. 우리는 작은 세금은 바치지 않겠다.[32] 왜냐하면 주 하나님은 인간을 위해 가축을 창조하셨기 때문이다. 그래서 우리는 이 세금을 사람이 만들어 낸, 바치지 않아도 되는 불법의 세금으로 간주하겠다. 그러므로 우리는 이 세금을 더 이상 바치지 않겠다(히브 1장; 시편 109; 110:4; 창세 14:20; 딤전 5:18; 마태 10:9 이하; 고전 9:9; 누가 6:29; 마태 5:40 이하; 창세 1:20).

3. 만약 사람이 제일 높은 자나 목동이나 똑같이 한 사람도 빠짐 없이 그리스도께서 그의 보혈로 우리 모두를 구속하셨다는 것을 생각할 때 우리를 노예로 취급하였던 지금까지의 관습은 비참하고 잘못된 것이다(이사 53:4 이하; 벧전 1:18 이하; 고전 7:23; 로마 13:1 이하; 잠

31) 곡물이나 다른 농산물에 대해 부과하는 토지 경작세이다.

32) 동물과 축산물에 부과한 도축세.

언 6:4; 신명 6:13; 마태 4:10; 누가 4:8; 6:31 이하; 마태 7:12; 요한 13:34 이하; 사도 5:23).

4. 가난한 사람들에게 수렵(狩獵)과 어획(漁獲)을 허락하지 않는 것은 부당하고 비형제적이라고 생각한다. 특히 그것은 사리사욕에 의한 이기적인 행위이고 하나님의 말씀에 따르지 않는 것이다(창세 1:11 이하; 사도 10:13 이하; 딤전 4:3 이하; 고전 10:30; 골로 2:16-20).
5. 우리는 산림(山林)의 목재 이용에 고통과 손해를 당하고 있다. 왜냐하면 우리의 영주들이 모든 산림을 탈취했기 때문이다.
6. 매일매일 무거운 부역(賦役)을 통해 부과되는 짐이 우리에게 가중되고 있다.
7. 우리는 이제부터 영주에게 더 이상 부당한 짐을 지지 않고 착취당하지 않겠다. 만약에 한 영주가 어떤 사람에게 적법(適法)으로 봉토를 준다면 봉토를 받은 농부는 영주와 농부 사이의 협정에 의해 그것을 맡아야 한다(누가 3:14; 살전 4:6).
8. 영지에 대한 소작료를 낼 수 없음으로 그 벌로 농민들이 봉토를 빼앗기고 상실하여 많은 부담과 손해를 보고 있다. 우리는 영주들이 이들 봉토를 정직한 사람들로 하여금 조사하게 하고 형평(衡平)에 의해 수확의 공정한 소작료를 징수할 것을 요구한다.
9. 우리는 사람들이 새로운 법을 만들고 우리를 어떤 사건에 있어서 공정하게 벌하는 것이 아니라 시기와 편파로 벌[私刑]하는 불법 때문에 고통당하고며 화를 당하고 있다.
10. 공동으로 소유한 목장과 경작지를 몇몇이 사유화 함으로 우리는 피해를 입고 있다. 우리는 이것들을 공동의 소유로 할 것이다(누가 6:21 이하; 신명 18:1 이하; 마태 8:20; 이사 11:3 이하).
11. 우리는 농노가 사망할 경우의 관습을 완전히 폐지하려고 한다. 우리는 사람들이 과부와 고아들을 착취하는 것을 결코 용납하지 않겠다.
12. 우리의 결정과 최종적인 견해, 곧 여기에 열거한 한 조항 또는 더 많은 조항이 하나님의 말씀에 적합한 것이 아니라면 사람들은 이것이 하나님의 말씀으로 금지된 것임을 증명하기 바란다. 만일 사람들이 그것을 성경에 근거해서 증명한다면 우리의 요구를 취소하겠다.

이 요구들 특히 봉건 제후들의 압제로부터 자유와 목회자를 선택하는 기본 권리는 정당하고 이유 있는 것이었다. 1524년 영주 측에서 이 12개 조항을 들어 주었다면 독일은 유혈 참극만은 모면했을 것이다. 그러나 지배자들과 농민들은 모두 자신들의 이익만 추구하다 보니 똑같이 판단력이 없었다. 그리고 이들은 이성 대신 감정에 의존하였다. 농민들은 부분적으로 분열해서 통치자들에 대해 잔인한 폭력을 행사하였다.

(2) 폭동의 진행과 뮌처의 활동

폭동은 1524년 여름 북 다뉴브 상류에 있는 쉬바벤(Schwaben)에서 시작되었다. 그리고 스위스 접경을 따라 라인 강 상류로 향했다. 1525년 폭동은 남서 독일과 중부 독일로 확대되었다. 이 폭동은 감독들의 관저와 영주들의 성들을 파괴하였고 수도원과 도서관을 불태웠으며 또 다른 폭력을 자행하였다. 이미 도처에서 일어난 농민반란이 튀링기아에까지 밀어닥치자 뮌처는 4월 26일 그의 선민연맹의 지지자들인 만스펠트의 광부들에게 싸움을 선동하는 글을 썼다.

> 전진, 전진, 낙심하지 마라, 불경건한 악한 자들에게 굴복하지 마라, 주를 위한 싸움을 시작하라, 지금이야말로 그때다. 하나님의 증거를 거슬리지 않게 당신들의 형제를 격려하라.… 독일과 프랑스와 가까운 외국의 어느 곳이든지 각 성이 일어나고 있다. 자비를 보이지 마라, 불이 뜨거울 동안 쳐라! 쳐라! 두려워 마라, 하나님은 당신들의 편이시다.[33]

뮌처는 설교단에서 불같은 장광설(長廣舌)로 사람들을 선동하였다. 그리고 그들의 영적 지도자들과 세속 통치자들에게 대항하여 반란하게 하는 소책자들을 인쇄하였다. 그는 자신을 "망치와 같은 뮌처", "기드온

---

33) *MSB*, 454, 5-27.

의 검을 든 뮌처" 등으로 표현하였다. 그는 모든 사악한 자들을 죽여야 한다고 하였다. 왜냐하면 사악한 자들은 살 권리가 없다고 보았기 때문이다. 뮌처는 그리스도는 세상에 검을 주었지 평화를 주지 않았다고 말했다. 그는 외치기를 "죄 많은 자들의 비참함을 돌아보지 말며 너희 칼을 항상 피로 뜨겁게 하라, 제후들의 철퇴에 대항하여 강하게 싸우라! 그들의 성 탑을 쳐부수라! 왜냐하면 그날은 너희의 것이기 때문이다"라고 하였다.[34] 또 외치기를 "땅 위의 모든 성 탑을 부셔라, 악한 자들의 신음 소리를 듣지 마라 그 모든 이유는 말세가 가까웠고 하나님이 당신과 함께 있기 때문이다"[35]라고 하였다.

에라스무스는 바젤(Basel)에서 폴리도래 버질(Polydore Virgil)에게 1525년 가을에 있었던 일을 편지에 써 보냈는데 "매일 제후들과 농민들 사이에 유혈 충돌이 있다. 우리의 가까운 곳에서 불타오르는 소리와 부상자들의 신음 소리를 들을 수 있다"고 하였다. 그는 또 다른 편지에 "매일 사제들은 투옥되고 교살되고 목이 잘리거나 화형에 처해지고 있다"고 썼다.[36]

처음 혁명은 성공적이었다. 제후와 귀족과 도시는 농민들에게 굴복할 것을 강요당했다. 만약 주로 개신교 교리를 지지한 사람들인 중산층이 농민들에게 가담했다면 제후와 귀족들은 몰락했을 것이다. 그러나 중산층은 현상 변화와 농민들의 폭력을 싫어했기 때문에 혁명을 원치 않았다.

(3) 폭동 진압에 대한 루터의 조언

농민들의 운명은 루터에게 달려 있었다. 그러나 루터는 혁명에 반대하여 농민반란을 규탄하였다. 루터는 악한 자를 징벌하기 위해 하나님

---

34) *MSB*, 455, 3-21.

35) T. M, Lindsay, *A History of the Reformation,* 330.

36) Philip Schaff, *History of the Christian Church,* Vol. VI, 444-445.

으로부터 칼을 받은 행정관을 제외하고는 어떠한 무력을 사용하는 것도 반대하였다. 루터는 혁명 그 자체를 나쁜 것이요, 신의 명령에 위배되는 것으로 종교개혁에 있어서 가장 나쁜 적대 행위라고 생각하였다.

루터는 농민들의 12개 요구사항 중 거의가 정당하다고 인정하였다. 그래서 그는 제후들과 귀족들, 특히 교회 감독들을 비난했는데 그것은 가난한 자들을 협박하고 복음에 대한 적대 행위를 했다고 보았기 때문이었다. 그리고 농민들의 요구사항 중 어떤 것은 허가하도록 제후 측에 재촉하였고 농민반란의 불길이 전 독일에 번지지 않도록 충고하였다. 그러나 루터는 또한 농민의 반란에 반대하여 농민들에게 로마서 13장 1절을 들어 통치자들에게 복종할 의무가 있음을 상기시켰다. 루터는 양측의 싸움을 해소시킬 '중재위원회'를 두도록 제안했으나 때가 너무 늦어 귀머거리의 귀에 설교한 격이 되었다. 그때는 농민전쟁의 검은 구름이 온 독일에 퍼져 있었고 종교개혁의 순수한 빛은 흐려지게 된 때였다. 도처에서 무질서한 농민들이 성과 수도원들을 약탈하기 시작하였다. 그래서 루터는 강력한 발언으로 '강도와 살인하는 농민에게 대항하여'(wider die räublichen und mörderlichen Rotten der Bauern, *WA* 18, 357-361)라는 가장 격렬한 성명서를 내놓았다. 루터는 농민들이 복음의 핑계 아래 악마의 일을 한다고 보고 농민들을 비난하였다. 그는 시 통치자들에게 미친개 같은 농민들을 교살하고 찔러 죽이라고 청원하였다.

(4) 농민반란의 진압과 결과

루터의 충고는 신, 구교 제후들을 분발시킴으로써 공동의 적인 농민들에 대항하여 신, 구교 연합전선을 구축하였다. 농민들은 보잘것없는 무장과 빈약한 지도력, 단순히 상대편 약속만 믿고 우왕좌왕한 정치적 미숙, 그리고 분열로 헤세(Hesse)의 필립 백작, 브라운스바크(Braunswick)의 하인리히 공작, 선제후 요한 공작 그리고 작센 가의 게오르그 공작의 군단에 의해 완전히 패배당했다. 결정적인 전투는 5월 25일 프랑켄하우젠에서 농민군과 제후군 사이에 있었다. 이 전투에서 일만 명의 농민군 중 5,000명이 죽었고 300명은 체포되어 법정에서 참수형을 당하고 나머지는 튀링기아 숲속으로 도주하였다. 뮌처는 농가에 변장하고 숨었다가 붙잡혀 고문당한 후 처형되었다.

남부 독일과 알사스, 로렌지방의 농민들도 자체의 변질과 제후의 군대에 의해 패배당했다. 전쟁의 희생자 수는 10만 명을 넘었고 생포된 반란자들은 목이 잘리거나 불구가 되었다. 그들의 과부와 고아들은 여전히 굶주리고 있었다. 수천의 성과 수도원들이 잿더미로 변했고 수백개의 마을은 불타 버렸으며 소들은 도살되었고 전 독일이 황폐되었다. 전쟁이 끝난 뒤 루터는 독일의 상황이 지금보다 더 비통한 적이 결코 없었다고 말했다.

농민전쟁은 완전히 실패하였다. 반면에 무자비하게 복수하는 제후들의 승리였다. 농민전쟁의 결과는 농민들의 상태를 더 악화시켰다. 대다수의 제후들은 전보다 더 잔인하게 농민들을 억압하였다. 종교개혁의 동기는 돌이킬 수 없는 상처로 얼룩졌다. 루터는 로마 가톨릭주의자들에 의해 비난과 책임 추궁을 당했고 에라스무스까지도 루터를 비난하였는데 그 모든 이유는 농민반란의 무서운 공포 때문이었다. 로마 가톨릭 지역에서 패배한 농민들은 강제로 구교로 돌아가게 되었고 동요하지 않았던 시민들은 정치적, 사회적 개혁에 대해 관심을 잃었다. 그리고 정치적, 사회적 개혁에 대한 모든 시도는 의심으로 눈살을 찌푸리게 하였다. 루터는 무엇보다 먼저 모든 종류의 혁명과 반란에 반대함을 분명히 밝혔다. 그리고 시당국에 순종하는 것을 적극 찬성하였다. 그는 로마서 13장 1절을 거듭거듭 강조했으며 멜란히톤과 마틴 부처도 루터의 이 점에 동의하였다. 그리하여 루터파 교회는 그 후 언제나 정치에 대해서는 엄격하게 보수적이었고 시민 자유의 개선에 대해서는 무관심하였다.

2. 토마스 뮌처의 저서와 개혁사상

1) 저서

(1) 프라하 선언(Das Prager Manifest)

프라하의 시절은 뮌처에게 중요한 시기였다. 루터와의 제휴냐 독자의 길을 걷느냐? 루터와의 불분명한 태도를 탈피하여 뮌처는 루터와 적대적인 신학적 사고를 발표함으로 사상적으로 루터와 결별하였다. 뮌처의 개혁은 교회의 테두리를 벗어나 민중을 주체로 하여 교회를 개혁하고 더 나아가 사회 개혁까지 실현하려고 하였다. 프라하 선언은 뮌처의 최초 신학선언으로서 중요한 의미를 갖는다. 이 문서는 네 가지 다른 역본으로 전해졌다. 짧은 독일어 판(A)은 뮌처의 자필로 쓰였고 또한 1521년이라는 날짜가 기록되어 있다. 11월 1일 날짜(만성절)로 되어 있는데 형식은 4년 전에 나온 루터의 95개조와 비교하면서 보다 심오한 종교개혁을 촉구하고 있다. 보다 긴 독일어 판(B)은 뮌처의 친구가 직접 쓴 11월 29일이라는 날짜와 함께 '보헤미아의 일과 관련된 저항'이라는 표제를 가지고 있다. 그밖에 라틴어로 된 초고(C)와 체코어로 번역된 초고(D)가 있다. 이것을 통해 이 '프라하 선언'은 프라하를 떠나기 직전에 작성되었다는 것과 뮌처 자신이 이 선언서를 얼마나 중요하게 여겼는지 알 수 있다.

모든 역본의 분명한 목표는 보헤미아 사람들을 교회의 순결하고 사도적인 개혁의 선구자로서 역사적인 임무를 수행하도록 하는 데 있다. 즉 로마교회에 대한 무조건 복종과 무감동의 성서주의를 거부하고 초대교회처럼 순수하고 개인적이며 성령이 충만한 믿음을 갖도록 하는 데 있다.

뮌처는 마음으로부터 우러나오고 또한 하나님에 의해 마음 속 깊이 새겨진 믿음을 요구하였다. 하나님에 대한 경외가 모든 인식의 기본 토대가 된다. 교만한 지식이나 글자만 무조건 믿는 것으로 이룩한 신학은 진실한 믿음을 방해하고 또 막는다. 뮌처는 거기에 대항하여 신앙의 경험을 강조하였다. 그리하여 신비주의적 요소들이 결합되어 그의 종말론적 역사이해가 형성되었다. 뮌처는 그 역사의 과정을 다음과 같이 요약하여 제시하였다.

> 사도들의 죽음 이후 그때까지 결백하고 순결하였던 교회는 영적인 간음으로 창녀가 되었다. 지식인들은 그들의 신학으로 교회를 땅에 처박아 버렸다. 그러나 지금 하나님은 그의 선민들과 함께 놀라운 일을 하실 것이다. 주님의 일이 특히 이 땅, 보헤미아에 출현될 것이다. 왜냐하면 이곳에서부터 새로운 교회가 시작될 것이기 때문이다. 이 민족은 모든 세상의 거울이 될 것이다.[37]

우리는 프라하 선언에서 두 가지 측면의 논증을 찾을 수 있다. 한편에서는 "외적 말씀", 즉 문자적 믿음에 대하여 "내적 말씀", 즉 영적 믿음이 대립적으로 제시되었다. 내적인 말씀을 듣는 사람은 성령을 느낄 것이며 하나님이 이 세상에 세워 놓은 질서를 인식할 것이다. 다른 한편 뮌처는 이 내적 말씀을 다가올 '세상의 종말'과 결합시켰다. 그것은 단지 내적인 말씀을 느끼는 선민만이 구원받을 사람들의 무리에 속한다는 것이다. 그러나 뮌처가 성서를 전혀 무시했다기보다는 성서가 성령의 도움 없이는 외적인 증거일 뿐 신자 안에서 근본적인 변화를 일으킬 수 없다는 것이다.

또한 뮌처는 이 선언문에서 세 부류의 무리들에 대해 비판을 가한다. 첫 번째 부류는 성서를 은폐시키는 사제들과 수도사들이며, 두 번째는 민중을 착취하는 영주들이고, 세 번째 부류는 '죽은' 지식을 대변하는 멍청한 지식인들이었다. 따라서 교회의 개혁이 시급하다고 뮌처는 생각하였다. 왜냐하면 선택된 자들의 때가 무르익었기 때문이다. 여기

37) *MSB*, 494, 2f.

서 뮌처는 외친다: "추수 때가 되었다. 그래서 하나님이 나를 고용하셨다." 이 외침은 민중들이 자신들의 처해진 상황을 인식하게 하고 성직자와 지식인들 그리고 지배자들을 쫓아내도록 하는 선동이었다. "나는 나의 낫을 예리하게 갈았다. 왜냐하면 나의 사상은 진리를 추구하며 나의 입술, 피부, 손, 머리카락, 영혼, 육체 그리고 생명은 불신의 무리들을 처벌하기 때문이다."[38] 시간이 되었다. 사악한 자들에 대한 선민의 투쟁이 오고 있다. 성명서의 후반부는 종말론적 요소들이 신비주의적 경험보다 더 강조되어 나타난다. 역사가 그 종말에 도달하였고 시간이 성숙되었다는 것이다.

뮌처는 자기가 새로운 다니엘이라는 의식을 가지고 진실한 계시와 거짓된 계시를 구별하여 제시하는 임무에 착수하였다. 그는 최후의 시대적 징조들을 해석하고 예언하는 사람임을 자각하고 그에 따른 행동을 본격화 하였다. 그는 헤게시우스(Hegesius)와 유세비우스(Eusebius)의《교회사》를 읽고 현재의 기독교 교회는 사도들의 제자들이 죽은 이후 순수성을 잃었다는 사실을 상기시키면서 교회의 잘못된 오류들을 바로 잡아야 한다는 점을 역설하고 있다. 그는 하나님의 계시로 그 시대를 변화시키기 위해 행동에 옮겼다. 이로써 루터를 대신할 당대의 예언자로 자처하고 나선 뮌처는 천년왕국을 위해 필수적인 준비를 시작하였다. 이것이 곧 독일 농민전쟁으로 나타난다.

(2) 날조된 신앙에 대하여(Von dem gedichteten Glauben)

1523년에 나온 뮌처의 첫 번째 신학서는 그가 표현하듯이 날조된 신앙에 대한 저항을 중요한 주제로 다루고 있다. 그는 거짓된 신앙에 대하여 참되고 내적인 신앙을 제시하고 있다. 이에 대한 기본적인 전제는 불멸의 참된 기독교 신앙은 십자가를 통해서만 받아들여질 수 있고 불신앙은 제거되어야 한다는 것이다. 이것은 뮌처가 츠비카우에서 에크

---

38) *MSB*, 504, 20-22.

라누스(Egranus)와 논쟁 중에 나온 그의 십자가 신비주의 사상이라고 볼 수 있다. 아브라함처럼 하나님께 선택된 자들은 그리스도가 고난받으신 것처럼 비참하게 버림받게 된다는 것이다.[39] 고난을 각오하는 것이야말로 올바른 신앙의 전제이다. 올바른 신앙이란 '말로만의 믿음'이 아닌 그리스도의 십자가 고통을 함께 지는 '행동하는 믿음'이다. 선택된 자들은 이 십자가의 고통을 통해 하나님의 성령을 받게 된다. 고난 속에서의 하나님 체험은 이성에 근거한 경험이 아니라 하나의 내적인 경험이다. 그 결과는 올바른 하나님의 심판의 설교가 나와야 한다는 것이다.

> 올바른 설교자들은 듣기 좋은 말이나 거짓말로 하나님의 말씀을 선포하지 않는다. 그들은 열정적이고도 진지하게 하나님의 말씀을 선포한다. 이와 반대로 날조된 신앙은 소문이나 인간의 책들로부터 유래한다. 그들은 하나님의 말씀을 사악한 도둑처럼 도적질하였다. 이러한 거짓되고 날조된 신앙은 참된 신앙을 가리운다. 그리고 가련하고 불쌍한 한탄스러운 기독교가 이것을 알지 못하는 한 아무도 그를 도울 수 없다.[40]

반대로 신앙을 날조한 사람들은 임박한 하나님의 심판의 말씀보다 꿀처럼 달콤한 그리스도를 선포한다. 꿀처럼 달콤한 그리스도가 선포되는 곳에서는 어떤 사람도 그리스도를 닮을 수 없다. 왜냐하면 고난의 그리스도를 원치 않은 사람은 꿀을 너무 먹어 죽게 되기 때문이다. 그것은 곧 고난의 회피요, 안락으로의 도피이다.

뮌처의 십자가 고난의 신학은 종교적-내적 경험의 권위로 집중된다. 성령을 받음으로써 절망적 상태에서 벗어나 진정한 내적인 믿음과 하나님과의 신비적인 일치를 경험하게 된다. 살아 있는 영에 의해 주어진 믿음, 즉 하나님 자신에 의해 인도받고 움직이는 믿음만이 실제적인

39) *MSB*, 219, 4f.

40) *MSB*, 221, 1-7.

하나님 경험의 토대가 될 수 있다. 이것이 곧 올바르고 참된 내적인 믿음이다.

(3) 저항 또는 제안(Protestation oder Erbietung)

1523년에 출판된 뮌처의 두 번째 책은《저항 또는 제안》이다. 뮌처는 이 저서에서 자신의 사상을 두 개의 주제, 즉 "올바른 기독교 신앙의 시작"과 "세례"라는 주제로 전개하고 있다. 뮌처는 한편으로 로마 가톨릭교회를 비판하고, 또 한편으로는 비텐베르크 사람들, 곧 루터 측을 비판하고 있다. 저항의 대상이 되는 사람들은 로마 가톨릭 사람들이다. 이들은 "고통과 책임 없이 하나님 앞에서 의롭게 됨을 약속한다." 이들은 "옛 집에 회칠하고 그것이 새 집이 된 것처럼 행동하는" 위선자들이라는 것이다.[41] 루터와 그의 측근들에게는 "믿음만이 우리를 의롭게 하고 행위는 그렇지 못하다고 설교한다면 아직도 멀었다"고 비판한다. 뮌처는 학자들에게도 실망하였다. 그들은 엄청난 불만을 가지고 있으면서 입을 열지 않는다. 왜냐하면 그들에게 말 한마디는 비싼 대가를 치러야 하기 때문이다. 이러한 절망감과 반대로 뮌처의 내부에서는 "신비적이고 올바른 믿음을 향한 욕구"가 일어났다.

> 나는 하나님과 피조물의 모든 위로를 잃은 채 어찌 할 바를 모르겠다. 하나님이 나의 양심이고, 나의 불신앙으로, 절망으로 그리고 저주로 나를 찌르는구나. 질병과 한탄과 가난과 모든 궁핍함이 외부에서 나를 엄습한다…내적 궁핍함은 외적 궁핍함보다 더 나를 압박하는구나.[42]

뮌처는 외적 궁핍함보다 신앙에 대한 내적 궁핍함을 더 절실히 느

---

41) *MSB*, 234, 20-22.

42) *MSB*, 237, 31-35.

겼다. 즉 타락한 기독교의 거짓된 믿음을 어떻게 바로잡느냐는 것이다.

세례에 관한 뮌처의 이해도 '내적인' 참된 믿음과 '외적인' 날조된 믿음과의 긴장 관계 속에서 움직이고 있다. 뮌처는 로마 가톨릭의 의식적인 세례는 "동물적 원숭이 놀음"에 불과하다고 비판하였다. 그에게 결정적으로 중요한 것은 세례 과정 자체였다. 그에게 중요한 것은 외적 상징인 '물'이 '성령'과 관련되는 것이다. 그는 세례에서 물과 성령이 작용한다고 생각하였다. "사람이 물과 성령으로 나지 아니하면 하나님의 나라에 들어갈 수 없느니라"(요한 3:5). 여기서 뮌처가 생각한 '물'은 움직이는 물로서 하나님에 의해 촉발된 영혼의 운동과정을 상징하는 것으로 이해하였다. 물은 "우리 영이 하나님의 영 안에서 운동하는 것을 상징한다".[43] 성령의 작용이 없는 세례는 외적 형식에 불과하며 따라서 아무 효과가 없다. 세례를 받는 동안 하나님을 통해 영혼이 감동되어야 한다. 세례의 의미는 바로 그런 영혼의 감동에 있다는 것이 뮌처의 생각이다.

영혼의 이러한 운동은 세례를 받을 때에만 주어지는 것이 아니라 인간이 하나님에게 사로잡힐 때 언제나 일어난다. 뮌처는 물이 성령의 작용을 상징하는 것으로 성경에는 많은 예증이 있음을 제시한다. 즉 가나의 혼인잔치, 게네사렛 호수를 걸으신 예수, 그리고 요나의 사건 등이 그것이다.[44]

뮌처는 재세례파 사람이 아니다. 단지 그는 신비주의적 기본 이해에서 결정적인 영향을 받았기 때문에 세례 행위는 그에게 하나의 영적 과정으로 이해되었다. 그러나 로마 가톨릭교회의 의식에 종속된 세례는 그 의식과 결합된 내적 감동을 불러일으킬 수 없다는 것이다.

43) Lohmann, *Zur geistigen Entwicklung Thomas Müntzers,* 46.

44) *MSB*, 228-229.

(4) 영주 설교(Auslegung des Unterschieds Danielis= Fürstenpredigt)

뮌처는 1524년 6월 13일 작센지방 알스테트 성(城)에서 고귀한 공작들과 영주들, 지도자들, 곧 요한 대공작과 그의 조카이자 선제후의 왕자인 요한 프리드리히(Johann Friedrich)와 두 명의 영주들 게오르그 브뤽(George Brück)과 한스 차이스(Hans Zeiß), 그리고 그 도시의 다른 고급 관리들 앞에서 다니엘서 2장을 본문으로 설교하였다. 이 설교는 뮌처가 영주들을 향해 그의 급진적, 혁명적 종교개혁에 동참해 줄 것을 촉구한 것으로 '영주 설교'(Fürstenpredigt)라고 불렀다. 뮌처는 설교를 듣는 영주들이 자신을 정치적으로 지원해 줄 것이라는 기대를 가지고 있었다. 뮌처는 이 설교로 정말 루터처럼 영주들의 도움을 받아 최후의 날에 종교개혁을 위한 투쟁을 할 수 있을지 아닐지를 알고 싶어 하였다.[45]

이 설교는 뮌처의 신학이 일관성 있게 제시되었고 지금까지 산만하게 흩어져 있던 종말론적 세계관과 신비주의적 세계관이 서로 긴밀하게 연합되어 나타난다.

먼저 뮌처는 그 당시 그리스도 교회가 타락하고 부패했다는 것을 지적하고 있다. 황폐한 상태의 초라한 그리스도의 교회, 약탈하는 늑대 같은 사제들, 게으르고 나태한 종교 지도자들인 이들은 열심을 다해 기독교 신앙을 지켜나가야 할 의무를 저버렸다. 그들은 예수 그리스도가 아닌 자신들의 관심사를 추구하였다.

> 그리스도는 미신적인 설교, 예배, 의식, 우상숭배에 해당하는 무모한 미사와 같은 가증한 것들에 의해 너무나도 억울하게 조롱당했습니다. 미신에 사로잡힌 이름뿐인 성직자와 거칠고 형편없이 제멋대로인 사람들이 어떻게 고결한 하나님의 심판을 이해할 수 있겠습니까? 그것은 죄, 수치, 비탄의 원인이 아니고 무엇이겠습니까?[46]

45) Hans-Jürgen Goertz, *Thomas Müntzer* (München: C. H. Beck Verlag, 1989), 105.

이 설교를 통해 뮌처는 성서의 기록에만 맞춰진 루터의 계시이해를 주로 비판하였다. 사도시대까지만 꿈과 환상이 계시되고 끝난 것으로 보고 있는데 지금도 하나님은 꿈과 환상을 통해 계시하시고 있으며 바로 자신을 통한 하나님의 계시는 이 시대를 혁명적으로 바꾸는 것이라는 확신에 차 있었다. 성서가 입증하듯이 서기관과 지혜자들은 꿈을 해몽할 수 없었고 다니엘만이 직접 하나님의 계시로 할 수 있었다.

다음으로 뮌처는 그의 종말론적 역사이해를 피력한다. 다니엘서에 나오는 '거대한 신상'에서 역사의 흐름이 제시된다. 지금은 어느 때인가? 알곡과 가라지를 분류할 종말의 때이다. 선민과 사악한 자들을 분리할 때이다. 다섯 번째 왕국인 철과 흙이 섞인 곧 다가올 멸망의 때이다. 세계사를 종결지으며 역사의 시간을 깨뜨릴 그리스도의 뜬 돌이 역사하실 시간이다. 뮌처는 영주들에게 시대의 징조를 올바르게 분별하고 앞으로의 싸움에서 선택된 자들의 편에 서도록 충고한다. 정치적-사회적 불안들, 종교적 불확실성, 교회의 부패, 이런 모든 것이 바로 도래하는 하나님 나라의 징조라는 것이다.[47] 이제 곧 일어날 큰 사건은 그리스도 나라의 도래이다. 뮌처는 자신을 이러한 사실을 영주들과 온 세상에 알리는 '새로운 다니엘'에 비유하였다.[48]

이 설교에서 뮌처는 영주들에게 종말론적 관점에서 그들의 역할을 일깨워 주려고 하였다. 이제 이 새로운 왕국의 건설에 특별한 방식으로 참여해야 할 이들이 바로 영주들인 것이다. 뮌처는 영주들이 정치적 힘을 하나님으로부터 부여받았는데 그 임무를 수행하지 않으면 하나님이 그들에게서 권세를 빼앗아 갈 수 있다고 강조한다.

> 따라서 검은 역시 불신앙을 제거하는 데 필요한 것입니다(로마 13장). 그러나 안전하게 하기 위해서 우리와 같이 그리스도를 고백한

---

46) *MSB*, 245, 16-22.

47) Klaus Ebert, *Thomas Müntzer,* 139.

48) *MSB*, 257, 19.

> 존경하는 사제들과 군주들은 정정당당하고 예의바른 태도로 이제 계속 수행해야 합니다. 그러나 만약 그들이 이것을 수행하지 않으면(사악한 자들을 제거하지 않으면 - 필자 주) 검은 그들로부터 빼앗길 것입니다(다니 7장). 왜냐하면 그들은 말로는 고백하고 행동으로는 부정하기 때문입니다.…엘리야가 바알의 사제들을 멸망시킨 것처럼(왕상 18장) 무자비하게 사악한 자들을 없애야 합니다. 그렇지 않으면 그리스도의 교회는 결코 원래의 모습으로 돌아갈 수 없습니다. 가라지들은 추수 때에 하나님의 포도원에서 뽑아내야 합니다. 그래야 좋은 밀이 굳은 뿌리를 내려 잘 자라게 될 것입니다(마태 13장). 그러나 추수할 낫을 날카롭게 간 천사들은 하나님의 말씀을 열심히 수행하는 하나님의 정직한 종들입니다.[49]

뮌처가 본 사악한 자들이란 누구인가? 그들은 사제들과 수도사들로서 죽어 마땅하다. 그 이유는 "우리에게 거룩한 복음을 이단으로 비난하고 제일 잘 믿는 신자인 것처럼 하기 때문이다".[50]

결과적으로 뮌처는 설교로 영주들을 설득할 수 없었다. 영주들은 뮌처의 '성령신학'을 루터의 '말씀의 신학'보다 더 높이 평가하지 않았고 뮌처가 새로운 다니엘로서 폭력에 의한 체제 변혁을 시도하는 것에 동의할 수 없었다.

(5) 명백한 폭로(Ausgedrückte Entblössung)

'영주의 설교' 후 뮌처는 영주들의 지지를 절대적으로 기대할 수 없음을 깨달았다. 오히려 그는 이제 사악한 자들에게 대항하는 싸움을 민중에게 걸 수밖에 없었다. 이러한 상황을 고려하여 신학 저술인《명백한 폭로》를 두 권으로 출판하였다. 제1권은 뉘른베르크에서 출판되었

---

49) *MSB*, 261, 14-262, 4.

50) *MSB*, 262, 16.

지만 인쇄 장소를 뮐하우젠으로 명시한 완전판이었으며(A), 제2권은 요약판이었는데(B), 이는 바이마르 심문에 제시하기 위한 것으로《누가복음의 증거》라는 제목으로 출판되었다. '영주 설교'에서는 역사 과정에 대한 뮌처의 견해가 들어 있는데 이 책에는 그의 신앙론이 기록되어 있다.

뮌처가 먼저 요약판을 쓰고 루터와 대립 과정에서 그것을 다시 한 번 수정했는지 아니면 처음부터 두 권—하나는 심문을 위해 또 하나는 출판을 위해—을 준비했는지는 확실하지 않다. A와 B의 제목을 비교해 보면 어쨌든 논쟁의 강도가 다르다. 바이마르 심문을 위해 쓴 책에서는 아무런 악의를 찾아 볼 수 없다.

> 토마스 뮌처를 통해 전 기독교계에 제시된 누가복음 1장의 증거-구멍을 더 크게 뚫어라. 그래서 모든 사람들이 그것을 보게 하라.

이와는 반대로 뉘른베르크 판의 제목은 다음과 같다.

> 가련하고 불쌍한 기독교계에 그 오류를 지적하기 위해 제출된 누가복음 1장의 증거를 통한 거짓 신앙의 폭로. 에스겔서 8장에서 사랑하는 동지들이여, 구멍을 더 크게 뚫어 온 세상이 그것을 보고 깨닫게 합시다. 하나님을 모독하여 보잘것없는 인간으로 날조시킨 그 모든 사람들이 볼 수 있도록 말입니다. 예레미야 23장. 망치를 든 토마스 뮌처. 뮐하우젠 1524.[51]

이와 같이 A판(뉘른베르크 판)은 이미 그 제목에서부터 전투적인 용어를 쓰고 있다. 이 전투적인 용어는 다음과 같은 요구들에 의해 더욱 강도를 더하게 되었다.

---

51) *MSB*, 265.

그들은 싸우고자 한다. 놀라운 승리로 인해 하나님을 멸시하는 그 강한 군주들이 몰락한다.

뮌처는 드디어 '종말론적 마지막 전투'를 시작할 때가 되었음을 확신했다. 뮌처를 조심하라는 루터의 경고는 뮌처가 볼 때 기독교계를 '공포에 떨게' 하려는 최후의 절망적인 시도였다. 그러나 도처에서 반발이 일어났다. 따라서 거부감이 더 커지기 전에 그리스도의 다스림을 보여줌으로써 예방조치를 취해야 할 절대적인 필요가 있었다. 그리스도의 통치는 오늘날 그리스도의 성령의 가르침을 따라 성서를 해석함으로써 보일 수 있다. 이러한 성서의 해석이 신앙의 기초를 형성한다. 그러나 무엇보다 먼저 참된 신앙의 길이 열리게 하기 위해 거짓된 신앙이 비판되어야 한다. 따라서 날조된 신앙에 대한 비판은 뮌처 논쟁의 출발점이 되었다.[52]

뮌처가 주장하는 것은 먼저 인간은 그의 "날조된 믿음을 떨쳐 버리고 하나님을 두려워하는 믿음을 가져야 한다"는 것이다. 하나님에 대한 두려움은 인간을 세상에 대한 두려움에서 해방시키며 새로운 참된 믿음의 기초를 제공해 준다. "하나님께 대한 두려움"이 하나님께 이르는 길을 열어 보여준다. 이러한 경험은 날조된 신앙을 가지고 있는 율법학자들에 의해 왜곡되어 있다는 것이다. 그러나 "하나님에 대한 두려움"은 구멍을 넓게 만들어 진리가 드러나게 한다. "하나님을 두려워 하는" 정신을 가지는 사람만이 선택된 자들에게 속한다. 하나님에 대한 두려움은 선택된 자들과 저주받은 자들을 구별하는 기준이다.[53]

이 두 권의 책들에서 뮌처의 주된 관심사는 신학적인 것이었다. 그는 거짓 믿음을 경고하고 "하나님을 두려워 하는 참된 영"을 가르치고 있다. "하나님에 대한 두려움"은 뮌처에게 있어서 "내적 길의 기초"였다. 외적 길 곧 성서의 문자를 통한 하나님 인식은 하나님 체험의 내적

52) Klaus Ebert, *Thomas Müntzer,* 153.

53) Ibid., 158.

길을 방해한다. 뮌처는 내적인 믿음 체험과 무관하게 단지 말씀을 들음으로써 실현되는 계시를 생각할 수 없었다. 이런 이유로 뮌처는 루터와 루터의 비텐베르크 추종자들의 성서이해에 대해 결사적으로 반대하였다. 루터의 말씀의 신학에 대한 뮌처의 비판은 그의 사회적 비판과 결부되어 있다. 그는 율법학자들은 가난한 사람이 군주들에 의해 학대받고 착취 당하는 것이 당연하다고 설교하는 것을 비판하였고 또 영주들이 민중의 믿음을 억압하고 있다고 비판하였다.

'영주 설교'에서는 당국이 마지막 싸움에서 선택된 자들의 편에 서기 위해 하나님으로부터 칼을 부여받았다고 언급되어 있는데 반하여 여기서는 전혀 다른 역할을 한다: 하나님께서 자기 백성의 불순종을 인하여 영주들을 형벌에 처하였다: "하나님이 진노하여 영주들을 세상에 넘겨주셨다. 하나님이 진노하여 그들을 다시 취하실 것이다." 민중은 이제 스스로 종말론적 싸움에서 주인공이 된다. 뮌처는 여기에 기대를 걸고 있었다. "따라서 너 눌린 자여 더 이상 미혹되지 않게 너 스스로 배워야 한다. 이를 위해 그리스도의 영이 너를 도울 것이다. 우리의 학자들은 이 그리스도의 영을 비웃어 멸망하게 될 것이다."[54] 이제 뮌처가 "새로운 세례 요한"으로서 민중들에게 "하나님을 두려워하는 영"을 가르치기 때문에 기독교의 부활도 시작될 것이라고 보았다.

(6) 변론서(Hochverursachte Schutzrede, 변명과 논박)

이 변론서는 루터가 뮌처의 선동에 두려움을 느껴 작센의 관청과 제후들에게 그의 선동적 망령을 제지하도록 촉구하는 데[55] 대한 반동으로 쓴 것이다. 뮌처의 반박은 서두에서부터 루터가 안일한 삶만 추구하는 영의 사람이 아닌 육적인 사람이라고 꼬집고 있다.[56] 뮌처는 루터만

---

54) *MSB*, 270, 21.

55) *WA* 15, 199-200.

56) *MSB*, 322, 1f.

지지하는 영주들에게 불만이 가득하였다. 그는 루터의 종교개혁은 기독교의 갱신이라기보다는 오히려 '군주적 개혁'이었다고 비난하였다. 뮌처가 비난한 그 당시 영주들은 어떤 사람들이었는가? "영주들은 고리대금업자요, 도둑이요, 강도들이다. 강의 물고기, 공중의 새들, 땅의 모든 산물을 자기들 것으로 만들고 가난한 자, 농부, 수공업자들을 가죽을 벗기고 학대하고 억압하는 자들이다." "그런데 이들 반란의 요인을 제거하지 않으면 어떻게 견딜 것인가"[57]라고 뮌처는 반문하고 있다. 여기서 뮌처는 농민들의 12개 조항을 상기시켜주고 있다. 뮌처의 주장은 "영주는 검의 주인이 아니라 오히려 검의 종이어야 한다"는 것이다.

다음으로 뮌처는 루터를 직접 공격하고 있다. 뮌처는 영주에게 협력하여 영주 편만 드는 루터를 비난하고 있다. 그는 루터를 "음험한 까마귀",[58] "비텐베르크의 교황", "새로운 교황", "사기꾼 박사", "음흉한 여우" 등으로 몰아붙이고 루터가 "올바른 말씀을 거부하고 단지 거짓된 가르침을 세상에 유포함으로 왕마귀(王魔鬼)가 되고 있으며…기독교를 거짓된 신앙으로 이끌고 있다"[59]고 논박하였다. 따라서 루터에 의해 시작된 종교개혁의 임무를 뮌처 자신이 목표한 대로 수행해 나가야 한다고 보았다. 마지막으로 뮌처는 루터에게 다음과 같이 경고한다.

> 그러므로 당신은 사로잡힌 여우 신세가 될 것이요, 민중은 자유하게 될 것이며 하나님만이 그 위에 주인이 될 것이다.[60]

2) 뮌처의 종교개혁 사상

우리는 토마스 뮌처의 사상을 그의 저서와 종교개혁 운동과 농민전

---

57) *MSB*, 329, 18-29.

58) 창세기 8장 7절에 나오는 이야기로 노아가 방주에서 까마귀를 날려 보냈으나 다시 돌아오지 않고 "시체"에 머물렀지만 비둘기는 구원의 땅을 알려 주었는데 자기(뮌처)는 비둘기와 같다고 생각하였다.

59) *MSB*, 339, 10 und 340, 17.

60) *MSB*, 343, 12.

쟁에 나타난 언행에서 파악할 수 있다. 그에게는 정통 개신교 사상과 다른 특이한 사상이 몇 가지 있다.

(1) 십자가 신비주의

뮌처는 중세 신비주의자 요한 타울러(1300-1361년)의 영향으로 신비주의 신학을 강조하였다. 뮌처는 먼저 신비주의적 신 인식론(神認識論)을 펼친다. 그는 신 인식론에 있어서 참된 믿음의 필요성을 강조하고 참된 믿음의 전제 조건으로 "하나님에 대한 두려움"을 내세운다. 하나님께 대한 두려움이 하나님에 대한 인식의 시초라고 보았다. 여기서 뮌처는 그의 신비주의적 신학을 제시하고 있다.[61] 하나님을 두려워하는 것 이외의 어떤 다른 인식 방법으로는 하나님께 이를 수 없다는 것이다. 날조된 믿음을 가지고는 하나님을 참으로 인식할 수 없다. 뮌처는 하나님을 두려워하는 참된 영(성령)에 의한 신비적 내적 체험이 진리에 이르고 하나님에게 이르는 길이라고 여겼다. "하나님을 두려워하는 영"을 가진 사람만이 선택된 자라고 보았다. 선택된 자들과 저주받은 자들의 구분의 시금석은 "하나님에 대한 두려운 영"을 가지고 있느냐 없느냐에 달려 있다는 것이다.

뮌처는 구원론에 있어서 십자가 신비주의를 강조한다. 뮌처도 루터처럼 그리스도의 십자가를 희생(*sacramentum*)과 모범(*exemplum*)으로 이해하였다. 뮌처 역시 구원받기 위해서는 신도들이 그리스도의 고난에 동참할 것을 촉구하였다. 뮌처는 그의 고향 스톨베르크에 있는 믿음의 형제들에게 보내는 편지에서 "이 세상에서 지옥을 경험하려고 하지 않는 자는 영원한 생명도, 영원의 날도 주어지지 않는다"고 하였다.[62] 그는 신앙을 위해 고난을 감수하도록 촉구한다.

61) Klaus Ebert, *Thomas Müntzer*, 56-61.

62) *MSB*, 22, 9.

누구든지 자기의 지옥을 잘 인내하지 않으려고 하는 자는 이(齒)를 가는 고난이 따르리라… 영적으로 가난하지 않으면 그리스도의 통치가 이루어지지 않는다.[63]

죽어서 지옥의 고난을 피하기 위해서는 현세에서 지옥의 고난을 겪어야 한다는 것이다. 하나님으로부터 선택받은 자들과 저주받은 자들의 다른 반응은 곧 고난의 수용 여부이다. 선택받은 자들은 하나님이 주신 고난을 교육과 훈련으로 이해하나, 저주받은 자들은 이 고난을 피하고 자신의 육욕만 추구한다는 것이다. 이처럼 '고난'은 뮌처에게 있어서 구원의 필수 조건이었다. 즉 그리스도인이 겪는 고난은 하나님이 주시는 하나의 구원 과정이다. 구원과 축복은 고난이지만 신앙의 시련과 죽음을 통해 이루어진다.[64] 뮌처는 그리스도가 우리의 고난을 풀어주기 위해 오셨다고 믿는 것은 잘못된 달콤한 생각이라고 주장하고 오히려 그리스도가 우리를 위해 고난 당하셨다는 것은 신앙으로 우리의 영혼이 가난해지는 것이라 보았다. 즉 그리스도의 고난은 우리를 육욕과 모든 이기적 욕망에서 신앙적 고난으로 옮기는 것이다. 우리의 의지에서 하나님의 의지로, 우리의 만족과 쾌락에서 십자가의 고난으로 옮기게 한다.

그리하여 뮌처는 루터가 '달콤한 그리스도'(*süßen Christus*)와 '달콤한 말씀'이나 '용서하는 그리스도'만을 증거한다고 신랄하게 비난하고 거기에 반대되는 '심판의 말씀'과 '쓰라린 그리스도'(*bitteren Christus*)에 대해 설교할 것을 강조한다. 뮌처는 '쓰라린 그리스도' 대신 루터처럼 육적인 세상의 요구대로 '달콤한 그리스도'를 설교하는 것은 그리스도의 양들에게 독(毒)을 먹이는 것과 같다고 비난하였다. 그러므로 선택된 '하나님의 친구들'은 그리스도와 같은 고난을 당함으로 그리스도처럼 되어야 하고 자신들의 피조성(被造性)과 가멸성(可滅性)을 극복하

63) *MSB*, 22, 14-16 und 22f.

64) *MSB*, 473, 6.

며 나아가 타락하고 가련하고 몰락한 교회를 개혁해야 한다.[65] 뮌처는 루터를 달콤한 그리스도를 외치는 설교가로 비판했으며 자신은 고통당하는 그리스도를 전하는 자로 생각하였다.

뮌처에 의하면 그리스도의 고난을 이해하기 위해서 신자는 스스로 그리스도의 고난 속으로 들어가야 하고 쓰라린 그리스도의 십자가를 직접 짊어져야 한다. 단순히 입으로 그리스도를 시인하는 것만으로 부족하다. 십자가의 고난을 체험하지 않는 자는 하나님과 일치를 가져올 수 없고 성령을 받을 수 없다. 뮌처는 루터의 '오직 믿음으로'(*Sola fide*)의 구원에 반대하여 '믿음의 경험'(*Experimentia fidei*)을 주장한다. 뮌처의 생애는 방랑과 핍박과 추방과 고난의 연속이었다. 그는 구원을 얻는 데 있어서 외적인 물세례보다 내적인 성령세례를 강조하였고 의식에 의한 세례의 무익성을 주장하였다. 그가 유아세례를 반대한 것도 이것이 그리스도에 의해 시행되지 않았다는 것과 또 유아세례는 고난이 경험되지 않고 스스로의 신앙적 결단이 없는 것으로 보았기 때문이다. 뮌처에게서 하나님과 인간과의 관계는 외적인 물세례가 아닌 내적 세례, 곧 십자가의 고난이 하나님께 나아가는 길이라고 보았다. 따라서 고난과 성령으로 거듭나지 않으면 하나님의 나라에 들어가지 못한다는 것이 뮌처의 생각이다.

뮌처의 주장은 성령을 받기 위해서는 그리스도와 같은 고난을 당하는 것이 필수적이라는 것이다. 고난이 전제되지 않은 성령 체험은 있을 수 없다. 바꾸어 말하면 성령을 받는 전제 조건이 곧 자신의 십자가 고난이다. 고난을 경험하지 않으면 성령의 조명을 얻지 못한다. 그리스도의 인간 되심, 곧 하나님의 자기비하(自己卑下)는 한편으로 그리스도의 구원 행위요, 또 한편으로 참된 신앙을 위한 우리의 모범이다. 따라서 그리스도의 인간되심은 구원의 사건이요, 인간의 신비적 신격화이다(mystische Vergottung des Menschen). 인간의 신격화는 고난을 통해

---

65) *MSB*, 227, 6:226, 17.

그리스도를 닮거나 더 나아가 '그리스도처럼 되는 인간'의 길이다. 뮌처의 십자가 신비주의는 고난을 통해서 최종적으로 그리스도와 똑같이 됨(Gleichförmmigkeit)을 제시한다. 그러나 신비적 체험으로 그리스도와 똑같이 된 사람에게는 하나의 임무가 있다. 그것은 이 땅에 그리스도의 나라 건설에 동참해야 하는 것이다. 먼저 십자가 고난의 경험을 통해 내적 혁명(변화)이 이루어진 후 외적-사회적 개혁을 실시하고 더 나아가 정치적 혁명까지 발전해 나간다. 그러므로 "뮌처의 신학은 혁명을 배제하지 않고 오히려 혁명을 촉구한다"[66]고 볼 수 있다. 따라서 뮌처에 의하면 참된 신앙을 방해하는 모든 외부적 세력들은 제거되어야 한다는 것이다.

(2) 성령주의와 선민사상

뮌처는 성령주의자였다. 뮌처 신학의 두드러진 현상은 신학적-이원론적 대립 관계인 '성령과 성서와의 반대 명제'이다. 즉 내적인 말씀과 외적인 말씀과의 관계를 변증법적 대립으로 내세운다는 것이다.[67] 그가 루터를 공격한 것은 성령을 중요하게 생각하지 않고 성서만 중요하게 보았기 때문이었다. 뮌처는 하나님은 과거에, 오직 한 번만 성서를 통해서 인간에게 말씀하시고 그 후로는 침묵하고 있다고 보지 않았다. 하나님은 어느 때나 말씀하시며 자기의 십자가를 지고 말씀을 들을 수 있도록 준비된 사람들의 마음과 그 영혼에게 말한다고 생각하였다. 뮌처는 '성령과 성서의 반명제'에 대한 성서적 근거를 사도 바울의 말에서 찾고 그것을 "성령신학"의 주장에 자주 인용한다.[68]

> 너희는 우리로 말미암아 나타난 그리스도의 편지니 이는 먹으로 쓴

---

66) Thomas Nipperdey, *Reformation, Revolution, Utopie,* 60.

67) Ibid., 40-41.

68) *MSB*, 492, 5f; 498, 13f; 325, 24f; 331, 4f; 331, 22f; 441, 34f.

것이 아니요 오직 살아 계신 하나님의 영으로 한 것이며 또 돌비에 쓴 것이 아니요 오직 육의 심비(心碑)에 한 것이라…저가 또 우리로 새 언약의 일꾼되기에 만족케 하셨으니 의문(儀文)으로 하지 아니하고 오직 영으로 함이니 의문은 죽이는 것이요 영은 살리는 것임이니라(고후 3:3, 6).

뮌처뿐만 아니라 열광주의자들이 강조하는 하나님의 말씀은 내적인 말씀, 곧 성령을 통해 말씀하시는 하나님의 현존의 말씀이지 외적인 말, 곧 먹으로 쓴 성서 같은 것은 아니었다. 이들은 하나님의 성령은 매순간 개인 안에서 역사하고 매일의 생활 가운데서도 말씀하실 수 있다고 보았다: "어떤 사람이 살아 생전에 성서를 읽지도 듣지도 못했다 할지라도 그는 성령을 통해 기독교적 신앙을 가질 수 있다"[69]는 것이다.

뮌처는 로마교회의 형식적인 성례전을 비난하여 눈에 보이는 외적 세례 의식은 중요하지 않으며 성령의 세례가 참 세례라고 강조하였다. 성령의 세례야말로 하나님이 인간에게 오시는 확실한 방법이라고 하였다. 성령을 받아야만 세례를 받을 자격이 있다고 본 것이다. 이처럼 뮌처는 성서나 성례전이 아닌 믿는 자의 마음속에 역사하시는 성령을 기독교인의 신앙과 실행의 궁극적 권위로 인정한 것이다. 그러므로 뮌처는 성령 체험과 개인의 결단이 없는 유아세례를 거부하였다. 그는 비전이나 꿈이나 환상적 말씀 혹은 영감 받은 주석(註釋)을 통하여 성령으로부터 직접 계시 받는 은사(恩賜)를 중요하게 여겼다. 뮌처와 열광주의자들은 '참된 교회'를 성령받은 신자들의 영적인 공동체로 인정하였다. 이 영적 공동체는 성령받은 자들로 구성된다. 따라서 성령의 세례 없이는 영적인 공동체에 들어갈 수 없다는 것이다.

뮌처와 그 동조자들은 자신들을 하나님으로부터 선택받은 자들이라고 보았다. 그것은 이들이 성령을 받았기 때문이라는 것이다. 성령세례 받은 자만이 하나님의 참된 선택받은 자라고 인정하였다.

---

69) *MSB*, 277, 25-278, 4.

로마교회는 어떤 개인에게도 의인(義認)에 관해서 아무런 확신을 주지 못했다. 그러나 루터는 의인의 확신을 주었지만 선택에 대한 확신은 주지 못했다. 반면에 칼빈은 의인뿐만 아니라 선택의 확신까지도 주었다. 여기에 뮌처와 추종자들은 선택된 집단 안에서 다시 선택된 자들이라고 확신하였다.[70]

뮌처는 하나님이 이 선택된 자들을 통해서 일하신다고 보았음으로 '선민연맹'을 결성하여, 혁명을 통하여 지상 천년왕국을 건설하려고 시도한 것이다.

(3) 천년왕국적 종말론과 예언자적 자의식

뮌처는 요하킴(Joachim von Fiore, 1130/35-1202)과 보헤미아의 타보르파의 천년왕국 사상을 도입해 그의 시대와 역사를 이해하였다. 뮌처 신학의 주된 목적은 이 세계의 기독교화였다. 세계를 기독교화 시키겠다는 구상 자체가 하나의 혁명적 사건이다. 이러한 사명을 수행하기 위한 추진력을 뮌처는 요하킴의 천년왕국적 비전에서 찾았다.[71] 하나님

---

70) Paul Tillich, *A History of Christian Thought* (New York and Evanston: Harper & Row Publishers, 1968), 239-240.

71) 좁은 의미의 천년왕국주의는 기독교 종말론의 한 변형이다. 천년왕국은 역사의 종말이 오기 직전에 선택받은 의롭고 선한 사람들에게 주어지는 지상낙원이다. 그러나 넓은 의미의 천년왕국주의는 단순히 기독교적 의미로 제한된 개념이 아니라 현실사회의 근본적 변혁을 열망하는 혁명주의를 내포한다. 이에 대한 신학적 해석은 다음과 같이 세 가지로 나뉘어 논의된다. 하나는 전천년왕국설이고 다른 하나는 후천년왕국설이며 끝으로 무천년왕국설이다. 전천년왕국설은 천년왕국이 세워지기 전, 그리스도가 먼저 재림하고 죽은 그리스도인들이 부활하고 난 후에 천년왕국이 시작된다는 입장이다. 후천년왕국설은 천년왕국이 세워진 후 그리스도의 재림과 죽은 자들의 부활이 있게 된다는 입장이다. 무천년왕국설은 천년왕국은 실제로 존재하지 않은 하나의 상징으로서, 그리스도가 재림하기 전까지 성령이 역사하고 있는 현재 교회역사 시대라고 보는 입장이다.

의 나라로서 천년왕국을 이 세상에 건설하는 것이 뮌처의 목표였다. 특히 요하킴의 삼시대론(Drei-Zeitalter-Theorie)[72]에 따라 뮌처는 근본적으로 그의 시대를 성령에 의해 지배되는 종말의 시대로 보았다. 뮌처에 의하면 그의 시대는 마지막 추수의 때로 은혜와 동정의 때가 아니라 심판의 때요, 피를 보는 복수의 때라는 것이다. 그는 종말의 징조로 타락한 교회와 그에 따른 사악한 사제들의 우상숭배 행위를 들고 있다. 더 나아가 이교도인 터키의 침공과 농민들의 봉기를 하나님의 심판의 징조로 보았다. 뮌처는 또한 영주들 앞에서 행한 다니엘서 2장의 주석 설교에서 그의 시대를 철과 흙이 뒤섞인(교회와 국가의 권력 야합), 마지막 시대로 보았고 하나님의 심판 후 안식의 나라로서 그리스도와 선민들이 다스리는 천년왕국이 도래할 것을 믿었다. 뮌처는 이 설교에서 사제들과 모든 사악한 성직자들을 뱀이라고 비난하였고 세상 통치자들을 독사라고 비난하며 이들은 하나님 나라의 건설을 위해 반드시 제거되어야 한다고 주장하였다. "사악한 자들은 살 권리가 없다"[73]는 것이 뮌처의 전투적인 표어였다. 그 이유는 종말론적인 분류, 곧 하나님의 분노의 심판 때가 시작되면 사악한 자들은 살 기회가 없다고 보았기 때문이다.

뮌처는 약한 민중에 대해 착취와 탄압이 심한 현존의 교회 당국과 세속 정부에 적의를 품었고 이들은 반드시 무너져야 한다고 보았다. 그 이유는 현존의 모든 체제에는 자유와 평등이 없다고 보았기 때문이다. 그러나 뮌처는 초대교회적이고 공동분배적인 그리스도의 천년왕국이 오면 모든 계급과 빈부의 격차가 없어지고 자유와 민주적인 평등만이 있다고 하였다. 그러므로 그는 신부와 감독, 영주나 귀족 등 중세의 신분제도는 사라져야 한다고 주장하였다. 그는 천년왕국의 상태는 초대교회의 교인들이 공동으로 생산하고 필요에 따라 공동으로 분배한 것과

72) 요하킴은 역사의 시대를 성부, 성자, 성령의 삼위일체에 상응하게 세 부분으로 나누었고 서기 1260년부터 성령이 다스리는 제3시대로 보았다.

73) *MSB*, 259, 14; 262, 32.

같은 것으로 보았다. 트뢸치(Ernst Troeltsch, 1865-1923)는 "뮌처는 처음부터 성령과 신비주의에 감화된 선민들의 공동체를 조직할 것을 구상하였고 더 나아가 그것을 공동분배적 사회 형태로 확대시키려 했다"고 주장하였다.[74] 따라서 뮌처는 천년왕국이 더디 온다면 선택받은 자들이 강제로라도 기독교 원리에 입각하여 사회 변혁을 통해 천년왕국을 건설해야 한다고 역설하였다. 그리하여 지상에 하나님의 나라 건설을 꿈 꾸었다. 뮌처에게 있어서 하나님은 내세적-초월적 하나님이 아니라 현세적-내재적 하나님이다. 하나님은 수백만 마일의 먼 거리에 계신 것이 아니라 인간의 마음 속에서 만나시고 마음의 심연(深淵)에 계실[75] 뿐 아니라 이 세상에 가까이 계시는 분이시다. 또 하나님의 나라는 하늘에 있는 왕국이 아니라 인간의 영혼 속에 그리고 이 세상의 삶 속에 실현되는 지상의 나라이다. 뮌처는 이 세상에서 하나님의 나라 건설을 위해 하나님께서 그를 종말의 마지막 예언자로 선택했다고 믿었다.

뮌처는 묵시론적 하나님의 심판이 곧 임박했음을 영주들에게 강조하고 이 세상에 하나님 나라 건설을 위한 자신의 종교혁명을 지지해 줄 것을 촉구하였다. 만약 이 시대의 경고를 무시하면 영주인 그들 역시 사악한 자들처럼 제거되어야 한다는 것이다. 뮌처는 그 자신을 이 시대의 하나님의 예언자인 '제2의 다니엘'로 의식하였고 마지막 시대에 잡초(사악한 자)를 제거하고 알곡(선민)을 모으는 것을 임무로 생각하였다: "추수의 때가 왔다. 그리하여 하나님이 그의 추수에 나를 세(貰) 내었다. 그래서 나는 긴 낫을 날카롭게 갈았다."[76]

---

74) Ernst Troeltsch, *Die Soziallehren der christlichen Kirchen und Gruppen*, erster Band, 878.

75) *MSB*, 237, 7f.

76) *MSB*, 504, 18.

(4) 신정정치(Theokratie)와 신의 예언(Theomantie)

신정정치란 신탁(神託) 또는 신의 계시에 의한 정치를 말한다. 따라서 신의 영감이나 계시를 받은 자가 신의 뜻을 따라, 신을 대신하여 이 세상을 다스린다는 뜻이다. 고대 이스라엘 신정정치는 주로 토지와 혈통과 연관되었다. 또한 야훼 하나님과의 언약 관계에서 이루어졌다. 로마 가톨릭교회의 신정정치는 성례전에 기초하였다. 하지만 뮌처는 새로운 변화를 시도하였는데, 그것은 개인적 예정에 근거한 것이다. 이 개인적 예정이란 성령의 체험으로 거듭난 자를 의미한다. 그는 토지와 혈통 그리고 성례전은 눈에 보이고 만질 수 있는 현실적인 것이지만 성령의 역사는 하나님의 내적인 계시를 말한다.[77] 뮌처가 그의 신학을 사회에 적용시키려고 시도한 것은 하나님의 영감을 통한 예언을 현실 세계에 적용시키는 신정정치의 실현이었다. 하나님과 인간 사이의 의사 소통을 조절하는 구원의 과정, 즉 내적 질서에 초점을 맞춘 뮌처의 사상은 자연스럽게 외적 질서에 대한 사회적-정치적 관심으로 이어진다. 뮌처에게 성령과 믿음은 가시적이고 행위들을 통해 겉으로 드러나게 되는데 이러한 믿음은 강력한 그리스도인으로서의 행동을 낳게 한다. 그것은 의인이 된 결과로서 나타나는 성화이다. 성화는 완성된 내적 혁명으로부터 나오는 급진적 변혁이다. 생활의 성화는 개인적 영역에 한정되지 않는다. 그것은 사회적, 정치적 관계까지 포함한다. 따라서 뮌처가 생각한 종교개혁은 인간의 내적이고 영적인 개혁이 우선하고 그 다음으로 사회적-정치적 개혁이 따라야 하는 것이었다. 개인의 변화가 곧 교회의 변화, 당국의 변화, 사회의 변화를 가져오는 것이라고 보았다.[78] 뮌처의 사적-정치적 혁명은 모든 분야에서 기독교적 삶의 형태를 실현해 나가고자 하는 소망의 결과이다. 그것은 이 세계의 기독교화이다. 기독

---

77) Roland H. Bainton, *The Reformation of Sixteenth Century* (Boston: The Beacon Press, 1965), 66-67.

78) Hans Jürgen Goertz, *Thomas Müntzer,* 168.

교인의 생활 형성이 곧 기독교 세계의 형성인 것이다.

뮌처는 하나님에 의해 선택된 선민, 곧 성령의 체험을 얻은 자를 성자(聖者)라 하여 이 성자들이 이 세상의 불경건하고 사악한 자들을 다스려야 한다고 믿었다. 뮌처는 이들 성자에게 하나님의 계시가 주어지고 천년왕국은 이들 성자(선민)들에 의해서 통치된다고 확신하였다. 또 그 자신은 하나님으로부터 비전과 환상으로 영감받고 계시받은 마지막 예언자라고 주장하였다.

그러나 루터는 뮌처의 신정정치 모든 개념을 거부하였다. 왜냐하면 뮌처가 주장하는 성자에 의한 통치보다는 인간의 악한 성질을 변화시킬 설교와 교육의 능력 그리고 도덕적 설득의 능력을 믿었기 때문이다.[79] 뮌처의 사상은 신비주의적 색채가 짙어 하나님의 직접적인 계시를 유일지고(唯一之高)의 종교적 체험으로 삼고 있다.

(5) 행동주의적 혁명사상

뮌처는 지상 천년왕국 사상에서 모든 사람은 평등하다는 결론을 얻었다. 그런데 현존의 사회-정치체제는 여전히 농민과 민중을 착취하고 억압하며 기독교의 복음을 저해함으로 하나님의 이름을 욕되게 하고 있다고 보았다. 따라서 그는 하나님의 뜻에 위배되는 착취자들과 사악한 자들을 모두 죽여야 하고 온전한 자유와 평등만이 존재하는 사회를 건설해야 한다고 선동하였다. 그래서 뮌처는 피비린내 나는 혁명을 통해서라도 하나님 나라의 승리를 쟁취해야 한다고 보았고 무력 사용도 서슴지 않았다. 여기서 뮌처의 행동주의적 혁명의지와 마키아벨리의 정치사상을 볼 수 있다. 그리하여 사람들은 뮌처를 사회혁명을 위해 부름받은 사도(使徒)요, 사회주의 혁명가로 보고 있다. 뮌처는 역사의 수동자가 아니라 주동자였다. 그는 역사의 진행 과정이 홀로 하나님의 예정된 진로에 따라 움직인다고 보는 순수 운명론자가 아니라 혁명에 의해

79) Phillip Schaff, *History of the Christian Church,* Vol. VII., 445.

이 세상 역사를 바꿀 수 있다고 보는 혁명의 투사였다. 혁명이 아니고는 타락한 교회와 사회를 완전히 개혁할 수 없다는 것이 그의 결론이었다. 하나님의 정의의 나라를 지상에 실현시키는 것은 성령에 인도되고 임무를 부여받은 선민들의 무력 투쟁뿐이다. 즉 기독교의 복음 수호를 위해 검이 필요하다는 것이다. 그러므로 츠비카우 시대 이후부터 뮌처가 추진했던 종교개혁은 "아래로부터" 또는 "민중에 의한" 교회 개혁과 사회 개혁이었다: "민중에 대해 나는 절망하지 않는다."[80] 이 말과 함께 뮌처는 사악한 사제들과는 대조적인 민중을 새로운 교회와 체제를 이룩할 가능성이 있는 집단으로 보았다. 이들 민중이 뮌처에게는 혁명의 주체였다. 구속사에서의 중심적인 역할을 이제 민중이 떠맡게 되었다.

그러면 이 같은 뮌처의 혁명사상은 어디서 유래한 것인가? 트뢸치는 뮌처의 종교혁명 사상이 타울러의 신비주의와 요하킴의 종말론 그리고 보헤미아 후스파의 혁명론이라고 분석하였다.[81] 브레히트(Martin Brecht)는 "뮌처는 과격한 루터의 추종자요, 중세 후기 신비주의에 사로잡힌 자요, 보헤미아-타보르파의 사상을 이어받은 묵시론적 역사관을 가진 자, 거기에 민중종교 개혁가로서 맑스주의적 사상을 가진 자"로 보았다.[82] 뮌처는 타울러로부터 하나님과 직접 교통할 수 있는 신 인식 방법을 배웠고 전쟁과 흑사병으로 세상의 종말이 가까웠다는 요하킴의 임박한 종말론을 받아들였으며 여기에 그 자신이 보헤미아의 프라그(프라하의 옛 이름) 등지에서 직접 경험한 혁명사상을 종합한 것이다.

(6) 세속 권위와 저항권에 대한 이해

루터와 뮌처는 정치적으로 민감한 인물들로 한 사람은 보수적이고

---

80) *MSB*, 500, 3.

81) Eric W. Gritsch, *Reformer without a Church,* Preface vii.

82) Martin Brecht, *Martin Luther,* Band 2 (Stuttgart: Calwer Verlag, 1985), 149.

또 한 사람은 진보적이라고 평가받는다. 비록 둘 모두 정치가는 아니었지만 그들은 다소간의 정치적 원조와 함께 그들 나름대로 종교개혁을 수행해 나갔다. 루터에 대항한 뮌처는 정치적 싸움에서 그리고 역사에서 패배하였다. 루터와 비교해서 뮌처의 세속 권위와 저항권에 대해 판단하는 것은 쉬운 일이 아니다. 왜냐하면 뮌처는 루터의 "세속 권위에 대해 사람들은 그에 대해 어디까지 복종해야 하나"라는 글처럼 세속 권위에 대해 조직적으로 서술한 것이 없기 때문이다. 그러나 우리는 뮌처가 종교혁명의 실제적 상황에서 행한 단편적인 언급들을 통해 그의 세속 권위에 대한 교리를 파악할 수 있다.

뮌처의 세속 권위에 대한 생각은 초기에는 일방적으로 부정적이지 않았다. 그는 세상 당국이 악한 사람에게 두려움을 주고 하나님을 두려워하게 하는 기능을 가지고 있다고 보았다.[83] 그는 근본적으로 로마서 13장 3절 이하에서 세상 당국은 경건한 자들을 보호하고 사악한 자들을 벌하는 하나님 의지의 수행자로 보았던 것이다. 더구나 뮌처는 그의 고향 스톨베르크에서 자신의 추종자들이 박해를 받고 추방당한 사건을 폭군적인 당국을 통해 하나님이 선민들의 참된 신앙의 훈련을 위해 행하시는 심판의 벌로 이해했던 것이다. 뮌처는 1523년 7월 18일자 편지에서 핍박당하는 자들에게, 당국에 저항하지 말고 오히려 폭군적인 행동을 감수하라고 촉구했다. 그 이유는 뮌처에게는 고난과 시련, 핍박과 추방 등이 구원을 위한 하나님의 훈육 수단으로 여겨졌기 때문이었다.[84] 이런 관점에서 폭군적 당국은 하나님의 구원 계획에 봉사하는 것이다. 이 시점에서 뮌처는 폭군적 당국에 대항하는 혁명은 아직 성숙하지 않았다고 생각한 것이다. 그러나 뮌처는 그의 가르침과 설교와 그가 드리는 미사(예배)가 비성서적이요, 이단이라는 것에는 격정적으로 반박하였다. 특히 가톨릭 영주인 만스펠트의 에른스트 백작이 뮌처에게 적대적이었다. 에른스트가 황제의 명령이라는 미명 아래 그의 지역 안에

83) *MSB*, 285, 11f.

84) *MSB*, 21-24.

있는 백성에게 뮌처가 목회하고 있는 알스타트의 예배 참석을 금하자 뮌처는 그에게 그같은 무의미하고 미친 금지를 고집한다면 그를 '악한'(惡漢), '교활한 놈', '터키인', '이교도' 라고 모욕하겠다고 경고하였다.

루터와 같이 뮌처 역시 "두 정부 이론"(Zwei-Regimente-Lehre)에 근거하여 세상 당국이 종교적-영적인 일에 간섭하는 것을 철저히 배격하였다. 뮌처는 장거하우젠(Sangerhausen)에 있는 추종자들에게 보낸 1524년 7월 15일자 편지에서 그들의 통치자들과 지역 영주들에게 순종하여 기꺼이 세금과 이자를 바칠 것을 권면하였다. 그러나 "그들이 우리의 영혼을 다스릴 수 없다"[85]고 확언하였다. 루터가 생각한 것과 같이 뮌처도 "제후나 지역 영주는 세속의 일들을 다스리도록 규정되어 있었다. 그러나 그들의 권력은 그 이상을 넘지 못한다"[86]고 하였다. 뮌처는 만약 제후나 제후의 명령을 받은 사람들이 신앙의 문제에 끼어든다면 하나님을 두려워하는 자들(Gottesfürchtigen)에게는 저항권이 필요하다고 본 것이다.[87]

뮌처는 루터와 다른 세상 당국에 대한 이론을 가지고 있었다. 뮌처 역시 로마서 13장을 인용했지만 그는 루터가 1절과 2절을 통해 "신민(臣民)의 복종"을 강조하는 반면에 3절과 4절을 들어 "신민의 저항권"을 강조하였다.[88] 뮌처는 세상 당국에 대해서 주된 관심은 신민의 복종이 아니라 사악한 자들의 제거에 준 것이다. 그는 세상 당국이 악인들에게 제재를 가하는 것은 이교도들도 하는 일이라고 말하고 기독교 국가의 세상 당국은 또 다른 임무가 있다고 보았다. 그것은 세상 당국이 기독교 복음을 위한 하나님의 종으로서 복음을 저해하는 악인들을 검으로 제거하는 일이다. 그러므로 세상을 통치하는 제후들은 하나님의 임무를 부여받은 자들로서 하나님이 그들에게 검을 준 것은 그들의 전

---

85) *MSB*, 412, 21.

86) *MSB*, 412, 23.

87) *MSB*, 412, 14.

88) *MSB*, 258, 6; 259, 18; 261, 15; 396, 26.

횡(專橫)이나 독재나 백성의 압제를 위한 것이 아니라 악인을 벌하고 의인을 보호하며 하나님의 뜻을 실현하게 하려고 주셨다는 것이다. 따라서 "제후는 검의 주인이 아니라 검의 종이어야 한다"[89]는 것이다. 제후의 권리는 하나님의 임무 수행에 있다. 그렇지 않고 임무를 저버리면 세상 당국이 전복될 수 있다는 것이다. 뮌처에게는 무엇보다도 주권의 본질이 중요하였다. 즉 주권의 최종 귀속성(endgültige Rechtsangehörigkeit)이 문제였다. 뮌처에 의하면 하나님이 이 세상의 주권자요, 세상 당국은 다만 하나님의 보이는 위탁 기구요, 잠정적인 대리자일 뿐이다. 뮌처는 검의 권리를 세상 당국의 고유한 절대권이 아닌 상대적으로 제한된 권리로 이해하였고 이 권리는 하나님에 의해 제후에게 위임된 권한으로 잘못 사용될 때는 빼앗길 수 있고 선민들에게 주어질 수도 있다고 보았다.

뮌처는 세상 당국에 대한 또 다른 이론으로 사무엘상 8장 7절과 호세아 13장 10절 이하를 제시하면서 왕(권력)은 하나님에 의에 세운 것으로 모든 세상 당국은 검의 주인이 아니라 종이라고 주장하였다.[90] 여기서 왕(세상 당국)에 대한 부정적인 입장을 보게 된다. 즉 세상의 왕들은 질서를 위해 하나님의 은혜로 세워진 것이 아니라 오히려 그들의 본질과 기능은 하나님의 분노로 정죄된 것이다. 뮌처는 루터처럼 왕권의 절대성이나 당국의 권리 독점을 지지하지 않고 오히려 사악한 폭군과 당국을 뒤엎고 제거하도록 촉구하였다. 루터의 생각은 세상 당국은 위로부터 나온 절대 권력을 가진 하나님의 기관으로, 사람의 손으로 절대 제거할 수 없다는 것인데, 뮌처는 권력은 아래로부터 선택된 하나님의 친구들, 곧 선택된 민중에게 넘겨질 수 있다고 보았다. 즉 뮌처는 세상 당국으로부터 선택된 민중에게로의 정권이양(Herrschaftablösung)을 주장하였다. 민중에로의 정권 이양에 대한 성서적 근거로 뮌처는 다니엘서 7장 27절을 들고 있으며 또 누가복음 1장 52절과도 연관시키고

89) *MSB*, 329, 2.

90) *MSB*, 284, 32f; 469, 13; 329, 2.

있다. 만약 영주들이 그들의 임무를 망각하고 사악한 자들을 제거하지 않으면 머지않아 민중, 곧 선민에게 권력이 넘겨지리라는 것이다. 이것이 뮌처의 '민중의 저항권' 또는 '민중의 주권'에 관한 교리이다. 여기서 뮌처는 그의 사회-경제적 이분법을 적용하여 권세 있는 자들은 복음을 저해하고 민중을 착취하는 영주들, 통치자들, 지식인들로 분류하였고 비천한 자들은 지식인들과 폭군적 당국의 착취로부터 해방되어야 할 민중으로 분류하였다.

3) 뮌처에 대한 평가와 영향

루터 이래로 뮌처에 대한 판단과 평가는 긍정적인 면보다 부정적인 시각에서 다루어졌다. 뮌처와 동시대 사람이었던 루터는 뮌처를 종교적 광신자, 정치적 반역자로 보았다. 19세기 전까지 모든 역사가의 판단은 루터의 이 기준을 넘지 못하였다.

그러나 맑스(Karl Marx)와 엥겔스(Friedrich Engels)이래로 맑스-레닌적 역사관을 지닌 역사학자들은 하나의 새로운 관점을 가지게 되었다. 엥겔스의 1850년에 《농민전쟁》이 출판된 이래로 카우츠키(Karl Kautsky)로부터 구소련의 역사학자 스미린(M. M. Smirin)에 이르기까지 맑스주의자들은 뮌처를 세상 당국에 대항하여 싸운 "종교혁명의 영웅", "사회주의의 선구자"로 보았다. 그들은 루터가 귀족과 유산자 계급의 편을 들어 봉건주의적 종교개혁을 수행한 사람이었다면 뮌처는 유럽 시민혁명의 정신적 지도자로서 억압받는 민중을 위한 종교개혁을 수행한 민중 종교 개혁자라고 평가하였다.[91)]

한편 뮌처에 대한 또 다른 평가가 있다. 그것은 서구교회와 서구의 역사관에 의한 평가이다. 루터 이래로 서구 신학자들과 역사가들, 그리

---

91) Franz Lau, "Die prophetische Apokalyptik Thomas Müntzer und Luthers Absage an die Bauernrevolution", *Abraham Friesen und Hans-Jürgen Goertz* (Hrsg.), *Thomas Müntzer* (Darmstadt: Wissenschafliche Buchgesellschaft, 1975), 3f.

고 루터교회는 뮌처를 "종교적 광신자", "환상주의자", "정치적 혁명가", "악질적인 선동가", "악마의 화신" 등의 오명(汚名)과 더불어 이단으로 정죄하였다.[92)]

과연 맑스주의적-사회주의적 역사이해, 곧 "루터는 영주의 종으로, 농민과 민중의 배반자이고 사회주의 파괴자"이며 그와 반대로 "뮌처는 반봉건주의자로, 농민과 민중의 지도자이고 사회주의 건설자"로 보는 것은 정당한 평가인가? 또 한편 서구의 역사이해, 곧 "루터는 세계사의 영웅이요, 뮌처는 종교개혁에 있어서 이단자요, 저주받을 인물"로 보는 것은 올바른 견해인가?

이 점에 대해서는 최근에 두 종교 개혁자에 대한 시각과 역사관의 변화가 있었다. 1983년, 루터 출생 500주년을 기념하여 구동독에서는 루터를 보는 시각이 아주 달라졌다. 루터는 더 이상 독일 민족의 배반자가 아니다. 구동독 공산당 서기장이었던 호네커(Erich Honecker)는 루터야말로 독일 역사의 위대한 아들로서 독일어와 독일 문화와 독일 정신의 발전에 큰 공헌을 했다고 평가하고 칭찬하였다.[93)] 루터는 독일과 유럽의 봉건주의에서 자본주의로의 전환을 가져온 초기 시민혁명에 일조한 공로자라는 것이다. 그는 의식혁명의 선구자였다고 말한다.

서구에서도 뮌처를 더 이상 일방적으로 종교개혁을 빙자하여 정치적 혁명을 추구한 열광주의자요, 환상주의자로 매도하지 않는다. 이제는 뮌처의 행동보다 그의 신앙과 신학을 더 무게 있게 다루는 경향이다. 그는 하나님의 말씀을 교회 안에 제한하려 하지 않았고 사회와 국가와 전 세계에 적용하려고 했던 것이다. 뮌처가 타파하려고 했던 봉건적 압제, 신분의 갈등, 빈부의 격차, 사회적 부자유와 불평등 그리고 농민들에 대한 착취와 교회의 타락 등은 농민봉기의 시대적 요청으로 이

92) Siegfried Bräuer, *Martin Luther in marxistischer Sicht von 1945 bis zum Beginn der achtziger Jahre*, 5.

93) Hans Süssmuth(Hrsg.), *Das Luther-Erbe in Deutschland* (Düsseldorf: Droste Verlag, 1985), 28-40.

해되었다.

뮌처의 종교개혁은 외피적 판단에 따라 다만 초기 시민혁명으로서 사회-정치적 혁명만 목표로 한 것이 아니라, 내적 갱신과 내적 혁명을 통한 사회 갱신과 사회 혁명을 추구하였고 최종의 목표는 이 세상에 하나님의 나라 건설 또는 하나님의 통치(뜻)를 이루는 데 있었다.

뮌처 사상의 장점은 개인의 신비적 구원, 곧 중생과 이 세계의 구원을 같은 비중 아래 두었다는 데 있다. 그는 복음 선포와 사회정화 운동을 병행하였고 신앙과 사회윤리 문제를 같은 차원에서 다루었다. 비록 뮌처의 행동이 지배층에 대한 반발과 증오에서 동기가 되었지만 그의 사회-정치적 관심과 요구는 신학적 목적에 봉사하였다.

개인 영혼의 구원과 더불어 하나님과의 수직적 관계를 중요시 한 루터와 비교하여 뮌처는 민중의 신앙과 복지와 하나님과 사람 앞에서의 수평적 관계를 중요시하였다. 그러므로 누가 옳고 누가 그르다고 일방적으로 평가해서는 안 된다. 둘 모두 우리에게 종교개혁의 훌륭한 정신을 유산으로 전해주고 있다. 그것은 바로 불신앙과 불의에 항거하는 루터의 개신교 정신이요, 교회개혁과 더불어 사회개혁을 추구한 뮌처의 혁명 정신이다.

제6장 루터와 에라스무스와의 인간의지에 대한 논쟁

I. 인간 자유의지에 대한 교회사적 입장

인간의 자유의지에 대한 교회사적 논의는 인간의 자유의지가 구원에 어떻게 관여하는가에 대한 논쟁에 집중되어 왔다. 교회사 가운데 나타난 이 논쟁들의 입장은 다음의 세 가지이다. 첫째, 인간이 가진 하나님의 형상은 아담의 타락으로 전적으로 파괴되었으며 오직 인류의 구세주이신 제2의 아담, 곧 예수 그리스도로 말미암아 회복될 수 있다는 것이다. 인간은 구원의 문제에 있어서는 자유의지의 능력이 전혀 없다는 입장이다(어거스틴). 둘째, 하나님의 형상이 죄로 말미암아 전적으로 손상당하지 않은 채 남아 있어서, 이것이 하나님의 구원하시는 은총을 위한 접촉점 노릇을 하는 것으로, 인간에게는 자유의지의 능력이 있다는 입장이다(펠라기우스주의). 셋째, 하나님의 형상이 타락으로 인해 그 형상의 몇 가지 국면에 있어서는 파괴되었지만, 부분적으로는 손상당하지 않은 채 남아 있어서, 인간의 자유의지가 하나님의 은총과 협력한다는 입장이다(반펠라기우스주의). 이들 세 가지 입장은 각각 서로 다른 인간이해에서 비롯된 것으로, 특히 신 중심적 사고와 인간 중심적 사고가 다른 결과라 할 수 있다.

어거스틴 사상과 반펠라기우스주의는 다시 루터와 에라스무스 간의 인간의지에 대한 논쟁에서 재현되고 그 이후 칼빈주의와 아르미니안주의 사이에서 예정론 논쟁이 벌어졌고 칼 바르트와 에밀 부룬너의 접촉점 논쟁으로까지 이어진다.

II. 인문주의와 종교개혁과의 관계

중세의 암흑시대를 광명한 빛의 시대로 바꾸는 데 결정적인 역할을 한 운동과 사건으로 인문주의 운동과 종교개혁을 들 수 있다. 특히 두 운동은 중세 로마 가톨릭교회의 교권에 신음하던 시대의 아픔에 강력하게 반발하면서 새로운 시대로의 여명의 장을 열었다.

15세기 중엽, 고대 그리스와 로마의 저서들을 연구하면서 시작된 이탈리아 인문주의 운동은 인간에 대한 새로운 각성을 갖게 하였다. 이탈리아의 인문주의자들은 인간의 존엄성과 탁월성을 강조하면서 로마 가톨릭교회의 신본주의를 거부하고 모든 면에서 인본주의 사상을 전파하였다. 이러한 이탈리아 인문주의는 학문 증진과 신앙의 각성을 중요시한 북구의 문예부흥에 영향을 끼쳤고 독일과 네덜란드를 중심으로한 북구에서의 개인적, 영적 각성운동은 루터의 종교개혁의 길을 여는데 기여하였다.

인문주의자들의 대표인 에라스무스는 인간 교육과 도덕적 갱신을 통한 교회 개혁을 주장하였고 종교개혁자인 루터는 인간의 전적 타락과 구원에 있어서 하나님의 은총을, 그리고 하나님에 의한 인간 변화와 교회 개혁을 강조하였다. 여기에 두 사람의 주된 교리적 차이점이 있었다. 에라스무스는 소크라테스, 키케로, 제롬을 숭상하는 반면에 루터는 사도 바울과 어거스틴을 존경하였다. 에라스무스는 루터가 수도원에서 겪은 심오한 종교적 체험과 같은 것이 부족했으며, 헬라 교부들의 전집과 반펠라기우스의 학파에 공감했다.[1] 따라서 에라스무스와 루터의 자유의지에 대한 논쟁의 필연성은 종교개혁 초기부터 잉태하고 있었으며 시간이 지남에 따라 양자 간의 치열한 논쟁이 진행되었다.

III. 에라스무스의 자유의지론

네덜란드의 인문주의자인 에라스무스(Erasmus von Rotterdam, 1466-1536)는 루터가 저술과 발언들을 통해 교회 내부의 악습들을 개혁하는 것이 아니라 로마교회 자체에 대항하는 것으로 보고 종교개혁을 부정적으로 보았다. 즉 에라스무스는 루터가《교회의 바벨론 감금》을 출판하고 교황의 교서를 불태운 이후로 로마 가톨릭교회에 대항하여 더욱 과격한 사상과 행동을 취한다고 반감을 표시하였다. 이와 때를 같이 하여 그의 제자들 중 일부가 루터 쪽으로 넘어갔고 루터의 추종자들이 에라스무스에게 맹렬한 공격을 가하기 시작하였다. 이와 같은 상호 비난은 에라스무스와 루터의 관계를 악화시켰다. 여기에 사태를 더 악화시킨 것이 1524년 9월에 나온 에라스무스의《자유의지론》이었다. 이 저술의 원 제목은 '자유선택에 관한 강론'(*De libero arbitrio diatribe sive collatio*, 약하여 *Diatribe*《강론》이라고도 한다)으로 원래 루터를 공격하려는 의도는 아니었지만 결과적으로는 루터와의 반대 방향으로 전개되었다. 에라스무스는 루터의 전적 타락 교리를 공격의 대상으로 선택했다.

에라스무스의《강론》은 다음과 같이 구성되어 있다. 처음 긴 서문을 통해 문제를 제기하고 그것을 어떻게 다룰 것인지를 밝힌다. 제1부에서는 자유의지에 대한 성서적 배경을 말하고, 제2부에서는 자유의지에 반대되는 구절들을 검토하고 그 해석을 비판하고 있으며, 제3부에서는

1) Philip Schaff, *History of the Christian Church*, Vol. VII, 428.

레오 10세에 의해 새로 정죄받은 루터의 모든 저술물들의 '주장'(*Assertio*) 가운데서 논쟁점들을 검토하고 있다. 마지막 4부에서는 회의주의 입장을 견지하면서 인간의 자유의지 또는 자유선택을 영원한 구원으로 인도하는 능력을 지녔다고 결론지었다.[2]

에라스무스의 견해에 의하면 인간에게는 창조 때부터 선택의 자유가 필수적으로 주어졌으며[3] 인간의 의지와 하나님의 은혜는 상호작용 관계에 있다는 것이다. 자유의지는 필요 불가결한 것이라는 말이며, 구원에 있어서 최소한의 인간 의지가 필요하다는 것이다. 왜냐하면 인간에게 자유의지가 없다면 인간 행위의 잘잘못을 견책할 근거가 없기 때문이며 동시에 하나님의 선하심과 공의가 침해당하기 때문이다. 에라스무스는 인간에게 선택의 자유가 없다고 가르치게 될 때, 그 결과로 인간의 무책임성과 반율법주의를 지지하는 결과를 범하게 된다고 보았다. 루터의 극단적인 은총의 교리는 하나님을 악의 근원자로 만드는 것이고 쇠사슬에 묶인 노예에게 달리도록 명령하고 그것을 수행하지 못한다고 벌하는 그런 폭군을 만드는 것이라고 보았다.[4] 에라스무스는 결코 하나님의 은총을 부인하는 것이 아니었으며, 오히려 하나님의 은총이 없다면 의지의 효능을 발휘할 수 없다고 보았다. 모든 업적과 행동은 신이 책임지며 신 없이 인간은 아무것도 할 수 없다고 보았다. 자유의지의 행동 자체도 일체 하나님께서 주신 것이라고 말한다.[5] 그러나 이것은 에라스무스의 자가당착적인 모순점이다.

에라스무스는 하나님의 은총을 앞세우나 루터처럼 인간의 의지를 완전히 배제하지 않았다. 다만 하나님의 은혜가 주된 작용을 하지만 인간의 의지도 부차적으로 작용한다는 것이다.[6] 에라스무스는 하나님께

2) 지원용 편저, 《루터 選集》, 6권, 32-33.

3) Erasmus von Rotterdam, *De libero arbitrio Diatribe sive collatio,* IIa 1.

4) Walther von Loewenich, *Martin Luther,* 256.

5) 지원용 편저, 《루터 選集》, 6권, 33.

6) Erasmus von Rotterdam, De libero arbitrio Diatribe sive collatio, IV 8; "duas extremas tribuunt gratiae, tantum in progressu fatentur aliquid agere liberum arbi-

가장 큰 영광을 돌리고 인간에게는 가장 적은 영광을 돌린다. 이것은 구원에 있어서 신인협력설(*Synergismus*)에 해당한다.

에라스무스는 인간의 교육과 종교를 긍정적으로 평가했고 루터의 결정론(*Determinimus*)을 도덕적 책임을 회피하는 것으로 보았다. 에라스무스는 삶 속에는 다만 "이것 아니면 저것"만 있는 것이 아니라 "이것뿐만 아니라 저것도 함께"라는 중립적인 도식이 있다고 주장한다.[7] 에라스무스는 그의 특유의 회의주의적 입장을 끈질기게 고수하였고 인간의지가 자유선택의 능력을 지녔다고 결론지었다.

IV. 루터의 노예의지론[8]

루터는 심사숙고한 끝에 에라스무스의 "자유의지론"(《강론》)의 4배에 가까운 길이의 글인 「노예의지론」을 발표하여 응수하게 되었다. 루터의 노예의지론(*De servo arbitrio*)은 에라스무스의 《자유의지에 관하여》(*De libero arbitrio*)를 비판하기 위해 1525년 가을에 집필하였다. 이것으로 루터는 인문주의와 결별하고 독자적인 종교개혁을 추진해 나갔다. 「노예의지론」은 6부로 구성되어 있는데 모든 부분에서 취급된 그의 논증은 에라스무스의 글에 준하여 반박하였다.

루터는 먼저 에라스무스의 《강론》의 서문에 대해 검토하였다. 에라스무스는 성서나 기독교 교리들이 어떤 것은 명료하고 어떤 것은 이해하기 불분명하다는 것으로 시작하였다.[9] 이에 대해 루터는 기독교인들은 결코 회의론자들이 아니며 성서도 성령도 그리고 그리스도인들도 모두

---

trium, sic tamen, ut ad idem opus individuum simul concurrant duae causae, gratia dei et homis voluntas, sic tamen, ut gratia sit causa principalis voluntas secundaria."

7) Walther von Loewenich, *Martin Luther,* 256.

8) *WA* 18, 551-787.

9) *WA* 18, 605.

「주장」(*Assertio*)을 하고 있다고 말하며 에라스무스의 회의적인 입장을 강하게 비판한다. 루터는 성서에는 난해한 부분이 있으나 모든 것이 명확하지 않다고 말하는 것은 불경건한 궤변론자들의 생각일 뿐이라고 반박한다. 성서의 난해함은 성서의 모호성 때문이 아니라 성서 본문의 어휘나 문법에 대한 무지 때문이라고 보았다. 루터는 성서 속에 감추어져 있는 사실들, 곧 그리스도의 성육신, 십자가 사건, 부활, 영원한 통치 등의 지고의 신비가 성서 안에서 밝혀졌다고 강조한다. 루터는 성서를 그리스도 중심적으로 해석한다: "그리스도를 성서 밖으로 제거해 버리면 당신은 성서 안에서 무엇을 더 찾아 볼 수 있겠는가?"[10] 루터는 성서의 두 종류의 명석성(明晳性, *duplex claritas scripturae*)과 두 종류의 모호성(*duplex obscuritas*)을 주장하였다. 그것은 곧 외적 명석성과 모호성, 그리고 내적 명석성과 모호성을 말한다. 내적 명석성은 성령과 관련되어 있다. 곧 성령의 도움 없이는 성서 전체 또는 그 일부를 이해하기 어렵다. 외적인 명석성에 있어서도 성서에는 모호한 것이 전혀 들어 있지 않고 모두가 성령에 의하여 잘 밝혀졌고 온 세상을 향하여 반포되었다는 것이다.[11]

다음으로 루터는 하나님의 예지와 관련하여 우연과 필연에 대해 말하고 있다. 자유선택과 관련하여 루터는 하나님이 어떤 것을 예지하는 것은 결코 우연의 소치가 아니며, 하나님은 변치 않고 영원한 불가오류적인 의지에 따라 모든 것을 예견하고 목적하며 실행하신다고 주장한다. 우리가 행하고 있는 것과 발생하고 있는 것은 모두 그것이 가변적이고 우연적으로 발생하는 것처럼 보일지라도 실제로는 필연적이고 불변적으로 발생한다는 것이다. 하나님의 의지는 유효하며 그 무엇에 의해서 방해받지 않는다는 것이다.[12] 하나님의 의지는 불변적이고 불가오류적이다. 그리고 이것은 우리의 가변적인 의지를 지배한다. 이것은 에

---

10) *WA* 18, 606, 29; "Tolle Christum e schripturis, quid amplius in illis invenies?"

11) *WA* 18, 609, 4-14.

12) *WA* 18, 615, 13-15; 31-35.

라스무스 측이 말하는 결과의 필연성(*necessitas consequentiae*)이 아니라 결과 자체 안에 있는 필연성(*necessitas consequentis*)을 말한다.

하나님의 필연성과 인간 의지와의 관계에 있어서 루터는 하나님이 우리 안에서 활동하시면 의지는 변화된다고 하였다. 그렇지만 루터는 인간에게 선택의 자유는 없다고 못 박았다. 구원과 저주에 관련된 일에서 인간은 전혀 선택의 자유가 없고 오히려 하나님의 의지나 사탄의 의지에 종속되는 포로요 신민이요, 노예라는 것이다: "인간의 의지는 멍에를 진 짐승과 같이 둘 사이에 위치한다. 만약 하나님이 그 위에 올라타신다면, 시편이 "내가 이같이 우매 무지하니 주의 앞에 짐승이오나 내가 항상 주와 함께 하니 주께서 내 오른 손을 붙드셨나이다"(시편 73:22-23)라고 말한 것처럼 인간의 의지는 하나님이 지시하는 바를 따르고 준행할 것이다. 그러나 사탄이 그 위에 올라탄다면 그것은 사탄이 지시하는 것을 따르고 준행할 것이다. 인간의 의지는 그 위에 올라탈 이 두 존재가 인간의 의지를 소유하여 지배하기 위해 싸운다."[13] 루터의 신념은 하나님의 은총과 상관 없는 선택의 자유는 전혀 자유로운 것이 아니며, 변함없이 악의 포로요 노예라는 것이다. 그 이유는 스스로 선을 행할 수 없기 때문이다. 선택의 자유의 힘은 아무것도 아니며 은총이 결여되어 있는 한 선을 행하거나 행할 수 없기 때문이다. 한 가지 귀결되는 것은 선택의 자유 또는 자유의지란 명백히 하나님에 대한 용어이며 오직 하나님의 권위에만 적용될 수 있다는 것이다. 루터는 이 선택의 자유가 인간에게 적용된다면 그것은 신성 그 자체가 인간에게 귀속되는 것으로 신성 모독 가운데 가장 큰 모독이라고 하였다.[14] 루터는 선택의 자유를 잃은 노예인 존재로서의 인간을 말하고 있다. 이것은 인간의 구원이나 파멸은 인간의 공적에 좌우되는 것이 아니라는 점을 말한다.

루터는 결론에서 다시 한번 강조하기를 "우리가 하나님은 모든 사건

13) *WA* 18, 635, 18-22.

14) *WA* 18, 636, 5-7; 24-25; 27-32.

들을 미리 아시며 미리 작정하신다는 것과, 그의 예지에는 실수가 없을 뿐만 아니라 그의 예정을 어떤 것도 방해할 수 없다는 것과 또 모든 것 안에서 하나님의 뜻만이 이루어진다는 것을 믿는다면 인간이나 천사나 모든 피조물에게는 어떠한 자유의지도 있을 수 없다"[15]고 말한다.

에라스무스와 루터 사이의 논쟁은 인신공격으로 이어져, 쌍방은 자신의 권위와 목적을 망각하고 서로를 공격하였다. 에라스무스는 루터의 예정론적 견해를 숙명론적이고 부도덕한 것이라고 주장했으며, 종교개혁을 하나의 비극이라고, 혹은 결혼으로 끝을 맺은 희극이라고 말했다. 또 예술과 문학을 파멸시키고 교회를 무질서한 상태로 이끈 재앙이라고 주장하였다.[16]

15) *WA* 18, 786, 3-7.

16) Philio Schaff, *History of the Christian Church*, Vol. VII, 433.

제7장 루터와 츠빙글리의 성찬 논쟁

I. 루터의 성찬이해

루터가 진행한 종교개혁의 원인 중 하나는 중세 로마 가톨릭의 잘못된 성례전을 바로잡기 위함이었다. 루터의 성찬 사상은 전기와 후기로 나누어 볼 수 있는데, 전기는 중세 로마 가톨릭교회의 잘못된 성찬론을 비판한 데서 나온 것이고 후기는 츠빙글리와의 성찬 논쟁에서 나왔다.

루터는 그의 《교회의 바벨론 포로》에서 성만찬에 대한 몇 가지 이론을 제시하고 있다. 루터는 로마 가톨릭의 7성례[1] 중에서 두 가지 성례만 인정한다. 그 근거는 기타의 성례는 복음서가 인정하는 성례로 받아들일 수 없기 때문이었다. 루터는 로마교회의 성찬은 세 가지로 잘못(포로)되어 있음을 지적하였다. 첫째, 평신도에게 잔을 주지 않는 것이며, 둘째, 성찬의 화체설이며, 셋째, 미사(성찬)를 희생과 행위로 보는 것이다.

1) 12세기까지는 모든 거룩한 의식은 다 성례라 생각하였으나 페터 롬바르드(Peter Lombard)는 7성례를 인정하였다.

중세 로마 가톨릭교회는 성찬을 구약적으로 이해했다. 즉 하나님이 반복해서 인간이 위로 바치는 희생제사를 받으시는 것으로 보았다(anabaptisch). 그리하여 성찬을 미사 희생제로 드렸다. 그러나 루터와 개신교가 이해한 성찬은 하나님이 아래로 주시는 은혜로 보았다(katabaptisch). 중세의 로마교회는 미사의 희생이나 행위로 현세나 연옥에서나 죄로부터 인간을 구원한다고 가르쳤다.

루터는 슈말칼트 신조(Die Schmalkaldischen Artikel)[2] 제2부, 조항 II(미사)에서 왜 로마 교황주의자들이 미사를 확고하게 붙잡고 있는가?를 제기하면서 미사에 대해 다음과 같이 정의하였다. 1. 미사는 하나님이 명령하지 않은 인간적인 고안물(행위 칭의)이다. 2. 미사는 불필요하다. 또한 그것을 제거하는 것은 죄가 되지 않고 위험도 따르지 않는다. 3. 인간적인 무가치한 미사 없이도 구원받을 수 있다고 공개적으로 사람들이 듣게 해야 한다. 4. 사고팔고 하는 미사의 오용을 방지하기 위해 중단되어야 한다. 5. 미사는 인간 행위, 사악한 악당들의 행위이다.

다음으로 루터는 로마교회 미사의 화체설(化體說)을 거부하였다. 화체설은 사제가 제정어를 선언할 때, 빵과 포도주는 모양, 색깔, 냄새 등 외형적인 것은 그대로 남아 있지만 더 이상 빵과 포도주가 아니라 변하여 그리스도의 몸과 피가 되었다는 것이다. 루터는 오히려 그리스도의 몸이 성찬 안에 실재로 임재한다는 공재설(共在說, Konsubstantiationslehre)을 주장하였다. 루터는 또한 하나님의 편재설(遍在說, Ubiquitätslehre)을 통해 성찬 안에 그리스도의 현실 임재를 설명하였다. 루터의 두 본성 이론은 통일적이며 속성의 교류(*communicatio idiomatum*)를 강하게 역설하였다. 즉 성육신을 통해서 그리스도의 몸은 신체적인 몸을 여전히 지니면서 하나님의 본성을 그대로 부여받았다. 그리스도의 몸은 동시에 어디에서든지 있을 수 있는 능력을 소유했다. 따라서 그리스도는 하늘(하나님 우편)에도 그리고 성찬에도 계신다

---

2) *WA* 50, 192-254.

(*Christus im Himmel und im Mahl*, 1528년)[3]는 것이다.

II. 츠빙글리의 성찬이해

츠빙글리도 루터와 같이 로마교회의 화체설을 거부하였다. 츠빙글리는 루터와 성찬에 관해 논쟁할 때 네덜란드의 인문주의자인 호니우스(Cornelius Honius)의 영향으로 "이것은 내 몸이다"라는 제정어 중에서 '이다'(*est*)를 윤리적-비유적(tropologisch)인 것으로 보고 '의미한다'(*significat*)로 해석하였다. 그가 이와 같은 의미를 취하게 된 이유는 로마교회가 미사를 통해 그리스도의 희생이 반복된다고 가르친 데 대한 거부에서 나온 것이다. 츠빙글리는 성찬의 참된 의미는 그리스도의 수난을 기념하고 그 성찬을 통해 우리의 신앙을 불러일으키는 데 있다고 보았다. 츠빙글리는 또한 성찬에서 그리스도의 실제적 몸이 빵과 포도주에 임재한다는 사상을 전적으로 부정하였다. 츠빙글리는 요한복음 6장을 성찬의 영적 의미로 해석하고 입증하는 전거(典據)로 삼았고 그리스도의 몸은 하나님의 우편에 계시므로 현실적으로 몸으로 성찬에 임재할 수 없다고 하였다. 츠빙글리의 생각은 그리스도는 재림하기까지 하나님의 우편에 계시는데 어떻게 성찬에서 육적으로 먹힐 수 있는가! 였다. 그리스도는 두 본성으로 구분되는 데 곧 인성과 신성이다. 그리스도는 몸으로는 하나님의 우편에 계시지만 영적으로 성찬에 계신다(*Christus leiblich im Himmel und geistlich im Mahl*(1526년)는 것이다. 그리스도의 인간적 본질로는 하나님의 우편에 계시지만 영적인 본질은 영원부터 어느 곳에나 계신다는 것이다. 츠빙글리는 마태복음 28장 20절에 그리스도께서 제자들에게 "내가 세상 끝날까지 너희와 항상 함께 있으리라"고 말한 것은 '다만 영적인 본질로 함께 한다'는 뜻이라

3) Hieko A. Oberman, *Die Kirche im Zeitlater der Reformation*, 151.

고 해석하였다. 츠빙글리는 하나님으로서 그리스도는 어느 곳에나 있을 수 있고 그의 성도들에게 특별한 은혜와 위로를 베푼다[4]고 보았다.

결국 성찬에 있어서 공재설(共在說)과 편재설(遍在說)을 주장하는 루터는 기념설과 또는 상징설을 주장하는 츠빙글리의 성찬론과 그 견해를 달리하였다. 결국 편재설에 대해서 루터는 하나님으로서 그리스도의 몸의 편재를 주장하였고 츠빙글리는 하나님으로서 그리스도의 영의 편재를 강조하였다. 루터와 츠빙글리의 성찬 논쟁으로 종교개혁 당시 개신교(독일과 스위스)는 화해할 수 없는 분열을 가져왔다. 그 논쟁을 구체적으로 살펴보자.

III. 마르부르크 성찬 논쟁과 협약

성찬 논쟁은 로마교회 측과 개혁자 루터 측과의 논쟁뿐만 아니라 개혁자들 사이에도 견해 차이로 인해 자주 일어났다. 특히 독일의 루터와 스위스의 츠빙글리 사이에는 근본적으로 일치하기 어려운 성찬론이 대두되었다. 따라서 헷센의 필립공은 정치적인 의도에서 개신교의 단합을 위해 두 측이 모여 대화를 통해 일치를 갖도록 마르부르크에 토론 장소를 제공하였다. 루터 측과 츠빙글리 측에서 여러 명이 참석했다.

1529년 10월 2-3일에 마르부르크에서 회의가 진행되는 동안 말씀과 성령, 원죄에 관한 교리 등에 대해서는 의견의 일치를 보았다. 그러나 성찬에 관한 토의, 특히 성찬에서의 그리스도의 임재에 대해 토의할 때는 의견이 아주 달랐고 논란을 거듭하게 되었다. 그 결과 마르부르크 결의문[5] 중 14개 항목까지는 양측이 합의하고 15번째 항목(성찬 부분)에는 의견을 달리했다.

그 회의에 있었던 보고서에 의하면 첫째 날 모임은 비공식 준비회

4) Ibid., 150.

5) *WA* 30 III, 160-171.

의로서 두 반으로 나누어 모였다. 루터와 외콜람파디우스(Oecolampadius)가 서로 상대하였고 멜란히톤과 츠빙글리가 대화하였다. 루터는 "이것은 내 몸이다"라고 말하는 그리스도의 말씀을 인용했다. 루터는 예수 그리스도의 말씀의 문자 그대로의 의미를 따라 이해하자고 주장했다. 그에 대해 외콜람파디우스는 "이것은 내 몸이다"라는 말씀을 비유적인 의미로 해석해야 한다고 주장했다. 외콜람파디우스는 말하기를 제자들은 요한복음 6장에서 그의 살을 먹고 그의 피를 마셔야 할 것에 대해 육체적으로 먹는 것으로 이해하지 않았다는 것이다. 외콜람파디우스는 예수 그리스도께서 "살리는 것은 영이니 육은 무익하니라"고 말씀했는데, 이 말씀으로 볼 때 그가 자신의 몸을 육체적으로 먹는 것을 거부했다는 것을 이해할 수 있다고 했다. 논의는 팽팽히 맞섰다.

다음 날(10월 2일) 오전에 츠빙글리는 "이것은 내 몸이다"에서 '이다'(*est*)는 "의미한다"(*significat*)로 해석해야 한다고 주장했다. 츠빙글리 측은 성찬에서의 '영적 식사'(*manducatio spiritualis*)를 고수하고 육체적으로 먹는 것을 거부하였다. 그와 반대로 루터 측은 논의를 "이것은 내 몸이다"(*hoc est corpus meum*)라는 '그리스도의 성찬 제정어'에 집중시켰다. 루터는 성찬에서의 하나님 말씀의 효력을 고려해야 한다고 말했다. 루터 측은 성찬에서 그리스도께서 말하고 의미하고 있는 것을 실제로 제공해 준다고 하였다.

점심 후의 회집에서 츠빙글리는 사도신조의 고백대로 "그리스도는 하늘에 오르사 하나님 아버지 우편에 앉아 있다"고 보는데 그를 성찬에서 찾는 것은 부조화가 될 것이라고 말했다. 왜냐하면 동일한 하나의 몸이 같은 시간에 여러 곳에 도저히 있을 수 없기 때문이다. 여기서 츠빙글리와 외콜람파디우스는 성찬 안에 그리스도가 실제로 임재하는 것을 부인하였다.

그러나 루터는 그리스도의 몸은 하나님 우편에 앉아 있을 수도 있고 성찬 안에도 있을 수 있다고 했다. 왜냐하면 하나님의 말씀이 '그렇게 하기를 원하신다'고 말하고 있기 때문이라는 것이다.

> 말씀은 그리스도가 몸을 갖고 있다고 말한다. 나는 이것을 믿는다. 더욱이 이 몸은 하늘에 오르사 하나님 우편에 앉아 있다고 말씀한다. 나는 이것도 역시 믿는다. 이 동일한 몸이 성찬에 임재해 있고 또 우리에게 먹도록 주어졌다고 역시 말씀하고 있다. 만일 나의 주 예수 그리스도가 그렇게 하시기를 원하신다면, 그가 이 일을 쉽게 할 수 있고 또 그는 자신의 말씀 속에서 그와 같이 하시기를 원하신다고 증언하셨기 때문에 나는 이것도 역시 믿는다.[6]

이것은 루터가 말하는 하나님의 편재설이다. 루터는 아리스토텔레스 학파의 신의 편재설을 인용하여 하나님께서는 한 몸을 한 곳에만 있게 할 수 있거나 또는 동시에 몇 곳에 있게 하거나 또는 모든 곳 밖에 있게 할 수 있다고 하였다.

그 후에 즉시 외콜람파디우스는 마태복음 26장 11절, "가난한 자들은 항상 너희와 함께 있거니와 나는 항상 있지 아니하리라"를 인용하였다. 그의 신성, 은혜, 그리고 능력을 따라 그리스도는 항상 모든 곳에 임재한다. 그러나 그가 안 계시겠다고 말씀하셨으므로, 그는 그의 인성(人性)을 따라 필연적으로 안 계신 것이 틀림없다. 그러므로 그는 몸으로 성찬 안에 임재할 수 없다고 했다.

루터는 그리스도의 인성이 박탈되거나 경시되는 것을 허용할 수 없다고 하였다. 외콜람파디우스는 고린도후서 5장 16절을 인용하여 그리스도를 육체대로 알아서는 안 된다고 하였다. 루터는 답변하기를 우리도 그리스도를 육체로 알지 않는다고 했다. 육체적으로 안다는 것은 그를 외면적으로, 곧 성령과 신앙 없이 아는 것이라고 보았기 때문이다. 그리스도의 몸을 먹는 일 자체가 신앙 안에서 발생할 때에 역시 영적인 것이 되는데, 신앙은 영적인 문제이므로 육적인 것과 전혀 상관없다는 것이다.

츠빙글리는 루터에게 왜 당신은 성찬 안에 비유가 있다는 것을 인

---

6) 池元溶 감수 · 편집, 《루터 選集》 7권(서울: 컨콜디아사, 1986), 513.

정하지 않는가? 라고 물었다. 루터는 말(그릇)이 담고 있는 내용이 있다고 하였다. 예를 들면 왕이 종에게 "검을 가지고 오라"고 말할 때에는 왕이 비록 검과 칼집을 가져오라고 여러 말로 그 종에게 명령하지 않았을지라도 종이 검과 함께 칼집도 가져오기를 원하고 있다. 그러므로 때때로 그것이 떡이라 불리고 또 그것이(그리스도의) 몸을 의미하거나 또는 역으로 이 말이 사용될 때에 언어의 이러한 형식은 성례전 속에서 역시 허용되어야 한다고 했다.[7]

츠빙글리는 "만일 그리스도의 몸이 여러 곳에 있고 "또 만일 우리도 여러 곳에 있어야 한다면 결국 우리 몸도 동시에 여러 곳에 분산되어야 한다. 만일 모든 면에 있어서 그의 몸이 우리의 몸과 같고, 또 그 역시 우리의 본성을 취했다면, 그의 존재는 참으로 우리의 존재와 같으므로, 우리는 여러 곳에 있을 수 없고 또 그도 여러 곳에 있을 수 없다"[8] 고 반박하였다.

루터는 그것은 본질적인 것이 아닌 사물로부터 본질적인 것을 추론한 논의라고 일축하고 우리의 몸의 모양과 그리스도의 몸의 모양이 유사하다는 점 외에는 아무것도 입증하지 못한다고 했다.

그러자 츠빙글리는 그리스도의 몸은 상징적인 방법으로 성찬 안에 있다고 강조했고 이 방법으로서의 그리스도 몸의 성례론적 현존을 몇 번 말했다. 그러나 루터는 상징으로서 그리스도의 몸의 성례론적 현존은 마치 껍질과 빈 왕겨와 같이 쓸모없는 것만 남겨 놓고 떡으로부터 몸의 본질을 제거하는 것으로 보았다.

마지막으로 츠빙글리와 외콜람파디우스는 하나님께서 한 몸을 여러 다른 곳에 있게 하실 수 있다는 것을 몇 번 시인했다. 그러나 이러한 일이 성찬에서 일어났다는 순수한 입증을 요구하였다. 루터는 다시 "이것은 내 몸이다"를 인용하고 독일어로 해석하면서 "나는 그리스도의 몸이 거기에 있다는 것을 간과할 수 없고, 고백하고 믿지 않을 수 없다"

7) 《루터 選集》 7권, 515.

8) 위의 책, 516.

고 단언했다.

다시 한번 루터와 츠빙글리는 "그리스도의 몸의 공간적 존재"에 대해 논의했지만 합의 없이 토론을 끝냈다.

회담은 10월 3일 필립의 간곡한 연설로 끝마쳤다. 두 파는 일치 성명서(Einheitsformel)를 다음과 같이 작성하였다. "우리는 이것이 나의 몸이다. 이것은 나의 피다라는 말의 능력에서부터 그리스도의 몸과 피는 현실적으로(*hoc est*의 뜻), 실제적으로(sunstantivisch), 본질적으로(essential) 성찬 중에 현재하고 주어져 있고 결코 양으로나 질적으로나 장소적으로(locally)는 그렇지 않다는 것을 고백합니다."[9] 이 형식에서 육체적으로(bodily)라는 표현을 피했고 장소적 현존이 거부된 것을 볼 수 있다. 루터가 양보하고 외콜람파디우스도 마음에 들었다. 그러나 츠빙글리는 이것을 자기의 교구에 가져가기를 원치 않았다. 이것은 그의 교구 내의 소박하고 약한 신도들이 로마교회 교리의 뜻으로 생각하여 로마교회에 유리한 기회를 주지 않을까 걱정하였기 때문이다. 일반 신앙 조항에서는 완전히 일치하였고 성찬 조항에만 합의를 보류하였다. 신앙고백 끝에 필립은 "비록 현실 임재의 문제에는 일치를 보지 못했지만 양심이 허락하는 한, 각 파는 그리스도의 사랑을 상대편에게 보이고 바른 이해에 이르도록 성령으로 인도해 주시기를 하나님께 기도 드려야 한다"는 문구를 첨가할 것을 두 파에게서 승낙받았다.

아래에 서명된 협약은 마르부르크에서 1529년 10월 3일에 체결된 것이다.

첫째, 우리 쌍방은 모든 피조물들의 창조자이신 오직 한 분, 참되고 자연스러운 하나님이 계시다는 것과 이 동일한 하나님은, 니케아 회의에서 결정된 것과 똑같이, 또 전 세계의 온 교회가 니케아 신조에서 읽고 노래하는 바와 같이, 본질에 있어서 하나이지만 그 위에 있어서 셋인, 즉 성부, 성자, 성령을 이의 없이 믿고 주장한다.

---

9) 全景淵 著,《루터 神學의 諸問題》(서울: 대한기독교서회, 1986), 86.

둘째, 성부와 성령은 아니지만, 참되고 또 자연스러운 하나님 자신이신 하나님 아버지의 아들이 인간의 씨의 작용 없이 성령의 역사를 통하여 인간이 되었다. 그는 순결한 동정녀 마리아에게서 출생하여 다른 사람과 같이 몸과 영혼을 갖고 있는 온전한 인간이시지만 죄는 없으셨다.

셋째, 인격에 있어서 분열됨 없는 하나님과 마리아의 이 동일한 아들이신 예수 그리스도는 우리를 위하여 십자가를 지고 돌아가신 후 장사되었다가 죽은 자 가운데에서 부활하시어 하늘에 오르사 하나님 우편에 앉아 계신다. 그리고 그는 모든 피조물의 주님이시다. 그리고 산 자와 죽은 자를 심판하시기 위하여 다시 오실 것이다.

넷째, 아담으로부터 우리에게 유전되었고 또 우리가 출생할 때부터 갖고 있는 원죄는 모든 사람들을 정죄하는 종류의 죄라는 것을 우리는 믿는다. 그리고 만일 예수 그리스도께서 그의 죽음과 생명으로 우리를 돕기 위하여 오시지 않았다면, 우리는 원죄의 결과로 영원히 죽을 수밖에 없고 또 하나님 나라와 구원을 받을 수 없었을 것이다.

다섯째, 만일 우리를 위하여 죽으신 하나님의 동일한 아들이신 예수 그리스도를 믿는다면, 우리는 영원한 죽음으로부터 구원받을 뿐만 아니라 이러한 죄와 그밖에 모든 다른 죄로부터 구원받는다는 것을 믿는다. 그리고 우리는 이러한 신앙 없이는 어떤 종류의 일, 삶에 있어서의 신분, 또는(종교적) 성직을 통해서 죄로부터 자유롭게 될 수 없다.

여섯째, 이러한 신앙은 하나님의 선물로 우리는 어떤 일이나 공로로 얻을 수 없고 또 우리의 힘으로 그것을 성취할 수도 없다. 우리가 그리스도의 말씀, 또는 복음을 들을 때에 성령께서 우리의 마음속에 이 신앙을 주시고 또 창조하신다.

일곱째, 이러한 신앙은 하나님 앞에서 우리의 의(義)이다. 이러한 신앙 때문에 하나님께서는 모든 행위와 공로를 떠나서 우리를 의롭고, 경건하고, 그리고 거룩한 것으로 인정하시고 그리고 거룩하다고 여겨 주신다. 이 신앙을 통하여 그는 우리를 죄, 죽음, 그리고 지옥으로부터 구원하시고, 그리고 그의 아들을 통해 우리를 은혜로 받아들이시며 또 구원하신다. 그러므로 우리는 하나님의 아들을 믿음으로 하나님의 아들의 의, 생명, 그리고 모든 축복에 참여하여 이것들을 향유하게 된다.

외면적 말씀에 관하여

여덟째, 보통은, 성령께서 먼저 그리스도의 복음, 또는 설교, 또는 구술(口述)의 말씀 없이는 아무에게도 이러한 신앙 또는 그의 선물을 주시지 않는다. 그러나 그는 이러한 구술 말씀의 수단에 의해 또 그것을 통하여, 그가 원하는 사람의 마음속에 신앙을 창조하여 작용하게 하신다(롬 10:14 이하).

세례에 관하여

아홉째, 거룩한 세례는 하나님께서 이러한 신앙에 도움이 되는 것으로 제정하신 성례전이다. "가서 세례를 주라"(마태 28:19 참조)는 하나님의 명령과 "믿는 자"(마가 16:16)에게 주어진 하나님의 약속이 그것과 관련되어 있기 때문에 세례는 단순히 크리스천들 사이에서 통용되는 공허한 표시 또는 표어가 아니라 그것에 의하여 우리의 신앙이 성장하고 또 그것을 통하여 우리가 영생에 이르도록 중생하는 하나님의 역사이며 표시이다.

선한 일에 관하여

열째, 성령의 역사를 통하여, 또 그것에 의하여 우리가 의롭다함을 받고 또 의롭고 거룩하게 되는 신앙이 우리를 통하여 선한 일을 행한다. 즉 이웃을 향한 사랑과 하나님께 드리는 기도와 온갖 종류의 핍박을 받는 일을 할 수 있게 한다.

고백에 관하여

열한 번째, 고백 또는 목사나 이웃으로부터 조언을 구하는 일은 참으로 강제성이 없는 자유스러운 것이어야 한다. 그렇지만, 고민을 하거나 괴로움을 받고 있거나 죄의 짐으로 억눌려 있거나 오류 속에 떨어져 있는 양심에게는 고백이 매우 도움이 된다. 특별히 복음이 주는 사면 또는 위안 때문에 그렇다. 복음은 참다운 사면이다.

다스리는 당국에 관하여

열두 번째, 모든 다스리는 당국들 그리고 세속 법, 법정 그리고 법령, 이것들이 어느 것에 존재하든지 참으로 훌륭한 신분이요, 또 어떤 교황제도 신봉자들과 재세례론자들이 가르치고 주장하는 것과 같이 금지되어 있지 않다. 도리어, 우리 크리스천은 (그가 크리스천으로 출생하거나 또는 부름을 받았거나 간에) 아버지 또는 어머니, 남편 또는 아내 등의 신분을 신뢰하는 것과 같이 그리스도를 믿는 신앙을 통하여 참으로 구원받을 수 있다는 것을 믿는다.

열세 번째, 영적 또는 종교적인 일에 있어서 전통 또는 인간의 의식이라고 불리고 있는 것이 하나님의 말씀과 명백하게 배치되지 않는다면, 그것들은 모든 면에서 약자들을 섬기고 또 모든 사람들의 평화를 유지하는 데 불필요한 장애를 피하기 위하여 우리가 다루고 있는 사람들의 필요에 따라 자유롭게 보존될 수 있고 또 폐지될 수도 있다.

열네 번째, 유아세례는 옳다. 그리고 유아들은 이 세례에 의하여 하나님의 은혜와 기독교 속에 받아들여진다.

그리스도의 몸과 피에 관한 성례전에 관하여

열다섯 번째, 우리 모두는 우리 주 예수 그리스도의 성찬에 관하여 그리스도께서 제정하신 대로 떡과 포도주를 모두 사용해야 한다고 믿는다(우리는 또한 미사는 어떤 다른 사람—그가 살아 있거나 죽었거나 간에—을 위하여 은혜를 확실히 보장하는 일이 아니라고 믿는다). 우리는 또한 성찬은 예수 그리스도의 참다운 몸과 피의 성례전이라는 것과, 약한 양심을 가진 사람들이 성령 안에서 성찬을 통하여 신앙생활을 할 수 있도록 하나님께서 제정하신 것이다. 그리고 비록 이번에 우리는 그리스도의 참다운 몸과 피가 실제로 떡과 포도주 속에 임재하여 있느냐 않느냐에 대한 합의를 보지 못했지만, 그러나 각기 양심이 허락하는 범위 내에서 상대방에게 크리스천 사랑을 보여주어야 하며 또 성령께서 우리로 하여금 바른 이해를 확고하게 갖게 하도록 쌍방이 모두 열심히 전능하신 하나님께 기도드려야 한다는 데 합의를 보았다. 아멘.

Martin Luther
Justus Jonas
Philip Melanchthon
Andreas Osiander
Stephan Agricola
John Brenz
John Oecolampadius
Hudrcych Zwingli
Martin Bucer
Caspar Hedio

제8장 필립 멜란히톤(Philipp Melanchthon)과 아우구스부르크 신앙고백서

I. 종교개혁에 있어서 멜란히톤의 위치

독일의 인문주의자이며 종교개혁가인 멜란히톤은 1497년 2월 16일 브레텐에서 태어나 1560년 4월 19일 비텐베르크에서 세상을 떴다. 그는 초기교육을 고향에 있는 학교에서 받았고, 그 다음 1508년부터 1509년 무렵까지는 조부의 집에서 사강사(私講師) 웅게르로부터 교육을 받았다. 그 후 멜란히톤은 포르츠하임에 있는 라틴어 학교에 입학하였고 라틴 및 희랍 시인들 그리고 아리스토텔레스의 철학을 배웠다. 그러나 멜란히톤은 주로 인문주의의 대가였던 증조부 로이힐린에 의해 영향을 받았는데 증조부가 조언하여 그의 성(性) 쉬바르체르트를 인문주의적 양식에 따라서 희랍어 명칭인 멜란히톤으로 바꾸었다. 1509년 12세에 하이델베르크 대학에 입학하였고, 거기서 철학, 수사학, 천문학 등을 배웠으며 훌륭한 희랍어 학자로 알려지게 되었다. 철학 과정을 마친 후 1516년에 멜란히톤은 문학석사 학위를 받았고 이때부터 신학을 공부하기 시작하였다.

필립 멜란히톤

1518년 21세에 멜란히톤은 증조부의 추천을 받아 비텐베르크 대학교에 희랍어 교수로 초빙되었다. 여기서 멜란히톤은 루터에게 크게 인정받았고 종교개혁을 위한 루터의 정력적인 동역자로 발돋움 하였다. 그는 루터의 영향으로 성서, 특히 사도 바울을 연구하여 구원에 관한 복음주의적 교리의 지식을 충분히 갖게 되었다. 또한 그의 《신학대전(大典)》(*Loci communes rerum theologicarum seu hypotyposes theologicoe*)은 개혁 사상을 확립시키고 확장시키는 데 매우 중요한 역할을 하였다. 루터와 긴밀한 입장에서 멜란히톤은 로마서의 중심 사상을 토론하는 형식으로 기독교의 새로운 교리를 제시하였다.

1531년에 시작한 성만찬 논쟁에서 멜란히톤은 중요한 역할을 하였다. 마르틴 부처(Martin Bucer, 1491-1551년)[1]는 성찬에서 그리스도의 진정한 몸이 이(齒) 사이에서 씹힌다고까지는 믿지 않았고 다만 빵과 포도주라는 상징을 통하여 몸과 피의 제물이 드려진다고 생각하였다. 그러나 멜란히톤은 '그리스도는 빵과 포도주에만 임재하는 것이 아니라 성찬의 모든 행위 속에 임재하신다' 고 믿었다. 그는 '빵 속에' 가 아니라 '빵과 함께' 라고 말함으로써 '그리스도의 임재는 성찬의 행위와 함께 동시적으로 발생한다' 고 주장하였다. 더욱이 멜란히톤은 '그리스도의 몸은 그의 전위격(全位格)의 편재성(遍在性)[2]에 의하여 성찬에 실

---

1) 16세기 종교개혁자. 그는 서로 싸우던 종교개혁 집단들을 화해시키려고 노력하였고 칼빈주의의 발전에도 영향을 미쳤다.

2) "달리 말해서 그리스도의 몸은 단지 한 장소에만 있을 필요가 없다는 말이다, 그러므로 우리가 말하는 것은 그리스도의 몸이 다른 장소들에서도 동시적으로 함께 존재할

제적으로 임재한다'는 사실을 분명히 하였다.

1536년 멜란히톤은 그가 가르친 소위 '신인협동설'(*Synergismus*)[3] 때문에 루터파 내에서 공격을 받았다. 그 이유는 '행위가 구원에 필요하다'고 가르쳤기 때문이다. 그는 회심에는 말씀, 성령 그리고 인간의 의지가 함께 작용한다고 하였다. 멜란히톤은 생애 말년에 가신조(假信條) 협정[4]에 대한 논쟁과 새로 시작된 성만찬 논쟁으로 한층 더 곤란을 겪었다. "선행은 구원을 위해 필요하다"는 문구가 라이프치히 **가신조** 협정에 삽입되자 루터파 내의 반대자들은 1551년 멜란히톤의 친구이자 제자인 마요르(George Major, 1502-1574)를 공격하였다. 따라서 멜란히톤은 이 문구가 오해를 불러일으키기 쉬운 것을 알고는 가신조에서 삭제했다. 그러나 아무리 주의하고 자제해도 반대자들이 계속해서 그를 '신인협동설' 주창자이며 츠빙글리파라고 비난하는 일을 막을 수는 없었다.

종교개혁 운동에 있어서 멜란히톤의 중요성은 본질적으로 그가 루터의 사상을 체계화 시키고 공개적으로 변호하면서 종교교육의 기초로 삼았다는 사실이다. 이들 두 사람은 서로의 입장을 보완하여 신앙교육의 위대한 성과를 균형 있게 성취하였다. 멜란히톤이 종교개혁을 위하여 일하게 된 것은 루터의 촉구 때문이었으며 그의 본래 성향으로는

수 있다는 것이다. 비록 이것이 어떤 공간적인 형태로 이루어지든 아니면 신비적인 형태로 이루어지든지 간에, 결국 모든 장소에 그리스도의 인격이 동시에 한 가지로 나타난다".

3) 회심의 행위에 있어서 인간의 의지가 성령과 하나님의 은총과 협력할 수 있다고 하는 멜란히톤의 가르침. 그러나 멜란히톤은 회심의 제원인(諸原因)은 성령이며, 인간의 의지가 아니라고 주장함으로써 그의 반대자들이 그를 펠라기우스주의자라고 공격한 것에 대하여 반박하고 있다. 이 논쟁은 1577년 협화신조가 발행됨으로 종식되었다.

4) 종교개혁 시대에 자주 있었던 일로써 교회간의 신앙문제를 교회 회의에서 확정하기 전에 일시적으로 맺은 협정. 특히 아우구스부르크 가신조 협정(1548)과 라이프치히 가신조 협정(1548)이 유명하다. 라이프치히 가신조 협정은 칭의를 위해 어떤 종류의 선행을 통한 공로도 부정하였다. 그러나 그리스도의 공로와 약속을 위하여 하나님의 명령에 의한 선행의 필요성은 주장하였다.

인문주의 학자로 남았을 것이다. 루터의 영향이 아니었다면 그는 '제2의 에라스무스'가 되었을 것이다.

그러나 루터가 일반 대중에게 개혁의 불꽃을 일으킨 반면에 멜란히톤은 인문주의적 학식으로 지식층과 학자들에게 개혁의 공감을 불러일으켰다. 루터가 지닌 신앙의 영웅주의 외에도 멜란히톤의 다재다능(多才多能)과 침착함, 중용, 평화와 사랑의 자세가 종교개혁의 성공에 기여하였다.

II. 아우구스부르크 신앙고백서(Augsburger Konfession)

아우구스부르크 신앙고백서는 루터파 교회의 신앙고백서들 가운데 가장 중요한 의의를 가지고 있다. 1529년 여름(7월 26일-9월 14일)에 이미 쉬바바흐 신조(Schwabacher Artikel)라고 알려진 교리 해설문이 루터와 멜란히톤 등에 의해 준비되어 그해 10월에 제출된 일이 있었다. 그 후 추가로 비텐베르크 신학자들인 루터, 멜란히톤, 요나스, 부겐하겐에 의해 1530년 3월 27일 톨가우 신조(Tolgau Artikel)를 작센의 선제후 요한에게 제출하여 인준받게 되었다. 거기에다 마르부르크의 15개 조문이 참조되었다. 그 후 모든 루터교회를 위한 공동신조가 될 수 있는 신앙고백문을 작성하기로 작정하였는데 이에 앞서 로마교회 신학자 요한 엑크의 "404조 논제"가 공개되어 개혁자들의 입장을 불리하게 만들었다. 이러한 정황 속에서 멜란히톤은 개혁자들의 변증으로서 28개 조항의 아우구스부르크 신앙고백서를 만들게 되었다.

"아우구스부르크 신앙고백서"는 내용상으로 보면 쉬바바흐 신조가 그 첫 부분의 골자가 되었고 톨가우 신조가 둘째 부분의 중요 내용이 되었다. 루터는 당시 파문을 받았기 때문에 의회에 참석할 수 없었고 코부르크(Coburg) 성에 머물러 있으면서 서신으로 멜란히톤의 자문에 응하였다. 비록 루터 자신이 회의에 참석하지 못했고 또 직접 쓰지는 않았으나 그의 입장과 신학을 잘 말해주는 글이다. 멜란히톤은 1530년 6월 25일 칼 5세 황제에게 이 신앙고백서를 정식으로 봉정하기 바로 직전까지 교정과 수정을 가하였다. 일곱 명의 제후들과 자유도시 대표들에 의한 서명으로 마침내 이 고백서는 로마 가톨릭에 대항하여 하나의 개신교의 공적인 신앙고백서로서 특별한 위치를 차지하게 되었다.

아우구스부르크 신앙고백서는 다음과 같은 특색이 있다. 첫째, 루터의 강조점이 되었던 신앙에 의한 의인(義認)으로서 얻을 수 있는 구원의 강조, 자유의 소중성, 초대 기독교 정신의 계승이다. 둘째, 내용상으로 보아 결코 어떤 새로운 교리를 논하는 것이 아니라 지난 여러 세기를 걸쳐 교회가 가르쳐 온 기독교 신앙의 중심, 곧 예수 그리스도 안에서의 신앙에 의한 의인의 가르침과 성서의 기본적 교의를 재강조한 것이다. 셋째, 모든 항목의 시작은 우리는 "다음과 같이 가르칩니다"(*es wird gelehret*)라는 문장으로 시작된다. 이러한 특징을 가지고 있는 신앙고백문의 내용은 다음과 같다.[5]

서문(생략)

제1조 하나님에 관하여(Von Gott)

우리 교회는 일치하여 다음과 같이 가르친다. 이른바 하나님의 본질의 통일과 세 위격에 관하여 니케아 회의에서 정한 신조는 참된 것이므로 의심 없이 믿어야 한다. 즉 영원하시며, 형체가 없으시고, 분리되지 않으시고, 무한한 능력과 지혜와 선하심을 가지시고, 보이는 것과 보이지 않는 만물의 창조자와 보존자이신 하나님의 유일한 신적 본질이 존재한다. 그러면서도, 같은 본질과 능력을 가지시고, 아울러 함께 영원하신 성부와 성자와 성령이신 세 위가 있다. 이러한 조항에 반대하는 마니교, 발렌티누스파, 아리우스파, 유노미어스파 그리고 마호메트 교도들을 정죄한다.

---

5) Hans Lietzmann, *Die Bekenntnisschriften der evangelisch-lutherischen Kirche*, 50-137.

제2조 원죄에 관하여(Von der Erbsünde)

우리 교회는 또한 다음과 같이 가르친다. 아담이 타락한 이래 자연적인 방법으로 출생한 모든 인간은 죄를 지니고 태어난다. 곧 하나님을 두려워하지 않고 그를 신뢰하지 않으며, 정욕을 가지고 있다는 점이다. 이 죄가 세례와 성령으로 거듭나지 않은 사람들을 정죄하며 영원한 죽음을 가져오게 한다. 우리 교회는 펠라기우스파를 정죄하는데, 그 이유는 그들이 생래(生來)의 악이 죄라는 것을 부인하며 자기의 힘과 이성으로 하나님 앞에 의롭게 될 수 있다고 주장하기 때문이다.

제3조 하나님의 아들에 관하여(Von dem Sohne Gottes)

말씀 곧 하나님의 아들은 축복받은 동정녀 마리아에게서 태어났으며 한 위격 안에 분리될 수 없는 두 본성인 신성과 인성을 가지고 계신다. 이 한 분 그리스도께서는 참 신이시고 참 인간이시다. 그는 성부 하나님과 우리 인간들을 화해시키시고 원죄뿐만 아니라 인간들의 모든 실제적인 죄로 인해 십자가에 죽으시고 음부에 내려가셨다가 삼 일 만에 확실히 부활하셨다. 그 후에 그는 아버지의 우편에 앉으셔서 영원히 통치하시고 그를 믿는 자들의 마음 가운데 성령을 보내어 악마와 죄의 힘에 대항하여 그들을 지키게 하셨다. 사도신조에 나오는 것처럼 그리스도는 산 자와 죽은 자를 심판하시기 위하여 다시 오실 것이다.

제4조 의인에 관하여(Von der Rechtfertigung)

하나님 앞에서 의롭다 함을 얻는 것은 인간의 업적과 공로로서가 아니라 하나님의 은혜로서 가능하고 우리의 죄를 죽음으로 대신하신 예수 그리스도를 믿음으로써 의롭다 함을 얻을 수 있는 것이다.

제5조 교직에 관하여(Vom Predigtamt)

우리가 믿음을 얻기 위해서 복음을 가르치고 성례전을 집행해야 하는 교직이 제정되었다. 그것은 성령께서 말씀과 성례전이라는 기구를 통해서 주어지기 때문이다. 성령은 하나님을 기쁘시게 하는 장소와 시간 가운데

임하시게 되며, 복음의 말씀을 듣는 사람들의 마음속에 신앙을 일으켜 의로움을 주신다. 여기서 우리는 재세례파(Wiedertäufer)를 정죄하는데 이들은 성령이 외적인 말씀 없이 인간 자신의 준비와 공적을 통하여 사람들에게 주어진다고 보기 때문이다.

제6조 새로운 복종에 관하여(Vom neuen Gehorsam)

이 믿음은 반드시 좋은 열매를 맺게 되며 또한 하나님께서 명령하신 선을 행할 필요가 있다고 본다. 이렇게 행하는 것은 하나님의 뜻이며 결코 우리가 하나님 앞에서 의롭게 된다는 것은 아니다. 죄의 용서와 의인이 믿음에 의하여 가능하기 때문이다. 교부 중 암부로시우스는 "우리의 공적 없이 믿음으로서만 구원받는 것은 하나님의 정하신 뜻이다"라고 말한다.

제7조 교회에 관하여(Von der Kirche)

유일하고 거룩한 교회는 영원히 계속될 것이다. 복음을 순수하게 가르치고 성례전을 올바로 집행하는 성도의 회중이 교회이다. 교회의 참된 통일을 위해서는 복음의 가르침과 성례전의 집행에 관하여 일치하는 것으로 족하다. 인간의 전통, 곧 인간에 의하여 제정된 의식과 예식이 어디서나 같아야 할 필요는 없다.

제8조 교회란 무엇인가?(Was die Kirche sei)

교회가 원래 성도들과 참된 신자들의 회중이지만 현세에 있어서 많은 위선자들과 악한 사람들이 신자들 가운데 섞여 있으므로 악한 사람이 집행하는 성례전도 유효하다고 할 수 있다. "서기관들과 바리새인들이 모세의 자리에 앉았으니…"(마태 23:2)라고 그리스도께서 말씀하신대로다. 성례전과 하나님의 말씀은 비록 악한 사람들에 의해 집례된다 해도 효과는 있다. 그리스도께서 친히 제정하시고 명령하신 것이므로 이것을 제공하는 사람의 가치에 따라서 효과 있게 될 수는 없다. 우리 교회는 도나투스(Donatus)파와 이런 유(類)의 사람들을 정죄한다. 이들은 교회에서 악한 사람들의 교직을 허용하는 것이 합당하지 않다고 주장했으며, 또한 악한 사람들의 교직은 무익하고 전혀 무효한 것이라고 생각한다.

제9조 세례에 관하여(Von der Taufe)

세례는 구원을 위하여 필요하며, 세례를 통하여 하나님의 은총이 인간에게 주어진다. 그리고 아이들도 세례를 받아야 한다. 세례를 통하여 하나님께 바쳐진 아이들은 하나님의 은총 가운데 참여하게 된다. 우리 교회는 유아세례를 거부하고 유아들은 세례 없이 구원 받는다는 재세례파 사람들을 배격한다.

제10조 성만찬에 대하여(Vom heiligen Abendmahl)

그리스도의 살과 피가 참으로 임재하며 성만찬을 받는 사람들에게 분배된다고 가르친다. 아울러 우리 교회는 이와 달리 가르치는 사람들의 주장을 거부한다.

제11조 죄의 고백에 관하여(Von der Beichte)

고백할 때에 모든 죄를 낱낱이 열거할 필요는 없으나 개인적인 사면(赦免, *absolutio privata*)은 교회에서 보존되어야 한다. 왜냐하면 "자기 허물을 능히 깨달을 자 누구리요?"(시편 19:12)라고 시편에 기록되어 있듯이 모든 죄를 열거하기란 불가능한 일이기 때문이다.

제12조 회개에 관하여(Von der Busse)

세례를 받은 후에 타락한 사람들을 위해서 언제든지 그들이 회개할 때 죄의 용서가 있다. 그리고 교회는 이와 같이 회개하는 사람을 사면해야 한다. 회개는 원래 다음의 두 가지 부분으로 성립된다. 하나는 통회인데 죄를 알게 되어 양심에 찔림을 느끼는 공포이며, 다른 하나는 믿음이다. 이 믿음은 복음이나 죄의 용서에서 유래하며 그리스도로 인하여 죄 사함을 받는 것을 믿고 양심을 위로하며 공포로부터 양심을 해방시킨다. 이리하여 회개의 열매인 선행이 반드시 따라 오게 된다.

우리 교회는 한 번 의롭게 된 사람이 성령을 상실할 수 있다는 것을 부인하는 재세례파를 배격하며, 아울러 어떤 부류의 사람들은 이생에서 죄를 범할 수 없을 만치 아주 완전하게 될 수 있다고 주장하는 사람들도 배격한다. 그리고 세례를 받은 후에 타락한 사람들이 비록 회개한다 할지라도 그들을 사면하지 않는다고 하는 노바티우스(Novatius)파도 정죄한다.

제13조 성례전 사용에 관하여(Vom Gebrauch der Sakrament)

성례전은 사람들 가운데서 단순히 신앙고백의 표시가 되게 할 뿐만 아니라 특히 우리에 대한 하나님의 뜻의 표시와 증거가 되게 하기 위하여 제정되었으며 또한 성례전을 사용하는 사람들에게 믿음을 일깨우고 굳게 하기 위하여 제정되었다. 그러므로 우리는 성례전을 통하여 주어지고 선언되는 약속을 믿을 수 있는 믿음이 더하도록 역시 성례전을 사용해야 한다.

그러므로 우리 교회는 성례전이 그의 외적인 행위(*ex opere oper-ato*)로써 의롭게 한다고 가르치며 성례전을 사용할 때 죄의 용서를 믿는 믿음이 필요하다고 가르치지 않는 사람들을 배격한다.

제14조 교회의 직제에 관하여(Von Kirchenregiment)

우리 교회는 누구나 정식으로 부름받지 않은 사람이 아니면 교회에서 공적으로 가르치거나 성례전을 집행하지 못한다고 가르친다.

제15조 교회의 규정들에 관하여(Von Kirchenordnungen)

특별한 성일과 축일 같은 것은 죄와는 관계없이 지킬 수 있으며, 또한 교회 내의 평화와 좋은 질서를 유지하기 위하여 유익한 것은 지켜야 한다고 말한다. 그렇지만 이것들을 지키는 것이 마치 구원을 위하여 필요한 것처럼 여겨 양심을 억압해서는 안 된다고 경고한다. 그리고 하나님을 달래며 그의 은총을 얻을 수 있도록 만들고 또한 죄를 보상하기 위하여 제정된 인간의 전통은 모두 복음과 믿음의 교리에 배치되는 것이라고 역시 경고한다. 그러므로 은총을 자력으로 얻어 보려는 것이나, 죄를 보상하기 위하여 제정된 식물이나 특정일 같은 것에 관한 서약과 전통은 무용하며 복음에 배치되는 것이다.

第16조 사법(司法)과 세속 직무에 관하여

(Von der Polizei und weltlichem Regiment)

공민 생활(公民生活)에 대한 합법적인 규정들은 하나님의 선하신 업적이다. 크리스천이 공직을 가지고 재판장이 되거나, 국법이나 다른 현행 법령에 따라 사건을 판결하고, 정당한 벌을 주고, 정당한 전쟁에 종군하고, 군인으로서 봉사하고 법적인 계약을 체결하고, 재산을 소유하고 재판관이 요구할 때 서약하고 또한 자녀들을 혼인하게 하는 일 등은 모두 정당한 일이다. 우리 교회는 크리스천에게 이러한 공직을 금하는 재세례파를 배격한다.

第17조 심판을 위해 오실 그리스도의 재림에 관하여

(Von der Wiederkunft Christi zum Gericht)

그리스도께서 세상 끝 날에 심판하시기 위하여 나타나셔서 모든 죽은 자들을 일으키실 것이다. 그는 경건하고 선택받은 자들에게는 영원한 생명과 기쁨을 주실 것이지만 불경건한 자들과 악마들에게는 끝없는 고통을 받도록 정죄하실 것이다.

우리 교회는 정죄받은 자들과 악마에게 주어지는 징벌에 끝이 있을 것이라고 생각하는 재세례파 사람들을 배격한다. 그리고 우리는 죽은 자들이 부활하기 전에 경건한 자들이 세상 나라를 점유하고, 불경건한 자들은 어디서나 억압당한다는 유대교적인 견해를 유포시키는 사람들 역시 정죄한다.

第18조 자유의지에 관하여(Von freien Willen)

인간의 의지는 사회 정의를 택하고 이성이 파악할 수 있는 일들을 행할 수 있는 자유를 어느 정도 가졌다고 본다. 그러나 인간의 의지는 성령 없이는 결코 하나님의 의, 곧 영적인 의를 행할 능력을 갖지 못한다. 왜냐하면 자연인은 하나님의 영적인 일을 파악하지 못하기 때문이다. 하나님의 의는 말씀을 통하여 성령을 받을 때 마음속에서 이루어지는 것이다.

어거스틴은 다음과 같이 말한다. 즉 모든 사람은 이성의 판단 기능인 자유의지를 가지고 있다는 것을 인정한다. 그러나 그것으로 할 수 있는 모든 일들은 이 세상에 관계된 일이지 하나님에 관계된 일을 하는 것은 하나님의 의지가 없이는 안 된다는 것이다.

우리 교회는 펠라기우스파 및 그와 유사한 파들을 정죄한다. 그들은 성령 없이 자연적인 능력만 가지고 하나님을 사랑할 수 있고, 또한 행위의 본질에 미칠 수 있는 정도까지 하나님의 계명을 행할 수 있다고 가르친다.

제19조 죄의 원인에 관하여(Von Ursache der Sünde)

하나님께서는 자연을 창조하시고 보존하시지만, 죄의 원인은 악한 자 곧 악마와 불경건한 자들에 의해 된 것이다. 하나님의 도움을 받지 않으면 악인의 의지는 하나님을 배척한다.

제20조 믿음과 선행에 관하여(Vom Glauben und guten Werken)

우리의 행위는 인간을 하나님과 화해시키거나 죄의 용서, 은총 및 의를 얻게 하지 못한다. 이것은 홀로 아버지 하나님과 화해시키시기 위하여 중보자와 화해자가 되신 그리스도로 인하여 은총 가운데 받는다는 것을 믿을 때 그 믿음에 의해서만 얻게 된다. 그러므로 행위로 하나님의 은총을 얻게 된다고 자신하는 사람은 누구나 그리스도의 공적과 은총을 무시하게 되는 것이다.

우리 교사들은 선행으로 은총을 얻는다는 기대에서가 아니라, 하나님의 뜻이기 때문에 선을 행할 필요가 있다고 가르친다. 죄의 용서를 받을 수 있는 것은 다만 믿음뿐이며, 그 밖에 아무것도 있을 수 없다. 그리고 성령이 믿음을 통해 주어지기 때문에 우리의 마음은 새로워지고 선을 행할 수 있도록 새로운 의향을 가지게 된다. 암부로시우스는 "믿음은 선한 의지와 바른 행위의 어머니이다"라고 말한다.

제21조 성자숭배에 관하여(Vom Dienst der Heiligen)

성자들의 유물은 우리가 각기 맡은 직책에 따라 그들의 믿음과 선행을 본받도록 우리 가운데 기념으로 둘 수 있다. 그러나 성서는 우리 앞에 중보자, 화해자, 대제사장 및 중재자로서 그리스도 한 분만을 두며, 성자에게 기도드리거나 성자의 도움을 구하는 것을 가르치지 않는다. 우리는 그리스도에게 기도드려야 한다. 그는 우리의 기도를 들어 주시겠다고 약속하셨다.

제22조 성만찬의 두 형태에 관하여
(Von beider Gestalt des Sakrament)

성찬의 배찬에 있어서 떡과 포도주 두 가지를 평신도에게 주도록 되어 있다. 이런 관습을 따르는 것은 “너희가 다 이것을 마시라”(마태 26:27)는 주님의 명령에 의한 것이다. 이 말씀 가운데서 그리스도께서는 모든 사람이 마셔야 할 잔에 대하여 분명히 명령하신다. 그리고 이것은 사제들에 대해서만 말하는 것이라고 누구든지 말하지 못하도록 하기 위하여 바울은 고린도전서 11장 20절 이하에서 모든 회중이 두 가지를 사용한 것으로 생각되는 한 예를 들어주고 있다. 이 관습이 교회에서 오랫동안 존속해 왔으나 어느 때에 또는 누구에 의하여 변화되었는지는 알려져 있지 않다.

제23조 사제의 결혼에 관하여(Vom Ehestand der Priester)

욕망을 제어하지 못한 사제들에 관하여 공통적인 불평이 있었다. 그러한 이유로 교황 피우스 2세(Pius II, 1458-1464년)가 사제들에게 결혼을 금한 어떤 이유가 있었으리라 보겠다. 그러나 플라티나(Platina, 이탈리아의)는 이런 취지로 기록해 준다. 우리 사제들은 이러한 공공연한 추문을 피하려 하기 때문에 아내를 얻었으며, 결혼을 하는 것이 그들에게 합당한 일이라고 가르쳤다. 첫째로 바울이 고린도전서 7장 2절과 9절에서 말하기를 “음행의 연고로 남자마다 자기 아내를 두라”고 하며 또한 “정욕이 불같이 타는 것보다 혼인하는 것이 나으니라”고 하였다. 둘째로 그리스도께서 마태복음 19장 11절에서 말씀하시기를 “사람마다 이 말을 받지 못한다”고 하심으로써 모든 사람이 독신 생활로 지내는 것이 적합하지 않다고 가르치신다. 왜냐하면 하나님은 번성하게 하시기 위하여 인간을 창조했기 때문이다(창세 1:28). 더욱이 하나님의 특별한 은사와 역사(役事) 없이 인간의 힘으로 그 자신의 피조성을 변경시킬 능력이 없다. 그러므로 독신으로 지내는 것이 적합하지 않는 사람들은 결혼을 해야 한다. 인간의 어떤 법이나 서약도 하나님의 계명과 제도를 무(無)로 돌리지 못하기 때문이다. 이러한 이유로 사제들은 아내를 얻는 것이 그들을 위하여 합당한 일이라 가르친다.

고대의 교회에서는 사제들이 결혼한 남자들이었음이 분명하다. 바울 사도가 디모데전서 3장 2절에서 말하기를 "감독은 한 아내의 남편이 되며"라고 한 것을 보아도 알 수 있다. 그리고 독일에서는 불과 400년 전에 비로소 사제는 독신생활로 지내야 한다고 무리하게 강요받았다.

제24조 미사에 관하여(Von der Messe)

우리의 교회는 미사를 폐기했다고 그릇되게 비난을 받고 있다. 사실은 미사가 우리 가운데서 보존되고 있으며 최고의 존경을 받으면서 거행되고 있다. 대부분의 관습적인 의식들도 보존되고 있으며, 다만 라틴어로 된 노래 부분들만이 여기 저기 독일어로 옮겨졌을 뿐이다. 그것은 민중을 가르치기 위하여 첨부한 것이다.

미사가 부끄러울 정도로 속화했고 또한 돈벌이로 이용되어 왔다는 것이 오랜 동안 선량한 사람들의 공공연하고 매우 슬픈 불평이 되어 왔음은 사실이다. 왜냐하면 이런 악폐가 모든 교회에 얼마나 널리 퍼져 있고, 어떠한 사람들에 의해 미사가 단순히 수입과 급료만을 위하여 거행되며 또한 얼마나 많은 사람들이 교회 법규에 어긋나게 미사를 행하는지 잘 알려져 있기 때문이다. 그러나 바울은 성만찬을 적합하지 않게 취급하는 사람들을 엄히 경고하여 말하기를 "누구든지 주의 떡이나 잔을 합당치 않게 먹고 마시는 자는 주의 몸과 피를 범하는 죄가 있느니라"(고전 11:27)고 하였다. 그러므로 사제들이 이러한 죄에 대하여 경고했을 때 보통미사(missa privata, 사제가 개인적으로 매일 행하는 미사)는 돈벌이 수단으로 거행했기 때문에 폐기시켰다.

제25조 죄의 고백에 관하여(Von der Beichte)

우리의 교회는 죄의 고백에 관하여 죄를 일일이 열거할 필요가 없고, 또한 모든 죄를 세심하게 열거하는 번뇌로써 양심을 무겁게 해서는 안 된다고 가르친다. 그 이유는 모든 죄를 세밀히 서술한다는 것이 불가능한 일이기 때문이다. 만일 자세하게 고백된 죄만 용서받는다면 양심은 항상 불안할 것이다. 많은 죄들은 볼 수 없고 기억할 수도 없다. 고대 저술가도 죄를 일일이 열거할 필요가 없다고 증언한다. 교부 크리소스톰은 "네 죄는 기도로써 참 심판자이신 하나님 앞에서 고백하라. 네 과오는 혀로 하지 말고, 네 양심의 기억으로 고백하라"고 하였다. 그리고 교회 법규 주석서 난외의 주(註)에도(참회에 관하여: *De Poenitentia, Dist*. V. chap. "Consideret") 죄의 고백은 성서가 명령한 것이 아니고 교회가 제정한 인간의 권리에 속한 것으로 되어 있다.

제26조 음식물의 구분에 관하여(Von Unterschied der Speise)

음식물의 구별이나 그와 비슷한 전통이 하나님의 은총을 얻는 데 유익한 업적이고 또한 죄를 보상할 수 있다는 점은 교회에서 가르치는 사람들의 공통된 의견이었다. 새로운 의식과 새로운 종교제도와 새로운 축일과 새로운 금식이 제정되었고 교회의 교사들은 하나님의 은총을 얻기 위한 필요한 예배로서 이러한 행위를 엄격히 시행하였다.

여러 가지 전통에 대한 견해로 교회 안에 많은 해로운 일들이 생겨났다. 첫째는, 은총의 교리와 믿음의 의에 관한 교리가 이것으로 불분명하게 되었다. 둘째로, 이러한 전통은 하나님의 계명을 흐리게 하였다. 왜냐하면 전통은 하나님의 계명보다 훨씬 높은 자리를 차지하고 있었기 때문이다. 셋째로, 전통은 양심에 더 큰 위험을 가져왔다. 왜냐하면 모든 전통을 지킨다는 것은 불가능한 일임에도, 사람들은 이러한 전통의 준수가 필요한 예배 행위가 된다고 판단했기 때문이다.

그러나 우리의 교사들은 인간의 전통 준수로 인해 은총을 얻거나 의롭게 될 수 없다고 가르쳤다. 따라서 우리는 이러한 전통의 준수가 필요한 예배 행위라고 생각해서는 안 될 것이다.

제27조 수도사의 서약에 관하여(Von Klostergelübden)

수도사의 서약에 대해서 말하자면 원래 어거스틴 당시 수도원은 자발적인 공동 집단체였다. 후세에 이르러 규율이 퇴폐(頹廢)해졌을 때 이 규율을 회복시키기 위하여 여러 가지 서약이 첨가되었다. 그리하여 결과적으로는 수도원이 짜임새 있게 설계된 감옥처럼 되었다. 그 후 점점 서약 이외에도 여러 가지 지켜야 할 종교상의 의식들이 가해졌다. 이런 속박의 조건들이 교회의 법규에 반하여 많은 미성년자들에게도 굴레를 씌우게 되었다. 결과적으로 불행과 부덕한 추문이 생기게 되었다.

지난날에는 수도원들이 성서 연구의 학원이었고 기타 교회에 유익한 학문의 전당이었다. 그리고 목사와 감독들을 배출하기도 하였다. 과거에는 사람들이 배우기 위하여 수도원에 모여 들었다. 그러나 오늘날에는 수도원 생활이 하나님의 은혜와 의를 얻기 위하여 설정된 것처럼 보이게 되었다.

우리의 가르침은 다음과 같다.

첫째, 결혼하려는 사람들에게 우리는 이렇게 가르친다. 즉 독신생활을 하기에 합당치 못하는 사람은 결혼하는 것이 당연하다고 본다. 그것은 어떤 서약도 하나님의 명령과 제도를 무효로 만들 수 없기 때문이다. "음행의 연고로 남자마다 자기 아내를 두고…"(고전 7:2)라는 말씀은 하나님의 명령이다. 이것은 단순한 명령일 뿐만 아니라 하나님에 의해 창조된 제도이다.

둘째로, 청년 남녀들은 그들의 판단력이 성장하기 전에 이미 서약하도록 설득을 당하며, 때로는 강제로 행하도록 만들어졌다. 자발적으로 심사숙고하여 서약하는 것이 아닐진대, 그 서약의 의무를 지나치게 강조하는 것은 정당하다고 볼 수 없다. 서약의 본질에 반대할 수 있는 권리는 만인에게 허락되어 있다.

교회의 많은 법규들은 15세 이전에 행한 서약을 무효로 돌리고 있다. 수년을 더 추가하여 18세 전에 행하는 서약을 금하고 있다. 대다수의 수도사들은 수도원을 떠나려는 이유를 가지고 있었다. 본래 그들 대부분은 적령기에 도달하기 전에 서약을 했기 때문이다.

제28조 교권에 관하여(Von der Bischöfen Gewalt)

감독의 권한에 대해 큰 논쟁이 벌어졌고 감독 중에 더러는 교회의 힘과 무력을 부당하게 사용하기도 하였다. 교권과 세속권을 혼동하여 사용함으로 큰 전쟁과 소동이 일어났다. 다른 한편 교황들은 그리스도에 의해 주어진 이른바 열쇠의 힘에 의지하여 예배의 새로운 형태를 제정하고, 사면 선언의 보류와 포학(暴虐)한 파문에 의해 양심을 괴롭게 했을 뿐만 아니라, 이 세상의 왕국을 마음대로 이양하며 제왕의 주권을 탈취하려고 시도하였다. 오래 전부터 경건한 학자들에 의해 이런 비행들이 규탄받아 왔다.

그러므로 교회의 권력과 세속 정부의 권력을 혼동해서는 안 된다. 교회의 권력은 복음을 증거하고 성례를 집행할 사명을 위임받고 있다. 교권이 다른 분야의 직무를 침범하거나, 이 세상 나라를 변혁시키거나 위정자의 법률을 폐지하거나, 합법적인 복종을 폐기시키거나, 어떤 행정 규정이나 제약에 관계된 판결에 대하여 간섭하거나, 어떤 형태의 국가가 세워져야 할 것이라는 점에 관한 법률을 위정자에게 지령하는 일이 있어서는 안 된다. 국가 행정권은 교회의 통치권으로부터 구별되지 않으면 안 된다.

제9장 츠빙글리의 종교개혁

I. 츠빙글리

츠빙글리(Zwingil, Huldrych, 1484. 1. 1-1531. 10. 11)는 1484년 1월 1일 토겐부르크(Toggenburg) 주의 빌트하우스(Wildhaus)의 부요한 가문에서 출생하였다. 그는 신앙심이 깊은 부모와 베젠(Wesen)의 공작인 숙부에게서 가톨릭 종교교육을 받았다. 츠빙글리는 어려서부터 정직성을 가졌다. 1494년 10세 때 그는 베젠에서 바젤(Basel)에 있는 라틴어 학교로 보내졌다. 그는 이곳에서 세 가지에 뛰어났다. 곧 라틴어 문법, 음악, 변증학이었다. 1498년 그는 베른(Bern) 대학에 입학하였다. 츠빙글리는 하인리히 뵐프린(Heinrich Wölflin) 밑에서 공부하였는데 뵐프린은 그 당시 최대의 고전학자요, 스위스의 라틴어 시인이었고 1522년에 종교개혁 운동을 따랐던 인물이었다. 1500-1502년 동안에 츠빙글리는 비엔나(Vienna) 대학에서 공부하였는데 이 대학은 막시밀리안 황제의 후원 아래 특출한 인문주의자들, 즉 코르비누스(Corvinus), 켈테스(Celtes), 쿠스피안(Cuspian)의 노력에 의해 고전 학문의 중심지가 되었다. 그는 스콜라 철학, 천문학, 물리학을 연구했으나 주로 고전(古典)을 다루었고, 음악의 재능을 개발하였다. 그는 상당한 기술로 서너 가지 악기를 다루었다(lute, harp, violin, flute, dulcimer - 작은 망치로 소리를 내는 세모꼴의 고대 현악기, hunting hore - 사냥용 나팔). 츠빙글리의 교황 측 반대자들은 후에 그를 조소하여 "복음적 루트(lute) 연주자, 파이프, whistler 연주자"라고 불렀다. 1502년 바젤로 다시 돌아가 성 마틴(Martin)학교에서 라틴어를 가르쳤다. 고전을 계속 연구하여 1506년에 문학석사 학위를 받았다(석사 울리히로 호칭).

글라루스(Glarus)에서의 츠빙글리: 그는 콘스탄츠(Constance)의 감독에 의해 사제직을 받았고 글라루스의 목회자로 임명받았다. 1506-1516년까지 10년 동안 봉직하였다. 이 기간에 그는 설교, 교육, 목회, 조직적인 연구 활동을 하였다. 그는 '선생 없이도' 헬라어를 이해하기 시작하였다. 헬라어로 된 신약성서를 연구하였고 마침내 헬라어 교수로 정평을 얻었다. 히브리어는 취리히에서 연구하였다. 그는 열심히 고전 헬라어와 로마 철학자들, 시인들, 웅변가들, 역사학자들에 대한 것을 많이 읽었다. 1516-1518년에 그는 아인지델른(Einsiedeln)으로 옮겼고, 1519년에 취리히로 갔다. 그는 글라루스에 거주할 때 에라스무스(Erasmus)와 교제하였고, 1522년에 에라스무스를 취리히에 안주(安住)하도록 초청하였다. 그러나 에라스무스는 거절하였다.

츠빙글리는 루터와 같이 심각한 종교적 체험이 없었으나 1519년 페스트에 전염되었다가 구사일생으로 살아 남았다(칠천 여 명의 도시 인구 중 1/3이 사망). 이것이 계기가 되어 종교개혁 운동에 대한 소명감을 갖게 되었고 교회의 개혁을 실시하였다. 지식적 비판에 의해 종교개혁 사상을 품은 것이지만, 루터보다 더 문예부흥 사상이 강했다. 그는 이탈리아 스위스의 용병 부대 군목으로 참전하였다.

1519-1522년 취리히의 인구는 7,000여 명의 소도시였지만 정치상 중요한 곳이었다. 도시는 부요하였고 시민의 지식은 높고 진보적 기상

이 강하였다. 츠빙글리 사상은 처음에는 루터와 상관없이 일어났으나 루터의 토론이 어느덧 이곳까지 전해져 츠빙글리도 적지 않은 감화를 받았다.

그의 주장은 금식을 반대(1522년)하고 성직자의 독신 철폐를 청원하였으며(1522년) 성서만이 신자에게 구속력을 지녔다는 신념을 가졌다. 성서만이 최고의 권위를 가진다. 츠빙글리는 종교개혁 사상을 지닌 67개 논제를 제출(1523년 1월)하여 로마 가톨릭 교회와의 논쟁에서 승리하고 취리히를 프로테스탄트 도시로 만들었다. 뒤에 나오지만 67개 논제 핵심은 다음과 같다: 그리스도는 구원자요, 중보자다. 구원은 믿음으로 가능하다. 신앙의 규율로서 오직 하나님의 말씀이 최고 권위를 가진다. 교황의 수위(首位)권을 인정할 수 없다. 미사는 희생제사가 아닌 그리스도의 죽음의 기념이다. 성자에게 기도하는 것이나 성상 사용을 폐지해야 한다. 인간 행위의 공적, 금식, 순례, 수도사 서약, 독신, 연옥 등은 인간이 발한 비성서적인 명령이다.

변론 결과 취리히 주(州) 정부는 츠빙글리의 승리를 선포하였고 츠빙글리는 계속 설교할 수 있도록 허락을 받았다.

1523년 10월 두 번째 논쟁 - 성상 사용과 미사의 희생적 성격을 공격하였다.

1524년 1월 세 번째 논쟁 - 구교 지도자들은 신교를 신봉하거나 추방 당하였다.

1524년 4월 2일 - 안네 라인하르트(Anne Reinhard)라는 미망인과 공개 결혼하였다.

1524년 6 - 7월, 성상, 유물, 오르간 사용을 금지하였고, 12월 수도원 재산을 몰수하여 학교를 설립하였다.

1525년 미사는 수난주간까지만 시행하고 그 후로 폐지하였고, 감독 관할을 폐지했으며, 예배에서 독일어를 사용하였고, 설교를 중시하고 성체 의식은 폐지하였다.

1527년 이후 스위스 내에 츠빙글리파와 로마 가톨릭파와의 전쟁이 벌어졌다.

1529년 10월 마르틴 루터와 마르부르크에서 성찬 논쟁을 벌였다.

1531년 10월 11일 로마 가톨릭 주군(州軍)과 전쟁, 카펠(Kappel)에서 대패하여 전사하였다. 그 후 불링거(Heinrich Bullinger)가 계승하였다.

스위스는 군소 주(州, Kantone=canton)들로 구성되었다. 모든 스위스 칸톤들은 츠빙글리가 이들을 끌어들이기 위해 거듭 노력했음에도 불구하고 취리히에서 활동한 그를 지지하지 않았다. 그의 호소는 스위스의 연방 내에서 중앙집권화를 획책하는 것으로 오인 받아 분개를 일으켰다(Luzern, Zug, Unterwalden 등 가톨릭 지역).

용병 반대 문제: 츠빙글리는 애국심을 발휘해 용병을 반대하였다. 그러나 농사가 잘 되지 않는 지역은 용병으로의 복무가 최대 수입이었다. 산림 5개 주(Urkantone)는 경제위기로 취리히의 개신교회를 반대하였다. 오스트리아는 스위스가 강력한 중앙집권화 되는 것을 원치 않았다. 그래서 가톨릭 칸톤을 지원하게 되었다. 1차 전쟁은 츠빙글리가 승리(1529년)하였고, 2차 때는 츠빙글리가 전사하였다(1531년).

카펠(Kappel)의 제1 조약: 1) 산림지역 주는 배상금을 지불한다. 2) 각 주의 신앙은 다수로 결정한다. 3) 종교상의 문제로 분쟁하지 말 것.

1531년 산림지역 주들이 조약을 어기고 군사 8천 명으로 취리히를 급습하였다. 개혁 도시들이 대항했으나 대패하여 츠빙글리는 전사하였다.

카펠(Kappel)의 제2 조약: 1) 개혁도시의 주는 배상금을 지불할 것. 2) 5개 산림 주는 로마 가톨릭을 신봉한다.

Ⅱ. 츠빙글리의 신학[1)]

츠빙글리의 교리적 작품은 로마 가톨릭과 루터파와 구별되는 독특한 개혁신학의 근원이 들어 있다. 그리고 칼빈파와도 구별되는 서너 가지 근본적 형태가 있다. 그는 다른 모든 종교개혁자들과 마찬가지로 초대교회 공의회의 중요 신조들과 정통 삼위일체 교리를 받아들였다. 또한 그리스도의 신성과 인성을 인정하였다. 그는 루터와 마찬가지로 중세의 스콜라 신학을 배제하였다. 그러나 성찬론과 실제적 임재론의 교리에서는 루터보다 전통적(가톨릭) 신학으로부터 더 멀리 떨어졌다. 츠빙글리는 칼빈보다 덜 조직적이고 덜 엄격하다. 그의 신학은 합리적인 초자연주의의 체계이고 명백히 신비주의를 배격한다. 그러나 그의 신학은 단순하고 온건하며 실제적이다. 그의 신학의 주류는 구원론적으로 다음과 같은 원칙에 서 있다.

첫째, 성서만이 구원을 위한 유일하고 확실한 길이다. 이에 따라 인간들이 조작한 전통은 배격된다.

둘째, 그리스도만이 하나님과 인간 사이의 유일한 구원자요, 중보자이시다. 이에 따라 인간적인 중보나 성자숭배가 배격된다.

셋째, 그리스도만이 가시적, 불가시적 교회의 유일한 머리이시다. 이에 따라 교황의 권리가 배격된다.

넷째, 성령의 역사와 구원하시는 은혜는 가시적 교회만으로 제한된 것이 아니다. 이에 따라 배타성의 원리가 배격된다.

1. 67개 개혁 논제

1523년의 츠빙글리의 개신교 사상의 '67개 논제'는 다음과 같다.[2)]

---

1) Philip Schaff, *History of the Christian Church,* Vol. VIII, 89-97 참조.

2) Heiko A. Oberman, *Die Kirche im Zeitalter der Reformation* III, Kirchen-und Theologiegeschichte in Quellen, Band III, 96-100.

1. 모든 사람이 교회의 허가 없이는 복음의 효력이 없다고 말하는데 그것은 잘못된 것이고 하나님을 욕되게 하는 것이다.
2. 복음의 진수(眞髓)는 하나님의 진정한 아들, 우리 주 예수 그리스도가 성부 하나님의 뜻을 우리에게 계시한 것이요, 그의 순결로 우리를 영원한 죽음으로부터 구속하였고 우리를 하나님과 화해시킨 것이다.
3. 그러므로 그리스도는 지금까지 살았던 모든 사람, 지금 살아 있는 사람, 앞으로 살 어떤 사람일지라도 모든 이에게 유일한 구원의 길이다(요한 14:6).
4. 누구든지 또 다른 문을 찾든지 가르치는 자는 오류를 범하는 자요, 영혼의 살인자요, 강도이다(요한 10:1).
5. 그러므로 다른 교리를 복음과 같다거나 더 낫게 여기는 자들은 오류에 빠지는 자들이다. 그들은 복음이 무엇인지 모르는 사람들이다.
6. 왜냐하면 예수 그리스도는 하나님께서 인류에게 약속하고 보내주신 만민의 명령자와 인도자이기 때문이다(이사 55:4).
7. 그리스도는 그의 몸을 이루는 모든 신자들의 머리이시다(에베 1:22 이하). 그러나 그가 없이는 몸은 죽은 것이다(요한 15:5).
8. 이 머리 안에 사는 모든 자들은 그의 지체요, 하나님의 자녀들이다(요한 1:12). 그리고 이것이 교회요, 성도들의 교제요, 그리스도의 신부(에베 5:25 이하, 참조 계시록 21:2)이며 곧 가톨릭 교회다(*Ecclesia catholica*).
9. 육적 지체가 머리 없이 수행할 수 없는 것처럼 그리스도의 머리 없이는 어느 누구도 그리스도의 몸을 이룰 수 없다.
10. 만약에 머리 없이 지체들만 행하는 것은 사람들에게 악한 것을 짐 지우는 것과 같다. 그들은 찢기고 상처 나고 손상된다. 마찬가지로 머리되신 그리스도 없이 그리스도의 지체들이 행하는 것은 그들 자신에게 악한 것을 짐 지우는 것이다. 스스로 율법의 멍에를 메고 괴로워하는 것이다(마태 23:4; 사도 15:10).
11. 그러므로 우리는 소위 영적인 관점에서 그들의 화려함, 부, 지위, 명칭, 규정들이 하나의 어리석은 원인이라는 것을 보게 된다. 왜냐하면 그것들은 머리이신 주님과 일치하지 않기 때문이다.

12. 어떤 이들은 이 머리가 하나님의 은혜로 우리 시대에 다시 완전한 권위를 입으셨기 때문에 그리스도 때문이 아니라 자신들의 미친 짓에 의해 그들 영적 주인에게 순종할 것을 강요한다고 해서 격노하고 있다.
13. 만약에 사람이 머리의 지시를 따른다면 하나님의 의지를 분명히 깨닫게 된다. 또 성령을 통하여 하나님께 갈 수 있고 그의 안에서 변화하게 된다.
14. 그러므로 모든 크리스천은 도처에서 그리스도의 복음이 선포되도록 최고의 열심을 발휘해야 한다.
15. 누구든지 복음을 믿는 자는 구원을 받을 것이요, 믿지 않는 자는 저주를 받을 것이다(마가 16:16). 왜냐하면 복음서 안에 전체의 진리가 명백히 밝혀졌기 때문이다.
16. 복음서로부터 우리는 교리와 사람들이 만든 전통이 구원하는 데 소용 없음을 배우게 된다(마태 15:9).

교황에 대하여

17. 그리스도는 유일하고 영원하신 대제사장이시다(히브 7:24). 누구든지 대제사장인체 주장하는 사람은 그리스도의 영광과 신성을 침해하는 것이다.

미사에 대해

18. 십자가에서 그 자신을 희생하신 그리스도는 모든 죄인들을 위한 충분하고도 영원한 희생이시다(히브 9:11 이하). 그러므로 미사는 희생제물이 아니라 십자가 위에 희생된 기념이며 그리스도를 통한 구원의 인침이다(누가 22:9).

거룩한 중재자에 대해

19. 그리스도는 하나님과 우리 사이의 유일한 중보자이시다(딤전 2:5).
20. 하나님은 그리스도의 이름으로 우리에게 모든 것을 주실 것이다(요한 16:23 이하) 그로부터 우리 생애에 그리스도 외에 다른 수단이 필요 없게 됨이 밝혀진다.

21. 만약 우리가 세상에서 서로 무엇을 구한다면, 오직 그리스도를 통해 모든 것이 주어지게 되는 것을 믿게 될 것이다.

22. 그리스도는 우리의 의(義)이시다(고전 1:30). 이로부터 우리의 행위가 그리스도의 판단에 의해서만 선한 것이다. 그러나 선행이 우리의 것인 한에서는 선한 것이 아니다.

영적 보화에 대해

23. 그리스도는 이 세상의 탐욕과 호사(豪奢)를 버리셨다. 그로부터 우리는 그리스도의 이름으로 부를 누리는 자들은 그리스도에게 큰 욕을 돌리는 자라는 것을 알 수 있다. 그들은 그리스도를 그들의 욕망과 방자함의 덮개에 감춘다.

금식에 대해

24. 크리스천은 그리스도가 명하지 않은 어떠한 행위에 얽매이지 않는다. 그리스도의 명령들은 모든 종류의 음식을 어느 때든지 먹을 수 있다. 치즈와 버터의 판매 면허장은 교황의 속임이다.

축제일과 순례에 대해

25. 시간과 장소는 크리스천에게 종속되어 있다. 사람은 이것들에 얽매이지 않는다(마가 2:27). 어떠한 시간과 장소를 법으로 지정하는 것은 크리스천에게 그들의 자유를 빼앗는 것이다.

수도사의 복장에 대해

26. 위선보다 하나님을 더 욕되게 하는 것은 없다. 사람 앞에서 우쭐대는 것은 큰 위선이며 악행이다. 수도사 복장, 휘장, 삭발한 머리(Tonsur) 등이 여기에 해당한다.

수도단에 대해

27. 모든 크리스천은 서로 그리스도의 형제이다. 어느 누구도 아버지로서 다른 사람 위에 군림할 수 없다(마태 23:8-10). 수도단, 분파, 도당 등이 여기에 해당한다.

사제의 결혼에 대해

28. 하나님께서 허락하시고 금하시지 않은 것은 옳은 것이다. 그러므로 결혼은 모든 사람에게 허락되어야 한다.
29. 성직에 임명된 모든 이들이 하나님께서 그들에게 정절을 지키지 않아도 된다는 것을 안 후에도 결혼하지 않아 죄로부터 자신을 보호하지 않는다면 죄를 짓는 것이다(고전 7:2).

정절의 서약에 대하여

30. 결혼하지 않고 순결을 지키겠다고 서약한 자들은 너무나 바보스럽고 어린아이 같은 짓을 범하는 자들이다. 그러므로 이런 서약을 하는 자들은 경건한 사람들에게 악을 행하는 것임을 알 것이다.

파문에 대하여

31. 어떤 특별한 사람이 어느 누구에게 파문할 권한을 갖지 못한다. 오직 교회만이 가질 뿐이다. 교회는 감독자, 즉 성직자들과 파문되어 마땅한 사람이 함께 속해 있는 회중이 더불어 있는 집합체이다.
32. 공적으로 범죄를 행한 사람만 파문당할 수 있다.

불의한 재물에 대하여

33. 부당하게 얻은 재물은 교회, 수도원, 사제 또는 수녀 등에게 낼 수 없다.

당국에 대해

34. 소위 교회의 영적(성직 계급의) 권위는 성경과 그리스도의 가르침에 근거하고 있지 않다.
35. 그러나 세속 권위는 그리스도의 가르침과 행동에 의해 확증되었다(마태 22:21).
36. 영적 나라가 갖는 모든 힘과 보호는 평신도들도 크리스천이기만 하면 가질 수 있다.
37. 모든 크리스천은 한 사람도 예외 없이 세속 권위에 복종해야 한다(로마 13:1 이하).

38. 모든 크리스천은 하나님에 대항하는 명령이 아닌 한 세속 당국자에게 복종할 의무가 있다(사도 5:29).
39. 그러므로 세속의 법률들을 하나님의 의지와 동일한 형태로 여겨야 한다.
40. 세상 당국만이 사형시킬 권리를 가진다(로마 13:4).
41. 세속 권세가 하나님께 속한 자들에게 도움을 주고 선한 길로 인도하는 것이라면 이는 그들에게 육적인 도움을 주는 것이다.
42. 그러나 세속 권세가 불신앙과 그리스도의 법을 거슬리는 일을 한다면 하나님의 이름으로 폐하여 질 것이다.
43. 요약해서 말하면 오직 하나님과 함께 다스리는 나라는 가장 훌륭하고 견고한 나라이고 자신의 의지로 다스리는 나라는 가장 악하고 약한 나라이다.

기도에 대하여

44. 진정한 기도자는 사람들 앞에서 소란함 없이(마태 6:5 이하) 신령과 진정으로 하나님을 찾는다.
45. 위선자들은 그들의 행함을 사람에게 보이려고 한다. 따라서 그들은 이 세상에서 그들의 상을 받았다(마태 6:1 이하).
46. 그러므로 사람들 앞에서 명성이나 보상을 얻으려고 신앙심 없이 찬양하고 소리만 지르는 일이 따른다.

실족하게 하는 것에 대해

47. 어떤 크리스천에게 실족하게 하거나 해를 끼치는 일을 하는 자는 차라리 죽는 것이 낫다(마태 18:6-10).
48. 모든 원인이나 동기 없이 약해지거나 무지함에 빠진 사람들을 약하거나 무지한 상태로 두어서는 안 되고 그들을 강하게 해야 한다. 이것은 그가 죄가 아닌 것을 죄로 여기지 않도록 하기 위함이다.
49. 성직자들에게 결혼하는 것을 금하고 있다. 그러나 성직자들로 하여금 감독에게 벌금을 지불하고 창녀를 취하게 하는 것은 참으로 큰 부끄러움이다.

죄의 용서에 대해

50. 하나님만이 오직 그의 아들 우리 주 예수 그리스도를 통해 죄를 용서하신다.

51. 이 죄 사함을 피조물에게 돌리는 자는 하나님의 영광을 빼앗아 하나님이 아닌 자에게 주는 것이다. 그것은 진정 우상숭배이다.

52. 그러므로 사제나 이웃에게 하는 고해는 죄 사함일 수 없고 단지 조언을 구하는 것이다.

53. 시행된 속죄 행위들은 인간적인 계획에서 나온 것으로 죄를 사할 수 없다. 그런데 이것이 다른 사람을 위협하는 데 쓰이고 있다.

54. 그리스도께서 우리의 모든 고통과 고난을 짊어지셨다(이사 53:4). 그러므로 누구든지 고해를 그리스도에게 속한 것이라 하는 자는 오류를 범하고 하나님을 모독하는 것이다.

55. 회개하는 자에게 그 어떤 죄도 사해진다는 것을 거부하는 자는 하나님의 사도도, 베드로의 사도도 아니라 오직 사탄의 사도일 뿐이다.

56. 오직 돈을 위하여 죄를 사하는 사람은 누구나 시몬(사도 8:18-20)과 발람(벧후 2:15)의 동료이며 참으로 사탄의 사자이다.

연옥에 대해

57. 성경은 이 세계의 삶 이후의 연옥에 대해 말하고 있지 않다.

58. 하나님만이 죽은 자들에 대한 심판을 알고 계신다.

59. 하나님만이 세상을 떠난 사람들의 상태를 알고 계시고 우리는 그것에 대해 알려고 시도해서는 안 된다.

60. 어떤 슬퍼하는 자가 죽은 자를 위해 하나님께 은혜를 구하는 것을 나는 정죄하지 않는다. 그러나 그것을 일정한 시기에 연관시키고 보상을 위해 거짓말을 하는 것은 인간적인 것이 아니라 악마적인 것이다.

사제직에 대하여

61. 최후로 사제들이 생각해 낸 파괴되지 않는 성례전적 임직에 대하여 성경은 아는 바 없다.

62. 또한 성경은 하나님의 말씀을 선포하는 이외의 어떤 사제에 대해서 말하고 있지 않다.

63. 사제들은 존경을 받아야 한다. 예를 들면 그들은 육신을 위한 양식을 제공받아야 한다(누가 10:7; 고전 9:13-15).

오용(誤用)의 중지에 대하여

64. 자신의 잘못을 깨달은 사람은 고통 받지 않고 평화롭게 죽음을 당할 것이고 기독교적인 사랑에 의해 사제적 보상이 따를 것이다.
65. 자신들의 잘못을 깨달으려고(고해) 하지 않는 자는 하나님이 그의 공의에 따라 심판하실 것이다. 그러므로 그들에게 강요해서는 안 된다. 그러나 이들이 불법을 저지른다면 강요를 포기할 수 없는 것이다.
66. 모든 영적 지도자들은 지체 없이 겸손히 회개해야 한다. 그리고 면죄부 상자(Ablaßkasten)가 아닌 오직 십자가만 세워야 한다. 아니면 그들은 망할 것이다. 도끼는 나무뿌리에 놓여 있다(마태 3:10).
67. 이자, 십일조, 세례 받지 않은 어린아이들, 안수 등에 관해 대화하기를 원하는 사람이 있다면 나는 기꺼이 응하겠다.

어리석은 궤변이나 인간적인 수다로 이 자리에서 논쟁하지 말라. 성경을 재판장으로 삼아 진리를 발견하도록 하자. 내가 바라건대 이미 발견했던지, 혹은 진리를 지키도록 하자. 아멘! 하나님이 통치하실 것이다!

2. 하나님의 말씀의 신학

츠빙글리는 기독교 인문주의자로서 성경에 접근하였다. 그는 성경, 특히 신약에 내재해 있는 하나님의 말씀을 크리스천 신앙과 유일한 실천 기준으로 믿었다. 츠빙글리가 하나님의 말씀을 강조하는 것은 성서가 그의 전 신학을 이끌고 교회 갱신에 적용할 수 있는 개신교적 원리라고 믿었기 때문이다.[3] 루터가 '믿음으로의 구원'을 강조할 때 츠빙글리는 하나님의 말씀을 그의 67개 조 안에 명백하고 강력하게 주장하였

3) 후토스 L. 곤잘레스/李亨基 · 車鍾淳 역, 《基督教思想史(III)》(서울: 장로교출판사, 1995), 102-104.

다. 이들 두 개혁자의 두 가지 원리는 조화를 이루면서 하나의 '그리스도의 원칙'으로 용해된다. 즉 그리스도만이 유일하고 충분한 구원의 진리와 구원의 은혜의 원천이시며, 인간의 선행과 전통과 대조를 이룬다. 그리스도는 성경 이전에 계셨다. 그리스도는 성경의 시작과 끝이시다. 복음주의적 크리스천은 그리스도를 믿기 때문에 성경을 믿는다. 그러나 로마 가톨릭 측은 교회를 믿기 때문에 성경을 믿는다. 교회가 성경의 관리자, 수호자, 보관자 그리고 무오의 해석자라는 것이다. 가톨릭교회 측은 교회가 신약성경 이전에 존재했음을 강조한다.

3. 영원한 선택과 섭리

츠빙글리는 칼빈과 같이 하나님의 주권적인 선택을 구원의 가장 중요한 원천으로 생각했다. 츠빙글리는 어거스틴의 전통에 따라 칼빈과 같이 하나님의 절대 주권이라는 신학적 원리에서 출발했으며 하나님의 예지와 예정을 동일시했다. 하나님께서는 인류와 천사를 만드실 때 누가 타락하게 될 것인가를 알고 계셨다. 아셨을 뿐만 아니라 그렇게 정하셨다. 그는 타락 전 예정(*Supralapsarianism*)을 받아들였다. 하나님은 영속적이고 불변하시는 섭리로써 세상을 통치하시고 이끌어 가시므로 사고(*accidents*)란 있을 수 없다고 보았다. 그리하여 아담의 타락과 그 결과까지도 그의 영원한 지식뿐만 아니라 영원한 의지 안에 포함되었다고 말한다.[4] 그러나 타락을 허용하셨다고 해서 하나님이 악하거나 하나님 스스로 만드신 피조세계를 사랑하지 않으신다는 뜻이 아니다. 오히려 하나님은 인간들이 신실함과 의로움의 진정한 모습이 무엇인지 알게 하기 위해서 사랑하는 마음으로 이러한 모든 일을 행하셨다는 것이다.

따라서 절대적인 예정론을 제외한 또 다른 어떤 것은 하나님의 지혜와 주권에 침해될 뿐이다. 이러한 예정론에 근거해서 츠빙글리는 구원을 행위에 의존시키는 모두 시도를 논박하였다. 구원은 하나님의 선택 결과이지 인간 쪽의 노력의 결과가 될 수 없다. 하나님은 선택된 자 안에서 선행을 일으키신다. 선행은 구원에 필수적이라 할 수 있는데, 그것은 선택된 자가 선행을 할 수 있다는 의미가 아니라 택하심은 선한 행위까지도 선택해 주신다는 의미를 갖는 것이다. 반면에 버림받은 자의 경우에도 마찬가지로, 하나님은 유기(遺棄)된 자 안에서 악을 일으키신다고 할 수 있다. 그러나 이 악은 율법 아래 있는 자에게만 전가될 뿐이고 율법을 넘어서 있는 하나님에게는 전가할 수 없다는 것이다. 츠빙글리의 섭리론은 하나님과 인간 사이의 모든 것은 하나님의 의지에 따라서 일어난다고 믿는 것이다.[5]

4. 교회와 국가

츠빙글리의 교회론은 그의 예정론과 밀접한 관계가 있다. 교회는 선택된 자들의 모임이다. 그러나 이러한 모임체는 마지막 날까지 드러나지 않기 때문에 불가시적이다. 또 한편으로 가시적인 교회가 있다. 이 세계의 모든 믿는 자들이 이 교회에 속한다. 그러나 가시적인 교회는 로마 교황이나 직분을 가지고 있는 사람들을 말하지 않고 전 세계 어디서나 그리스도를 믿는다고 고백하는 모든 사람을 말한다.

이 가시적인 교회는 직분에 따라 훈련시켜야 하는 의무와 권위를 갖는다. 더욱이 이 교회는 지역사회 속에 존재하기 때문에 이러한 치리 책무는 교회들에게 위임되어 있다. 츠빙글리는 루터보다 훨씬 더 밀착된 교회와 국가의 연관성을 지지했다. 그는 국가와 교회의 관계는 상호 긴밀한 관계를 가져야 한다고 보았다. 기독교의 법과 시민법은 다 같이 하나님의 법을 나타내기 때문에 양자 사이에 아무런 차이가 없다는 것이다. 그러나 시민법과 세속법은 하나님의 법에 예속되어 있다. 츠빙글리는 교회와 국가가 병존하는 것처럼 말했으며, 더 나아가 '교회'라고

---

4) Philip Schaff, *History of the Christian Church,* Vol. VIII, 92.

5) 후토스 L. 곤잘레스, 《基督教思想史(III)》, 105-109.

부르는 단 하나의 기구가 정부(政府)와 목회(牧會)라는 두 가지의 직능 혹은 기능을 갖는 것처럼 말했다. "그리스도의 교회는 정부와 예언이 다 같이 필요한데, 예언이 우선적일뿐이다. 이것은 인간이 필연적으로 몸과 영으로 구성되어 있으면서 몸이 더 저급하고 낮은 부분이듯 이 정부가 없으면 교회도 없다. 다만 정부는 영적인 일과 먼 세속적인 상황을 통제하고 감독할 뿐이다."[6] 이처럼 츠빙글리는 원칙적으로 신정정치적 교회 체제를 선호했다. 그는 취리히의 정부를 구성하는 의회에서 중요한 역할을 감당하면서 신정정치와 매우 유사한 정부의 운영을 꾀했다. 이런 이유로 재세례파는 츠빙글리와 반대되는 정교 분리의 원칙을 고수하였다.

6) 위의 책, 113에서 재인용.

제10장 재세례파의 운동[1)]

I. 재세례파의 기원

재세례파라는 이름은 유아세례를 부인하고 성인이 되어 신앙고백을 하고 다시 세례를 받아야 온전한 신자가 된다고 주장한 데서 유래했다. 재세례파의 주장은 성령 받은 사람만이 참된 크리스천이 될 수 있고 세례 받을 자격이 있다는 것이다. 성령의 세례를 받은 자들만이 참된 하나님의 선택받은 집단이다. 이들은 선택의 내적 표시로서 성령 체험을 주장하였다. 유아세례는 비성서적이라고 보았다. 즉 유아세례는 성서에 근거가 없다는 것이다. 그러므로 유아세례 받은 것은 무효이고 다시 세례를 받아야 한다는 것이다.

역사적으로 재세례파는 츠빙글리가 주도하는 스위스의 종교개혁 과정에서 파생되었다. 츠빙글리의 종교개혁에 개혁 정신을 가진 많은 지지자들이 몰려들었다. 그 중에는 콘라드 그레벨(Konrad Grebel, 1448-

---

1) William R. Estep, *The Anabaptist Story* (Michigan: William B. Eerdmans Publishing Company, 1975).

1526)과 발타자르 휘브마이어(Balthasar Hübmaier, 1480-1528)가 있었다. 이들은 츠빙글리를 도와 스위스의 종교개혁을 진행시켰으나 1523년 경, 츠빙글리의 개혁이 너무 보수적이고 절반 정도의 개혁이라고 판단하였다. 이들은 유아세례에 대해 의심을 가졌고 1523년 10월 츠빙글리와 '미사'와 '교회의 본질'과 '유아세례 무용론'(無用論)에 대해 토론하게 되었다. 여기에 그레벨을 중심으로 스텀프(Simon Stumpf)와 급진주의자인 펠릭스 만즈(Felix Manz, ?-1527)가 가세하였다. 10월 논쟁에서 그레벨은 성상과 미사에 대한 츠빙글리의 온건한 주장에 반대하였고 결국 "미사반대 운동"을 전개하였다. 1524년 이들은 계속해서 미사를 반대하고 성서에 유아세례 대한 증거가 없다고 주장하였다. 취리히 시 당국은 1525년 1월, 유아세례에 대한 공개 토론을 마련하였다. 이 논쟁에서 츠빙글리는 개혁의 추진 세력을 얻기 위해 로마 가톨릭교회와 같이 "유아세례"를 공식적으로 지지하였다. "그의 논증은 할례와 세례의 유추를 계약의 징표로 보는 데 근거해 있다. 고대 사람들이 할례 행위로 이스라엘과 연합했음을 나타내는 징표로 삼은 것처럼, 지금의 기독교인들은 세례의 행위로 교회와 연합한 징표로 삼는다. 유아들이 믿을 수 없다고 하는 사실은 오히려 사소한 문제이다. 왜냐하면 세례가 징표로 삼는 것은 어떤 경우를 막론하고 인간의 업적을 통해서 구원이 이루어짐을 말하려는 것이 아니라 하나님의 은총을 통해서 구원이 이루어짐을 말하기 때문이다. 따라서 유아세례는 교회에게 교회의 구원의 근거가 무엇임을 상기시켜 주는 것이다."[2] 시 당국은 츠빙글리의 결론을 받아들여 유아세례의 정당성을 인정하고 모든 유아들에게 세례를 받도록 부모들에게 명령하였다. 또한 시 당국은 그레벨과 만즈 등 재세례파 사람들에게 유아세례에 반대하는 것을 금지시켰다.

그리하여 재세례파는 츠빙글리를 교황보다 더 거짓된 자라고 비판하고 츠빙글리로부터 분리되어 성경공부를 하면서 거듭난 신자들의 세

2) 후스토 L. 곤잘레스, 《기독교사상사(III)》, 115.

례를 주장하고 오직 중생(重生)한 신자들을 중심으로 교회를 조직하게 이르렀다.

그러나 얼마 후 이들은 로마 가톨릭과 개신교 진영에 의해 이단으로 취급되었으며 또한 세속 권력층에 의해서는 반란 세력으로 알려졌다. 이에 그레벨과 스위스 형제단은 국가교회에 대항하여 거룩한 생활을 영위하고 있는 성도들의 교제를 근간으로 가시적 교회인 자유 고백교회를 만들었다. 이것이 민주주의 성격을 띤 자유교회 운동의 시작이며 재세례파의 기원이 되었다.

II. 재세례파의 박해와 확장

재세례파는 시 당국의 지시를 하나님의 명령을 거역하는 인간적 권세의 명령으로 생각하고 취리히에서 가까운 촐리콘(Zolikon)에서 집회를 가졌다. 펠릭스 만즈 집에 모여 그레벨이 게오르그 블라오록(George Blaurock)에게 최초의 성인 세례, 즉 재세례를 베풀었다. 그리고 그곳에 참석한 모든 성인들이 재세례를 받았다.

1526년 3월에 취리히 시 정부는 국가의 법질서를 교란시키고 있다고 규정하고 그들을 탄압하기 위해 금압법(禁壓法)을 발표하여 사회질서에 순응하든가 아니면 떠날 것을 강요했다. 이러한 결정에 대항하는 사람들에게는 익사(溺死)시키도록 가혹한 명령을 내렸다. 콘라드 그레벨은 이리저리 피신 다니다 1526년 흑사병으로 사망했으며, 펠릭스 만즈는 1527년 체포되어 익사당했다. 게오르그 블라오록은 만즈가 죽자 티롤(Tirol)에 가서 설교하며 세례를 베풀다가 체포되어 1529년에 화형을 당했다.

이렇게 재세례파의 지도자들은 대부분 혹독한 방법으로 순교를 당했으며 신도들은 국가반란 음모와 같은 여러 가지 악의에 찬 혐의를 받았다. 발타자르 휘브마이어는 발트슈트에서 재세례파 공동체를 형성하여 성공적으로 세례를 베풀었으며 츠빙글리의 온건한 개혁 입장을 공격하였다. 그러나 휘브마이어도 결국 니콜스부르크에서 많은 사람에게 세례를 베풀다가 귀족들에게 체포되어 1528년 비엔나의 교외에서 화형당했다.

그러나 이러한 탄압에도 재세례파의 세력은 점점 확대되어 나갔다. 결국 스위스에서 추방된 재세례파는 새로운 급진주의적 요소와 결탁하여 급격히 서유럽으로 퍼지게 되었다. 이것은 초기 재세례파의 무저항주의 원칙을 버리고 조직적인 박해에 대하여 과격하게 저항하는 극단적인 행동이 시작된 것이다. 호프만(Melchior Hoffman)과 후트(Hans Hut)와 마티스(John Matthys)와 같은 몇몇 사람은 보헤미아와 독일에 성행했던 천년왕국 사상에 심취했다. 이 소수의 과격파들은 광신적으로 그리스도의 재림을 고대하였다.[3] 재세례파는 특히 서부 독일과 네덜란드 지방으로 많이 퍼져 나갔는데, 뮌스터(Münster)에서 과격한 사회-경제적인 유토피아 천년왕국 운동과 복잡한 관계에 빠져서 거의 치명적인 타격을 받게 되었다(1535년). 이들은 '뮌스터'를 새 예루살렘의 천년왕국으로 삼고 신, 구교의 연합군대와 전쟁을 벌이다 패하여 흩어졌다. 그러나 '뮌스터 사건' 이후 재세례파는 평화주의자 메노 시몬(Menno Simons)의 지도 아래 네덜란드로 이주해 새로운 국면을 맞게 되었다. 이것이 곧 평화주의 운동, 메노파(Mennonites)라는 새로운 이름을 얻게 되었다.

III. 재세례파의 교회와 국가 이해

재세례파가 사도신경을 사용한 것을 볼 때 그들은 불가시적 교회를 인정했으나 실제로는 가시적 교회에 더 많은 관심을 가지고 있었다. 휘브마이어에 의하면 신약에는 '교회'에 대한 두 가지 의미—우주적 교회

3) 로버트 A. 베이커/허긴 역,《침례교 발전사》(서울: 침례회출판사, 1968), 51.

와 지역적 교회-가 있다고 한다. 우주적 교회는 "하나님의 성령에 의해서만 연합된" 거듭난 모든 사람들로 이루어진 것이며(불가시적 교회), 지역 교회는 목사나 감독의 인도 아래 있는 모임으로서 가르침과 세례, 교제를 위해서 모이는 것이다(가시적 교회). 최초의 재세례파 운동은 루터가 말하는 불가시적 교회의 개념을 배척하고 가시적 지역 교회를 강조했다. 그 이유는 신자들의 공동체를 의미하는 교회는 개념적인 것이 아니라 실제로 형성되어서 유지되는 성도의 모임으로 보았기 때문이다. 가시적 교회의 표지는 중생과 더불어 세례이며, 이 세례는 오로지 자발적으로 원하는 자에게만 행해질 수 있는 신자의 세례를 말한다. 이 세례야말로 가시적 교회로 들어가는 입구로 보았다. 재세례파가 불가시적 교회에 대한 개념을 완전히 거부했든 아니든 간에 이들의 강조점은 바로 중생한 자들이 모인 교회에 관한 신약적인 관심에 있었다.

재세례파는 그 시대의 교회가 초대 사도교회가 지니고 있는 순수성을 잃어버리고 타락했다고 주장하였다. 교회의 타락은 콘스탄틴 대제 때, 교회와 국가의 통합에 의해 시작되었다고 보았다. 교회는 국가교회로 예속된 후 국가의 신실한 충복으로 전향되었다. 교회의 타락으로 온갖 무서운 결과들이 교회에 많이 나타났는데 그 중에서 가장 대표적인 것이 유아세례였다. 재세례파는 유아세례는 중생한 성도들의 자발적인 모임인 교회의 특성을 무산시켜 버리는 것이라고 보았다. 또 교회와 국가의 통합과 더불어 국가 교회에 복종을 강요하기 위해 무력을 사용하게 되면서 교회는 완전히 타락하게 되었다. 재세례파는 국가 교회로 타락한 교회를 사도적 교회로 복귀시키기 위해서 국가와 교회의 분리가 필수적이며 이를 위한 방편으로 유아세례를 거부하고 중생한 신자의 세례를 베풀어야 한다고 주장하였다.

재세례파 사람들에게는 종교개혁자들이 시작한 독립지역 교회도 로마교회처럼 타락한 그대로 남아 있는 것처럼 보였다. 이들의 교회는 여전히 주도적인 기성 정치 세력권 안에서 확립된 체제를 유지하고 있었으며 지역 교회 차원에서도 국가교회가 지속되고 있었다. 따라서 재세레파 사람들은 타락한 로마교회와는 아주 완전히 분리된 새로운 교회 체제를 갖기 원했다. 그레벨은 뮌처에게 권하기를 "오직 순결하고 명백한 성서의 기초" 위에 교회를 세울 것을 말했다. 이러한 그레벨의 견해는 16세기 재세례파의 중요한 특징이다.

교회의 회복 기준은 신약이고 교회를 세울 반석(기초)은 예수 그리스도였다. 재세례파 운동은 국가와 교회라는 이질적인 요소의 결탁으로 인한 교회의 타락을 진정한 교회, 사도적 교회로의 회복을 근거한 교회 복귀운동이었다. 이처럼 재세례파는 이원론적인 우주관에 근거하여 악과는 상관 없는 신자들만으로 구성되는 완전한 성화 공동체를 구축했고 또한 이룰 수 있다고 믿었다. 그리하여 자신들을 지상 위에 있는 유일한 교회로 생각하였다.

재세례파는 국가는 인간의 죄의 대책으로 수립된 것으로 보았다. 교회는 구원받은 신자들을 위한 것이며 국가는 죄인들을 위한 것이므로 국가가 교회의 일에 간섭할 자격과 권한이 없다고 보았다. 국가가 무력으로 교회와 신앙의 문제에 개입할 수 없으며 종교적 탄압을 해서는 안 된다고 주장하였다. 이렇게 하여 국가로부터 간섭이 배제된 종교적 자유를 기본 신조로 삼았다.

그러나 재세례파가 이처럼 국가로부터 교회의 분리를 필수적 본질로 삼았던 시대는 국가와 교회의 관계가 불가분의 관계로 맺어져 있던 시대였다. 종교개혁자들은 개혁 완성의 목표인 신정정치와 정치적 필연성에 의해 정교일치의 사회를 추구하였다. 이들의 눈에는 국가와 교회 분리를 주장하고 국가에 대한 맹세 거부, 전쟁 참여 반대, 공직자로서의 봉사 거부 등을 내세우는 재세례파를 과격주의자로 여기지 않을 수 없었다. 그 당시로는 가히 혁명적이라 할 수 있는 이런 정교분리의 사상 때문에 재세례파는 많은 박해를 받게 되었다.

IV. 재세례파의 종말론

16세기 재세례파는 그리스도의 재림이 임박한 것으로 믿었다. 그들은 그리스도의 재림과 최후의 심판에서 의인이 부활하고 그리스도의 승리를 함께 나눌 것이라 믿었다. 악한 세상과 그에 속한 자들은 정죄받을 것이다. 재세례파 내에는 그리스도의 재림과 천년왕국에 대하여 시기 별로 세 가지 견해가 있었다. 첫째 견해는 스위스 형제단을 중심으로 하는 "조용한 종말론"이다. 이것은 그리스도의 재림을 믿었지만 그들의 신앙과 고백의 핵심을 차지하지는 않았다. 휘브마이어, 마르펙크, 후터파, 후에 메노파 등이 이 태도를 가지고 있었다. 두 번째 견해는 열정적이지만 비폭력적인 천년왕국을 고대하는 종말론이다. 이 견해는 멜키호르 호프만에 의해 옹호되었고 한스 후트의 지지를 받았다. 이들은 그리스도가 재림해서 새 예루살렘을 세우실 것이고 주님이 재림하신 후에 무력을 사용할 수 있도록 준비해야 한다고 말했다. 후트와 호프만은 둘 모두 악한 자들을 소탕하시고 최후의 심판을 하시는데 하나님이 주도권을 잡으실 것이라고 하였다. 세 번째 견해는 얀 마티스와 라이덴의 얀(Jan of Leyden)에 의해 제시된 폭력적인 천년왕국 건설이다. 이들은 하나님의 주도권이 실행될 때까지 기다릴 수 없었다. 사상적으로 토마스 뮌처의 후예들, 곧 뮌스터파들은 폭력을 동원해서라도 천년왕국을 실현시켜야 한다고 외쳤다. 이들은 결국 자신들의 본거지인 베스팔렌 주의 '뮌스터'에서 무력으로 기존 정치-종교 세력에 대항하다가 폭력으로 패망하였다. 마지막의 이 재세례파는 표준적인 재세례파가 아니라 탈선된 재세례파였다.[4]

4) William R. Estep, *The Anabaptist Story,* 199-200.

V. 재세례파에 대한 평가

재세례파가 이단인가?에 대해 그 당시 개신교와 가톨릭 사람들은 이단이라는 비난을 많이 하였다. 그러나 이런 평가와 비난은 정당하지 못했다. 재세례파는 사도신경에 있는 가르침과 하나님의 삼위일체 개념, 성육신, 그리스도의 대속 사업, 성경의 권위를 받아들였다. 그들은 일부 동시대 사람들의 눈에는 이단으로 보였을지 몰라도, 그리스도교 신앙의 주요 교리면에서 볼 때는 결코 그렇지 않았다.[5] 재세례파가 본질적으로 주장하는 것은 첫째로, 성경의 권위를 철저히 주장하며 중생한 신자들에 의한 사도적 교회의 조직을 강조했으며, 국가교회를 배격하고 자발적인 믿음을 소유한 평신도 중심의 교회를 꿈꾸었다. 그러나 이들의 순수한 신앙에 대한 열정은 높이 평가할 수 있으나 국가교회의 형태가 곧 타락이라는 등식은 이해하기 곤란하다. 둘째로, 성경에서 증거하지 않으며 신앙과는 상관없는 유아세례를 거부했으며 중생을 체험한 후 예수 그리스도의 제자로서 경건한 삶을 살아갈 수 있는 믿음의 능력을 가진 신자들만의 세례를 강조하였다. 그러나 재세례파가 유아세례 문제로 기존의 정통 교회와 분리한 것에 대해서는 아쉬운 점이 있다. 셋째로, 교회의 타락 원인이 국가와 통합함으로 생긴다고 믿었기 때문에 정부의 법령에 저항하였다. 하지만 재세례파가 국가의 기능과 존재 의의를 과소평가했던 점에서는 문제가 있다고 본다. 그러나 어느 부분에서는 재세례파의 이러한 정교 분리의 원칙은 현대 일부 교회들의 정교 야합에 의한 자기 정체성 상실의 모습에 비한다면 높이 평가받아야 할 부분이라 여겨진다.

5) Ibid., 131.

제11장 칼빈의 종교개혁

I. 칼빈의 생애와 제네바의 종교개혁

존 칼빈(John Calvin)은 1509년 7월 10일 파리 동북에서 약 90Km 떨어진 피카르디(Picardy) 지방의 노용(Noyon) 시에서 출생하였다. 아버지는 그 교구의 성직자 회의 법률 고문이었고 감독의 비서였다. 칼빈은 1523년 8월 파리대학에 입학하여 라틴어를 배웠고 철학과 변론학(辯論學)을 배우고 1528년 초 졸업하였다. 칼빈의 아버지는 칼빈에게 신학공부를 시키려 하였으나 성직자 회와 말썽이 있은 후 법학을 시켰다. 1529년 칼빈은 오르랑(Orlean) 대학에 입학하였고 보르게즈(Borges)에서도 법률공부를 하였다. 그리하여 그는 1531년 2월 14일 법학사를 취득하였다. 칼빈은 볼마르(Melchion Wolmar)의 도움으로 헬라어 성서와 독일 개혁자 루터의 저서를 연구하게 되었다. 칼빈은 루터에게서 종교개혁 사상을 고취받았다. 칼빈은 오르랑에서 18개월 동안 머물게 되었다. 그는 1531년 5월 21일 아버지가 돌아가신 후 자유롭게 자기가 좋아하는 문학을 수학하기 위해 파리로 가서 인문주의자에게서 고전을 배웠다. 1532년 4월, 23세 때 칼빈은《세네카의 관용론의 주석》(*Commentrarium de Clementia Seneca*)을 출판해 학계를 놀라게 하였다. 그는 또한 교부학에도 정통하였다. 칼빈의 회심의 시기와 내용에 대해서는 자세히 알 수 없었다. 다만 그의 《시편 주석》의 서문에 자기 경험을 간략히 기술하였다: "나는 아버지를 기쁘시게 하기 위하여 충실히 법학 연구에 투신하려고 하였으나 하나님은 비밀스런 섭리에 의해서 다른 길로 나의 방향을 전환시켰다. 내가 아직 교황의 교리와 미신에 사로잡혀 있을 때 급격한 회심으로 나를 부르셨다."

칼빈은 개혁사상을 발표할 기회를 우연히 얻었다. 그것은 1533년 10월 1일 파리대학 학장 니콜라우스 콥(Nikolaus Cop)이 취임 연설에서 에라스무스와 루터의 말을 인용하여 종교개혁의 필요성을 호소하였다. 콥이 복음주의를 발표하자 일대 파문이 일어나 바젤로 피신하였고 칼빈도 이 연설의 초안자라는 혐의를 받게 되어 파리를 떠나 앙굴렘(Angouleme)에 있는 틸레(Tillet)의 집에서 겨울을 보내게 되었다. 틸레는 학자이고 장서가 풍부한 서재가 있어서 칼빈은 후일 그의 대 저술인《기독교 강요》(*Institutio Christianae Religionis*)를 이룩할 기초를 닦았다. 그러던 중 파리에서 박해가 재연됨으로 칼빈은 1535년 봄에 개신교 도시인 바젤로 빠져 나갔다. 이 시기에 완성한 대 사업은 그 유명한《기독교 강요》를 저술한 것이다. 1535년 8월에 완성하여 27세 때인 1536년 3월에 출판하였다. 1536년 2월 칼빈은 이탈리아로 가서 페라라(Ferrara) 공작 부인인 레나테(Renate)를 만났다. 그 후 프랑스로 돌아가 가산을 정리하여 동생과 누이를 데리고 바젤이나 스트라스부르로 가려했으나 전쟁의 위험으로 1536년 7월 하룻밤 유할 생각으로 제네바에 들르게 되었다. 이때 제네바의 종교 개혁자인 파렐(Farel, 1489-1565)은 칼빈이 제네바에 왔다는 소식을 듣고 그의 숙소로 찾아가 제네바를 개혁하는 데 도와줄 것을 간청하였다. 칼빈은 자기의 내성적 성격이 그런 일에 적합하지 않다고 사양했으나 파렐이 강권함으로 끝내 제네바에 머물기로 결심하였다. 칼빈은《시편 주석》서문에 이 일을 다음과 같이 기록하였다: "파렐은 복음을 진보시키기 위해 불타는 열심으로 나를 머물게 하기 위해 총 역량을 다하였다. 나의 뜻은 조용히 학문에 종사하는 것이고 다른 사업에는 연관 맺기 원하지 않는다는 말을 듣고 저주의 말을 발하여 "네가 이러한 절박한 요구를 목전에 보면서 협조하지 않고 간다면 하나님은 반드시 네 은거와 면학을 저주할 것이다"라고 말하였다. 이 말을 듣고 나는 공포에 싸여서 계획한 여행을 중지하기로 작정하였다.

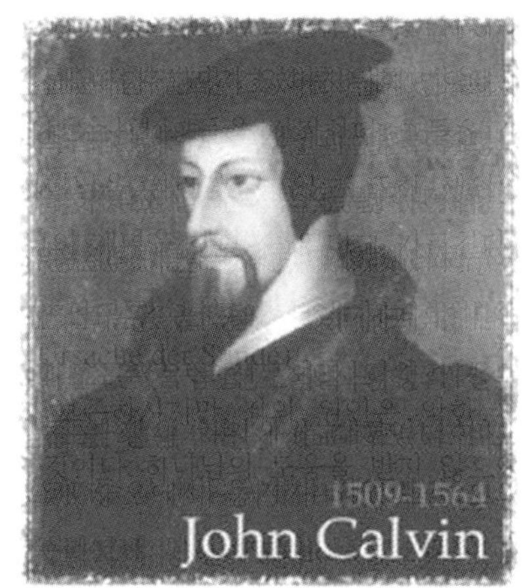

칼빈의 초상화

그 당시 제네바의 정치 조직은 상당히 복잡하였다. 제네바는 사보이(Savoy) 공국의 관할에 속하지만 시민의 자치권이 많았다. 정권의 소유는 사보이의 영주의 대관(代官)과 시민의회 그리고 한 명의 주교로 삼분되었으나 후에 사보이가와 주교권이 합일되었다. 사보이가에 반항함은 곧 주교를 반항함이 되었다. 1530년 주교가 병력으로 반대 세력을 진압하려고 했으나 시민은 베른(Bern)과 프라이부르크(Freiburg)의 원조를 얻어 사보이가 병력을 격파하였다. 그 후 시민의 권리는 증진되고 시정(市政)은 실제로 세 종류의 의회에 의해 지배되었다. 제일 높은 의회는 25명으로 구성된 평의회(評議會)이고 그 밑에 이백인 의회가 있고 그 밑에 다시 시민총회가 있었다. 큰 일은 순차로 각 회의의 의결을 거쳐 총회에서 확정되었다.

루터의 저서는 1521년 경 제네바에 전해졌으나 일단의 동요는 1532년 여름 교황 클레멘스 7세가 제네바 시내에서 면죄부를 팔게 한 때부터이다. 민심은 개혁의 기운으로 고조되었는데, 1532년 파렐이 베른에서 개혁을 완성한 세력으로 제네바에 도착하니 종교개혁파가 크게 힘을 얻어 양 편의 분쟁이 격심하게 되었다. 파렐은 일단 시외로 후퇴했으나 베른의 원조와 프로멩트(Fromment)와 비레(Viret)의 유력한 협조로, 드디어 1535년 8월에 이백인 의회는 미사제를 금하기로 정하였다. 이후 제네바 시는 완전히 개신교 도시가 되었다. 파렐과 비레는 힘을 합하여 풍속을 개량하고 규율을 엄중히 하였는데 반대 세력도 만만치 않아 고전을 하고 있었다. 이때 칼빈이 등장한 것이다. 칼빈은 먼저 파렐의 보조자로 미미하게 시작하였다. 칼빈은 성 바울교회에서 성서강사로 일한 후 1년 후에 3인의 목사 중 한 사람으로 설교자가 되었다. 점차 칼빈의 뜻에 의한 개혁 수행을 엄격하게 하자 이를 견디지 못한 시민들이 반항하여 1538년 4월에 이백인 의회와 총회를 열어 칼빈과 파렐을 시외로 추방하기로 결의하였다. 파렐은 전 목회지였던 노히탈(Neuchtal)로 가고 칼빈은 스트라스부르로 가서 프랑스에서 망명한 개신교들이 모이는 교회의 설교자가 되었다. 칼빈은 3년간 스트라스부르에 체류하는 동안 문학적 사업에 힘써 성서주석과《기독교 강요》를 증보하였다. 그리하여 1539년 8월 1일에 제2판이 출판되었다. 이때 칼빈은 멜란히톤과 3회에 걸쳐 회견하였다. 1540년 9월 칼빈은 이돌렛 뷰렌(Idollet von Buren)이라는 1남 1녀를 둔 미망인과 결혼하였다. 그녀는 정숙하고 경건하며 가사와 내조하는 일에 손색이 없는 여자였다. 그러는 동안 제네바 시는 여러 명의 목사를 모셨으나 난국을 타개하지 못하고 소란이 점점 심하여 위기에 처해 있을 때 칼빈의 추방을 반대하던 사람들이 득세하여 1540년 9월에 칼빈을 모실 것을 결의하였다. 칼빈은 여러 차례 간청을 받고 주저했으나 파렐의 권고도 있어서 이듬해인 1541년 9월에 제네바 시민의 환영을 받으며 승리의 입성을 하였다.

칼빈은 죽을 때까지 23년 간 제네바를 위해 힘썼다. 그중 전반 13년은 고전(苦戰)의 시기요 후반 10년은 승리의 시기라고 할 수 있다. 칼빈이 제네바에서 실행하려고 한 것은 정교일치로써 순전한 신정정치를 이상으로 하였다. 교회법을 기초로 이백인 회의의 결의를 거쳐 법률이 되게 하였는데 그 내용은 교회정치는 사도시대와 같이 감독이 없고 국가의 간섭을 받지 않으며 교회 회원은 목사, 교사(신학교수 포함), 장로, 집사였다. 목사는 설교를 담당하고 교회에서 제일 중요한 지위이다. 목사는 시내 목사회에서 선정하여 시의회에 회부하고 그 교회의 동의를 얻어 확정하게 되었다. 장로는 교회의 정치와 치리를 맡았고 교사는 가르치는 일을, 집사는 교회의 회계와 구제를 관장하였다. 제네바 전 시민은 모두 교인이 되어야 했다. 시가 곧 교회가 되었다. 여기서 장로교 정치가 형성된 것이다.

칼빈은 풍속과 도덕을 다스리기 위하여 평의회(consistory)를 조직하였다. 이 회는 목사 5인, 장로 12인(10인은 이백인 회의를 대표하고, 2인은 60인 회의를 대표함)으로 구성한 것으로 정치, 종교 양면의 중추가 되었다. 이 회의는 매주 1차씩 모여 교회의 규율과 시민의 도덕을 관리하였다. 칼빈은 목사로서 회원의 한 사람이었으나 최종 권위의 소재인 "성서 해석자"의 특별 지위를 가지고 있었으며 그의 성서 해석은 거의 무오류하다는 자신을 가지고 있어서 실제로 시 정치의 최고권을 장악하게 되었다. 그는 퇴폐한 제네바를 정화하고 엄격한 신정정치를 수립하기 위하여 주민들을 통제하였다. 감독과 처벌의 대상이 되었던 것은 춤, 카드놀이, 도박, 외설, 사치, 오락, 비속한 노래, 심한 음주, 아내 구타, 간음, 교회 불참 등이었다.

평의회는 교회 추방 이외에 형법상 처분할 권한이 없었으나 실제로 평의회의 결정은 그대로 다른 법정에서도 시행하게 되었다. 1542년에서 1546년까지의 기간에 사형에 처한 자들이 58명, 추방된 자들이 76명에 달하였다. 이렇게 엄격한 신정정치에 대해 반대가 일어났다.

칼빈은 교리상 반대파를 몰아냈다. 카스텔리오(Castellio)는 칼빈의 친구로 신학교 학감이었는데 성서에 대한 비판 때문에 학감직을 박탈당하고 제네바에서 추방되었다. 카스텔리오는 구약의 아가서를 감시연가(甘詩戀歌=감미로운 시와 연애 노래)이지 당시 보편적으로 해석하는 것과 같이 그리스도와 교회와의 관계를 말함이 아니라는 의견을 발표하여 칼빈과 충돌하다 쫓겨났다. 의사인 제롬 볼섹(Jerome Bolsec)

역시 예정설을 반대한 까닭에 금고되었다가 후에 추방되었다. 그러나 가장 사람의 이목을 끈 사건은 세베르투스(Severtus)의 화형이었다. 그는 스페인 신학자로 급격한 자유사상을 품고 29세 때《삼위일체의 오류》(*De Trinitatis Erroribus*)를 썼다. 또한 1553년《기독교의 만회(挽回)》를 저술하여 니케아 회의에서 정한 삼위일체설과 칼케돈 회의의 기독론(2性 1人格)과 유아세례, 이 셋은 교회의 부패의 원인이 되었다고 논하였다. 그리스도의 선재(先在)와 예정설을 부인하였다. 세베르투스는 저서 때문에 비엔나에서 종교재판에 회부되어 중형에 처하게 되자 이탈리아로 가다가 제네바에 들리게 되었다. 1개월간 숨어 지낸 후 도망하다가 체포되었다. 칼빈은 그를 삼위일체 교리를 부정하고 성서의 권위를 무시하는 극히 위험한 이단자라 하여 사형을 주장하였다. 시의회는 스위스의 유력한 개혁자의 의견을 물었으나 그 회답이 세베르투스에게 불리했고 멜란히톤도 사형에 찬성하였다. 드디어 시법원에서 사형을 선고하고 1553년 10월 27일 세베르투스를 이단자로 화형시켰다.

칼빈의 조치가 모두 합당하다고는 할 수 없으나 철저한 이상을 가지고 일체 반대와 싸워 이를 극복하고 의연히 그의 뜻을 관철하였다. 칼빈은 제네바의 산업을 융성케 하기 위해 면직류의 산업을 육성하였으며, 시민교육에 힘썼고 대학을 설립하였다. 그는 설교자로서 격일간 설교하고 매주 3회의 신학강의와 저술에 힘썼다. 그의 인물은 보통 키에 여윈 몸, 흑발에 코가 높고 이마가 넓었다. 안광은 사람을 쏘아보는 듯 빛났고 신경이 예민했으며 위험이 절박하면 용기 분발하여 천만이라도 두려워하지 않은 기개가 나타났다. 그러나 칼빈은 쇠약해 갔다. 1564년 2월 6일까지 그는 제자들의 부축을 받으며 그가 맡은 성 베드로 교회에서 설교하였다. 죽음이 임박한 칼빈은 유언서를 작성하고 가까운 친구들은 그의 죽음을 고별하려고 찾아왔다. 칼빈은 1564년 5월 27일 임종하였다.

II. 칼빈의 신학

칼빈의 종교개혁 사상의 대부분은 루터의 사상과 일치했다. ① 구원에 있어서 하나님의 절대적 은혜와 ② 하나님 말씀의 지상의 권위를 인정했다. 루터와 칼빈을 비교하면, 우선 루터의 관심은 인간과 인간의 구원 문제에 집중되었다. 루터에게 종교는 본질적으로 인간-중심적인 편이다(*antrpocentrism*). 루터에게 중요한 것은 하나님이 인간을 위해 하시는 일이다. 그러나 칼빈의 집중적인 관심은 루터와 정반대이다. 칼빈에게는 하나님이 모든 것이다. 칼빈의 신학은 근본적으로 신 중심적이다. 칼빈에게는 인간이 세계를 위한 하나님의 구원 계획을 배우는 일이며, 이것을 배운 다음 하나님의 섭리(divine and scheme of things)에 적응하는 일이다. 인간을 위해 하나님이 존재하는 것이 아니라 하나님을 위해 인간이 존재한다. 인간의 최상의 종교적 행위는 이런 사실을 받아들여서 지극히 거룩하신 하나님의 절대 주권에 겸손히 복종하는 것이다.

칼빈의 신학을 지배하는 세 가지 기본적인 관념들은 ① 하나님의 절대 주권, ② 모든 것은 하나님의 영광을 위해 존재(*Soli deo gloria*), ③ 예정론이다.

1. 하나님의 절대 주권

칼빈에게 있어서 인간 삶의 주요 목적은 하나님을 아는 일이다. 칼빈이 말하는 하나님은 성서에 계시된 하나님이다. 칼빈의 하나님에 대한 인식은 신약성서의 신비보다 구약성서의 신비를 반영한다. 칼빈이 아는 하나님은 전적으로 초월적이고 전적인 타자(totally other)이다. 하나님이 자신을 우리에게 계시해 주시지 않는 한 인식할 수 없다. 그것은 하나님의 전적인 신비성이요, 절대적 은폐(absolute hiddeness)이다. 인간에게 하나님은 근본적으로 설명이 불가능하다[不可解]. 이렇듯 하나님은 일차적으로 우리의 인식 대상이기보다는 우리의 숭배 대상이다.

하나님은 그의 말씀 가운데서 자신을 위엄 있고, 두렵고, 전능하고, 전적으로 불가해한 분으로 계시하신다. 하나님은 자신을 모든 존재의, 그리고 창조세계에서 일어나는 모든 사건의 자유롭고 주권적(主權的)인 주인으로 드러내신다. 하나님이 자유로우신 까닭은 자신의 뜻 외에 어떤 것에 의해서도 속박을 받지 않으시기 때문이다. 창조질서 가운데 일어나고 있는 어떤 일도 하나님의 뜻을 피하지 못한다는 의미에서 주권적이다. 그의 피조 세계 속에서 일어나는 모든 일은 하나님이 그렇게 되기를 원하시기 때문에 일어난다.

하나님에 대한 지식은 인간으로 하여금 세 가지 기본적인 종교적 태도를 가지도록 이끈다. ① 하나님의 신비와 주권 앞에서의 겸손한 숭배, ② 인간 자신의 존재 의의를 받아들임, ③ 하나님의 영광을 드러내는 일에의 전적인 헌신이 그것이다. 하나님을 본질적으로 신비하신 분으로 받아들임은 인간의 가장 나쁜 죄, 우상숭배, 곧 하나님을 우리가 생각하는 하나님으로 만들어 버리려는 경향을 방지해주게 될 것이다. 하나님은 인간의 정신이나 상상력의 구성물이 아니다. 여기에 칼빈주의가 자연신학을 거부하는 뿌리가 놓여 있다.

미지의 하나님(unknown God)의 현존 앞에서의 두려움은 교회와 교회의 예배의식에 대하여 칼빈주의가 가졌던 태도에도 나타난다. 칼빈주의 교회는 어떤 장식도 없을 정도로 간소하다. 이것은 보이는 우상숭배를 거부하는 것을 반영하는 것으로, 인간이 하나님 관념을 표현할 수 있는 어떤 조상(造像)이나, 그림을 배제하는 것이다. 하나님은 인간적인 술어로 표현할 수 없다. 감각적인 호소 수단(sensible appeal)을 사용하는 것을 엄격히 거부하는 것은 칼빈주의적 교회의 예배에서 찾아볼 수 있다.

또한 정신적이고 언어적인 우상숭배를 피하기 위해 하나님에 대해 말하면서 인간의 말을 사용하기보다는 하나님의 말씀을 직접 사용하는 것이 훨씬 더 유익하다.

2. 모든 것은 하나님의 영광을 위해 존재한다(*Soli Deo gloria*)

존재하는 모든 것은 하나님께로부터 온다. 하나님은 이들의 동인(動因)이다. 하나님은 자신의 목적들을 위하여 행동하신다. 그리스도에 의해 이루어진 구속은 인간의 구원을 지향한다. 그러나 이 구원은 무엇보다 훌륭하게 하나님의 영광을 드러낸다. 이 영광을 드러내는 것이 세계 안의 모든 존재 목적이므로, 인간의 과제는 이것을 받아들여 이 목적에 따르는 것이다. 인간이 존재하는 유일한 이유는 하나님께 영광을 돌리고, 하나님이 자신을 지으신 목적을 반영하는 데 있음을 인정해야 한다. 하나님의 영광은 인간을 구원하시는 데서 가장 확실하게 성취된다.

루터는 죄된 인간의 구원은 오로지 하나님의 은총에 두었는데 칼빈은 하나님의 뜻에 두었다. 하나님께서 당신의 영광이 인간을 구원하는 데서 드러나도록 결정하신 이상 하나님의 이 뜻을 방해할 수 있는 것은 아무것도 없다. 인간이 전적으로 신뢰해야 하는 것이 하나님의 뜻이기 때문이다.

이와 마찬가지로, 이 교리에는 예정론이 함축되어 있다. 하나님의 뜻은 주권적으로 자유롭다. 하나님의 뜻은 결코 어떤 피조물에게 의존하거나 제약을 받지 않는다. 하나님의 뜻이 움직이는 유일한 조건은 하나님 스스로 부과한다.

3. 예정론

인간이 하는 모든 일, 인간의 최종적 운명은 하나님이 그렇게 되리라고 미리 정하신 그대로 될 것이다. 즉 영원한 선택: 하나님께서는 영원한 선택을 통해 어떤 이들을 구원에, 또 어떤 이들은 멸망에 처하도록 예정하셨다.[1] 하나님은 누가 구원받고 누가 구원받지 못할 것인가에 대한 당신의 뜻을 결정해 놓으셨으며, 이 결정은 돌이킬 수 없는 것이

1) John Calvin, *Institutes of the Christian Religion,* Vol. III, 21.

다. 하나님의 뜻이 선한 일이든 악한 일이든 인간이 하는 일로 인하여 변할 수 없다.

칼빈은 예정론을 제시할 때, 그것은 인간에 대한 하나님의 계획이라는 하나님이 말씀의 명백한 증언을 고려한 것이라고 말한다. 성경에는 하나님의 예정의 말씀이 들어 있다.

그러나 예정론은 신비에 싸여 있다. 하나님은 이 예정의 섭리가 어떻게 시행되는지, 또 이 시행 과정에서 의와 자비가 어떻게 작용되는지에 대해서 계시해 주지 않기로 작정하셨다. 따라서 인간이 하나님의 말씀에 취할 수 있는 유일한 자세는 예정의 사실과 신비를 모두 받아들이는 것이다. 이를 넘는 어떠한 사변도 모두 쓸데없는 호기심이다. 칼빈의 눈에 하나님이 어떤 인간은 구원하고 누구는 버리는가를 묻는 것은 주제넘은 것이다.

칼빈은 인간이 운명의 주인, 스스로 운명의 결정자가 되려고 하는 욕망이 모든 인간 본성에 뿌리 깊이 박혀 있는 것을 발견한다. 이것은 인간의 교만이며, 자신의 행동이 스스로 최종 운명을 좌우한다고 믿는 인간의 확신이다. 인간이 하나님의 절대성이란 사실 앞에 자신을 겸손히 낮추는 것, 또 이와 동시에 자신의 무가치성을 시인하면서 자신을 하나님의 뜻에 복종시키는 것이 칼빈에게는 신앙 행위의 핵심이다. 이러한 겸손함으로 받아들임이 자신이 영광으로 지어졌고 선택받았다는 절대적인 확신을 가져온다. 하나님의 영은 인간의 겸손한 복종에 대하여 구원의 확신으로 보상해 주신다. 그리하여 인간은 자신이 구원을 받았다고 믿기에 또한 확신하기에 이르게 된다.

이렇듯, 믿는 자들에게 예정의 섭리는 공포와 불안의 근원이 되는 것과 전혀 달리, 평온하고 흔들리지 않는 신뢰의 가장 확실한 기반이 된다. 인간의 삶은 그 여정 속에서 자주 의심, 죄, 실패 또는 유혹을 초래할 수 있지만 이런 것들은 언제나 하나님의 불변하심을 회상하고, 하나님이 그의 선택의 섭리에 충실하심을 회상함으로써 극복할 수 있다(성도의 견인). 하나님은 인간이 행하는 것을 기초로 선택하시지 않는다. 이와 같이 또한 하나님은 인간이 행하는 것으로 인해 그의 선택하심을 변경시키지도 않으신다.

칼빈은 예정이 구원받은 자의 특권이 아니라 책임이라는 것을 강조한다. 칼빈에 의하면 선택받은 자들은 끊임없이 하나님을 섬길 때 자신이 하나님의 예정된 자라고 느낄 수 있다는 것이다. 선택에 의하여 하나님은 당신의 영광을 드러내기 위한 도구로 만드셨다. 따라서 이 땅에 하나님의 나라를 실현하기 위하여 노력하는 것이 선택받은 자들의 엄숙한 의무가 된다.

4. 교회론

칼빈은 신의 부름에 따라 어떠한 반대에 부딛치더라도 제네바를 거룩한 도시(聖市)로 바꾸는 것을 자신의 과제로 이해했다. 그는 두 가지 방법으로 이 과제를 실천했다. 저술을 통해 자신의 신학을 확립하였다. 활동을 통하여 그는 철저한, 잘 조직된 교회질서를 수립했다.

교회이해에 있어서 칼빈은 무엇보다도 보이지 않는 교회가 존재하는 것을 이해했다. 칼빈에게 있어 이 교회의 구성원들은 인류 역사 전체를 통하여 하나님으로부터 영광에로의 선택을 받았던 모든 사람들이다. 칼빈은 교회를 하나님과 인간과의 계약관계에서 이해했다. 하나님은 태초에 인간과 계약을 맺으셨다. 이 계약은 행함의 계약(a covenant of works)이었다. 인간은 전적인 복종으로 하나님의 영광을 드러내고 그럼으로써 구원의 공로를 이룩해야 했다. 타락은 이 계약을 일시에 무너뜨렸다.

그러나 하나님은 인간을 버리지 않으셨다. 하나님은 또 다른 계약, 곧 은총의 계약(a covenant of grace)을 베풀었다. 하나님은 그리스도를 보내어 행함의 계약을 완전하게 실현시켰다. 그리스도의 삶은 하나님의 뜻에 전적으로 복종함으로 하나님의 영광을 온전하게 드러냈다. 그리스도를 통하여 교회는 은총의 계약의 새로운 구현체로 존재하게 되었다.

이 교회에는 오직 택함을 받은 자들만이 소속된다. 교회는 하나님께서 영생으로 예정해 놓으신 신앙인들의 사회이다. 이리하여 칼빈은 교회를 보이지 않는 교회와 보이는 교회 모두로 이해한다.

> 우리는 성서가 두 가지 방식으로 교회에 대해 이야기하고 있다고 말했다. '교회'라는 말이 때로는 실제로 하나님의 현존 안에 있는 것을 의미한다. 이 교회에는 양자로 삼으시는 은혜로 하나님의 자녀가 된 사람들과 성령의 성화(聖化)로 그리스도의 진정한 지체가 된 사람들만 들어갈 수 있다. 이런 의미에서 교회는 현재 지상에 살고 있는 성도들 뿐 아니라 창조 이후 지금까지 선택받은 모든 사람을 포함한다. 그러나 흔히 '교회'라는 이름은 빈번히 한 분 하나님과 그리스도를 예배한다고 고백하는 세계 각지에 흩어져 있는 모든 사람을 가리키는 말로 사용된다. 세례를 통하여 우리는 하나님에 대한 믿음으로 들어가게 되며 주의 만찬에 참예함으로써 진정한 교리와 사랑에서 우리의 연합을 증거하고, 주의 말씀 안에서 일치를 가지며, 이 말씀을 전파하기 위하여 그리스도께서 제정하신 사역이 유지된다. 이러한 교회 안에는 이름과 외형만 있고 그리스도는 없는 위선자들이 많이 섞여 있다. 야심과 탐욕과 시기에 가득 찬 사람들, 비방하는 사람들이 많이 섞여 있고 아주 부정한 생활을 하는 사람들도 더러 끼어 있다. 이런 무리들이 일시적으로 용납되는 것은 그들이 유능한 법정에 의해 유죄 판결을 받을 수 없기 때문이거나 아니면 엄격한 규율이 항상 바르게 작용하지 못하기 때문이다.[2)]

보이는 교회에 관심을 돌려보면, 칼빈은 제네바에 보이는 교회를 설립하는 일을 자신의 과제로 삼았다. 그리고 인간 사회의 모든 영역에서 하나님의 뜻이 반영되는 사회를 수립하기 위해 노력하였다.

칼빈에게 있어서 교회의 일차적인 기능은 루터처럼 하나님의 순수

---

2) *Institutes*, VI, 1, 7.

한 말씀을 올바로 전하고 그리스도의 성례전을 바르게 수행하는 것이었다. 그러나 교회는 이를 넘어서 인간 사회에 대하여 뜻하신 하나님의 계획을 발견하고, 사회가 하나님의 뜻에 복종함으로써 하나님의 영광을 드러낼 수 있도록 책임을 지고 있다.

보이는 교회의 구성원에 대한 칼빈의 견해는 루터의 견해(신민 모두가 참여하는 교회)와 재세례파의 견해(선택된 자들만 모이는 교회) 그 중간 지점에 위치한다. 칼빈의 생각으로는 모든 주민이 교회에 속해야 했다. 이들이 교회에 속했던 것은 택함을 받았다는 확신에 이르렀고, 제네바의 교회 공동체 목적은 하나님의 계획을 발견하여 그것을 삶의 현장에서 실현하는 데 있었다. 그럼으로써 교회는 택함을 받은 데 따르는 책임, 곧 하나님의 영광을 드러내는 책임을 충족시키는 데 있었다. 이런 견해에서 국가의 기능은 교회에 봉사하는 성격을 띠는 경향이 있었다. 하나님의 뜻을 시행하고 이를 범하는 자를 처벌하는 일이 국가의 임무였다.

한 마디로 말하면, 칼빈은 루터의「신민의 교회」를 받아들여 그것을 재세례파의「모이는 교회」로 변모시키면서 재세례파의 분리주의는 버렸다. 칼빈의 교회는 모든 공동체를 포함했기에 신민(백성)의 교회였으며, 교회의 모든 성도들은 신앙의 확신을 가지고 모여든 사람들로 간주되었다.[3]

5. 성례론

칼빈에게 있어 성례전은 루터처럼 이중적 기능을 수행한다. 첫째, 성례(세례와 성찬)들은 인간에 대한 하나님의 사랑을 끊임없이 재확인시켜 주는 외적인 징표의 역할을 한다. 둘째, 인간에게 신앙을 훈련하고 키우기 위한 계기를 마련해 준다. 성례는 신앙으로 받아들여지지 않으면 아무 유익이 없다. 그리스도와의 성사적(聖事的, sacramental

---

3) 윌리암 A. 스코트 著/金快相 譯,《改新教神學思想史》, 66-70.

encounter) 만남은 신자에게 하나님이 그리스도 안에서 주신 구원을 받아들였음을 재확인하는 기회를 제공해 준다.

칼빈도 루터처럼 로마 가톨릭교회의 미사(개신교의 성찬에 해당)를 희생제사로 보지 않고 화체설을 받아들이지 않는다. 성찬에 있어서 주의 임재하는 방식에 대해 칼빈은 루터의 주장(문자설과 임재설)과 츠빙글리의 주장(상징설과 승천설) 사이의 중도의 길(상징적 실재설과 영적 임재설)을 택하려고 노력했다.

칼빈은 그리스도의 몸이 공간적으로, 신체적(물리적)으로 현존한다는 루터의 관념에 불안을 느꼈다. 칼빈은 루터의 이런 이론은 성사를 숭배하는 위험이 있다고 보았다. 피조된 물질적 대상이 하나님을 제치고 숭배의 대상이 될 수 있다는 것이다. 칼빈은 그리스도의 몸은 하늘에 존재한다고 생각하는 점에서 츠빙글리와 생각을 같이 하였다.

다른 한편 츠빙글리의 입장에 대해서도 불편을 느꼈다. 그것은 츠빙글리의 입장은 이 성사에서 그것이 지니는 많은 의미를 빼앗는 것 같이 보이기 때문이다. 칼빈에게는 성사가 단지 상징으로만 나타나는 것이 아니라고 느꼈다.

성사가 말해 주려고 하는 징표는 단순한 지시가 아니라 그것이 가리키는 실재에 참여한다:

> 떡과 포주가 생명을 유지하는 것과 같이 우리의 영혼은 그리스도의 몸과 피를 양식으로 삼는다.… 성령께서 공간적으로 떨어져 있는 것을 참으로 결합하신다.… 그리스도는 영적 잔치에 참여하는 모든 사람들에게 성찬이 의미하는 실재를 제시하시며 보여 주시지만, 그 큰 자비를 진정한 마음과 감사하는 마음으로 받아들이는 신자들만이 그 실재를 받아 유익을 얻는다.… 주께서 정하신 상징을 볼 때마다 상징된 본체가 진정 거기에 있다고 생각하며 확신해야 한다.… 우리는 몸의 상징을 받을 때 그 몸 자체도 우리에게 주신다는 것을 확신해야 한다.[4)]

주의 만찬에서 그리스도는 신자에게 그가 주시리라고 약속하셨던 것, 곧 몸과 피를 실재로 주신다. 그러나 떡과 포도주를 몸과 피와 확연히 구분하는 데 주의해야 한다. 이 모두가 주어지긴 하나 징표(sign)와 실재(reality)는 구분된다. 몸과 피의 실재는 떡과 포도주와 동일한 것이 아니지만, 신자가 떡과 포도주를 먹고 마시는 때 이 실재는 실제로 받아들여진다.

요약하면, 칼빈의 입장은 츠빙글리의 단순한 상징적 현존에 대하여 상대적으로 그리스도의 현존(임재)의 실재성을 강조하는 편에서 루터의 입장과 일치하는 것으로 보인다. 그러나 다른 한편으로 칼빈이 루터가 주장하는 그리스도의 신체적 현존보다는 영적인 현존을 주장하는 점에서는 츠빙글리의 입장과 가까운 것으로 여겨진다.[5]

III. 칼빈주의 5대 강령과(*Tulip*) 아르미니안주의

칼빈이 죽은 지 50년이 지난 후 칼빈주의는 아르미니우스의 신학사상과 논쟁에서 형성되었으며 그것이 네덜란드 도르트 대회(1618-19년)에서 확정되었다. 칼빈주의와 아르미니우스의 사상을 비교하면 다음과 같다.

1. 칼빈주의 5대 강령(*Tulip*)

1) 전적 무능력 또는 전적 타락(Total Inability or Total Depravity)[6]

인간은 타락으로 그의 존재 전체(영혼, 육체, 믿음)가 상처를 입어

---

4) *Institutes*, IV, 17, 10.

5) 윌리암 A. 스코트, 《改新教神學思想史》, 74-76.

6) 《기독교 강요》 2권, 1장-6장.

스스로는 복음을 믿어 구원에 이를 수 없게 되었으며 성령을 통한 그리스도를 말미암지 않고서는 구원받을 수 없는 상태에 이르렀다. 인간은 죽었고 소경이 되었으며 귀머거리가 되었다. 인간의 의지는 자유롭지 못하여 악에 묶여 선보다 악을 택하며 절망에 차 있다. 믿음은 인간의 역사가 아니며 전적으로 하나님의 선물이다(로마 3:10-12; 창세 6:5; 레위 17:9; 에베 2:9).

② 무조건 선택(Unconditioned Election)[7]

하나님이 어떤 자를 택하여 구원을 주는 것은 창세 전에 예정되어 있으며 전적으로 하나님의 영원한 작정과 뜻에 달려 있는 것이니 어떤 택함을 입은 자의 성질이나 행동으로 선택되지 않고 믿고자 하는 성품이나 예지에 의해서 영향을 받지도 않는다. 그러므로 이것은 신앙이나 회개와 같은 어떤 예견(豫見)이나 복종에 기초를 둔 것이 아니라 하나님의 선택 결과이다. 따라서 죄인이 그리스도를 선택하는 것이 아니라 하나님이 그리스도를 통해 죄인을 선택하시므로 무조건적인 것이다(에베 1:4-6, 11; 딤후 1:9; 계시 13:8; 로마 8:29-30; 9:11; 사도 13: 48; 살후 2:13).

3) 제한 속죄(Limited Atonement)[8]

이는 그리스도의 대속의 죽음이 택함을 받은 자들만을 위한 죽음으로 하나님이 구원하시기로 하신 택함을 입은 자는 하나도 낙오자가 없다는 것이다. 그 이유는 그리스도가 지상에 와서 완전무결한 삶을 산 것은 하나님의 택한 자들에게 영생을 주시기 위함이요, 그들의 죄를 대속하기 위한 만족할 만한 제물이 되어서 그리스도를 통해 구속받는 자

7) 《기독교 강요》 3권, 21장-24장.

8) 《기독교 강요》 2권, 12장-17장.

는 그와 함께 죽고 그와 함께 부활을 얻게 하기 위함이다. 그들은 하나님의 예정에 따라서 부름 받고 믿음으로 의롭다 함을 얻어 양자가 되어 끝까지 보존함을 받고 영화롭게 된다. 그러므로 그리스도의 죽음은 택한 자에게 제한된 것이며 절대적 보증이 된다(요한 10:15; 로마 8:33; 요한 17:2, 9, 24; 로마 8:28-30).

4) 불가항력적 은혜(Inresistible Grace)[9)]

이것은 복음을 받아들이는 모든 자에게 가능한 구원의 외적 부름 외에 성령은 택한 자에게 구원을 받게 하는 내면적 부름을 주신다는 것이다. 악한 자들의 죄와 허물에도 하나님은 계속 그들을 불러 주시는 것이다. 택한 자에게는 성령이 역사하여 믿음을 주시며 선행케 하는 힘을 주신다. 이 성령이 가장 효과적으로 그리고 불가항력적으로 역사하시기 때문에 택한 자들은 하나님의 뜻과 일치하는 의지와 힘을 받게 된다(로마 8:29-30; 에베 2:1-10; 딤후 1:9; 디도 3:5; 에겔 36:27; 요한 10:26-30; 사도 13:48; 로마 5:10 이하).

5) 성도의 궁극적 보전(Perseverance of Saints)[10)]

하나님께서는 택한 자들을 그들의 탈락된 상태로부터 건져낼 뿐 아니라 구원과 중생으로 부르며 새 생명을 부여해주어 성결과 의로운 삶을 살도록 역사해 주신다. 그리고 성령은 성도 안에 내주(內住)하여 그들이 끝까지 이기고 나가도록 역사하신다. 즉 하나님 아버지께서 택하시고 그리스도께서 대속하시며 성령께서 그 대속의 죽음을 효과적으로 인쳐주어 끝까지 나가게 해주신다(벧전 1:5; 빌립 1:6; 로마 5:9-10; 8:29-30; 9:11, 16; 요한 10:28-29; 5:24).

---

9) 《기독교 강요》 3권, 1장, 11장-16장.

10) 《기독교 강요》 3권, 21장-25장.

2. 아르미니우스와 그의 사상

아르미니우스(Arminius, Jacobus, 1560. 10. 10-1609. 10. 19)는 네덜란드 신학자로서, 라이덴대학의 교수였으며 암스테르담 개혁파 교회의 설교자였다. 당시 반칼빈주의자였던 코른헤르트 저서에 반론을 제기하여, 처음에는 '타락 전 예정설'을 주장했다. 그러나 코른헤르트가 이단으로 선고받던 그때 조사위원회에서 그의 의견을 듣는 가운데 아르미니우스는 칼빈파의 예정설에 의문을 품게 되었다.

아르미니우스는 예정론에 대하여 신학적으로 관대한 해석을 시도하여, 믿는 자는 선택을 받고 믿지 않는 자는 버림을 받는다는 하나님의 일반 예정론을 가르쳤다. 그의 자유로운 성서 해석과 신앙고백에 대한 자유로운 태도가 그의 동료 고마루스(Gomarus)와 그 밖의 다른 '엄격한' 칼빈주의자들과의 사이에 '예정론 논쟁'으로 불화를 가져왔다. 라이덴 대학 학생과 교수들도 두 파로 나뉘고 국내 교직자들도 두 진영으로 나뉘어 대립하게 되었다. 그리하여 개혁파 교회에서는 대회를 소집하고 해결책을 모색했으나 목적을 달성하지 못하고 정부가 최고의 법정을 열어 관용과 화해의 중재를 시도했다. 그러나 칼빈파의 고마루스는 아르미니우스의 입장을 인정하지 않았다.

아르미니우스는 논쟁을 통한 지나친 과로 때문에 건강을 잃게 되고 논쟁이 한창 절정에 달했을 때 사망했다. 그를 이어 시몬 에페스코피우스(Simon Episcopius)가 라이덴대학교에서 아르미니우스의 후계자가 되었는데, 그가 아르미니우스파의 견해를 체계화시켰다. 이른바 '레몬스트란트'(Remonstrant)파는 아르미니우스에 근거한 아르미니우스주의로 알려져 있다.

아르미니우스가 죽은 후 1610년 그의 추종자 46명의 목사들이 '항의자들'(Remonstraten)이라고 부른 단체를 구성하고, 항변서(Remonstrance)를 발표하였다. 이들이 주동이 되어 '벨기에 신앙고백'(Confessio Belica)과 '하이델베르그 교리문답'(Heidelberger Catechismus)의 수정안을 제출하고 칼빈주의에 반대하는 아르미니우스의 일반예정론을 토론했다. 이들의 토론은 다음 5개 조항에 집중되었다.

고마루스의 추종자들은 이러한 5개 조항에 반대하는 '반레몬스트란트 문서'(Contra Remonstrantie)를 제출했다(1611년). 그 후 아르미니우스파의 약 200명의 목사들이 여러 회의를 통해 유죄 판결 또는 파면당함으로써 격렬했던 논쟁이 종식되었다(1618-19년, 도르트 회의).

1) 자유의지, 인간의 능력, 부분적 타락

인간은 타락했지만 인간이 영적 도움을 못 받을 정도로 타락하지는 않았다. 하나님께서는 모든 죄인에게 회개하고 믿게 할 수 있으나 인간의 자유를 간섭하시지는 않는다. 인간 각자는 자유의지를 갖고 있으며 그의 영원한 운명은 자기 의지를 어떻게 쓰는가에 달려 있다. 인간의 자유는 영적으로 보다 선을 택할 수 있는 능력을 갖는다. 즉 죄인이 하나님과 협력하여 중생할 수 있고 하나님의 은혜를 거절하고 망할 수 있는 능력도 갖고 있다. 신앙은 죄인이 하나님을 믿는 신앙이며 그것이 인간을 이바지하는 길인 것이다.

2) 조건부 선택

하나님이 인간을 선택하여 구원하는 것은 그 부르심에 응하리라는 예견에 기초를 둔다. 따라서 선택은 사람이 하는 바에 따라서 결정된다. 하나님이 미리 아시는 신앙과 그로부터 하나님의 선택의 기초를 두고 신앙은 하나님이 죄인에게 주시는 것이 아니라 인간 자유의지에 달렸다는 뜻이다. 즉 인간이 자기 의지로 그리스도를 선택하는 자를 하나님이 선택하는 조건부 선택인 것이다.

3) 제한 없는 속죄, 일반적 속죄, 만인 구원

그리스도는 모든 사람을 위하여 죽었으므로 모든 사람의 구원을 특별히 보증하지 않는다. 즉 그리스도의 대속의 죽음은 특별히 선택된 자들만을 위한 보증이 아니다. 그리스도는 만인을 위해 죽었으나 믿는 사람들만 구원받는다. 즉 조건부 대속이며, 조건부 용서이다. 그러나 사람의 죄가 실제로 없어지는 것이 아니라 인간이 복음을 받아들이기로 선택할 때만 그리스도의 대속은 효과를 보게 된다.

4) 효과적으로 저항할 수 있는 은혜

성령은 복음에의 초청을 통하여 외적으로 불리는 모든 자들을 내면적으로 불러들인다. 그리고 죄인의 구원을 위한 모든 할 수 있는 일은 하지만 인간은 자유의지가 있으므로 성령의 은혜에 저항할 수 있다. 성령은 죄인이 믿을 때까지 중생시킬 수 없다. 하나님의 은사는 인간이 저버릴 수 있으며 왜곡시킬 수도 있다. 이 믿음은 불가항력적인 것이 아니라 인간이 여기에 준비하는 것이다.

5) 은사에서 탈락 됨

구원받은 사람도 신앙을 잃고 타락하면 하나님의 구원에서 탈락된다. 그러므로 성도의 궁극적 보전을 의심하는 것이다. 혹자는 영원 보전설을 믿고 혹자는 안 믿는다. 인간이 하나님을 찾아가 자유의지로 구원받게 되는 만큼 구원은 신인(神人) 공동 사역이므로 인간이 타락하면 구원에서 떨어진다는 것이다. 믿는 자에게도 타락의 가능성이 있다는 것이다.

제12장 반종교개혁(Counterreformation)

I. 이그나티우스 폰 로욜라(Ignatius von Loyola)

반종교개혁이란 로마 가톨릭교회가 개신교 종교개혁의 진전을 저지하고 가톨릭 교회의 세력 회복을 목적으로 했던 여러 개혁운동을 가리킨다. 이 반종교개혁의 근본 원리는 트리엔트 종교회의에 의해 작성되었고 예수회(Jesuites)는 이 원리를 실행하는 투쟁 전위 단체로 활동하였다.

예수회의 창시자는 이그나티우스 로욜라(1491-1556)로 1492년 스페인 귀족으로 태어나 무사로 활약하였다. 1521년 전쟁에 출전했다가 중상을 입고 병상에서 성자들의 전기를 읽고 감동되어 평생을 교황청과 성모 마리아를 위해 싸우기로 결심하였다. 다소 회복된 그는 1522년 3월 몬트세라트(Montserrat)의 마리아 성지를 순례하고, 그의 무기를 마리아 제단 위에 걸어놓고 기사 복장 대신 거지 옷차림으로 바꾸어 입었다. 로욜라는 만레사 인근 도시에 잠적하여 거기서 1522년 3월 1일부터 1523년까지 거의 1년 동안 체류하였다. 그는 토마스 아 켐피스의

《그리스도를 본받아》를 묵상하였고 철저한 참회에 몰두했으며, 일련의 특별한 황홀경과 환상을 체험하였다.[1)]

로욜라는 1529년 37세 때에 파리대학에서 신학과 철학을 배웠고 대학생 때 6명의 동지와 함께 인간의 영혼 구원을 목적으로 소 선교단체를 조직하였다. 로욜라는 1534년 로마에 예수회(*societas Jesu*)를 창립하여 군대적인 조직적 체계와 규율을 적용하였다. 그는 교황에게 절대 충성하고 교회 개혁과 이교 지역에 선교하는 것을 예수회의 주된 임무로 삼았다. 예수회는 전통적인 수도자들의 생활을 크게 간소화했고 수녀들을 과감하게 수도회에서 배제했다. 예수회의 특징은 군사적 성격에 있었다. 로욜라는 '예수회 헌장'에서 예수회가 '그리스도의 군대'이며 '하나님의 병사'라는 것을 분명히 했고 교황에게 절대 복종할 것을 다짐하였다. 1540년 9월 27일 교황 바울 3세는「교회의 전투부대」(*Regimini militantis ecclesiae*)라는 칙령을 발하여 예수회를 공식적으로 인정하였다. 로마 교황청은 혜성처럼 나타난 예수회에 전폭적인 지지와 후원을 아끼지 않았는데, 교황청이 있었던 궁정 부근의 한 성당을 예수회에게 주었다. 예수회 회원들은 절대 복종, 청빈, 독신을 서약하고 교황의 전위부대로 교회개혁과 이단 박멸 그리고 해외선교 등의 활동을 하였다. 특히 가톨릭 지역에서는 '종교재판소'를 운영해 이단 박멸이라는 이름 아래 개신교와 대결하기 시작하였다. 유럽 전역에 걸쳐 종교재판의 성공은 국왕 및 기타 통치자들의 정치적 협력과 직접적인 관계가 있었다.

예수회의 활동은 대단했다. 불과 10년 만에 1,500명을 헤아릴 정도로 늘어난 예수회 회원들은 전 유럽으로 뻗어나가 프로테스탄들과 대결을 벌였다. 독일에서는 16세기 중엽 이래로 예수회가 급속도로 퍼졌다. 예수회의 지회가 빈(1552), 잉골스타트(1556), 뮌헨(1559), 트리어(1560) 그리고 딜링엔(1563) 등에 세워졌다. 독일에서 예수회는 개신교

---

1) 윌리스턴 워커/송인설 옮김,《기독교회사》下(서울: 크리스천 다이제스트, 1986), 566.

신학 수준까지 올라왔고 엘리트를 양성하였다. 예수회는 중등학교와 대학의 학생들뿐 아니라 상류층과 귀족의 자녀들을 받아들여 교육을 통해 트리엔트 교리를 받아들이게 하였다. 이들 예수회는 영적 훈련(*exercitia spiritualia*), 곧 자기 관조(觀照), 명상, 자기의지 죽이기 등을 통해 하나님과 교회에 대한 무조건의 복종을 가르쳤다.[2] 예수회는 프랑스, 독일 남부, 폴란드 등 한 때 개신교에 넘어갔던 지역을 가톨릭으로 찾아오는 데 크게 공헌했고, 인도, 중국, 중남미 등 전 세계에 가톨릭을 전하는 데 앞장 섰다. 특히 성지(聖地)에서 기독교도를 보호하는 임무도 수행하였다.

로욜라는 교황에게 절대 복종하고 이단(개신교)에 대항하여 로마 가톨릭교회를 수호하며 이교도들에게 전도하여 개종시키려는 목적으로 100여 개의 대학과 신학원을 세웠으며 그가 죽은 후 1세기 반이 채 지나가기 전에 예수회는 700개의 중등학교와 대학교들을 설립하였다. 따라서 예수회는 '교육 수도회'로 널리 알려져 있다. 18세기 중반에 예수회는 회원이 약 2만 2,500명에 이를 정도로 성장했다.

II. 트리엔트(Trient) 종교회의

트리엔트 종교회의(1545-1563)는 개신교에 대항하는 로마 가톨릭교회의 반종교개혁을 진행시켰다. 트리엔트 회의는 개신교의 도전과 개혁에 대해 두 가지 방법으로 대응하였다. 교리적인 사항에 있어서 트리엔트 회의는 보수적인 측면을 변함없이 유지하였다. 로마 가톨릭교회가 받아들인 신앙과 개신교가 공격했던 내용이 가톨릭 교회의 공식적이면서 최종적인 교리로 채택되었다. 트리엔트 칭의론은 토마스 아퀴나스에게서 유래한다. 인간의 자유의지로 비록 '칭의' 자체를 얻을 수 없다 하

2) Johannes Wallmann, *Kirchengeschichte Deutschlands seit der Reformation* (Tübingen: J. C. B. Mohr, 1988), 129.

더라도, 인간의 자유의지의 선행으로 '의로운 자'로 여김(하나님의 은혜)을 얻을 수 있다는 것이다. 따라서 구원에 대한 인간의 협력은 유지되며 종교개혁의 '오직 믿음'(*sola fide*)의 교리는 이단으로 정죄되었다. 실천적 경건을 강조하는 로마 가톨릭교회를 위해서는 공로사상에 입각한 트리엔트의 확정이 절대 필요했다. 트리엔트 공의회는 개신교의 '오직 믿음'의 교리 외에 '오직 성서'(*sola scriptura*)도 정죄하였다. 이것은 성서 곁에 교회 전통을 세우는 것이다. 성서 외에 사도들로부터 교회로 전해져 내려오는 전통도 "동등한 경건과 경외(敬畏)를 가진" 권위 있는 것으로 받아들였다(*pari pietatis affectu ac reverentia*).[3] 그 외에 원죄, 연옥, 7성례를 교리로 확정시켰다. 종교개혁이 말씀의 신학에 중심을 둔 것에 대해 로마 가톨릭은 7성례에 중심을 두었다.

또 하나는 교황의 권위를 재확인하였다. 이것은 개신교가 교황의 권위를 부인했다는 사실을 문제 삼은 것이 아니라, 교황의 권위가 가톨릭 교도들 사이에도 문제되었던 점이 나타난 것이다. 따라서 이 회의에서 교황은 종교회의 권위의 근원이 됨과 동시에 회의의 최종적인 해석자로 확정시켰다. 이 회의 결과 개신교와 가톨릭은 완전히 분리되어 기독교 세계를 통일하지 못했고 그 대신에 가톨릭 교리를 철저히 재공식화하였다. 1545년 3월에 소집된 이 회의에서 첫째, 교리의 제정으로 종교상 논쟁(개신교와 혼동을 방지하기 위함)을 조정하려고 했고, 둘째, 로마 가톨릭교회의 폐풍(弊風)을 일소하는 개혁안이 제정되었다. 이 회의에서는 주교 권력의 타락이 교회 부패의 주된 원인으로 보았다. 주교들이 자신의 교구를 넘어 활동하는 것을 제한하였다. 주교들이 주교관에 거주해야 하는 '거주지 의무'가 규정되었고, 교구 안에서 신학 세미나를 개최하여 사제들의 영적 관리에 힘쓰도록 하였다. 돈을 받고 판 면죄부는 철폐되었다. 셋째, 이단 박멸을 위한 종교재판소의 재운영이 모색되었다.

트리엔트 회의의 결정 사항으로는 1) 성경과 전통이 동등한 권리를

3) Ibid., 126.

가졌다고 인정했다. 2) 7성례와 속죄표(면죄부)를 인정했으며, 3) 사사로운 성경 해설을 배격하고 공적 해석권을 결정했으며, 4) 구원에 있어서 신인협력설을 받아들였으며, 5) 신앙은 교회가 받아들이는 것이라고 정의하였다. 6) 세례를 받을 때에 원죄의 사함을 받고 칭의를 얻는다. 7) 사제의 제사장직만 인정했다. 8) 미사의 희생제의의 성격을 인정했다. 9) 화체설, 연옥설, 성자숭배와 성유물 숭배를 재확인했다. 10) 개신교의 사상을 박멸하기 위해 금서목록을 작성했다. 11) 성직자의 자질 향상 및 독신 생활 고수를 결정하였다.

결국 트리엔트의 교리 결정은 프로테스탄트(개신교)와 화해를 영구적으로 불가능하게 만들었고 프로테스탄트와의 분리를 더욱 가속화 하였다.

제13장 영국의 종교개혁

I. 영국의 종교개혁

1. 헨리 8세 치세(治世)

영국에서는 이미 14세기에 개혁자 위클리프(1324/ 1330?-1384)가 나와서 로마 가톨릭교회의 타락을 비판하고 교황권의 오류를 지적하여 종교개혁의 선구자적 역할을 수행하였다. 그의 죽음 이후 정신이 계승되어 롤라드주의(Lollardism) 운동이 전개되었으며, 이것이 영국 국민 속에 개혁 정신을 심어 주었다. 지리적으로 대륙과 떨어져 있는 영국은 14세기 중엽 이래로 "국외 상소 금지령"에 의해 교황청이 있는 로마에로의 상소가 금지되었고, 영국교회는 사실상 자결권을 가지고 있었다.

영국 종교개혁의 발단은 국왕 헨리 8세(1509-1547)와 왕비 캐더린의 이혼 문제라는 지극히 세속적이요, 정치적인 사건에서부터였다. 헨리 8세는 아버지 헨리 7세의 정략(政略)에 의해 미망인이었던 형수 캐더린(Catherine of Aragon)과 결혼하게 되었다. 아버지는 캐더린이 스페인에서 가지고 온 결혼 지참금을 잃지 않기 위해 근친간의 결혼에 대해 로마 교황의 면제(dispensation)를 얻어냈다. 그러나 헨리 8세는 이러한 면제에도 캐더린과의 결혼 유효성에 대해 항상 의문을 가지고 있었고 불안해 하였다. 그의 불안은 자녀들이, 메리(Mary)만 제외하고 어린 나이에 일찍 죽은 것에서 입증되는 듯했다. 헨리는 더욱이 왕자(후계자)가 없자 궁녀인 엔 볼린과 두 번째로 결혼하였다. 이 결혼을 위하여 헨리 8세는 추기경 월시(Thomas Wolsey, 1471-1530)를 교황 클레멘트 3세에게 보내어 캐더린과의 결혼은 불법이었으므로 앤 볼린(Arne Boleyn)과의 결혼을 허락 받아 오도록 하였다.

그러나 캐더린의 조카가 신성로마제국의 황제 찰스 5세였기 때문에 캐더린의 압력으로 결혼 무효를 얻어낼 수 없었다. 헨리 8세의 요구로 캔터베리의 대주교 토마스 크랜머가 1533년 6월 헨리 8세와 캐더린의 결혼을 불법이라 선언하고 앤 볼린과의 결혼 적법성을 공포하였다. 이에 교황은 즉시 케더린과의 결혼이 정당하다는 공문을 발송하고 10일 이내에 앤 볼린과 이혼하지 않으면 파문할 것을 통고하였다.

그에 대항하여 헨리 8세는 1534년 국왕의 영국교회 수장법(首長法, Act of Supremacy)을 통과시켜 로마 교황청과의 관계를 끊었다. 이로써 영국의 가톨릭교회는 로마교회로부터 독립하였고 1536년 수도원 해산법이 통과되면서 영국교회가 국가교회의 형태를 띤 성공회가 되었다. 그러나 영국의 성공회와 로마 가톨릭교회 사이에는 두드러진 구별이 없고 예배 의식도 동일하게 행해지고 있었다. 원래 종교개혁을 염두에 두지 않은 왕과 보수파는 가톨릭 교리의 6개 조항(화체설, 일종 성찬, 성직자의 독신주의, 수도원 서약과 정결, 개인 미사의 지속, 구두 고백의 지속)을 통과시켰다.

헨리 8세는 평생 6번 결혼하는 동안 권력을 둘러싼 각 계파들의 암투에 휘말렸기 때문에 종교개혁보다는 권력 유지에 더욱 부심했던 인물이었다. 그는 신성로마제국으로부터의 압력, 교황청의 파문, 그리고 대륙으로부터 압력을 받으면서 자신의 신변 안전을 최우선 과제로 삼았기에 개혁을 향한 의지가 약했던 것이다. 그렇지만 헨리 8세는 강자들 사이에서 지리적인 이점을 이용해서 새로운 독립을 유지하는 비결을 터득하였는데, 바로 어느 쪽으로도 기울지 않고 중도적 입장을 지킨다는 것이었다. 그래서 헨리 8세 통치 시 영국교회는 완전한 종교개혁(개신교) 측도, 그렇다고 완전한 가톨릭 측도 아닌 중간 입장을 유지하였다.

2. 에드워드 6세 치세

헨리 8세는 세 번째 부인에게서 낳은 유일한 남자 상속자 에드워드 6세(1537-1553)에게 왕위를 물려주었다. 9세의 어린 나이에 왕위에 오른 에드워드 6세는 병약했기 때문에 삼촌인 헤르포트 백작이 서머세트 공작으로 승진하여 섭정하였다. 실권을 장악한 서머세트 공작은 개신교 옹호자였기 때문에 종교개혁이 착착 진행되었다. 이 기간 동안 크랜머(Thomas Cranmer, 1489-1556)가 크게 부각되었으며 영국교회를 개신교 쪽으로 몰고 갔다. 이때 개혁된 것은 다음과 같다.

1) 가톨릭 6개 조항이 파기되고 모든 이단법이 파기되었다. 그렇게 해서 영국교회와 국민들은 종교적 자유를 누리게 되었다.
2) 국회는 이종 성찬을 허용하였다. 또한 성직자의 결혼을 금하는 법령을 무효화시켰다. 신앙의 미신적인 행위(성 금요일에 십자가를 기어오르는 행위, 성회 수요일에 재를 뿌리는 행위, 종려주일에 종려를 사용하는 행위, 촛대의 날에 초를 사용하는 행위)를 금하였다. 국회는 교회 내에 있는 모든 성상을 제거시킬 것을 명령하였다.
3) 《공동 예배 모범》(*the Book of Common Prayer*)의 작성과 출판이다. 이것은 일명 "에드워드 제1기도서"로 크랜머의 주관 아래 몇 사람의 신학자들이 참여해서 교회의 예배 양식, 성례전, 기타 의식을 개신교적 신앙에 의거하여 고친 것이다. 초판은 1549년 교회에 소개되었는데 가톨릭 요소가 남아 있는 모호한 보수성을 띠었다.

이상과 같은 변화가 영국에서 일어나자 대륙으로 피난했던 많은 개혁 추진파들이 귀국하였는데, 이들은 루터보다 츠빙글리에 더 가까운 사상을 가지고 왔다. 이 가운데서 대표적인 사람인 스트라스부르의 개혁자 마틴 부처(Martin Bucer, 1491-1551)가 캠브리지대학교의 신학부 교수로 초빙되었다.

4) 성경의 출판과 판매가 허락되었다. 그리고 로마 가톨릭을 반대하는 「통일법」이 발효되어 가톨릭 주교들이 교구를 떠나고 니콜라스 리들리(Nikolaus Ridley), 요한 후퍼, 휴 라티머(Hugh Latimer) 등 대표적인 개혁자들이 새롭게 부임하였다.

5) 에드워드《제2의 기도서》가 마련되었다. 이것은《공동 예배 모범》의 개정판인 제2의 기도서로 1552년에 출판되었는데 훨씬 더 과격한 개신교적 입장이었다. 성찬론에서는 칼빈파 입장이었다. 성찬에서 희생적인 미사라는 개념을 삭제시켰으며, 제단이라는 단어 대신에 강단(table)이라고 표현했으며 사제 대신 목사라고 표현하였다.

6) 1552년 42개 신앙고백 조항이 제정되었다. 이것은 영국교회의 신앙 대헌장이라 할 수 있다. 여기에는 "성경에는 구원에 필요한 일체를 포괄한다"는 선언이 들어 있어 성서 중심주의가 강하게 표시되었다. 대부분은 크랜머가 로마 가톨릭주의와 재세례파주의를 배제하면서 칼빈주의와 루터를 균형 있게 정립시켜 보려는 의도에서「아우구스부르크 신앙고백」에 준하여 기초하였다. 이 헌장은 엘리자베스 여왕 시절에 39개 조항으로 대체되기는 했으나 영국교회의 근본적인 신앙을 그대로 유지한 것이다. 이때로부터 영국교회는 후퍼 감독이 이끄는 칼빈적 개혁교회의 신앙 형태가 힘을 얻기 시작했으며 이들이 결국 엘리자베스 시절에 청교도로 발전하였던 것이다.

3. 메리 여왕 치세

1553년 에드워드 6세가 죽자 상황은 급변하였다. 캐더린의 딸로서 열렬한 가톨릭 교도인 메리가 왕위에 올랐다. 그녀는 어머니 캐더린의 결혼이 무효된 날로부터 사생아로 취급되어 37세(1553년 10월 1일)에 즉위할 때까지 한을 품고 살았다. 그리하여 그녀는 개혁파에 대한 원한이 사무쳐 기회만 있으면 로마 가톨릭으로 회복시키려고 노력하였다. 그녀는 먼저 헨리 8세 시절과 에드워드 6세 시절 로마 교황을 반대하여 제정한 법령을 폐지하였다. 헨리 8세 시절의 반가톨릭적인 예배 전통을 복구했으며 미사를 실시하였다. 메리 여왕은 스페인의 왕 필립과 1554년 7월 25일에 결혼했으며 스스로 영국 사람이라기보다는 스페인 사람으로 자처하였다. 1554년 12월에 여왕 부부는 국회의원을 인솔하고 교황의 사절 앞에 엎드려 사죄를 구했는데, 이로써 영국교회는 로마교회로 복귀되었다. 에드워드 때에 제정한 신조는 폐지되고 이단을 벌하는 법률이 부활되었으며 개혁파 목사, 감독들은 속속 체포되어 화형당했다. 대감독 크랜머, 휴 라티머, 니콜라우스 리들리 등 282명의 개신교 지도자들이 처형되었다. 그리하여 사람들은 그녀를 '피의 메리' 라고 불렀다. 메리 여왕의 결혼생활은 불행하였다. 남편은 결혼생활에 싫증을 느껴 스페인으로 돌아갔고 둘 사이는 자식이 없었다. 메리는 인심을 잃었으며 실의에 빠져 1558년 11월 7일에 죽었다.

4. 엘리자베스 여왕 치세

엘리자베스는 1558년 11월 26세의 나이로 즉위하여 1603년까지 거의 반세기에 걸쳐 치세하였다. 그녀가 즉위함으로 영국의 전체 분위기는 개신교 쪽으로 흐르게 되었다.

첫 번째, 여왕이 가장 관심을 가진 것은 외세에 영향 받지 않는 자주적인 국민 화합이었다. 그러므로 1559년 국회에서 "교회수장령"을 가결하고 종교상에 있어서도 여왕은 왕국 유일의 통치자임을 선언하였다. 이렇게 해서 헨리 8세가 지녔던 모든 권한이 엘리자베스에게 주어졌다.

두 번째, 영국교회의 통일법을 통과시켰다. 영국 전체에 사상과 의사 표현의 자유가 주어졌으나 공중예배는 에드워드 6세의 《제2기도서》에 따라서 단일하게 하나의 형식으로 드려야 하는 통제가 있었다.

세 번째, 1563년에 이르러 에드워드 6세의 「42개 조항」을 「39개 조항」(The Thirty-nine Articles of Religion, 오늘에 이르기까지 영국 성공회의 신앙 기준이 되고 있다)으로 개정하였다. 이 39개 조항은 42개 조항을 근거로 당시 캔터베리 대감독인 파커(Parker)가 기초한 것이다. 성찬식의 견해는 칼빈의 사상과 같이 했고, 대륙의 개신교 신조(아우구스부르크 신앙고백)를 따랐다.

한편 로마 교황청에서는 엘리자베스에 대한 파문을 미루다가 1570년 2월 25일 교황 피우스 5세가 엘리자베스를 파문하였다. 심지어 암살까지 허용한다고 하였다. 여기에 맞서서 엘리자베스는 반교황법을 통과시켰고 여기에 반대하는 사람들을 처형하였다. 더 나아가서 1585년 '예수회' (Jesuit) 사람들을 영국에서 추방하였다. 이렇게 시작한 반대자에 대한 처벌은 엘리자베스의 45년 통치 기간에 221명이었다. 이 숫자는 메리 여왕이 5년간에 처형한 282명에 비하면 오히려 적은 숫자였다.

엘리자베스는 1588년 스페인의 무적함대를 무찌름으로 로마 교황권과 로마주의 신앙으로부터 영국을 보호했으며, 동시에 해상권을 장악하여 화려한 영국 건설의 기초를 마련했다.

영국이 개신교 국가가 되자 메리 시대에 망명했던 많은 개혁주의자들(약 800명)이 조국으로 돌아왔으며 이들을 중심으로 엘리자베스의 개혁이 철저하지 못한 것에 만족하지 못한 사람들은 성경에 따라서, 칼빈의 제네바 교회를 본보기로 하여 개혁을 발전시키려 하였다. 엘리자베스 여왕은 영국교회를 개신교 방향으로 이끌고 갔으나 어느 한쪽으로 과도하게 기울어지지 않았다. 오늘에 이르기까지 영국교회는 신학적으로는 개신교를 따르지만 예배모범과 의식 및 교회 조직에서는 가톨릭 모범(전통)을 많이 반영한 형태를 유지하고 있다. 이러한 점에서 순수한 개신교 신앙과 예배를 고수하려는 청교도의 출현은 당연하였다.

II. 청교도 운동

1. 청교도주의(Puritanismus)의 기원

청교도주의는 헨리 8세 이후부터 엘리자베스 여왕 시대에 이르기까지 영국교회가 성공회로 국교화(國教化)하는 과정에서 대륙의 칼빈 종교개혁 사상을 가진 사람들이 교회를 보다 성서적으로, 칼빈적인 장로교회로 개혁하려는 운동에서 출발했다. 이 사람들은 영국의 종교개혁이 불완전하며, 단순히 교리를 바꾸고 거짓된 로마 가톨릭 교리를 제거하는 것만으로는 충분하지 못하다고 느꼈다. 이들은 영국에 있어서 종교개혁은 교리만 바꾸는 것이 아니라 가톨릭적인 의식을 제거하고 교회의 정치 형태도 주교제도가 아닌 장로제도 바뀌어야 한다고 보았다. 그리하여 엘리자베스 여왕 시대에 험프리(Laurence Humphrey)와 샘슨(Thomas Sampson)이 교직자의 복장에 대한 개혁론을 발표하고 카트라이트가 교회 제도에 관한 장로제를 주장하고, 월터 트레버스(Walter Travers)가 1572년 칼빈주의에 의한 《교회규정 선언》을 출판하여 청교도주의를 밝힘으로써 차츰 조직적으로 발전하여 영국교회에서 일대 세력을 형성하게 되었다. 이 운동은 교회 내의 가톨릭적 요소들을 제거하고 비성서적이며 미신적인 행사를 타파하고 교회를 정화하려는 주장이 강했기 때문에 퓨리탄 운동 곧 청교도 운동이라 불리게 되었다. 이들은 1602년에 이르러 집회를 시작하여 독립교회를 조직하였다. 그러나 제임스 1세 때인 1607-1608년에 급진적인 청교도에 대한 '반청교도 법'이 승인되어 국교의 핍박으로 청교도들은 네덜란드로 망명하였고 1620년 메이 플라워호를 타고 신대륙(미국)으로 이주하게 되었다. 그 후 영국에서 박해를 받은 청교도들은 속속 이곳으로 피신하여 많은 식민지를 일으키고 열성적인 청교도 교회를 건설하였다.

한편 영국 내에서도 청교도 혁명이 일어나 찰스 1세가 의회군에게 패배하여 1649년 1월 30일에 사형되고 크롬웰이 정권을 장악하여 공화정을 실시하였다. 그리하여 청교도들은 일시적으로 웨스트민스터 신앙고백을 국교회의 공인된 신앙고백으로 인정하기에 이르렀다. 그러나 크롬웰의 아들이 무능하여 실각하여 1660년 왕정복고(王政復古)가 일어나 청교도들에 대한 박해가 일어나게 되었고 청교도들은 국교회로부터 분리하여 회중교회, 장로교회, 침례교회 등의 교회를 조직하게 되었다.

2. 청교도의 이상

영국의 엘리자베스 여왕 시대에 개신교인들 사이에는 영국에서 기독교가 어떤 형태를 취할 것인가? 하는 문제로 의견이 분열하였다(로마 가톨릭, 영국 국교, 장로교 등).

스위스에서 망명생활을 하며 칼빈의 교회관을 흡수하여 익힌 청교도들은 엘리자베스 여왕의 중용(中庸)의 종교정책(신, 구교 연합)을 반대하였다. 청교도들은 무엇보다도 하나님의 말씀의 실천을 중요하게 여겼기 때문에 영국교회의 비성서적인 부패를 정화시키려고 하였다. 이들은 성서적인 순수한 교회 통치형태, 순수한 예배형식, 신조의 정화, 거룩한 생활양식 등을 원하는 개혁을 도모했다. 그러나 엘리자베스는 청교도들의 극단주의를 용납하지 않았다.

청교도들은 자신들의 교회관 전파와 영국 사회의 지지를 얻어내려고 노력하였다. 이것은 특히 대학과 신문을 육성하고, 신흥 중간계급에 속한 장인(匠人)과 법률가, 농촌의 소 지주층, 도매상 등의 지지를 얻으려고 했다. 대학 중에서 특히 캠브리지 대학은 청교도 운동의 요람이었다. 대학을 기지로 삼아 청교도 지지자들은 기성교회의 부패상을 격렬한 어조로 공격하는 소논문, 책자 및 설교를 전파할 수 있었다.

청교도들이 바라는 요소들은 무엇이었는가? 이 비전의 중심은 칼빈의 예정교리가 자리 잡고 있었다. 청교도들은 개인적인 회심을 통해 자신이 선택받았다는 느낌을 갖기에 이르렀으며 하나님의 뜻을 자신의 생활과 교회와 국가에서 실현해야 할 책임을 지니고 있다는 확신에 도달했다. 그리하여 이들은 개인과 교회와 사회에서 하나님의 영광(*Soli Deo gloria*)을 드러내는 길을 모색하였다. 청교도들은 선택받은 영혼들이며, 회심의 경험에 의해 일반 인간들의 무리와 분리된 자들이며 하나님께서 인간 역사를 혁명적으로 바꾸기 위하여 자신들을 이용하고 계시다는 의식에 불탔던 사람들이며, 하나님의 뜻을 실천하는 일에 투신할 사람들이었다.

1) 개인의 역할

청교도의 비전에 들어서기 위해서는 먼저 개인적인 회심이 필수적이다. 청교도주의에서 하나님의 말씀에 들어서는 문과 하나님의 말씀을 배우는 길은 목회자들의 설교를 통해서였다. 설교의 목적은 듣는 영혼에게 두 가지 효과를 거두는 데 있었다. 첫째는 뉘우침과 용서를 바라는 마음을 일으키는 죄책감이었고, 그 다음은 하나님께서 당신이 선택하신 무리들 가운데 받아들이셨음을 확신하여 하나님의 뜻을 헌신적으로 실천하려는 열의였다. 청교도들에게 회심한 자는 곧 예정된 자로 여겨졌다.

이와 같은 효과를 거두기 위해서 설교는 인간생활의 죄악에 대한 설명으로 시작하는 경우가 통례였다. 보다 구체적으로 설교의 의도는 설교를 듣는 개개인의 생활의 죄를 명백하게 깨닫게 하려는 데 있었다. 구세주 예수 그리스도를 믿음으로 하나님의 진노에 대한 의식은 이제 하나님의 사랑에 대한 신뢰로 바뀌게 되었다. 이를 통하여 인간은 하나님의 선택함을 입은 자들의 무리에 받아들여졌다. 청교도주의는 이런 식으로 선택함을 받았다는 확신에로 이끄는 칼빈의 회심 경험을 채택하였다.

전적으로 하나님의 뜻에 따른다는 것을 확신하기 위해서는 일상생활의 모든 면을 철저히 살펴보아야 했다. 자신이 죄인이라는 의식은 매일 같이 양심을 엄격히 살피고, 그날그날의 실패와 성공을 일기에 적음으로써 자신을 살폈다. 실패는 자신의 타락한 본성을 입증해주는 것이었고, 성공은 하나님의 선하심을 증거해 주었다. 오늘날까지 남아 있는 수없이 많은 청교도들의 일기, 자서전 및 전기들은 전형적인 청교도가 그의 개인생활 가운데서 하나님을 섬기고, 이를 통하여 하나님의 영광을 나타내어야 할 책임을 얼마나 진지하게 여겼는가를 생생하게 보여주는 것이다.

그러나 청교도이면서도 차분하고 진지한 마음을 가진 사람들은 대개의 경우 극단주의자가 아니었다. 인생은 의무만 가지는 것이 아니라 즐거운 내용과 즐겨할 만한 의무들도 있다. 가정생활, 부부간의 사랑, 친구, 식탁의 즐거움, 사냥, 낚시 이 모든 것들도 하나님으로부터 온 것으로, 하나님을 섬기는 일에 이용될 수 있었다. 여유가 없는 우울함이나 병적인 자기 학대보다는 인생의 목적에 대한 성실한 마음가짐과 모든 일에의 절제(절도)가 훨씬 더 전형적인 청교도적 태도에 가깝다.[1)]

2) 교회의 형태

교회의 본질은 무엇인가? 이 문제에 대해 절대적인 권위를 가진 것은 성서였다. 이 성서 속에서 하나님이 당신의 교회 조직과 믿음과 예배에 대해 구체적으로 밝혀 놓으신 것을 찾아내어야 한다. 그러므로 영국교회 내의 예배의식, 신앙, 교회정치 형태가 하나님의 말씀에서 명시적으로 정당화 될 수 있는가? 그렇지 않은가가 중요한 문제였다.

청교도들이 이와 같은 성서적 표준을 교회의 형태와 구조에 적용했을 때 청교도들의 대부분은 영국 성공회의 주교제도는 성서적으로 지시된 목회 형태가 아니라고 보았다. 원시교회의 목회 형태는 하나님의 부르심을 받고 성도들에게서 선택받은 목회자, 곧 장로(Presbyter, 성직자)제의 형태였다. 목회자들은 일반 신도들에 의해 선출되어야 했다. 이것은 왕의 임명을 받은 주교들이 목회를 주관하던 엘리자베스 여왕의

1) 윌리암 A. 스코트 著, 《改新教神學思想史》, 124-126.

교회와는 전적으로 달랐다.

청교도들은 그들의 장로제 교회에 영국의 모든 국민이 소속되어야 한다고 믿었다. 이 교회는 국가의 지원을 받는 민족교회, 국교가 되어야 했다(칼빈의 제네바 교회와 같은 그런 교회). 그러나 모든 국민이 소속되게 하지만 이 교회 내에는 은총을 받은 귀족들, 하나님의 선택을 받은 사람들이 있어야 한다. 이런 성도들이 권력을 행사하고 목회를 해야 했다. 이들의 손에 교리를 정하고 교회의 생활과 예배를 결정하는 권한이 주어져야 한다는 것이다. 교회는 지역 교구들로 조직되어야 했으며 각 교구는 가르치는 사람들(목회자들)과 지도하는 사람들(장로들)을 자체적으로 선출해야 했다.

1640년에 이르러서는 영국 의회에서 청교도들이 다수가 되었고 따라서 권력도 청교도들의 수중에 들어왔다. 의회의 다수파는 장로제를 지지하는 청교도들이었다. 왕보다 의회가 실권을 가지고 있는 동안 장로제가 영국교회의 형태로 존재하였다. '장로제 교회정치 형태'(Form of presbyterical Church Government)를 발표한 후 청교도들은 자신들의 예배의식서인《공중예배규범》으로「공도문(公禱文)」을 대체하기로 했다. 영국교회 예배의식에서 남아 있는 모든 로마 가톨릭적 요소들을 정화시키고 성서적 근거가 없는 모든 예배 의식 요소들이 교회로부터 제거되었다: 미사 복장, 코프(cope, 망토 모양의 긴 외투), 가운, 백의(白衣, 예배의식 때 성직자, 성가대원이 입는 옷)들이 제거되고 간단한 제네바 가운으로 대체되었다. 제단은 강단으로 교체되었다. 세례식 때의 성호 표시, 교회에 영구적으로 설치된 세례반(洗禮盤, 혹은 성수반)이 제거되었다. 한 마디로 말해 순수한 복음적인 예배 의식에 잘못 부과되었던 모든 의식적 행위들이 제거되었다. 성서적인 근거를 갖는 요소들만이 보유되었다. 교회 예배는 칼빈주의가 이해했던 간소한 예배 형태인 말씀의 예배, 설교 중심의 예배로 변형되었다.

다음으로 청교도 성직자들의 모임은 교리적인 문제에 손을 대었다. 영국교회의 '39개 신조'는 배척당하고 '웨스트민스터 신앙고백'(The

Westminster Confession)과 두 개의 부대 문서인 '대교리문답'(The Large Catechism)과 '소교리문답'(The Shorter Catechism)으로 대체되었다. 이 문서들은 기독교 신앙들을 철저히 칼빈주의적으로 설명한 것으로, 특히 행함과 은총의 두 계약 교리, 하나님의 위엄과 주권의 교리, 이중 예정의 교리(the doctrine of double predestination)를 강조하였다.

의회가 실권을 가지고 있는 동안 영국교회는 교리와 예배의식 면에서 칼빈주의적이었고, 교회 정체(政體) 면에서는 장로제였다. 그러나 크롬웰이 실권을 장악하자 장로제가 배척을 당하고 회중제(會衆制, congregationalism)를 실시했다. 모인 교회가 아닌 교회는 진정한 기독교가 될 수 없었다는 것이다. 따라서 교회는 국가의 연장선상에서 존재해서는 안 되고 국교(國敎)는 존재해서도 안 되었다. 종교의 자유는 모든 사람에게 확대되어야 한다. 자신들이 원하는 교회를 자유롭게 구성할 사람들로 하여금 지역적인 신도들의 회중(local congregation of believers)을 이끌 것으로 크롬웰과 그의 추종자들은 확신하였다.

회중제는 장로제의 경우와 같이 정치적인 권력을 보유하고 있는 동안에만 영국교회의 형태로 유지할 수 있었다. 1660년 정치적 권력을 잃고 왕정(王政)이 회복되었을 때 영국 성공회가 복귀되었고 그 이후 성공회가 영국의 국교로 존속하게 되었다.

3) 이상적인 사회

중생(重生)한 청교도는 자기 성찰과 자기 향상을 꾀하는 데 자신의 모든 관심을 집중시켰지만 세상으로부터 은둔한 것은 아니었다. 청교도는 하나님의 뜻에 봉사하는 자신의 삶이 이 세상 속에서 이루어져야 한다고 이해하였다. 청교도는 세상의 상태에 대하여 어떠한 환상(illusion)도 갖지 않았다. 세상은 악하고 죄된 장소였으며 언제나 그런 상태에 있을 것이다. 그러나 청교도가 아무리 이 세상을 단죄하더라도 이 세상을 피할 수도, 피해서도 안 되었다. 청교도는 참으로 선택함을 받은 사람들은 생활의 모든 영역에서 하나님의 영광을 드러내야 한다는 것을 알았다. 청교도는 사회 자체를 정화시킬 필요가 있었다. 청교도의 책임은 오직 하나님의 선택을 받은 사람들만이 통치할 수 있는 국가 상황을 조성하거나 아니면 적어도 선택받은 사람들이 정부에 영향을 주어 생활의 모든 악을 제압하고 그럼으로써 가능한 한 많은 사람들이 회심의 경험을 할 수 있는 상황을 조성하기 위해 이용할 수 있는 모든 수단을 동원하는 것을 뜻하였다.

영국 역사의 짧은 기간 동안 청교도는 그들의 꿈을 실현할 수 있는 기회를 가졌다. 그러나 오래 지속될 수는 없었다. 청교도가 생각하는 것만큼 진지하게 종교를 대하기 위한 계몽이 이루어지지 못한 상태였다. 청교도의 선별된 우월 의식과 그것을 통해 남에게 신앙을 강요하는 것이 부작용으로 나타나게 된 것이다. 그리하여 생활의 모든 측면에서 하나님의 영광을 드러내는 데 전념하는 국가라는 청교도적 국가관은 마침내 영국을 사로잡는 데 실패하고 말았다.

정부와 사회는 청교도들에게 관용과 통제의 양면 정책을 폈다. 이와 같은 정책은 이중의 효과를 낳았다. 이 정책은 청교도주의에서 가치 있는 많은 요소들을 사회에 적용할 수 있는 길을 열어 주었다: 근면, 절약, 절제, 하나님을 두려워하는 생활, 기독교를 모든 생활의 중심으로 이해하는 자세 등은 미래의 기독교 역사에 남긴 청교도주의의 유산이었다. 다른 한편으로, 청교도주의가 지닌 극단주의는 힘을 펴지 못하였다: 광신주의(열광주의), 불관용, 강제적인 종교생활과 같은 면들은 청교도들이 지배하려고 애를 썼던 영국 사회에서 궁극적으로 거부당했다.

한 사회 내에서 얼마나 많은 사람들이 회심을 통하여 기독교 생활을 할 수 있을까 하는 물음에 청교도의 답변은 교회와 사회의 질서가 올바로 설 때 대다수의 사람들에게 그것이 가능하다는 것이다. 청교도들에게 기독교의 증언은 모든 사람이 기독교인이 되어야 한다는 것으로 표현되었다. 그러나 사회는 청교도들의 이런 답변이 잘못되었음을 인식하여 그것을 거부하였다.

결론적으로 청교도주의가 영국과 미국에서 지배하던 이후의 세기(世紀)들에서 기독교회들은 종교 자유의 교훈을 배웠으며 기독교회는 봉사를 위해 존재하지, 사회를 지배하기 위해 존재하지 않는다는 교훈을 배웠다. 기독교인들은 오늘날 이런 가치들의 맥락에서 살아 있는 증언은 청교도의 증언이 실패한 곳에서 이어받을 것으로 희망하고 있다. 그러나 청교도가 직면했던 것과 같은 질문은 여전히 남아 있다. 기독교 증언의 본질은 무엇인가 하는 질문 말이다.

Ⅲ. 존 웨슬리(John Wesley)와 영국 복음주의 운동

1. 웨슬리의 회심과 영성

웨슬리는 18세기의 인물이지만 그가 영국 국교(성공회)에서 개신교인 감리교회를 탄생시켰기 때문에 영국교회의 개혁자로 인정하여 종교개혁자들의 범위에 포함시켰다. 대륙에서는 경건주의가 한창 진행 중일 때 영국에서는 요한 웨슬리를 중심으로 복음주의적 신앙부흥 운동이 활발하게 전개되었다.

존 웨슬리(John Wesley, 1703-1791)는 영국 국교(성공회) 사무엘 웨슬리 목사의 19남매 중 16번째로 출생하였다. 그는 1720년에 옥스퍼드의 크라이스트 처치 대학에 입학하여 인문학과 고전어를 주로 공부하였다. 웨슬리는 어릴 때부터 부모에게서 청교도적 신앙 훈련을 받았으며, 특히 어머니 수잔나를 통하여 토마스 아 켐피스, 파스칼, 그리고 스코틀랜드의 신비가 헨리 스쿠갈(Henry Scougal) 등의 영적 생활에 관해서 많이 듣고 알게 되었다. 웨슬리는 어머니에게서 경건한 교육을 받았고 동생 찰스 웨슬리와 함께 옥스퍼드 대학 시절 신성 구락부(Holy Club)를 조직하여 활동하였다. 이들은 매일 밤 기도회 모임을 운영하며 규칙적으로 모여 성경과 경건 서적(고대 교부들 글, 영성가들의 글)을 읽었고 기도와 금식, 병자구호와 가난한 자 구제, 감옥에 갇힌 자 방문 등 사회활동을 하였다. 그리고 다방면에 걸친 구제사업을 벌였다. 이들은 너무도 엄격하게 시간을 지키고 규칙적으로 모였기 때문에 사람들이 '메소디스트'(규칙주의자들)라는 별명을 붙여 주었다.

1735년 아버지의 사망 이후 웨슬리 형제는 미국 조지아 주로 선교여행을 떠났다. 웨슬리는 이곳에서도 강한 금욕 생활과 함께 엄격한 규칙 생활을 하였으며 영성가들의 서적을 계속 읽으며 연구와 실천에 진력하였다. 그러나 그가 목적한 미국 원주민 선교는 완전히 실패하고 심한 좌절감을 안은 채 2년 4개월 만에 런던으로 돌아오게 되었다. 웨슬리가 조지아 주에서 돌아온 후, 항해 도중에 알게 된 모라비안 교도들, 특히 그들의 지도자 피터 뵐러(Peter Böhler)와 사귐을 가지며 그들의 경건하고도 확고한 신앙에 접하고 있을 무렵, 1738년 5월 24일 저녁에 올더스게이트(Aldersgate) 거리에 있는 그들의 한 집회소에 참석했다가 마음이 이상하게 뜨거워지는 경험을 하게 되었다. 그때 사회자는 루터의 《로마서 주석》 서문을 낭독하고 있었는데, 그 내용은 다음과 같은 것이었다.

> 신앙은 우리 속에 역사하시는 한 거룩한 역사인데, 그것은 우리를 변화시키며 하나님께로 새로 나게 하며, 옛사람을 죽이며, 우리의 마음, 성격, 심성, 모든 능력에서 전적으로 다른 사람을 만들며, 또한 성령을 그와 함께 가져온다. 신앙은 생명 있고, 창조적이며, 행동적이고 능력 있는 것이다. 그러므로 선한 행위를 계속하지 않기란 불가능한 것이다. 그것은 선행을 해야 하는가라고까지 질문하지 않아도 된다. 오히려 어떤 것도 요구하기 이전에 그 선한 일들을 행하였으며 그리고 언제나 행하는 것이다.

웨슬리는 여기서 그리스도를 통한 하나님의 속죄 은혜에 대한 확실한 체험을 하였다. 웨슬리는 이 체험이 있기 전까지 자신의 믿음은 '종의 믿음'이었으며 '아들의 믿음'이 아니었다고 말한 바 있다.

웨슬리의 영성은 그의 종교 체험 및 영적 성장의 배경과 깊이 관련이 있기 때문에 그의 영성 형성 과정에 대해 중점적으로 살펴야 한다.

웨슬리의 신비주의와 내면적 영성 생활에 대한 관심은 그의 종교 체험 이전 뿐 아니라 전생에 걸쳐 계속되고 있음을 볼 수 있다. 1725년 대학 졸업 이듬해인 23세에, 자신의 생을 전적으로 하나님께 바치기로 하고 목사가 되기로 결심하였다. 이러한 결심은 그의 영적 투쟁의 일차적 승리로 볼 수 있으며, 사람들은 이것을 그의 일차 회심사건이라 부른다. 그가 이런 결심을 하게 된 것은 부모의 영향과 그리고 그의 절친한 신앙 친구인 샐리 커크햄(Sally Kirkham)의 권고로 기독교 영성가들의 문헌들을 소개받아 읽으므로 비롯된다. 그 대표적 문헌은 제레미 테일러(Jeremy Tayler)의 《거룩한 삶과 죽음의 규칙과 훈련》, 토마스 아 켐피스(Thomas a Kempis)의 《그리스도를 본받아》였다. 그러나 누구보다 더 웨슬리에게 많은 영향을 끼친 사람은 그의 사상적 스승인 윌리엄 로우(William Law)였다. 웨슬리는 정목사(장로 목사) 안수를 받던 해를 전후로 해서(1727-29) 로우의 《그리스도인의 완전》과 《경건한 삶으로의 진지한 소명》을 읽었다. 이 책을 통해서 로우는 웨슬리에게 외적 선행의 중요성보다 내적 성결, 즉 우리의 영혼이 하나님과 연합하는 것이 더 중요하다는 것을 알려 주었다.

그는 한 때 자신에게 감화를 주었던 모라비안주의자들이 비실천적이고 개인주의적인 정적주의로 흐르는 것을 비판하기도 했으나, 철저한 자기 부정과 순수한 사랑의 삶을 강조하는 올바른 신비주의에 대한 관심에는 변함이 없었다. 웨슬리는 로마 가톨릭 신비가들의 문헌뿐 아니라 동료 신성클럽 회원인 교부신학 연구가 크레이톤(Clayton)의 도움으로 초기 교부들의 사상에 대한 연구도 하게 되었다. 그들 중 특히 성 크리소스톰, 성 바질, 닛사의 그레고리, 제롬, 마카리우스 등의 영성 사상도 깊이 연구하였다.

웨슬리는 또한 초기의 교부들, 즉 로마의 클레멘스, 이그나티우스, 폴리칸, 순교자 져스틴, 이레니우스, 오리겐, 알렉산드리아의 클레멘트, 키프리안 등을 예찬하고 있다. 그는 말하기를 "나는 그들의 글을 한없이 존경하며, 사랑의 마음으로 존중한다. 그 이유는 그들의 문헌이 참 기독교를 표현하고 있기 때문이다"라고 하였다. 뿐만 아니라 웨슬리는 중세 독일 신비가들, 즉 마이스터 에크하르트, 헨리 수소, 요한 타울러, 루이스부룩을 이해하고 익명의 영성가가 쓴《독일 신학》을 읽었다. 이로써 우리는 웨슬리가 아주 일찍부터 고대 교부(동방, 서방교회)들의 영성을 비롯하여 로마 가톨릭의 신비주의 영성, 그리고 성공회와 모라비안 교도들을 통한 개신교의 경건주의 영성도 이어 받았음을 알 수 있다. 이런 점으로 볼 때 웨슬리의 영성은 고대와 중세와 근대의 영성의 장점들을 종합한 영성이라고 말할 수 있으며, 이것이 그의 선행적 은총과 칭의 및 성화의 교리, 그리고 특히 그의 기독자의 '완전' 사상으로 나타났다고 볼 수 있다.

2. 성화와 완전의 교리

성화- 웨슬리의 영성의 핵심은 그의 '성화'(Sanctification)와 '그리스도인의 완전'(Christian Perfection) 사상이라고 말할 수 있겠다. 웨슬리는 신앙인의 삶, 즉 그리스도인의 영성적 삶을 완전을 향해 날마다 거룩하게 변해 가는 성화의 과정으로 보았다. 그는 온전한 구원을 위해서는 의롭다고 인정받는 데 그치지 않고, 실제로 의롭게, 즉 성결하게 변화해야 할 것을 강조했다. 웨슬리에 따르면, 성화란 하나님의 은혜로 죄 사함을 받은 심령이 성령의 내주적(內住的) 활동으로 깨끗하게 되고, 그리스도의 성품과 같이 거룩하게 변하는 것을 의미한다. 따라서 성화는 내용에 있어서 두 가지 측면을 갖고 있다. 첫째는 소극적인 의미로, 죄를 범하지 않는 것, 즉 죄의 세력에서 자유하게 되고, 죄의 성질로부터 씻음 받는 일이며, 둘째는 적극적인 의미로, 하나님의 사랑과 그리스도의 온전한 성품이 우리에게 부어지고 채워지는 것을 의미한다. 따라서 그리스도인의 성화는 결국 하나님께 대한 믿음에서 발현되는 하나님의 사랑으로 우리의 영혼이 채워짐으로써, 우리 심령이 그리스도의 성품과 같은 거룩한 성품으로 변화되어, 생각과 말과 행동에서 하나님의 사랑이 나타나게 되는 것을 말하다. 그런데 웨슬리에 의하면, 성화는 두 단계로 나뉜다. 첫째 단계는 초기의 성화(initial sanctification)로서, 우리가 거듭남으로 성화의 단계에 들어섰으나, 온전한 성화에는 이르지 못한 영적인 상태를 말하며, 둘째 단계는 온전한 성화(entire sanctification)로서, 깊은 영적(하나님의 사랑) 체험에 의해서, 죄된 생각으로부터 완전히 떠나고, 온전한 변화를 이루는 경지에 도달하는 것을 말한다. 웨슬리는 이 온전한 성화를 기독자의 완전이라 부르고, 모든 그리스도인은 이 완전한 성화, 즉 기독자의 완전으로 나가야 한다고 말했다.

기독자의 완전- 웨슬리는 기독자의 삶의 최후 목표를 그리스도의 모습과 같은 완전의 실현에 두었다. 웨슬리는 1725년에 테일러 주교의 《거룩한 삶과 죽음의 법칙》(*Rule and Exercise of Holy Living and Dying*)을 읽고 큰 감화를 받았고 실제적 신비주의를 받아들임으로써 그리스도인의 완전에 대한 견해를 밝히고 있다.[2] 웨슬리는 이 기독자의 완전 개념이 자기 자신의 체험과 성도들의 영적 삶에서 실증된 바에 의한 것이며, 그리고 무엇보다도 "하늘에 계신 너희 아버지의 완전하심과 같이 너희도 완전하라"는 주님의 말씀처럼 성서에 근거한 것이라고 말한다. 기독자의 완전에 관해서 웨슬리는 다음과 같이 말했다.

> 기독자의 완전이란 무엇인가? 그것은 우리의 심정과 마음과 혼과 힘을 다하여 하나님을 사랑함이다. 이것은 우리 영혼 속에 나쁜 성질과 사랑에 반대되는 것이 더 이상 남아 있지 않음을 의미하며, 그리고 모든 생각과 말과 행동이 순수한 사랑에 의해 지배된 것을 의미한다.[3]

---

2) 존 웨슬리/鄭行悳 譯, 《그리스도인의 완전》(서울: 展望社, 1979), 7.

웨슬리에 있어서 기독자의 완전은 온전히 성화된 상태를 말한다. 그러나 이것은 더 이상 성장할 여지가 없다거나 다시는 타락할 가능성이 없다는 절대적 의미의 완전이 아니라, 인간의 유한성을 내포하는 상대적 의미의 완전을 의미한다. 그래서 웨슬리는 어떤 사람이 아무리 높은 수준에 도달했거나 훌륭하게 완전해졌다 하더라도, 그는 계속해서 은혜 아래서 성장해 나가야 하며, 구원자 되시는 하나님의 사랑과 그를 아는 지식에 있어서 매일 더 자라고 전진해야 한다고 말했다.

웨슬리는 그리스도인의 영적 성장의 수준을 사람의 성장 과정에 비교하여, 아이, 청년, 장년으로 구분하고, 장년의 신앙을 가장 완숙한 신앙으로서, 사도 바울이 에베소서 4장 13절에서 말한 것 같이, 모든 면에서 그리스도의 분량에까지 성장한 단계로 보아 이것이 곧 신앙인의 완전 단계를 의미한다고 보았다. 그러나 웨슬리에게 있어서 그리스도인의 완전은, 언제나 그리고 매 순간, 하나님의 은혜와 사랑 그리스도의 모범과 성령의 도움을 필요로 하는 의존적 완전이며, 또한 우리의 마음속에서 하나님을 진심으로 사랑하고, 하나님이 기뻐하시는 일을 행하려고 하는 동기와 의도의 순수성(the purity of intention)으로서의 완전을 의미하고 있다.

그러나 무엇보다도 중요한 점은 웨슬리가 기독자의 완전을 사랑의 완전성에 연결시킨 점이다. 웨슬리는 그리스도인의 완전과 완전한 사랑을 거의 같은 개념으로 사용하였다. 즉 웨슬리에게 있어서 기독자의 완전이란 우리의 영혼이 완전한 사랑, 곧 하나님의 사랑, 그리스도의 완전한 사랑으로 채워주고 지배된 상태를 의미하는 것이다. 이것은 곧 사도 요한의 말과 같이(요일 4:16-21) 우리의 심령이 하나님의 완전한 사랑으로 채워짐으로써, 그리스도와 또한 하나님과의 연합을 이루며, 우리의 모든 생각과 말과 행동에 있어서 하나님과 이웃에 대한 사랑으로 표현되는 것을 의미한다. 이 점이 바로 웨슬리의 완전 사상의 핵심이라

3) 위의 책, 61.

고 볼 수 있는데, 이런 점에서 웨슬리의 영성은 곧 사랑의 실천적 영성이라고 말할 수 있다.

앞에서 웨슬리의 영성 배후에는 고대 교부들의 영성과 동방과 서방 교회의 영성 그리고 종교개혁자들의 영성이 종합되어 있다고 말한 바와 같이, 웨슬리의 성화와 완전 사상은 고대 교부들의 영성의 목표인 그리스도를 통한 인간의 '신성화'(deification), 즉 하나님 형상의 완전한 회복으로서의 완전의 실현, 그리고 철저한 자기 부정과 그리스도의 모방 및 사랑의 실천을 통해서 그리스도와의 일치 및 하나님과의 온전한 연합(합일)을 이루며, 이웃과 세상과 피조물까지 사랑하고 섬기는 기도교의 전통적 영성과 근본적으로 일치한다고 말할 수 있다. 한편 웨슬리는 칼빈의 영성에서처럼 개인의 성화뿐 아니라 사회적 성화, 즉 전 사회의 영적 변화와 사회적 정의의 실현에도 깊은 관심을 갖고, 스스로 가난하고 소외된 자들을 위해 전적으로 봉사하고 부패한 사회의 개혁과 정화를 위해 헌신한 실천적 영성가였다는 것을 놓쳐서는 안 될 것이다.

3. 감리교 복음주의 운동

웨슬리는 1739년 5월 12일 브리스톨 야외설교에서 부흥운동에 점화하였고, 1740년 감리회를 조직하였다(Methodist United Society).

웨슬리의 신학은 만인구원론적이다. 하나님의 은혜는 보편적이고 무차별적이다. 그리스도는 모든 죄인을 위하여 십자가에 돌아가셨다. 그는 칼빈적 제한 속죄론을 거부하였다. 웨슬리는 지옥은 그 사람의 책임이라고 보았다. 구원에 있어서 인간의 책임을 강조했으며 신인협동론(Synergism)적 사고를 주장했다. 원죄는 인정하나 완전 타락을 믿지 않는다. 회심 이전에도 어느 정도 손상되지 않은 영적 능력을 가지고 있음을 인정하고 하나님의 선행적 은총(Preventing Grace)에 의해 구원으로 이끌린다고 보았다. 웨슬리는 이신득의자(以信得義者)는 성화를 위해 계속 노력해야 한다고 가르쳤으며 실천적-선교적 형태의 기독교를 전달해 주었다.

웨슬리의 복음주의 운동은 자연신론과 계몽주의 사상으로 인해 18세기 초 영국사회가 정신적인 파산에 직면하게 되었을 때 요한 웨슬리와 죠지 휫필드에 의해 전개된 신앙부흥 운동을 말한다. 이들의 공헌은 18세기 합리주의적 운동을 제지하고 퇴폐적인 도덕생활을 개선시켰으며 침체된 교회를 일깨워서 교회의 영적 부흥을 가져오게 하였다. 더욱이 이들의 활동으로 런던선교회를 중심으로 한 초교파적인 선교운동이 활발하게 일어났으며 전도와 선교를 통해 초교파적인 교회연합 운동의 길을 열어 놓았다. 웨슬리는 감리교회를 결성하여 세계 선교의 웅대한 꿈을 실현시켜 나갔다. 웨슬리의 선교 구호는 "세계는 나의 교구이다" 였다. 복음주의 운동은 사람들로 하여금 하나님의 말씀에 대한 새로운 자극을 주는 계기가 되었다.

부록 1

95개조 논제

진리에 대한 사랑과 열정으로부터 그리고 그것을 밝게 드러내려는 열망에서 아래의 논제들은 문학석사이며 신학석사인 마르틴 루터에 의하여 비텐베르크에서 공개적으로 논의될 것이다. 루터는 그곳에서 이 주제들에 대하여 강의하도록 공식적으로 임명받은 바 있다. 그는 직접적으로 토론에 참여할 수 없는 자들에게는 서신으로 토론하기를 요청한다.

우리 주 예수 그리스도의 이름으로. 아멘.

1. Dominus et magister noster Iesus Christus dicendo 'Penitentiam(Matth. 4, 17) agite comnem vitam fidelium penitentiam esse voluit.

우리의 주님이시며 선생이신 예수 그리스도께서 "회개하라…"(마 4:17)라고 말씀하셨는데 이는 신자들의 전 생애가 참회되어야 한다는 것을 의미한다.

2. Quod verbum de penitentia sacramentali(id est confessionis et satisfactionis, que sacerdotum ministerio celebratur) non potest intelligi.

이 말씀은 하나님께 드리는 성례전적 참회 곧 사제의 직권으로 수행하는 고백과 속죄로서 이해할 수는 없다.

3. Non tamen solam intendit interiorem, immo interior nulla est, nisi foris operetur varias carnis mortificationes.

그러나 이 말씀은 다만 내적인 회개만을 뜻한 것은 아니다. 그럴 수도 없다. 만일 그 같은 내적 회개가 육신의 여러 가지 정욕을 외적으로 억누르지 못한다면 그 회개는 무가치한 것이다.

4. Manet itaque pena, donec manet odium sui (id est penitentia vera intus), scilicet usque ad introitum regni celorum.

그러므로 사람이 자기 자신을 미워하는 한에는(참 내적 참회를 계속하는 한에는) 형벌이 계속될 것이다. 즉 우리가 하늘나라에 들어갈 때까지 계속될 것이다.

5. Papa non vult nec potest ullas penas remittere preter eas, quas arbitrio vel suo vel canonum imposuit.

교황은 그가 그 직권 혹은 교회법의 위세로 부과한 형벌 이외에는 어떤 벌이든지 용서할 권세나 의지(意志)를 갖지 못한다.

6. Papa non potest remittere ullam culpam nisi declarando et approbando remissam a deo Aut certe remittendo casus reservatos sibi, quibus contemptis culpa prorsus remaneret.

교황은 하나님께서 죄를 사하였다는 것을 선언하거나 혹은 시인하는 이외에 어떤 죄든지 사할 힘이 없다. 기껏해야 그는 그 자신에게 주어진 사건들만을 사할 수 있을 뿐이다. 이런 경우에 있어서도 만일 그의 사죄하는 기능이 업신여김을 당하게 될 때 사함 받았다는 죄는 확실히 그대로 잔재할 것이다.

7. Nulli prorsus remittit deus culpam, quin simul eum simul eum subiiciat humilia-tum in omnibus sacerdoti suo vicario.

하나님께서는 그의 대행자인 사제의 권력에는 전적으로 복종하면서도 그 밖에 다른 모든 일에 대해서는 겸손할 줄 모르는 자의 죄를 결코 사하지 않으신다.

8. Canones penitentiales solum viventibus sunt impositi nihilqe morituris secundum eosdem dedet imponi.

참회에 관한 교회법은 산 사람에게만 부과되는 것이며 임종에 처한 사람에게는 어떤 부담이든지 그 법(제벌[諸罰])에 대한 교회의 규정)에 의하여 부과되어서는 안 된다.

9. Inde bene nobis facit spiritus sanctus in papa excipiendo in suis decretis semper articulum mortis et necessitatis.

그러므로 교황을 통하여 역사하시는 성령께서는 죽음과 곤궁의 경우를 예외로 취급하는 교황의 법령에서 우리들에게 자비를 행하신다.

10. Indocte et male faciunt sacerdotes ii, qui morituris penitentias canonicas in purgatorium reservant.

임종(死)에 처한 자에게 대하여 연옥 문제를 내세워서 종교상의 속죄를 보류하는 사제들의 행위는 잘못된 것이며 무지하고 어리석은 짓이다.

11. Zizania illa de mutanda pena Canonica in penam purgatorii videntrur certe dormientibus episcopis seminata.

종교상의 벌을 연옥의 벌로 변경시키는 '가라지' 는 확실히 감독들이 잠자는 동안에 심긴 것이라고 보인다(마태 13:25).

12. Olim pene canonice non post, sed ante absolutionem imponebantur tanquam tentamenta vere contritionis.

종전의 예로서 종교상의 벌은 진실한 회오(悔悟)의 증거로서 사면의 후(後)가 아니라 전에 부과되었던 것이다.

13. Morituri per mortem omnia solvunt et legibus canonum mortui iam sunt, habentes iure earum relaxationem.

임종에 처한 자는 죽음으로써 자유롭게 되며 교회 법령의 여러 요구에 대하여 이미 죽은 것이 되고 그 법령의 형벌에서 정당하게 자유 해방된다.

14. Imperfecta sanitas seu charitas morituri necessario secum fermagnum timorem, tantoque maiorem, quanto minor fuerit ipsa.

죄로 말미암아 죽음에 이르는 사람의 심령의 불완전한 건강과 사랑은 반드시 큰 공포를 초래할 것인데 그 불완전성이 크면 클수록 더 공포가 따를 것이다.

15. Hic timor et horror satis est se solo(ut alia taceam) facere penam purgatorii, cum sit proximus desperationis horrori.

이 불안과 공포만으로도(다른 것은 말하지 않는다 치더라도) 연옥의 고통을 구성한다. 그 고통은 절망의 공포에 매우 가깝기 때문이다.

16. Videntur infernus, purgatorium, celum differre, sicut desperatio prope desperatio, securitas differunt.

지옥과 연옥과 천국의 다른 점은 절망의 상태와 절망에 이르는 상태와 구원의 확실성과의 차이와 같다고 볼 수 있다.

17. Necessarium videtur animabus in purgatorio sicut minui hoarorem ita augeri charitatem.

연옥에 가 있는 영들은 공포의 감소와 사랑의 증가를 확실히 체험할 것이다.

18. Nec probatum videtur ullis aut rationibus aut scripturis, quod sim extra statum meriti seu augende charitatis.

이상의 영들이 공적의 상태나 사랑의 증가 상태 밖에 있다는 것은 이성으로나 성서적 근거로 증명할 수 없는 것같이 보인다.

19. Nec hoc probatum esse videtur, quod sint de sua beatitudine certe et secure, saltem omnes, licet nos certissimi simus.

구원의 축복의 정확성과 확실성에 관하여서 우리는 아무 의문을 갖지 않았다고 할 것이로되 연옥에 있는 영들의 대부분을 위하여서는 증명할 수 없는 것같이 보인다.

20. Igitur papa per remissionem plenariam omnium penarum non simpliciter omnium intelligit, sed a seipso tantummodo impositarum.

그러므로 교황이 "모든 죄의 완전한 사면"을 말할 때 그는 단순히 모든 죄의 용서를 뜻하는 것이 아니며 다만 그 자신에 의해서 부과된 죄의 사면을 의미하는 것이다.

21. Errant itaque indulgentiarum predicatores ii, qui dicunt per pape indulgentias hominem ab omni pena solvi et salvari.

그러므로 교황의 면죄로써 인간은 모든 형벌로부터 해방되며 구원받을 수 있다는 것을 선전하는 면죄증 설교자들은 모두 오류에 빠져 있는 것이다.

22. Quin nullam remittit animabus in purgatorio, quam in hac vita debuissent secundum Canones solvere.

사실상 교황은 연옥에 있는 영혼에 대해서 어떤 형벌도 사할 수 없다. 이 형벌은 교회법에 의해 현세에서 받아야만 하는 것이다.

23. Si remissio ulla omnium omnino penarum potest alicui dari, certum est eam non nisi perfectissimis, i. e. paucissimis, dari.

만일 누구에게든지 모든 형벌의 전적 사면이 허락된다면, 그러한 사면은 확실히 가장 완전한 사람, 즉 극소수의 사람에게만 주어진다.

24. Falli ob id necesse est maiorem partem populi per indifferentem illam et magnificam pene-solute promissionem.

그렇기 때문에 대부분의 사람들은 형벌로부터 해방된다는 제한이 없고 어마어마한 약속에 의해 드러내 놓은 사기를 당하고 있는 것이다.

25. Qualem potestatem habet papa in purgatorium generaliter, talem habet quilibet Episcopus et Curatus in sua diocesi et parochia specialiter.

교황이 연옥에 대하여 일반적으로 가진 것과 같은 권위를 모든 감독과 특히 교구 목사는 자기의 감독구나 교구 안에서 가지고 있는 것이다.

26. Optime facit papa, quod non potestate clavis (quam nullam habet) sed per modum suffragii dat animabus remissionem.

교황이 열쇠(천국)의 힘으로써가 아니고(사실 그와 같은 힘이란 이런 경우에는 아무 필요도 없지만), 대도(代禱)의 방법으로 영혼들에게 사죄를 허락한다는 것은 아주 잘하는 일이다.

27. Hominem predicant, qui statim ut iactus nummus in cistam tinnierit evolare dicunt animan.

연보궤 안에 던진 돈이 딸랑 소리를 내자마자 영혼은 연옥에서 벗어나온다고 말하는 것은 인간의 학설을 설교하는 것이다.

28. Certum est, nummo in cistam tinniente augeri questum et avariciam posse: suffragium autem ecclesie est in arbitrio dei solius.

돈이 연보궤 안에서 딸랑 소리를 낼 때 이득과 탐욕이 증가한다는 것은 틀림없다. 동시에 성직자 대도(代禱)의 응답 여부는 하나님의 선한 뜻에만 달려 있는 것이다.

29. Quis scit, si omnes anime in purgatorio velint redimi, sicut de St. Severino et Paschali factum narratur.

마치 성 세베린(St. Severin)과 파스칼리스(Paschalis)에 관한 전설이 있는 것과 같이 연옥에 있는 모든 영혼이 그곳으로부터 구원받기를 원하는지 어떠한지를 그 누가 알 것인가!

30. Nullus securus est de veritate sue contritionis, multominus de consecutione plenarie remissionis

누구든지 자기 참회의 진실성에 대해서도 확신을 못 가지는데 하물며 남의 죄가 완전한 사면을 받았는지를 어떻게 밝히 알 수 있을 것인가.

31. Quam rarus est vere penitens, tam rarus est vere indulgentias redimens, i. e. rarissimus.

진실로 회개한 사람이 드문 것같이 면죄증을 진심으로 사는 사람도 드물다. 말하자면 그러한 사람은 거의 없는 것이다.

32. Damnabuntur in eternum cum suis magistris, qui per literas veniarum securos sese credunt de sua salute.

면죄증서에 의하여 자신의 구원이 확실하다고 스스로 믿는 사람은 그것을 가르치는 사람들과 함께 영원히 저주를 받을 것이다.

33. Cavendi sunt nimis, qui decunt venias illas Pape donum esse illud dei inestimabile, quo reconciliatur homo deo.

교황의 사면을 가리켜서 인간이 하나님과 화해하는 측량할 수 없는 하나님의 선물이라고 말하는 사람들을 우리는 특별히 경계하지 않으면 안 된다.

34. Gratie enim ille veniales tantum respiciunt penas satisfactionis sacramentalis ab homine constitutas.

왜냐하면 이 사면의 은총은 인간이 정한 예정적인 사죄 행위의 형벌에만 적용되기 때문이다.

35. Non christiana predicant, qui docent, quod redempturis animas velconfessionalia non sit necessaria contritio.

연옥으로부터 영혼을 속량한다거나 고백장[즉 참회사—고백을 받는 신부—를 자기 마음대로 선택할 수 있다는 허가: 역자 주]을 사는 사람은 참회할 필요가 없다고 가르치는 자는 비기독교적 교리를 가르치는 사람이다.

36. Quilibet christianus vere compunctus habet remissionem plenariam a pena et culpa etiam sine literis veniarum sibi debitam.

어떠한 크리스천이고 진심으로 자기 죄에 대해서 뉘우치고 회개하는 사람은 면죄증서 없이도 형벌과 죄책에서 완전한 사함을 받는다.

37. Quilibet verus christianus, sive vivus sive mortuus, habet participationem omnium bonorum Christi et Ecclesie etiam sine literis veniarum a deo sibi datam

참다운 크리스천은 죽은 자나 산 자나 면죄증이 없이도 하나님께서 주시는 그리스도와 교회의 모든 영적 은혜에 참여하는 것이다.

38. Remissio tamen et participatio Pape nullo modo est contemnenda, quia (ut dixi) est declaratio remissionis divine.

그러나 교황이 주는 면죄와 그의 관여를 결코 무시해서는 안 된다. 왜냐하면 이미 말한 대로(제6 논제 참조) 그것은 하나님의 사면 선언이기 때문이다.

39. Difficillimum est etiam doctissimis Theologis simul extollere veniarum largitatem et contritionis veritatem coram populo.

면죄증에 대한 관대한 생각과 참다운 회개의 필요성을 동시에 사람들에게 권장한다는 것은 박식한 신학자에게 있어서도 매우 어려운 일이다.

40. Contritionis veritas penas querit et amat, Veniarum autem largitas relaxat et odisse facit, saltem occasione.

참다운 회개는 형벌을 달게 받는다. 그러나 면죄증에 대하여 관대한 것은 형벌을 등한시하게 하고 슬퍼하게 하며, 설혹 그렇지 않다 하더라도 그와 같은 기회를 주는 것이다.

41. Caute sunt venie apostolice predicande, ne populus false intelligat eas preferri ceteris bonis operibus charitatis.

사도 계승의 면죄(교황의 사면을 의미함)는 사람들이 결코 그것을 사람의 다른 선한 일(선행)보다 더 중요한 것같이 오해하지 않도록 신중하게 설교하지 않으면 안 된다.

42. Docendi sunt christiani, quod Pape mens non est, redemptionem veniarum ulla ex parte comparandam esse operibus misericordie.

면죄증의 구입을 자선사업과 비교하여 생각한다는 것은 교황의 의도가 아니라는 것을 크리스천에게 가르쳐야 한다.

43. Docendi sunt christiani, quod dans pauperi aut mutuans egenti melius facit quam si venias redimeret.

가난한 사람을 도와주고 필요한 사람에게 꾸어주는 것이 면죄증을 사는 것보다도 선한 일이라는 것을 크리스천들에게 가르쳐야 한다.

44. Quia per opus charitatis crescit charitas et fit homo melior, sed per venias non fit melior sed tantummodo a pena liberior.

왜냐하면 사랑은 사랑을 베푸는 일로써 성장하고 그 인간은 선을 행하는 사람보다 선하게 되지만, 면죄증으로써는 인간이 보다 선하게 되지 못하고 다만 형벌로부터 보다 자유롭게 되는 것뿐이다.

45. Docendi sunt christiani, quod, qui videt egenum et neglecto eo dat pro veniis, non indulgentias Pape sed indignationem dei sibi vendicat.

가난한 사람을 보고도 본체만체 지나쳐 버리고(요한 3:17 참조) 면죄를 위해서 돈을 바치는 사람은 교황의 면죄가 아니라 오히려 하나님의 진노를 사는 것이라는 것을 크리스천들에게 가르쳐야 한다.

46. Docendi sunt christiani, quod nisi superfluis abundent necessaria tenentur domui sue retinere et nequaquam propter venias effundere.

풍부한 재산의 여유를 가지지 못한 자라면 자기 가족을 위하여 필요한 것을 저축할 의무가 있으며(딤전 5:8) 결코 면죄증 때문에 낭비해서는 안 된다는 것을 크리스천들에게 가르쳐야 한다.

47. Docendi sunt christiani, quod redemptio veniarum est libera, non precepta.

면죄증을 사는 것은(사고 안사는 것은) 자유로운 일이요 결코 그렇게 하라고 강요된 것이 아니라는 것을 크리스천들에게 가르쳐야 한다.

48. Docendi sunt christiani, quod Papa sicut magis eget ita magis optat in veniis dandis pro se devotam orationem quam promptam pecuniam.

교황은 면죄증을 주는 일에 있어서 가져오는 돈보다도 오히려 자기를 위해 경건한 기도를 드리는 것을 필요로 하고 바란다는 것을 크리스천들에게 가르쳐야 한다.

49. Docendi sunt christiani, quod venie Pape sunt utiles, si non in eas confidant, Sed nocentissime dei per eas amittant.

교황의 면죄증은 사람들이 만일 그것에 신뢰를 두지 않는다면, 유용하다. 그러나 그것 때문에 사람들이 하나님께 대한 두려움을 잃는 일이 있다면 매우 해로운 일이라는 것을 크리스천들에게 가르쳐야 한다.

50. Docendi sunt christiani, quod, si Papa nosset exactiones venialium predicatorum, mallet Basilicam s. Petri in cineres ire quam edificaricute, carne et ossibus ovium suarum.

만일 교황이 면죄증 설교자들의 행상 행위를 안다면, 자기 양의 가죽과 살과 뼈로써 성 베드로 성당이 세워지는 것보다는 차라리 이것을 불태워 재로 만드는 것을 좋아할 것이라는 것을 크리스천들에게 가르쳐야 한다.

51. Docendi sunt christiani, quod Papa sicut debet ita vellet, etiam vendita (si opus sit) Basilica s. Petri, de susis pecuniis dare illis, a quorum plurimis quidam concionatores veniarum pecuniam eliciunt.

어떤 면죄증 설교자들에게 돈을 빼앗긴 많은 사람들에게 교황은 필요하다면 성 베드로 성당을 팔아서라도 그 자신의 재산으로 갚아 주려고(당연하기는 하나) 한다는 것을 크리스천들에게 가르쳐야 한다.

52. Vana est fiducia salutis per literas veniarum, etiam si Commissarius, immo Papa ipse suam aminan pro illis impignearet.

면죄증서로 구원받을 것을 신뢰하는 것은 헛된 것이다. 비록 판매 위탁자, 아니 교황 자신이 그 증서에 대해서 자기 영혼을 걸고 보증한다 하더라도 그렇다.

53. Hostes Christi et Pape sunt ii, qui propter venias predicandas verbum dei in aliis ecclesiis penitus silere iubent.

면죄증 설교로 인하여 하나님의 말씀이 다른 교회에서 아주 잠잠해지도록 한 사람들은 그리스도와 교황의 적이다.

54. Iniuria fit verbo dei, dum in eodem sermone equale vel longius tempus impenditur veniis quam illi.

설교하는 데 있어서 면죄증 때문에 하나님의 말씀과 같은 시간 또는 보다 더 긴 시간을 쓰는 것은 그 말씀에 대하여 부정을 행하는 것이다.

55. Mens Pape necessario est, quod si venie (quod minimum eas) una

campana, unis pompis et ceremoniis celebrantur, Euangelium (quod maximum est) centum campanis, centum pompis, centum ceremoniis predicetur.

만일 매우 적은 가치만을 지닌 면죄증이 하나의 '방울'과 행령과 의식으로써 축하하게 된다면 가장 큰 가치를 지닌 복음은 백 개의 방울과 백가지 행렬과 의식으로써 찬양해야 된다는 것이 교황의 의사임에 틀림없을 것이다.

56. Thesauri, ecclesie, unde Papa dat indulgentias, neque satis nominati sunt neque cogniti apud populum Christi.

그것으로써 교황이 면죄증을 주는 교회의 보화는 그리스도인들 가운데서 충분히 표시되지도 않았고 알려지지도 않았다.

57. Temporales certe non esse patet, quod non tam facile eos profundunt, sed tantummodo colligunt multi concionatorum.

그것이 현세적인 보화가 아니라는 것은 분명한 일이다. 왜냐하면 많은 설교자(면죄증 판매인)들이 이와 같은 보화를 쉽사리 분여(分與)하지 않고 도리어 쌓아 두려고만 했기 때문이다.

58. Nec sunt merita Christi et sanctorum, quia hec semper sine Papa operantur gratiam hominis interioris et crucem, mortem infernumque exterioris.

또 그 '보화'는 그리스도나 성자들의 공로도 아니다. 왜냐하면 이것들을 교황의 도움과는 독립적으로 항상 속사람에게는 은총을 주고 겉 사람에게는 십자가와 죽음과 지옥을 주기 때문이다.

59. Thesauros ecclesie S. Laurentius dixit esse pauperes ecclesie, sed locutus est usu vocabuli suo tempore.

성 로렌티어스(St. Laurentius)는 가난한 사람들은 교회의 보배라고 말했지만, 그는 그 시대 그 당시에 사용된 어의에 따라 말한 것이다.

60. Sine temeritate dicimus claves ecclesie (merito Christi donatas) esse

the-saurum istum.

예수 그리스도의 공로로 주어진 교회의 열쇠가 바로 그 '보화'라고 우리가 말해도 합당할 것이다.

61. Clarum est enim, quod ad remissionem penarum et casuum sola sufficit potestas Pape.

왜냐하면 형벌과 보유사건의 면죄를 위해서는 교황의 권능으로도 충분하다는 것이 명백한 일이기 때문이다.

62. Verus thesaurus ecclesie est sacrosanctum euangelium glorie et gratie dei.

교회의 참 '보화'는 하나님의 영광과 은총의 가장 거룩한 복음이다.

63. Hic autem est merito odiosissimus, quia ex primis facit novissimos.

그렇지만 이 '보화'가 먼저 된 것을 나중된 것으로 하기 때문에 매우 증오를 받는 것은 당연한 일이다(마태 19:30; 20:16; 누가 13:30 참조).

64. Thesaurus autem indulgentiarum merito est gratissimus, quia ex novissimis facit primos.

그와 반대로 면죄증의 '보화'가 나중 된 것으로 하기 때문에 매우 애호를 받는 것은 당연한 일이다.

65. Igitur thesauri Euangelici rhetia sunt, quibus olim piscabantur viros divitiarum.

그러므로 옛날에 있어서 복음의 '보화'는 돈 많은 사람들을 낚던 그물이었다.

66. Thesauri indulgentiarum rhetia sunt, quibus nunc piscantut divitias virorum.

면죄증의 '보화'는 오늘날에도 그것을 가지고 사람의 재산을 낚는 그물이다.

67. Indulgentie, quas concionatores vociferantur maximas, gratias,

intelliguntur vere tales quoad questum promovendum.

면죄증 설교자들이 '가장 큰 은총'이라고 소리 높이 부르짖는 면죄증은 이익을 증가시키는 한에서는 사실인 것처럼 보인다.

68. Sunt tamen re vera minime ad gratiam dei et crucis pietatem comparate.

그렇지만 하나님의 은총과 십자가의 경건에 비하면 그것은 참으로 아무것도 아닌 것이다.

69. Tenentur Episcopi et Curati veniarum apostolicarum Commissarios cum omni reverentia admittere.

감독들과 교구목사들은 사도 계승의 면죄의 대리자들을 전적인 경의를 가지고 받아들일 의무를 가지고 있다.

70. Sed magis tenentur omnibus oculis intendere, onmibus auribus advertere, ne pro commissione Pape sua illi somnia predicent.

그러나 일층 더 큰 의무는 눈을 활짝 뜨고 귀를 바짝 기울여서 이들이 교황이 위임한 것 대신에 자기들의 꿈을 설교하지 않도록 주의하지 않으면 안 된다.

71. Contra veniarum apostolicarum veritatem qui loquitur, sit ille anathema et maledictus.

사도 계승의 면죄의 진리에 반대하여 말하는 자는 추방과 저주를 받을지어다.

72. Qui vero contra libidinem ac licentiam verborum Concionatoris veniarum curam agit, sit ille benedictus.

그러나 다른 한편 면죄증 설교자들의 해롭고 뻔뻔스런 말에 대항하는 자는 복이 있을지어다.

73. Sicut Papa iuste fulminat eos, qui in fraudem negocii veniarum quacunque arte machinantur.

어떤 방법으로든지 면죄증 판매를 방해하고자 하는 사람에 대해서 교황이 책망할 것은 당연하다고 하지만!

74. Multomagis fulminare intendit eos, qui per veniarum pretextum in fraudem sancte charitatis et veritatis machinantur.

면죄증을 구실삼아 거룩한 사랑과 진리를 방해하려고 기도하는 사람에게 대해서 교황은 한층 더 심한 분노로 임할 것이다.

75. Opinari venias papales tantas esse, ut solvere possint hominen, etiam si quis per impossibile dei genitricem violasset, Est insanire.

교황의 면죄증에도 대단한 능력이 있어—불가능한 말이기는 하지만—하나님의 어머니를 능욕한 인간이라도 용서할 수 있다고 생각하는 것은 정신 빠진 생각이다.

76. Dicimus contra, quod venie papales nec mimimum venialium peccatorum tollere possint quo ad culpam.

그와 반대로 교황의 면죄증이 가장 작은 죄라 할지라도 그 죄책에 관하여서는 없이할 수 없다는 것을 우리들은 주장한다.

77. Quod dicitur, nec si S. Petrus modo Papa esset maiores gratias donare posset, est blasphemia in sanctum Petrum et Papam.

만일 성 베드로가 지금 교황이라 하더라도 면죄 이상의 큰 은총을 줄 수 없다고 말하는 것은 성 베드로나 교황에 대한 모독이다.

78. Dicimus contra, quod etiam iste et quilibet papa maiores habet, scilicet Euangelium, virtutes, gratias curationum &c. ut 1. Co. xij.

그와 반대로 현 교황이나 또 다른 어떤 교황이라도 면죄보다 큰 은총, 즉 고린도전서 12장에서 가르치는 복음과 여러 가지 능력 또는 병 고치는 은사 등을 가지고 있다고 우리는 주장한다.

79. Dicere, Crucem armis papalibus insigniter erectam cruci Christi

equiv-alere, blasphemia est.

교황의 문장(紋章)으로 장식된 십자가상이 그리스도의 십자가와 똑같은 능력이 있다고 말하는 것은 신성 모독이다.

80. Retionem reddent Episcopi, Curati et Theologi, Qui tales sermones in populum licere sinunt.

이와 같은 가르침이 사람들 가운데 선포되는 것을 묵인하는 감독과 교구 목사들과 신학자들은 이에 대한 책임을 져야 한다.

81. Facit hec licentiosa veniarum predicatio, ut nec reverentiam Pape facile sit etiam doctis viris redimere a calumniis aut certe argutis questionibus laicorum

그와 같은 뻔뻔스런 면죄 설교로 비방과 또는 일반 세인의 의심 없는 날카로운 반대로부터 교황에 대한 존경을 수호하기란 제아무리 박식한 사람에게 있어서도 쉬운 일이 아니다.

82. Scilicet. Cur Papa non evacuat purgatorium propter sanctissimam charitatem et summam animarum necessitatem ut causam omnium ius-tissimam, Si infinitas animas redimit propter pecuniam funestissimam ad structuram Basilice ut causam livissimam?

예로서 만일 교황이 베드로 성당에 소비될 썩어질 금전으로 인하여 수없이 많은 영혼을 구원한다고 할 것이면(이것도 구실에 불과하지만) 어찌하여 가장 정당하다고 볼 수 있는 이유 즉 거룩한 사랑과 영혼들의 최고의 필요를 위하여 연옥을 비우지 않는가?

83. Item. Cur permanent exequie et anniversaria defunctorum et non reddit aut recipi permittit beneficia pro illis insituta, cum iam sit in-iuria pro redemptisorare?

또한 이미 구속받은 사람을 위한 기도는 부당한 일인데 무엇 때문에 죽은 사람의 장례식이나 기년제(忌年祭)를 계속하는가? 또 무엇 때문에 교황은 그런 목적으로 교회에 바친 기부금을 돌려주지 않으며 혹은 그것(기부금)의 취소를 허락하지 않는가?

84. Item. Que illa nova pietas Dei et Pape, quod impio et inimico prop-ter pecuniam concedunt animam piam et amicam piam et amicam dei redimere, Et ta-men propter necessitatem ipsius met pie et dilecte anime non redim-unt eam gratuita charitate?

또한 돈 때문에 불경건한 자와 하나님의 원수로 하여금 하나님의 사랑을 받는 경건한 영혼을 연옥으로부터 구하도록 허락하면서, 하나님의 사랑을 받는 그 경건한 영혼 자신의 필요 때문에 그 영혼을 사랑하는 마음으로 그를 구해내지 않는 것은 하나님과 교황의 어떤 새로운 신성함인가?

85. Item. Cur Canones penitentiales re ipsa et non usu iam diu in semet abrogati et moetui adhuctamen pecuniis redimuntur per concessionem indulgentiarum tanquam vivacissim?

또한 참회에 관한 교회의 법규는 사실상 오랫동안 사용치 않았기 때문에 폐지되고 사문화되었는데 왜 마치 그것이 아직 효력을 발생하고나 있는 것처럼 아직 돈으로 인한 면죄증 부여를 통하여 구속해 내는 것같이 인정하지 않으면 안 되는가?

86. Item. Cur Papa, cuius opes hodie sunt opulentissimis Crassis crassiores, non de suis pecuniis magis quam pauperum fidelium struit unam tantummodo Basilican sancti Petri?

또한 오늘날 제일 부자의 재산보다도 더 많은 재산을 가진 교황이 가난한 신자의 돈으로 행하는 대신 차라리 자기의 돈으로 성 베드로 성당쯤은 세울 수 있지 않은가?

87. Item. Quid remittit aut participat Papa iis, qui per contritionem. perfectam ius habent plenarie remissionis et participationis?

또한 완전한 참회로 충분한 사면과 속죄에 대한 편리를 가진 사람들에게 무엇을 사하려 하고 무슨 영적 은혜에 참여를 주려는가?

88. Item. Quid adderetur ecclesie boni maioris, Si Papa, sicut semel facit, ita centies in die cuilibet fidelium has remissiones et participationes tribueret?

또한 교황이 각 신자에게 사면과 은총의 참여를 지금 하루에 한 번 주는 것을 만일 하루에 백 번 준다고 한다면 교회는 얼마나 더 큰 축복을 얻게 되겠는가?(면죄증에는 그것으로써 한 번만 사죄된다는 것이 표시되어 있다.)

89. Ex quo Papa salutem querit animarum per venias magis quam pecunias, Cur suspendit literas et Venias iam olim concessas, cum sint eque efficaces?

만일 교황이 면죄증으로써 돈보다도 영혼의 구원을 생각하였다고 본다면, 무엇 때문에 그는 오래 전부터 주어 오던 증서나 면죄증을 정지하는가? 이들은 똑같은 효력을 가졌음에 틀림없지 않은가?

90. Hec scrupulosissima laicorum argumenta sola potestate compescere nec reddita ratione diluere, Est ecclesiam et Papam hostibus ridendos exponere et infelices christianosfacere.

일반 세인이 열거한 반론에 대하여 떳떳한 이유를 들어 해결하지 않고 다만 권력으로만 억압하는 것은 교회와 교황을 원수의 조롱거리가 되게 만드는 일이요 또 크리스천을 불행하게 만드는 것이다.

91. Si ergo venie secundum spiritum et mentem Pape predicarentur, facile illa omnia solverentur, immo non essent.

그러므로 만일 면죄증이 교황의 정신과 의도에 따라 선전된다면, 이 모든 문제(Bedenken)는 쉽사리 해결되었을 것이다. 아니 그것은 존재하지도 않았을 것이다.

92. Valeant itaque omnes illi prophete qui dicunt populo Christi "pax, pax," et non est pax.

그런고로 그리스도의 백성을 향하여 평안도 없는데 "평안, 평안"하고 부르짖는 예언자들은 다 물러가라(에겔 13:10, 16; 예레 6:14; 8:11; 살전 5:3).

93. Bene agant omnes illi prophete, qui dicunt populo Christi "Crux, crux," et non est crux.

그러나 그리스도의 백성을 향하여 "십자가, 십자가"하고 부르짖는 모든 예언자들은 축복을 받을지어다. (사실) 십자가는 없는 것이다.

94. Exhortandi sunt Christiani, ut caput suum Christum per penas, mor-tes infernosque sequi studeant.

크리스천은 형벌이나 죽음이나 지옥을 통하여서 머리 되신 그리스도를 부지런히 따르도록 훈계 받아야 한다.

95. Ac sic magis per multas tribulationes intrare celum quam per securitatem pacis confidant.

이같이 하여 크리스천으로 하여금 위안에 의해서보다 오히려 많은 고난을 통하여 하늘나라에 들어가는 데 더욱 깊은 신뢰를 가지게 하라(사도 14:22).

부록 2

웨스트민스터 신앙고백서[1)]

장로교인들은 무엇을 믿는가?

제1장 성경

1. 자연의 빛, 창조, 또 섭리를 볼 때에 하나님의 착하심, 지혜, 또 능력을 사람들이 잘 깨닫게 되므로 핑계할 수 없이 되었을지라도, 아직도 이것들이 사람에게 구원 얻는데 필요한 하나님과 그의 뜻에 관한 지식을 충분하게 주지는 못

---

1) 웨스트민스터 신앙고백(Westminster Confession)은 칼빈주의의 유력한 신조 가운데 하나이자 모든 장로교회의 표준 신조로서, 웨스트민스터 회의(1643-1646)에서 작성되었다. 찰스 1세 당시 청교도들은 영국국교회의 신조들이 당연히 개정되어야 순수한 신앙을 가르치고 전파할 수 있다고 보았다. 1642년 청교도 혁명이 일어난 상황에서 의회는 개혁의 일환으로 영국국교회와 스코틀랜드국교회에 적합한 신조를 작성하기 위해 웨스트민스터 사원에 회의를 소집하였다. 이 회의는 청교도 칼빈주의파가 주도했고 스코틀랜드 칼빈주의자들도 참석하였다. 영국에서는 121명의 성직자와 30명의 평신도, 스코틀랜드에서는 4명의 성직자와 2명의 평신도가 참석하였고, 대표들 가운데 약 35명은 청교도혁명 때문에 참석하지 못했다. 3년 동안 계속된 회의(1643-1646)에서 대표들은 교리 문제에는 별로 어려움을 겪지 않았지만 교회와 국가에 관한 장을 작성하는 데는 좀 더 긴 시간이 걸렸다. 이렇게 해서 작성된 웨스트민스터 신앙고백은 정통 칼빈주의를 스콜라적인 표현을 사용하여 체계적으로 해석한 신조이다. 하나님의 주권과 선택된 자들의 구원을 강조한다. 칼빈주의자들 사이에 논란이 되었던 쟁점, 곧 "타락 전 선택설"(*Supralapsarianism*)은 회피하였다. 이 신앙고백은 영국과 스코틀랜드에서 채택되었고 장로교회의 표준 신조로 남았다.
여기 본문은 클라크(Gorden H. Clark)가 해설하고(펜실베니아 필라델피아 장로교개혁출판사, 1965) 김진홍이 번역한 것(장로회선교회출판부, 1968)을 게재한 것이다.

한다. 그런고로 주님이 기뻐서 여러 때의 여러 모양으로 당신의 교회에 당신을 나타내시고, 또 당신의 뜻을 선포하였다. 또 그 후에는 진리를 더 잘 보존하고 전파하기 위하여, 또 육신의 부패와 사탄과 이 세상의 악에 대항하여 교회를 더욱 확립시키고 위로하시기 위하여 주님의 뜻을 전부 기록하도록 하셨다. 이것이 성경이 되게 하였으니 가장 필요하게 되었다. 전에 하나님이 자기 백성에게 자기의 뜻을 나타내신 방법이 지금에는 중단되었다.

2. 성경의 이름이나 기록된 하나님의 말씀 아래 구 신약의 각 책이 전부 포함되어 있으니 아래와 같다.

구 약

창세기	열왕기상	전도서	아모스
출애굽기	열왕기하	아가	오바댜
레위기	역대기상	이사야	요나
민수기	역대기하	예레미야	미가
신명기	에스라	애가	나훔
여호수아	느헤미야	에스겔	하박국
사사기	에스더	다니엘	스바냐
룻기	욥기	호세아	학개
사무엘상	시편	요엘	스가랴
사무엘하			말라기

신 약

마태	그린도전서	디모데전서	베드로전서
마가	고린도후서	디모데후서	베드로후서
누가	갈라디아서	디도서	요한一서
요한	에베소서	빌레몬서	요한二서
사도행전	빌립보서	히브리서	요한三서
로마서	골로새서	야고보서	유다서
	데살노니가전서		요한계시록
	데살노니가후서		

이상 각 책은 하나님의 영감(靈感)으로 주어졌고, 신앙과 실생활의 법칙이 된다.

3. 보통 가경(假經)으로 불리는 책들은 영감으로 된 것도 아니요, 정경(正經)의 일부도 아니다. 그런고로 하나님의 교회에 권위도 없고, 다른 인정을 받았거나 인간의 다른 저서들보다 더 유용한 것도 없다.

4. 믿고 순종하여야 할 성경의 권위는 어떤 사람이나 교회의 간증에 의존하는 것이 아니라, 전적으로 하나님께 의존한다. 그는 진리 자체시요 저자이시다. 그것은 하나님의 말씀이므로 우리가 수립해야 된다.

5. 우리는 교회의 증언에 의하여 감동과 권면을 받아서 성경을 고상하고 존귀하게 생각한다. 그 사건들은 신령하고, 그 교리의 효력, 문체의 장엄, 모든 부분의 통일, 그 전체의 목표(전적으로 하나님께 영광을 돌리는 것), 사람의 구원의 유일한 방법이 되게 하는 원만한 발견, 기타 비교가 안 되는 탁월점, 그것의 전체적 완전성 등등은 성경이 하나님의 말씀임을 충분히 증거해주는 이론이다. 그럼에도 불구하고 아직도 우리가 그 무오의 진리와 그 신적 권위에 대한 완전한 이해와 확신은 우리의 마음에서 말로 역사 하시는 성령의 내적 역사에 의한 증거로 생긴다.

6. 하나님 자신의 영광, 사람의 구원, 신앙과 생활에 필요한 모든 일에 관한 하나님 뜻이 다 성경에 분명히 기록되어 있거나 혹은 좋고 필요한 결론에 의하여 성경에서 인출될 수 있다. 그것에 성령의 새 계시나 사람의 전통에 의하여 아무 때에 아무것도 덧붙일 수 없다. 그렇지만 우리가 말씀에 나타난 것들과 같은 것을 구원에 관하여 이해하는 데 필요하도록 하나님의 신이 내적으로 비추이는 역사를 인정한다. 또 우리는 하나님 경배와 교회정치에 관하여 사람의 행동과 사회에 공통적인 여러 가지의 경우가 있는 것도 인정한다. 그런 경우는 항상 지켜야 할 말씀이 일반적 원리에 따라서 자연법칙과 기독교적 신중성에 의하여 제정되어야 한다.

7. 성경에 있는 모든 것은 그 자체들이 다같이 뚜렷하지 않고 모든 사람에게 다 같이 분명하지도 않다. 그래도 구원을 위하여 알아야 하고, 믿어야 하고, 또 지켜야 할 것은 성경의 여기저기에 다 분명하게 제시되고 또 공개되어 있

다. 그래서 유무식자를 물론하고 누구나 일반적인 방법을 적당하게 사용할 때에 그것들을 충분히 이해 할 수 있다.

8. 히브리어의 구약과(옛날 하나님의 백성이 사용한 국어였던), 헬라어로 기록된 신약(신약 기록 당시에 여러 민족에게 가장 일반적으로 알려졌던)은 직접 하나님의 영감으로 기록되었고, 그의 단독적 관리와 섭리로 모든 시대에 순순하게 보존되어 왔으므로 신임할만하다. 그래서 모든 종교적 논쟁에 있어서 그렇게 하여 온 것과 같이 언제나 교회는 최종으로 성경을 의존할 것이다. 그러나 성경을 읽을 권리를 가지고 또 그것에 관심을 가지고 하나님을 경외하는 마음으로 그것을 읽고 연구하라는 명령을 받은 하나님의 백성이 그 원어들을 알지 못하고 있었다. 그래서 성경은 각 국어로 번역되어야 한다. 그렇게 하므로 하나님의 말씀이 모든 사람에게 풍성히 거하게 하며, 또 저희가 합당한 방법으로 하나님을 경배하게 하며, 성경에서 배우는 인내와 위안을 거쳐서 저희가 소망을 가질 수 있다.

9. 성경의 틀림없는 법칙은 성경 자체이다. 성경의 어떤 부분의 참되고 완전한 의미에 대한 의문이 있을 때에는(여럿이 아니라 하나일 것), 더 명백하게 말한 다른 곳을 찾아서 알아야 한다.

10. 최고의 심판자는 성경에서 말씀하시는 성령 이외에 다른 아무도 있을 수 없다. 그에 의하여 모든 종교상 논쟁이 결정되어야 하고, 모든 회의의 규칙과 고대 저술가들의 견해와 사람의 교훈과 개인의 사상이 다 그의 심사를 받아야 하며, 그의 판단을 믿을 것이다.

제2장 하나님과 삼위일체

1. 살아 계시고 참되신 하나님은 오직 한 분이시다. 그의 존재는 무한하고 완전하다. 가장 순결한 신이요, 볼 수 없고, 몸과 지체와 정서도 없다. 그러나 그는 변치 않으시고, 광대하시고, 영원하시고, 이해할 수 없고, 전능하시고, 가장 지혜로우시고, 가장 거룩하시고, 가장 자유로우시고, 가장 절대적이시고, 모든 일을 자기의 영광을 위하여, 자기의 불변적이요 의로우신 마음의 원대로 하신다. 그는 가장 사랑이 많으시고, 은혜롭고, 자비롭고, 오래 참으시며, 악과 과실과 죄를 용서하신다. 그를 부지런히 찾는 자를 상 주신다. 그의 심판은 가장 의롭고

무서운 것이다. 죄는 다 미워하신다. 그는 결코 면죄(免罪)하시지 않으신다.

2. 하나님은 전(全)생명과, 영광과, 선과, 축복을 친히 소유하고, 또 나타내시기도 하신다. 그는 자기 안에서와 자기를 향하여 완전히 자족하신다. 자기가 지으신 어떤 피조물을 필요로 하거나, 피조물들에게서 아무러한 영광을 인출하시지도 않으시고, 다만 그것들 안에, 그것들에 의하여, 또 그것들을 행하여 자기의 영광을 드러내실 뿐이다. 하나님만이 모든 존재의 근원이시고, 모든 것이 그에서, 그를 통해서, 또 그를 향하여 존재한다. 또 그는 무엇이든지 자기가 기뻐하시는 대로 모든 것에 의하여, 모든 것을 통하여, 또 모든 것 위에 행사하시는데 가장 주권적인 주장을 하신다. 그 앞에는 모든 것이 공개되고 나타난다. 그의 지식은 무한하고 무오하고 피조물에게서 독립되어 있어서 아무것도 그에게는 우발적이거나 불확실한 것이 없다. 그는 그의 모든 계획과 활동과 명령에 가장 거룩하시다. 천사들과 사람들과 가타 피조물은 어떤 경배나 봉사나 순종을 다 그에게 드려야 하고, 또 그는 그런 것들을 기쁘게 원하신다.

3. 하나님의 신격적 통일에 있어서 삼위(三位)가 있다. 그러나 저희의 본질, 능력, 영원성은 다 하나이다. 성부, 성자, 성신 등이 그 삼위이다. 성부는 어디서 나오시거나, 탄생하시거나, 또 유출되시지도 않으셨다. 그러나 성자는 영원 전에 성부에게 탄생하셨다. 성령은 영원 전에 성부와 성자에게서 유출되셨다.

제3장 하나님의 영원한 경륜

1. 영원 전에 하나님은 당신의 가장 지혜롭고 거룩한 뜻의 원대로 장차 생길 것은 무엇이나 다 자유롭고 변치 않게 제정하셨다. 그렇다고 하여 하나님이 죄를 제정하시거나, 피조물에게 주신 의지를 강요하시거나, 제2 원인의 자유나 우연성을 제거하시지 않고 도리어 성립하셨다.

2. 하나님이 모든 생각하셨던 상태 위에 생기거나 또는 생길 수 있는 것은 무엇이나 다 아실지라도, 오히려 그가 무엇을 미래로 또는 그러한 상태 위에 생길 것으로 예지하셨기 때문에, 그것을 경륜하시지 않으셨다.

3. 하나님의 경륜에 의하여 당신의 영광을 나타내실 목적으로, 사람과 천사들 가운데 더러는 영생으로, 나머지는 영구한 사망으로 예정되어 있다.

4. 이렇게 예정되었고 전세에서 약속된 이 천사들과 사람들은 특별히 또 변치 않게 계획이 되어 있어 저희의 수는 매우 확실하게 정해 있으므로 더 하거나 떼어내지도 못한다.

5. 생명으로 예정된 사람들은 이 세상의 기초를 놓으시기 전에 하나님의 영원하고 변치 않는 목적과, 또 당신의 뜻의 신비한 계획과 선한 기쁨에 따라서 하나님이 그리스도 안에서 영원한 영광을 향하여 선택하셨다. 그것은 당신의 단순히 거저 주시는 은혜와 사랑에서 신앙과 선행이나, 저희나 혹은 다른 어떤 피조물의 유종적 구원을 그렇게 하시게 하는 조건으로나, 혹은 원인으로 보시지 않게 미리 작정하셨다. 또 모든 일은 하나님의 영광스러운 은혜를 찬송하기 위하여 작정하셨다.

6. 하나님이 피택자들로 영광을 누리게 하신 것 같이 자기 뜻의 영원하고 가장 자유로운 목적에 의하여, 그가 그것에 요구되는 모든 방법도 예정하셨다. 그런고로 피택자들이 아담 안에서 타락하였으니, 그리스도로 말미암아 속죄되고, 적당한 시점에 성령의 역사로 그리스도를 믿도록 실제로 부르신다. 또 의롭다 함을 받고, 양자가 되고, 성결함을 받는다. 또 저희는 구원 신앙을 통하여 당신의 능력으로 보존을 받는다. 택함을 받은 사람들 이외에 다른 이로서는 위에와 같은 은혜를 받을 자가 하나도 없다.

7. 택함 받지 못한 남은 자들에 대하여 하나님이 당신의 뜻의 다 알기 어려운 계획을 따라서 자기의 마음대로 자비를 베풀기도 하시고, 혹은 베풀지 않기도 하시기를 기뻐하신다. 피조물들에게 행사하는 그의 주권적 능력의 영광을 위하여 저희의 죄 때문에 불명예와 진노를 간과하기도 하고, 또 제정도 하시고, 또 당신의 공의를 찬양하신다.

8. 심히 신비스러운 이 예정론은 특별한 고려와 취급으로 다루어져야 할 것이다. 하나님의 말씀에 나타난 그의 뜻을 좇아서 순종하는 사람들은 저희의 실제로 부름을 받은 것이 확실한 데서부터 저희가 영원히 택함 받은 것을 확신할 것이다. 그러므로 이 교리는 찬송, 경외, 하나님에 대한 존경, 겸허, 근면, 또 풍성한 위안을 신실하게 복음을 순종하는 자들에 생기게 할 것이다.

제4장 창조

1. 성부, 성자, 성신이신 하나님이 태초에 당신의 영원한 능력과 지혜와 선하신 영광을 나타내시기 위하여, 엿새 동안에 보이거나 보이지 않거나 천지와 그 가운데 있는 만물을 아무것도 없는 데서 창조하시거나 또는 지으셨다. 모든 것은 매우 좋았더라.

2. 하나님이 다른 피조물을 다 지으신 후에 그는 사람을 남자와 여자로 창조하셨다. 사람에게 이성적이요, 불멸적 영혼을 부여하셨고, 당신의 형상을 따라 지능과 의와 참된 신성도 역시 부여하셨다. 저희의 마음속에 하나님의 율법을 새겨서, 그것을 성취할 힘을 주셨다. 그래도 범죄할 가능성이 있는 저희에게 의지의 자유를 주셨으니 그 의지는 변할 수 있게 되어있다. 저희의 마음속에 기록된 이 율법 외에 저희는 선악을 알게 하는 나무의 실과는 먹지 말라는 명령을 받았다. 저희가 그 명령대로 살고 있을 동안에는 하나님과 기쁨으로 교제하였고 또 모든 피조물들을 주관하고 있었다.

제5장 섭리

1. 모든 것의 위대한 창조주 하나님은 당신의 지혜와 권능과 공의와 선하심과 또 자비 등의 영광을 찬송하시기 위하여, 당신의 무오와 전지와 자유롭고 변함없는 당신의 뜻의 원대로 당신의 가장 지혜롭고 거룩한 섭리로 말미암아, 최대에서 최소에 이르기까지, 모든 피조물과 행동과 또 물건을 보존하시고 지도하시고 배치하시고 또 주관하신다.

2. 예지와 제일 원인이신 하나님의 경륜과의 관계에 있어서, 모든 것이 다 변함이 없고 또 잘못됨 없이 일어날지라도, 오히려 같은 섭리로 말미암아 하나님께서 모든 것이 다 필연적으로 자유롭게, 또는 우연적으로 제이 원인들의 특징대로 일어나도록 정하셨다.

3. 보통 섭리에서 하나님은 여러 가지 방법을 쓰신다. 그러나 그는 방법이 없이, 방법을 초월하여, 또 방법을 거슬려서 당신의 기뻐하시는 대로 자유롭게 활동하신다.

4. 하나님의 전능하신 능력과 측량할 수 없는 지혜와 무한한 선(善)이 그의 섭리에까지 그 자체들을 나타내고 있다. 그래서 그 섭리 자체는 첫 타락과 천사들과 사람들의 다른 모든 죄에까지 미치고 있다. 그렇게 되는데 있어서 단순히 허락하실 뿐만 아니라 가장 현철하고 능력 있는 연결로 그것에 가담하기까지 하였다. 그밖에는 여러 시대에 당신의 거룩한 영광을 위하여 그것들을 정하시고 주장하신다. 그러나 죄는 단지 피조물에게서 생기고 하나님에게서 생기지 않는다. 하나님은 가장 거룩하시고 의로우셔서 죄를 만드시거나 죄를 인정 하시지도 않으시고 그렇게 하실 수도 없다.

5. 가장 현철하시고 의로우시고 은혜로운 하나님이 때때로 당신의 친 자녀들을 얼마동안 방임하여 두신다. 그래서 저희가 여러 가지 시험에 빠지며, 저희의 마음이 부패하여지며, 저희가 지은 죄 때문에 징벌을 받으며, 저희가 부패에 숨어있는 힘과 저희의 마음의 속임수를 발견하게 된다. 그 결과로 저희가 겸손하여지며, 하나님에게 전보다 더욱 가까이 하며, 하나님의 지지를 의뢰하며, 후에도 범죄 할 모든 기회와 또 다른 여러 가지 의롭고 거룩한 목적을 위하여 더욱 경성하게 될 것이다.

6. 악하고 불경건한 사람들에 대하여 하나님은 공의로우신 재판장으로써 저희의 전에 범한 죄들 때문에 저희를 어둡고 강퍅하게 하신다. 하나님은 저희에게 이해력을 빛내어 주며 저희의 마음에 역사 할 은혜를 저희에게서 거두실 뿐만 아니라, 때로는 저희가 이미 가지고 있던 은사도 빼앗으신다. 또 저희의 부패가 범죄 할 기회가 되게 하는 대상으로 방임하여 두신다. 그것에 그치지 않고 그들의 탐욕과 이 세상에 대한 시험과 사탄의 권세에 맡겨버리신다. 그래서 저희는 심지어 하나님이 다른 사람들의 마음을 부드럽게 하시기 위하여 쓰시는 방편으로 자기들을 완악하게 한다.

7. 하나님의 섭리가 일반적으로 모든 피조물에 미치는 것과 같이, 자주 가장 특별한 모양으로 자기 교회도 돌보시고 또 모든 것을 선하게 취급하신다.

제6장 인생의 타락, 죄와 벌

1. 인류의 시조는 사탄의 간교와 시험에 빠져서 금지된 실과를 따먹음으로 범죄하였다. 저희의 이 범죄를 하나님이 지혜롭고 거룩한 뜻에 따라서 자기의

영광을 위하여 정할 목적을 가지시고 기뻐서 허락하셨다.

2. 이 죄로 말미암아 저희가 본래 가지고 있던 의는 잃어버리고 하나님과 갖던 교제는 끊어졌다. 그 결과로 저희는 죄에서 죽었고, 또 저희의 영혼과 육체의 모든 기능과 부분이 전부 더러워졌다.

3. 저희는 인류의 시조이요 죄 때문에 정상적으로 출생된 저희의 모든 후손은 이 죄과로 유전되고, 같은 죄로 죽었고, 성격은 부패해졌다.

4. 모든 선행을 전연 하고 싶은 마음이 내키지 않고, 무능하고 또 반대하며, 전적으로 모든 악행만을 하게 되어 있는데서, 모든 실제적 죄를 범하게 된다.

5. 인성(人性)의 이 부패성은 이 세상사는 동안 거듭난 사람에게도 남아 있다. 또 그것이 그리스도를 통하여 용서함을 받았고 또 죽었을지라도 그것 자체와 그로 말미암아 생기는 모든 행동은 참으로 틀림없는 죄다.

6. 본죄와 자작으로 짓는 죄는 하나님의 의로운 율법을 범한 것이요, 또 그것과 반대되는 것으로 죄인의 본성에서 범하는 것이다. 그런고로 그는 하나님의 진노와, 율법의 저주와 사망을 받게끔 되어 있다. 죽음과 동시에 모든 신령한 불행, 일시적임과 영원한 불행이 따라온다.

제7장 인생과 맺은 하나님의 계약

1. 하나님과 피조물들과의 간격이 너무 심해서, 이성적 피조물들은 그를 저희의 창조주로 순종할 의무가 있을지라도, 저희가 축복과 보상을 받은 만큼 그에게 순종하는 결실을 결코 맺지 못하였다. 그러나 하나님 편에서 자원하여 친절을 베풀어주므로 말미암아 그 결실을 맺게 하였다. 그 친절은 하나님이 기뻐서 계약을 맺음으로 나타내셨다.

2. 사람과 맺은 첫 계약은 행위 계약이다. 그 계약에서 완전하고 개인적 순종을 하는 한, 아담과 그의 후손에게 (아담 안에서) 생명으로 약속이 되었다.

3. 인간은 타락하여 계약에 의하며 약속된 대로 살 수 없어졌다. 주님은 기뻐서 둘째 계약을 맺으셨으니 그것을 보통 은혜의 계약이라 부른다. 그 계약에

의하여 예수 그리스도로 말미암아 죄인들에게 생명과 구원을 값없이 주셨다. 구원을 받기 위하여 저희가 믿어야 한다. 또 저희가 믿고자 하며 믿을 수 있게 하기 위하여 생명을 주시기로 작정된 저희에게는 당신의 성령을 주시기로 약속하셨다.

4. 이 은혜의 계약은 유언자(遺言者)인 예수 그리스도의 죽음과 또 언약된 영원한 유업에 속한 모든 것과 같이 영원한 유업에 관하여 언약이라는 명칭으로 성경에 자주 진술되어 있다.

5. 이 계약은 율법 시대와 복음 시대에 다르게 집행되었다. 율법 아래서는 약속과 예언과 제사와 할례와 유월절, 양과 장차 오실 그리스도를 위한 모든 예표(豫表), 즉 유대인에게 준 모든 모형과 예식에 의하여 이 계약이 실시되었다. 이 모든 것은 성령의 역사를 통하여 피택자들에게 약속된 메시아를 믿는 신앙을 가르치고 또 자라게 하기 위해 그 시대에는 넉넉하고 또 효과적이었다. 그로 말미암아 저희가 넉넉히 속죄함과 영원한 구원을 받았다. 그것을 구약이라 불렀다.

6. 복음 시대에 본체이신 그리스도가 나타날 때에는 이 계약이 집행될 예식은 말씀의 설교와 세례와 성만찬을 거행하는 것이다. 이 식은 적은 수로 더 단순하고 외형적 영광은 적게 거행되나 도리어 유대인과 이방인을 포함한 모든 민족에게 더욱 충만하고 더욱 분명하고 또 더욱 신령한 효력을 발생하는 가운데 집행된다. 그것을 신약이라 부른다. 그런고로 은혜 계약은 두 가지가 있는 것이 아니다. 본질에 있어서 다른 것이 아니라 하나인데 여러 제도 하에 똑같은 것이다.

제8장 중보자 그리스도

1. 하나님의 영원한 목적으로 그는 기쁘게 당신의 독생자 예수 그리스도를 택정하셔서 하나님과 사람 사이에 중보자가 되게 하셨다. 그는 선지자요, 제사장이요, 왕이요, 당신의 교회의 머리와 구주요, 만물의 후사요, 세상의 심판주이시다. 그에게 영원부터 하나님이 한 백성을 주시사 그의 씨가 되게 하시고, 또 그로 말미암아 때가 되면 구속함을 받고, 부름을 받고, 의롭다함을 받고, 성화되어 영광에 이르게 하셨다.

2. 삼위일체의 제2위요, 바로 하나님이요, 영원한 하나님이요, 한 본질에서 나오셨으나 아버지와 동등 되시는 하나님의 이들은 때가 차매 사람의 성품을 취하시되 모든 본질적 요소와 일반적 약점을 다 소유하셨으나 오히려 죄는 없으시다. 그는 성령의 권능으로 동정녀 마리아에게 잉태되어 마리아의 몸에서 탄생하셨다. 그래서 두개의 온전하고 완전하고 구별된 성품과 신성이 한 분 안에서 변경이나, 조작이나, 또는 혼합도 없이 그러나 서로 떨어질 수 없게 결합되어 있다. 이분은 바로 하나님이신 동시에 바로 사람이시다. 그러나 하나님과 사람 사이에 유일한 중보자, 곧 그리스도 한 분이시다.

3. 인성과 신성으로 연합된 주 예수는 무한하신 성령에 의하여 성화의 기름부음을 받으셨다. 그에게는 지혜와 지식의 부요함이 있다. 그는 거룩하시고 악이 없고 더러움이 없고 은혜와 진리가 충만하여 중보자와 보증인의 직책을 수행하는 데 충분히 구비될 수 있게 하시기 위하여 모든 충만으로 그에게 있게 하심을 성부는 기뻐하셨다. 이 직책은 예수님이 자신을 위하여 취하신 것이 아니라 그의 아버지께서 그를 불러서 이것을 맡기신 것이다. 성부께서 모든 권세와 심판을 그에게 맡기시고 또 그에게 그것을 집행하라고 명령하셨다.

4. 주 예수께서 이 행하실 수 있는 이 직책을 기뻐서 취하셨고, 그는 율법아래 매었고 또 그것을 완전히 이루셨다. 그는 바로 자기 영혼에 가장 심한 애통과 당신의 몸에 가장 아프신 고통을 당하셨다. 그는 십자가에 못 박혀 죽으시고 장사되어 사망의 권세 아래 있었으나 그 시체가 썩지 않으셨다. 그가 고통을 당하신 그 몸으로 사망에서 부활하시사 승천하신 후에 자기 아버지 오른편에 앉아 계시며 대언자의 역사를 하시고 계신다. 거기서 이 세상 끝에 사람과 천사를 심판하려 오실 것이다.

5. 주 예수는 완전한 순종과 영원한 성령을 통하여 하나님께 자신을 단번에 희생 제물로 드림으로 말미암아 성부의 공의에 완전히 응하셨다. 그는 성부가 그에게 주신 모든 사람을 위하여 화목을 이루어 놓으셨을 뿐만 아니라 하늘나라의 영원한 유업도 얻으셨다.

6. 그리스도가 화육되신 후까지 구속 사업을 실제로 성취하지 않았을지라도, 오히려 그 가치와 효력과 유익은 이 세상의 시초부터 계속하여 모든 시대에 피택자들에게 전달되고 있다. 그는 약속과 모형과 제물에서 또 그것들로 말미암

아 뱀의 머리를 상할 여자의 후손이 될 것으로 나타나셨고 또 의미한다. 그는 어제나 오늘이나 영원히 동일하시다.

7. 그리스도는 두 가지의 성품을 따라서 중보의 역사를 행하신다. 각 성품은 각각 자체에 합당한 일을 행하신다. 그러나 그들이 한 위격에 통일되어야 할 이유로 한 성품에 합당한 것이 때로는 성격에 대해 가르친 대로 다른 성품으로 명칭이 붙은 분에게 속해져 있다.

8. 그리스도가 위하여 구속을 이루어 놓은 모든 사람에게 구속을 확실히 효과적으로 적용하시고 전달하신다. 또 저희를 위하여 대언 하신다. 저희에게 말씀 안에서 또 말씀에 의하여 구원의 비밀을 계시하신다. 또 자기의 영으로 저희들을 효과적으로 믿고 순종하도록 설복시키고 자기의 말씀과 성령으로 저희의 마음을 주관하신다. 그의 놀랍고 측량할 수 없는 계획에 가장 부합되는 모양과 방법으로 당신의 전능하신 능력과 지혜로 저희의 모든 원수들을 물리치신다.

제9장 자유의지

1. 하나님은 사람에게 자유하는 의지를 부여하셨다. 이 자유의지는 선이나 악을 행하도록 강요되거나 자연의 절대적 필요성에 의해 결정되지도 아니한다.

2. 사람이 범죄하기 전에는 선하고 하나님을 기쁘게 하는 일을 하고자 하며 할 수 있는 자유와 능을 가지고 있었다. 그러나 변하여 이 상태에서 타락할 수 있었다.

3. 사람이 타락과 죄의 상태로 말미암아 구원에 따라오는 어떤 신령한 선을 행하고자 하는 의지력을 전적으로 상실하였다. 그래서 그 본래의 선과는 전연 반대상태에 빠져서 죄로 죽은 자연인은 자력으로 회개하든지 또는 회개할 준비도 할 수 없다.

4. 하나님이 죄인을 회개시키고 은혜의 세계에 옮기실 때에, 하나님이 그를 죄의 속박에서 자유하게 하시고, 그의 은혜로만 신령한 선을 맘대로 하고자 하며 또 할 수 있게 하신다. 그러나 아직도 그의 부패성이 남아있는 이유로 그가 선한 것을 완전히 원하지 못할 뿐만 아니라 원하지도 않고 도리어 악행을 행하

고자 한다.

5. 사람의 의지는 영광의 나라에서만 완전히 또 변함없이 선행만을 맘대로 행하게 되어있다.

제10장 유효한 부르심

1. 하나님이 생명으로 예정하신 자들만을 다 당신이 정하시고 또 허락하신 때에 당신의 말씀과 성령으로 기뻐서 실제로 부르셔서 본래부터 있던 죄와 사망의 상태의 세계에서 그리스도로 말미암아 은혜와 구원의 세계로 옮기신다. 저희의 마음을 영적으로 구원에 대하여 밝혀서 하나님에 속한 것들을 깨달아 알게 하신다. 돌과 같이 굳은 저희의 마음을 없애시고 살과 같이 부드럽게 해주신다. 저희의 의지를 새롭게 하사 당신의 전능하신 능력으로 저희로 선행을 할 마음이 생기게 하신다. 또 실제로 저희를 그리스도께로 인도하신다. 그러하되 오히려 저희가 가장 자유롭게 가는 것과 같이 당신의 은혜로 가고 싶게 만드신다.

2. 이 실제적 부르심은 하나님이 거저 주시고 또 특별히 주시는 은혜에서만 온 것이요, 사람에게 미리 알려져 있는 어떤 것에서도 결코 오지 않았다. 사람은 성령으로 변화함을 받아서 새로워질 때까지는 수동적이요 그 후에야 그는 이 부르심에 응하며 또 주신 은혜와 부르심으로 허락된 은혜를 받을 수 있다.

3. 선택함을 받은 영아는 어려서 죽어도 성령으로 중생하고 그리스도로 구원을 받는다. 성령이 언제 어디서 또 어떻게 역사하시든지 당신의 기쁘신 대로 하신다. 이와 같이 다른 모든 택함을 받은 사람들로 말씀의 역사를 통하여 외적으로 부름을 받을 수 없을지라도 중생하여 구원을 받을 수 있다.

4. 택함을 받지 못한 사람들은 말씀의 역사로 부름을 받을 수 있고 성령의 약간 일반적 역사를 받을 수 있을지라도, 도리어 저희는 결코 진정으로 그리스도에게 오지 않았다. 그런고로 구원을 받을 수 없다. 하물며 기독교를 믿지 않는 사람들은 어떤 방법으로라도 구원을 받을 수 없다. 저희가 자연의 빛과 저희가 믿는 종교의 법칙에 따라서 아무리 부지런하게 저희 생활의 틀을 잡을지라도 그것으로 구원을 얻을 수가 없고, 저희가 할 수 있는 것을 주장하고 유지

할지라도 그것들이 도리어 치명적이요 또 가증된 것이다.

제11장 칭의

1. 하나님의 실제로 부르신 사람들을 그가 또한 값없이 의롭다하셨다. 저희 속에 의를 넣어주신 것이 아니고 죄를 용서함으로 저희를 의롭다 인정하시고 또 영접하므로 의인이 되게 하셨다. 저희 속에서 무슨 변동이 생겼거나 저희가 무엇을 행하였음으로가 아니라 전연 그리스도 때문에 의롭다 하셨다. 신앙 그 자체나, 믿는 행동이나 또는 복음에 따라 행하는 어떤 다른 순종을 의로운 것으로 저희에게 돌림으로가 아니라 그리스도가 순종하심과 그의 하나님의 공의에 응하심을 저희에게 돌림으로 저희는 믿음으로 그를 영접하고 그에게서 쉼을 얻고 믿음으로 의롭다 함을 얻게 된다. 이 믿음은 저희에게서 나온 것이 아니라 하나님이 주신 선물이다.

2. 이렇게 그리스도를 영접하고 그에게서 쉼을 얻고 그의 의를 믿는 신앙은 의롭다함을 받게 하는 유일의 방편이다. 그러나 이 믿음은 의롭다 함을 받은 사람의 속에 혼자 있는 것이 아니라 다른 모든 근원의 은혜와 같이 있고 이 신앙은 죽은 것이 아니라 사랑으로 활동하고 있다.

3. 그리스도는 그의 순종과 사망으로 의롭다 함을 받은 모든 사람들의 죄의 짐을 완전히 벗겨 주셨고, 또 저희를 위하여 성부의 공의에 정당하게, 사실로, 또 원만하게 응하셨다. 성부가 저희를 위하여 그를 내어 주셨고, 그의 순종과 공의에 응하심이 저희의 대신 수락되었으되, 저희에게 무엇이 있어서가 아니라 무조건으로 하신 까닭에 저희의 칭의는 오직 거저 주신 은혜에서 온 것이다. 또 하나님의 엄밀한 공의와 풍성한 죄인을 의롭게 함으로써 영광을 받으신다.

4. 영원 전에 하나님이 모든 피택자들을 의롭게 하시도록 경륜하셨다. 그리스도는 때가 차매 저희 죄를 위하여 죽으셨다가 저희의 칭의를 위하여 부활하셨다. 그럼에도 불구하고 때가 되매 성령이 실제로 그리스도를 저희가 믿게 할 때까지 저희가 의롭다 함을 받을 수 없다.

5. 하나님은 계속하여 칭의를 받은 사람들의 죄를 용서하신다. 저희가 결코 칭의의 세계에서 떨어져 나갈 수 없을지라도, 오히려 저희가 범죄하므로 하나

님의 아버지로서 노를 발할 수 있으나, 저희가 겸손하여지고, 죄를 자복하고 용서를 구하며, 또 저희의 신앙을 회복하고 다시 회개할 때까지 그의 얼굴의 기쁜 빛을 볼 수 없게 될 것이다.

6. 구약의 신자들이 받은 칭의는 이상의 모든 방면에 있어서 신약의 성도들이 받은 칭의와 마찬가지요, 동일하다.

제12장 양자 삼기

1. 하나님이 의롭다 함을 받은 자들을 독생자 예수 그리스도 안에서 또 그를 위하여 양자(養子)의 은혜에 참예하도록 허락하셨다. 이로 인하여 저희는 하나님의 자녀의 수에 들어가서 자유와 특권을 즐겁게 행사하고 있다. 저희가 하나님의 이름을 자기들 위에 기록하고, 양자의 영을 받고 또 담대함으로 은혜의 보좌로 나아가느니라. 저희는 그를 아바 아버지라 부른다. 하나님은 저희를 긍휼히 여기시고, 보호하시고, 공개하시고, 또 아버지로서 징계하신다. 그러하되 결코 내쫓지 아니하시고, 구원의 날까지 인치셨고, 또 영원한 구원의 상속자로 약속을 기업으로 주셨다.

제13장 성화

1. 실제로 부름을 입고 중생하는 사람들은 새로 창조된 마음과 영을 가지고 있기 때문에 그리스도의 사망과 부활의 공로를 통하여 저희 안에 있는 말씀과 내주(內住)하시는 성령에 의하여 사실로 개인적으로 성화 된다. 몸 전체를 주관하던 죄의 권세는 파괴되고, 여러 가지의 욕심은 점점 약해지고 죽게 된다. 저희는 모든 구속적 은혜에서 자라나서 강건하게 되어, 실제로 성결생활을 하게 된다. 그러한 생활이 없이는 주님을 볼 사람이 하나도 없을 것이다.

2. 사람이 전체로 성화되나. 오히려 이생에서는 불완전하다. 부패의 잔재가 사람의 각 부분에 아직도 남아 있으니, 거기서 계속하여 화해될 수 없는 전쟁이 일어난다. 이 전쟁은 육체는 성령을 또 성령은 육체를 각각 거슬러서 싸운다.

3. 그 전쟁에서 부패한 부분이 일시적으로 우세할지라도, 성령이 성결케 하는 데서 힘을 계속하여 얻음으로 중생한 부분이 이기게 된다. 그래서 성도들이

은혜에서 자라나서 하나님을 경외하는 데 필요한 거룩함을 완성하게 된다.

제14장 구원 신앙

1. 피택자들로 하여금 저희의 영혼 구원을 위하여 믿을 수 있게 하는 믿음의 은혜는 저희의 마음속에서 그리스도의 영이 하시는 역사요 보통으로 말씀의 역사도 되는 것이다. 그 말씀의 역사와 성례의 거행과 기도에 의하여, 믿음의 은혜는 불어나고 강건하여진다.

2. 이 구원 신앙으로 신자들을 하나님의 권위로 친히 말씀하셨기 때문에 그 말씀에 나타난 것은 무엇이든지 참된 것으로 믿는다. 그 말씀에 포함되어 있는 구절에 따라서 각각 다른 모양으로 역사하니 이를테면 계명에 복종하고, 경계에 대하여 떨며, 또 현세와 내세에 대한 하나님의 모든 약속을 믿는 것이다. 그러나 구원 신앙의 중요한 행위는, 은혜 계약을 거쳐서, 칭의와 성화와 또 영생을 위하여 그리스도만을 수립하고 영접하고 또 그 안에서 안식하는 것이다.

3. 이 신앙은 약하든지 강하든지 정도에 차이는 있다. 자주 또 여러 방면으로 부닥쳐서 약하여질 수 있으나 최후에는 승리하고야 만다. 여러 모양으로 자라나서 그리스도를 통하여 성숙된 확신을 얻게 될 것이다. 그리스도는 우리 믿음의 주요 또 온전케 하시는 분이다.

제15장 생명에 이르는 회개

1. 생명으로 인도하는 회개는 복음에서 오는 은혜다. 그리스도 신앙의 교리와 동시에, 이 교리는 복음 전도자는 누구나 다 전해야 한다.

2. 이 회개에 의하여 죄인은 위험한 죄뿐 아니라 더럽고 흉악한 죄가 하나님의 거룩한 성품과 그의 의로운 율법에 모순된 것으로 생각하여 그리스도의 자비가 그에게 나타나므로 그런 죄들을 회개하고 통회하고 또 미워하여 죄에서 떠나서 하나님께로 돌아가게 된다. 그래서 그의 모든 계명을 좇아서 그와 동행할 것을 목적하고 또 그렇게 하기를 힘쓸 것이다.

3. 회개는 죄에 대한 어떤 호응이거나 또는 용서를 받게 하는 어떤 원인이 되는 것이 아니라 그리스도 안에서 하나님이 거저 주시는 은혜의 행위일지라

도, 그것은 오히려 모든 죄인에게 필요하므로 그것 없이는 죄인 한 사람이라도 용서받기를 기대할 수 없다.

4. 죄가 너무 작다고 정죄 받지 않을 것이 없는 것처럼 죄가 너무 크다고 참으로 회개하는 자들을 정죄할 수 없다.

5. 사람들이 일반적으로 회개하는 것으로 만족하게 생각할 것이 아니라 각 사람이 자기의 죄들을 하나씩 개별적으로 회개하는 것이 그의 의무이다.

6. 사람은 누구나 자기의 지은 죄를 하나님께 개인적으로 고백하고 그것의 용서를 청하며 그것을 다 버리면 하나님의 자비를 찾을 것과 같이, 형제나 그리스도의 교회를 속인 그가 사적으로 혹은 공적으로 고백하고 죄를 통회하므로 손해를 당한 사람들에게 자기의 회개한 것을 선포할 마음을 가져야 한다. 그렇게 하므로 그가 화목을 이루고 사랑으로 영접함을 받을 것이다.

第16장 선행

1. 선행은 다만 하나님의 거룩한 말씀에 명령되어 있는 것과 같은 것들이다. 거기에 보증되어 있지 않는 것들은 맹목적 열심이나 또는 좋은 의도로 가장된 사람의 고안에 불과하다.

2. 하나님의 계명을 순종하므로 행한 이 선행은 참된 생명 있는 신앙의 열매와 증거이다. 그것들에 의하여 신자들이 감사함을 표시하며, 저희의 확신을 강하게 하며, 저희의 형제들에게 덕을 세우며, 복음의 말씀을 존경하며, 반대자들의 입을 막으며, 또 하나님을 영화롭게 한다. 저희는 하나님의 지으심을 받은 자들이요 예수 그리스도 안에서 창조되었고, 거룩한 열매를 맺음으로 필경에는 영생을 소유하게 될 것이다.

3. 선행을 행할 수 있는 저희의 능은 전연 저희에게서 생기는 것이 아니라 전적으로 그리스도의 영으로부터 오는 것이다. 저희가 이미 받은 은혜 이외에 할 수 있는 능은 같은 성령에게서 실제로 오는 영향을 받아야 한다. 그렇게 되어야 하나님의 기쁘신 뜻대로 선행을 행할 의욕도 생기게 할 수도 있다. 성령의 특별한 역사가 없으면 저희가 아무 의무도 이행할 책임이 없는 것처럼, 저희가 이제부터는 등한히 하지 않을 것이다. 그러나 저희가 이미 받은 하나님의

은혜가 역사하도록 부지런히 노력해야 한다.

4. 순종하므로 이생에서 할 수 있는 최대한의 선행을 할 능을 소유한 사람들은 여공을 쌓을 수 없고 또 하나님이 요구하시는 것 이상의 선행을 할 수 없음으로 의무상 저희가 마땅히 해야 될 것도 다 할 수 없다.

5. 최선을 다 하여도 우리가 죄 사함을 받거나 하나님께서 영생을 얻을 수 있게 하는 공적을 세울 수 없다. 그 이유는 우리가 세우는 공적과 장차 올 영광과의 무게가 너무나도 차이가 있으며 하나님과 우리와의 거리는 무한하기 때문이다. 공적으로 우리가 하나님을 유익케 할 수 없고 우리 과거의 죄를 사함 받을 수 없다. 그러나 우리가 힘 미치는 데까지 한 때에는 우리의 의무는 다하였으나 오히려 무익한 종에 불과할 것이다. 우리가 한 일들이 선행이라면 그것은 성령께서 온 것이기 때문이요 만일 우리의 힘으로 그것들을 하였다면 그것들은 악한 것이며 약하고 불안전한 것으로 혼동되어 있으므로 하나님의 심판을 감당할 수 없을 것이다.

6. 그럼에도 불구하고 신자들의 인격들이 그리스도를 통하여 용납되었으니 저희의 선행도 역시 그 안에서 용납된다. 저희가 이 세상에서 하나님이 보시기에 흠이 없거나 또 책망할 것이 없는 것 같아서가 아니라 많은 약점과 불완전한 것이 있을지라도 당신의 독생자의 공로로 저희를 보심으로 신실한 것은 기쁘게 인정하시고 또 상을 주신다.

7. 중생하지 못한 자들이 한 일은 그 자체가 하나님이 명령하였으며 저희 자신이나 다른 사람들에게 유익할지라도 믿음으로 정화된 마음에서 행하여졌거나 또는 말씀에 의하여 옳은 방법으로 행하여지거나 혹은 하나님의 영광을 위하여 바른 목적에 의하여 되지 않았기 때문에 그 행동은 죄악된 것이요, 또 하나님을 기쁘시게 할 수 없고, 또는 사람으로 하여금 하나님에게서 은혜를 받게 할 수 없다. 이렇다고 하여 그런 일을 하기에 등한히 하는 것은 더욱 죄악되고 하나님을 기쁘시게 하지 못하는 행위이다.

제17장 성도의 최종적 구원

1. 하나님이 자기의 사랑하는 자 안에서 용납하셨고 실제로 부르셨고 성령

으로 성화시킨 사람들은 은혜의 세계에서 완전히 또 끝까지 떨어질 수 없으나 확실히 끝까지 백절불굴하고 영원히 구원을 받을 것이다.

2. 이 성도의 유종적 구원은 저희의 자유 의지에 의존하지 않고 선택의 경륜의 불변성에 의존된다. 이 경륜은 하나님 아버지의 자유롭고 변치 않는 사랑에서 나온 것이다. 그 구원은 예수 그리스도의 공로와 중보의 효력에 의존되었고, 성령과 저희 속에 있는 하나님의 씨의 내재와, 또 은혜 계약의 성격에 의존하였다. 이와 같은 모든 것에서 확실성과 불변성이 일어난다.

3. 그럼에도 불구하고 저희는 사탄과 이 세상의 유혹과, 저희 속에 남아있는 부패성의 강함과 자신을 보호하는 방편을 등한시하므로 악독한 죄에 빠지기도 하며, 또 얼마동안 그 죄악 생활을 계속한다. 그래서 저희가 하나님에게 걱정을 끼치고, 성령을 슬프게 한다. 저희가 받은 은혜와 위로의 일부를 상실하여 버리게 된다. 저희의 마음이 정확해지고 저희의 양심은 상처를 받으며 다른 사람들을 해치고 중상하다가 이 세상에서 심판을 받게 된다.

제18장 은혜와 구원의 확실성

1. 위선자들과 다른 중생하지 못한 사람들은 하나님의 호의와 구원의 세계에 들어가는 데 대한 그릇된 소망과 육욕적 생각을 가짐으로 헛되게 자신들을 기만할지라도, 저희의 소망은 사라지고 말 것이다. 그러나 예수 그리스도를 참으로 믿고, 진실하게 그를 사랑하고, 그의 앞에서 완전히 착한 양심으로 행하기를 힘쓰는 사람들은 이 세상에서도 은혜의 세계에 사는 것을 정력 확신하며, 하나님의 영광스러운 소망으로 즐거워 할 것이다. 그 소망은 결코 저희로 부끄러움을 당하지 않게 하리라.

2. 이 확실성은 잘못된 소망에 근거한 것으로 단순한 추상과 그럴듯한 신념이 아니라, 구원의 약속에 관한 진리에 근거한 신앙의 틀릴 수 없는 확실성이다. 그것은 약속된 은혜의 내적 증거요, 우리는 하나님의 자녀라고 우리 영에게 증거하여 주는 양자의 영의 증거이다. 그 영은 우리의 기업에 보증이 되사 구속의 날까지 우리를 인 치셨다.

3. 이 틀림없는 확신이 신앙의 본질에는 속하지 않음으로 참 신자는 그것을

소유하기 전에 오래 기다리고 많은 난관에 부딪칠 수 있다. 그러나 하나님이 그에게 거저 주신 모든 것들을 성령에 의하여 알게 됨으로 특별한 계시가 없이 일반적인 방편을 바로 사용할 때에 확신에 도달할 수 있다. 그런고로 그의 부르심과 선택을 확실하게 하는 데 전력을 다하는 것이 각자의 의무이다. 그러므로 그의 마음은 성령 안에서 평안과 기쁨으로, 하나님을 사랑하고 그에게 감사함으로, 복종하는 의무로 힘을 얻고 기쁨으로 가득하게 될 것이다. 이 확신에 합당한 열매는 사람으로 하여금 방탕한 경향에서 멀리 떠나게 한다.

4. 참 신자들은 저희의 구원에 대한 확신을 여러 가지 모양으로 가질 수 있다. 즉 동요를 받으며, 감소되며 또 일시로 중단되기도 한다. 그 모양은 이러하다. 그것을 보존하기를 게을리 할 수 있다. 양심을 상하고 성령을 슬프게 하는 어떤 특별한 범죄를 할 수 있다. 갑자기 또는 격렬한 시험을 당할 수 있다. 하나님의 얼굴빛을 그에게서 돌리실 수 있고, 어두운데 행하며 빛을 받지 못하므로 하나님을 무서워하기까지 할 수 있다. 그래도 저희에게 다음과 같은 것들이 결코 결핍될 수 없다. 하나님의 씨, 믿음의 생명, 그리스도와 형제를 사랑함, 마음의 진실성과 의무에 대한 양심 등등이다. 그것에서 성령의 역사로 이 확신이 정당한 때에 되돌아 올 수 없다. 또 그것으로 때로는 저희가 절망 상태에서 도움을 받을 수 있다.

제19장 하나님의 율법

1. 하나님이 아담에게 한 법을 행위의 계약으로 주셨다. 그것에 의하여 그와 그의 모든 후손으로 하여금 개인적으로 전부 꼭 그대로 영구히 지키게 하셨다. 지키면 살 것이라고 약속하시고 범하면 죽으리라고 경고하셨다. 또 그에게 그것을 지킬만한 힘과 능을 주셨다.

2. 아담이 타락한 후에, 이 법이 계속하여 완전한 의의 법칙이 되었다. 또 그와 같은 것을 시내산에서 하나님이 주셨는데 10계명이다. 이것은 두 개의 돌판에 새겨졌으니 첫 네 계명은 하나님께, 남은 여섯은 사람에게 행할 우리의 의무이다.

3. 흔히 도덕법이라고 부르는 이 율법 외에 하나님이 기뻐서 미숙한 교회로서의 이스라엘에게 의식법을 주셨다. 여기에는 여러 가지의 표상적 율례들이

포함되어 있다. 경배와, 그리스도와 그의 은혜와, 그의 업적과, 수난과 유익 등등을 예표로 보여 주셨고 또 도덕적 의무에 관한 여러 교훈을 공포한다. 이 모든 의식적 율례들은 신약 시대에는 폐지되었다.

4. 하나의 국가로 저희에게 하나님께서 여러 가지 율법을 주셨다. 그것은 그 민족의 국가와 함께 없어졌으며 일반적 정당성에 비추어 요구된 것 이외에 더 요구되지 않는다.

5. 이 도덕법은 신자나 불신자를 물론하고 다 같이 영원히 순종하게 한다. 또 그것에 포함되어 있는 것에 대하여 뿐만 아니라 그것을 주신 창조주 하나님의 권위에 대하여서도 순종하게 하였다. 그리스도께서도 복음에서 어떤 방면으로든지 취소시키시지 않고 도리어 이 의무를 더욱 강조하셨다.

6. 참 신자들은 지키면 의롭다함을 받고 범하면 정죄함을 받게 하는 행위 계약인 율법 아래 있지 않을지라도, 오히려 저희와 다른 사람들에게 다 같이 그것은 대단히 유용하다. 그것에 하나님의 뜻과 저희의 의무에 대하여 알려 주는 생활 법칙으로, 저희들에게 그것을 따라서 행하도록 지도하고 또 행하게 한다. 또 저희의 성품과 생명에 죄의 부패성이 있는 것을 발견하게 한다. 그래서 자신들을 검토하여 자신들이 죄에 대한 확신과 죄 때문에 겸비함과 죄를 미워함을 한층 더하게 될 것이다. 아울러 저희가 그리스도를 소유해야 될 필요와 그에게 완전히 순종할 것을 더욱 분명히 알게 될 것이다. 같은 모양으로 그것이 죄를 금하므로 중생한 자들은 그것에 의하여 저희를 부패케 함을 제재하게 한다. 또 율법에 경계한 저주에서 해방되었을지라도 그 경계로 인하여 저희의 죄로 응당 받아야 할 것과 저희가 이 세상에서 할 만한 환난도 깨달아 알게 될 것이다. 행위 계약으로서의 율법에 의하여 저희가 받을 것이 아닐지라도, 같은 모양으로 율법에 맺어진 언약에 의해 하나님이 순종하기를 원하심과 순종하므로 받을만한 축복을 알게 될 것이다. 율법이 선은 권하고 악은 금하기 때문에 사람이 선행은 하고 악행은 물리치는 것이 율법 아래 있고 은혜 아래 있지 않는 증거는 아니다.

7. 앞서 기록한 율법의 사용법이 복음의 은총과 상충되는 것이 아니라 도리어 그것과 잘 어울린다. 그리스도의 성령이 사람의 뜻을 복속시키시고 힘을 주셔서 율법에 계시된 하나님의 뜻을 행하라는 대로 자유롭고 기뻐서 행하게 하

신다.

제20장 신자의 자유와 양심의 자유

1. 그리스도가 복음에 신자들을 위하여 마련해 놓은 자유는 죄 때문에 받을 벌과 하나님의 정죄하시는 진노와 도덕법에서 오는 저주에서 해방되는 것으로 구성되어 있다. 그것은 또 이 악한 세상과 사탄의 노예와 죄의 주장과 환난의 악독함과 사망의 쏘는 것과 사망에 승리함과 영원한 멸망에서 구원을 받는 것으로 되어 있다. 또 역시 저희가 하나님께 마음대로 나아감과 그에게 순종함으로 되어 있는데 노예처럼 무서워서가 아니라 순진한 사랑과 원하는 마음에서 순종하는 것이다. 이것들은 다 율법 아래 있었던 신자들에게도 공통하게 있었다. 그러나 신약 시대에 있는 신자들의 자유는 유대교가 속하였던 의식적 율법의 명예에서 벗어나서 얻은 자유로 더욱 큰 것이다. 또 그 자유는 은혜의 보좌에 나아가는 데와 하나님이 거저 주신 성령과 충만하게 사귀는 것이 구약 시대의 신자들이 보통으로 행한 것보다 더 잘하게 하는 자유이다.

2. 하나님만이 양심의 주관자이시오 또 무엇에 있어서나 혹은 신앙과 경배에 있어서 하나님의 말씀과 모순되는 사람의 교훈이나 계명에 속박을 받지 않게 하셨다. 그러한 교훈을 믿거나 그러한 계명을 양심에서 순종하는 것은 양심의 참된 자유를 배반하는 것이다. 맹신과 절대적 맹종을 요구하는 것은 양심의 자유와 이성도 역시 파괴하는 것이다.

3. 신자의 자유를 가진 척 하고 범죄하거나 정욕을 기르는 자들은 신자의 자유가 지향하는 목적을 파괴한다. 신자의 자유가 지향하는 목적은 우리가 원수에게서 해방되어서 평생토록 하나님을 두려움 없이 거룩하고, 또 그 앞에서 의롭게 경배할 수 있는 것이다.

4. 하나님이 정해 놓으신 권세와 그리스도가 이룩하여 놓으신 자유는 하나님에 의하여 파괴되게 하려는 것이 아니라 서로 붙들고 보존하려 하신 것이기 때문에, 신자의 자유의 미명 하에 정당한 권세이거나 그 행사를 사회에서나 교회에서 반대하는 자들은 하나님의 규례들도 배격한다. 또 그들이 그러한 의견을 발표하거나 그러한 소행을 지지하는 것은 자연계의 원리나 또는 신앙과 경배와 대화에 관하여 이미 알려져 있는 원리나, 또는 경건한 권세에 반대되는

것이다. 또는 저희의 성품에 있어서나 그것들을 발표하거나 지지하는 모양으로 그러한 잘못된 견해와 소행은 그리스도가 교회에 건실한 외적 평화와 질서를 파괴하는 것이 된다. 저희는 적당하게 호출하여 교회의 조사에 의하여 보고하여 고소한 것이다.

제21장 종교적 예배와 안식일

1. 자연계를 보아서 하나님이 계신 것을 알게 된다. 하나님은 만물의 주가 되시고 그것들을 통치하신다. 그는 착하시고 만물에게 선을 베푸신다. 그런고로 사람은 마음과 성품과 힘을 다하여 그를 경외하고 사랑하고 찬양하고 경배하고 믿고 봉사하여야 된다. 그러나 참 하나님을 경배하는데 합당한 방법은 그가 친히 제정하셨고 그의 계시된 뜻에 의하여 그렇게 제한되었으므로 사람의 상상과 고안이나 사탄의 제의를 따라서 아무렇게 보이는 것이나 또는 성경에 제정되지 않은 다른 방법으로 그에게 예배드릴 수 없다.

2. 종교적 예배는 성부 성자 성신 하나님과 그에게만 드릴 것이요 천사들이나 성자들이나 어떤 다른 피조물들에게 드릴 것이 아니다. 그것을 타락 이후부터는 중보자를 통하지 않고는 드릴 수 없고 오직 그리스도 이외에 다른 중보자를 거쳐서는 드릴 수 없다.

3. 하나의 특별한 종교적 예배임으로 감사하며 기도하는 것은 하나님께서 모든 사람에게 요구하신다. 합당하게 되기 위하여 독생자의 이름으로 드려야 한다. 성령의 도우심에 의하여 하나님의 뜻대로 드려야 한다. 이해와 존경과 겸비와 열심과 신앙과 사랑과 오래 참음으로 해야 된다. 언어에 있어서는 다 아는 말로 해야 된다.

4. 기도는 합당한 것을 위하여 드릴 것이요 현재 생존한 사람들이나 내세에도 장차 살 사람들을 위하여 기도하되 죽은 자들과 죽을 죄를 범한 줄로 알려진 사람들을 위하여 기도하지 말 것이다.

5. 경건한 마음으로 성경을 읽는 것과 흠 없는 설교와 이해와 신앙과 존경으로 하나님께 순종하는 마음으로 말씀을 정성으로 듣는 것과 마음에 은혜롭게 시편을 노래할 것이다. 또한 그리스도가 제정해 놓으신 성례를 적당하게 거

행하며 가치 있게 받아야 된다. 이것들은 다 정상적으로 하나님께 드리는 예배를 이룩하는 부분들이다. 이 외에 종교적 서약과 맹세와 엄숙한 금식과 여러 때와 시기에 특별히 거룩하게 종교적으로 드리는 감사를 실시한다.

6. 지금 복음 시대에서 기도나 예배의 어떤 부분이냐를 물론하고 드려야 하고 드리도록 지시되어 있는 어떤 장소에 고정되어 있지 않다. 그렇게 해야 더욱 합당한 것이 아니라 하나님은 어디서나 신령과 진정으로 경배를 받으실 것이다. 가정에서 날마다 또 은밀하게 혼자 드릴 수 있고 더욱 엄숙하게 공식으로 모여서 예배를 드릴 수도 있다. 그것들을 하나님이 자기의 말씀으로나 섭리로 하라고 부르실 때에는 부주의하거나 고의적으로 등한히 하지 말 것이다.

7. 보통으로 하나님을 경배하기 위하여 적당한 시간을 정하는 것이 자연의 법칙인 것과 같이, 그의 말씀에서 모든 시대의 모든 사람에게 적극적, 도덕적, 또 명령에 의하여 이레 중 한 날을 안식일로 특별히 제정하시사 당신을 위하여 거룩하게 지키게 하셨다. 안식일은 이 세상의 시초부터 그리스도가 부활하신 때까지 칠일 중 마지막 날이었으나, 그의 부활로부터 주간의 첫날로 고쳤다. 그 날을 성경에 주의 날로 부른다. 그것이 기독교인의 안식일로 이 세상의 끝날까지 계속될 것이다.

8. 이 안식일은 주님을 위하여 거룩하게 지킬 것이요, 사람들이 마음을 적당히 준비하고 이전 일은 다 정리한 후에 이 세상의 일과 운동하는 것에 대한 일과 말과 생각을 떠나서 거룩하게 안식할 뿐 아니라 공 예배와 사 예배를 드리며 필요한 일과 자비에 관한 의무를 이행하는 데 전 시간을 보낼 것이다.

제22장 합당한 맹세와 서원

1. 합당한 맹세는 종교적 경배의 일부분이다. 예배 시에 적당한 기회에 맹세하는 사람이 엄숙하게 하나님을 불러서 그가 주장하거나 약속하는 것을 증가하며, 또 그가 맹세하는 것이 참된지 또는 거짓된 지를 판단한다.

2. 하나님의 이름으로만 맹세하여야 된다. 그것은 전적으로 경건하고 존경스러울 것이다. 그런고로 영광스럽고 두려워할 만한 이름에 헛되거나 또는 조급히 맹세하거나 또는 다른 이름으로 맹세하는 것은 죄요 가증된 것이다. 일의

중요성과 기회에 따라서 맹세는 하나님의 말씀으로 보증이 되어 있으니, 합법적인 기관에서 맹세(서약)를 하라고 할 때에는 이행할 것이다.

3. 맹세하는 이는 누구나 그렇게 장엄한 행위의 신중성을 충분히 고려하여야 되고 또 누가 확실히 참으로 아는 것 이외 아무것도 공언할 것이 아니다. 누구나 옳은 것과, 그렇게 될 줄로 믿는 것과 실천할 수 있고 또 그렇게 하기로 결심한 것 이외에는 아무것에 대하여 맹세하지 말 것이다. 그러나 합법적 기관에 제정한 것으로 정당한 것에 관한 맹세를 거부하는 것은 죄이다.

4. 맹세는 모호하거나 심중유보(心中留保)의 것이 아니라 분명하고 평범한 말로 하여야 된다. 맹세는 죄 되게 할 수 없고 다만 죄 되지 않도록 맺어야 한다. 그것은 개인에게 손해가 되어도 지켜야 하며, 불신자와 이단자와 맺은 맹세라도 위반할 것이 아니다.

5. 서원은 약속하는 맹세와 같은 성질의 것이다. 고로 같은 모양으로 종교적 정신으로 취급되어야 한다. 또 똑같이 진실하게 다루어야 된다.

6. 그것은 어떤 피조물이 아니라 하나님과만 맺을 것이다. 그것이 가납(嘉納)되려면, 이미 받은 긍휼을 감사하는 마음에서나 또는 원하는 것을 얻기 위하여 자발적으로 또 신실과 의무감에서 맺어야 된다. 그렇게 함으로 여러 가지의 필요한 의무와 기타의 것들을 그대로 잘 이끌어 나가는 한 엄격히 수행하게 될 것이다.

7. 아무나 아래의 조건 하에서 서원을 해서는 안 된다. 하나님의 말씀에 금하거나, 명령한 의무를 방해하거나 자기의 힘으로 할 수 없는 것이나, 또 하나님께서 힘을 주시겠다는 약속을 받지 못한 것을 시행하겠다는 것들이다. 이러한 점에 있어서 수도원에서 평생 동안의 독신 생활과 빈자 생활과 언제나 순종할 것을 서원하는 것은 완전히 지킬 수 없는 미신과 죄악의 유혹이므로 신자가 거기에 빠져서는 안 될 것이다.

第23장 관원

1. 온 세상에 최고의 주요 왕이신 하나님이 자기의 영광과 공익을 위하여 자기의 밑에서 백성을 다스리도록 관원을 세우신다. 또 이 목적을 위하여 하나

님이 검의 세력으로 저희를 무장하였으니 그 권한으로 선행하는 자들은 보호하고 장려하는 반면에 악행하는 자들을 벌하게 하기 위함이다.

2. 기독신자가 관직에 부름을 받았을 때에 그것을 승낙하고 그 사무를 집행하는 것은 합당하다. 그 의무를 집행할 때에 각국의 정당한 국법을 따라서 특별히 경건과 정의와 평화를 유지해야 된다. 그러한 목적 하에 신약 시대에 있어서 정의와 필요한 기회에 입각하여 전쟁을 하는 것은 합당한 것이다.

3. 관직자들은 자신들이 말씀과 성례를 거행하거나 천국의 열쇠를 잡은 줄로 알거나, 조금이라도 신앙 문제에 간섭하여야 될 줄로 생각해서는 안 된다. 오히려 자녀를 양육하는 아버지와 같이, 어떤 교파에게 다른 교파들보다 우선권을 주는 일이 없이 우리가 공통으로 소유한 주님의 교회를 보호하는 것이 관직자들의 의무이다. 그래서 모든 교인들이 폭력이나 위험이 없이 저희의 신성한 행사들의 부분을 집행하는 데 관하여 원만하고 제한이 없고 반대할 수 없는 자유를 누릴 수 있게 해야 된다. 또 예수께서 당신의 교회에 일정한 정치와 권징을 제정하신 것과 같이, 어떠한 국가의 국법이라도 어떠한 교파에 소속된 교인들 가운데서 저희의 고백과 신앙에 따라서 정당하게 하는 행사에 간섭하거나, 하라고 하거나 또는 방해해서는 안 될 것이다. 관직자들은 개인과 저희의 모든 시민의 명예를 보호하는 것이 저희의 의무이다. 그렇게 하므로 한 사람이라도 종교나 불신앙의 가면으로 아무에게든지 모욕과 폭력과 책망이나 또는 손해를 주게 할 수 없다. 질서 있게 모든 종교적 집회와 교회적 집회는 방해나 소동이 없이 진행되어야 한다.

4. 시민들의 의무는 관직자들을 위하여 기도하며, 저희의 인격을 존경하며, 공세와 그의 의무금들을 바치며, 저희의 합법적 명령에 순종하며, 양심을 위하여 저희의 권위에 복종할 것이다. 불신앙과 종교가 같지 않다고 하여 관공리의 공의와 법적 권위를 무효케 하지 못하며 사람들로 하여금 그에게 순종하지 않게 하지 못한다. 교인이라도 하여 그런데서 예외로 취급되지 않는다. 교황도 공직자들의 통치하는 일에 있어서 저희들이나 또는 저희의 시민들 가운데 아무에게나 권위를 가지고 있지 못한다. 만일 그가 저희를 이단자라고 하거나 여하한 가면으로 저희를 정죄할지라도, 저희의 통치와 생명에 대하여 조금도 손해시키지 못한다.

第24장 결혼과 이혼

1. 결혼은 일남 일녀로 성립될 것이다. 한 남자가 하나 이상의 아내를, 동시에 한 여자가 하나 이상의 남편을 두는 것은 불법이다.

2. 결혼은 부부가 서로 돕기 위하여 제정되었다. 왜냐하면 합법적 자식으로 인류가 증가되며 거룩한 씨로 교회가 증거되며 부정(不貞)을 막기 위함이다.

3. 결혼에 자기의 판단으로 합의할 수 있는 사람은 누구나 결혼하는 것이 합당하다. 그러나 신자는 주 안에서 결혼하는 것이 그의 의무이다. 그런고로 진정한 개혁 교회의 신자는 무신론자나, 로마교 신자나, 또는 다른 종류의 우상을 섬기는 자들과 결혼해서는 안 된다. 그런 신자들이 노골적으로 범죄생활을 하고 있는 자들이나 정죄를 받을만한 이단자로 계속하는 자들과 결혼하여 뜻이 맞게 지낼 수 없다.

4. 성경이 허락지 않는 친족이나 인척(姻戚)간에 결혼을 하면 안 될 것이다. 그러한 근친(近親) 결혼은 어떤 인간이나 단체의 법에 비추어 비 법적이어서 그런 이들은 부부로 생활할 수 없다. 남편은 자기 아내의 형제와 아내는 자기의 남편의 형제와 각각 결혼할 수 없다.

5. 약혼한 후에 간통(姦通)이나 사통(私通)한 일이 결혼하기 전에 발견되면 무흠(無欠)한 편에게 파혼할 수 있는 권한이 부여된다. 결혼 후에 간통한 경우에 무흠한 편이 법정에 이혼 소송을 제기하여 이혼한 후에 범죄 한 편이 죽은 것과 같이 재혼하는 것은 정당한 일이다.

6. 인간이 그렇게 부패하였으나 하나님이 짝지어 주신 결혼이라도 파혼하기 위하여 엄격히 변론하기 쉽다. 그러나 간통이나 교회와 법에 의하여 할 수 없는 고의적 별거(別居) 이외에는 아무것도 이혼의 조건이 될 수 없다. 이혼할 때에는 법의 절차를 밟아서 질서 있게 하고 본인의 의사와 결정에 맡겨져 있지 않다.

第25장 교회

1. 전체적 혹은 우주적 교회는 무형적이다. 이 교회는 피택자들의 전부로 구

성되어 있다. 그들은 그리스도를 머리로 하고 과거에 이미 모였고 현재에 모이며 또 미래에 모일 것이다. 이 교회는 그의 신부요, 그의 몸이요, 만물 안에서 만물을 충만케 하시는 자의 충만이다.

2. 유형한 교회도 역시 복음 아래서 전체적 혹은 우주적이다(전에 율법 아래서와 같이 한 민족에 제한되어 있지 않다). 이 교회는 세계적으로 참 종교를 신봉하는 사람들과 그들의 자녀들로 조직되어 있다. 이 교회는 주 예수 그리스도의 나라요, 하나님의 집과 가족이요, 이 교회를 떠나서는 보통으로 구원을 받을 가능성이 없다.

3. 이생에 있어서 세상 끝까지 성도들을 모으고 완전케 하기 위하여 그리스도께서 이 유형적 교회 전체에게 성직과 성경과 의식을 주셨고 또 친히 자기와 성령이 나타나셔서 자기의 언약에 따라서 저희들로 하여금 실천케 하신다.

4. 이 전체 교회는 어떤 때에는 더욱, 어떤 때에는 덜 유형적이다. 이 교회에 속하는 개 교회들에서 복음의 교리를 가르치며 채용하고 성례들을 거행하고 또 공 예배를 드리는 것 등이 더욱 순수하거나 덜 순수함에 따라서 그 교회들은 더욱 순수하거나 덜 순수하게 된다.

5. 해 아래 있는 가장 순수한 교회들에는 혼잡과 과오가 있게 될 수 있다. 그 가운데 더러는 너무도 악화되어서 그리스도의 교회가 아니라 사탄의 전당이다. 그럼에도 불구하고 지상에는 언제든지 교회가 있어서 하나님의 뜻대로 그를 경배할 것이다.

6. 주 예수 그리스도 이외에 교회의 다른 머리는 없으니 어떤 경우에서도 로마의 교황도 그 머리가 될 수 없다. 그러나 그는 적그리스도요, 죄인이요, 멸망의 자식이요, 그는 교회에서 그리스도를 거역하여 자기를 높이며 하나님을 훼방하는 것이다.

第26장 성도의 교제

1. 성령과 믿음으로 성도들의 머리가 되신 예수 그리스도와 연결된 모든 성도는 그의 은혜와 수난과 사망과 부활과 영광 안에서 그와 교제한다. 또 성도들은 사랑으로 서로 결합하여 저희는 각각 받은 은사와 은혜로 서로 나누며 내

적 사람과 외적 사람으로 상호의 유익이 되게 하기 위하여 공사 간에 수행하여야 된다.

2. 신자로 알려진 사람들은 하나님께 경배할 때와 서로의 건덕(健德)을 위하여 다른 종교적 행사를 이행할 때에 거룩한 교제와 거래함을 유지하여야 한다. 외적인 것에 있어서도 각자의 능력과 필요에 따라서 서로 도와야 된다. 그러한 거래는 하나님이 기회를 주시는 대로 어디서나 주 예수의 이름을 부르는 사람들에게는 다 주어진 것이다.

3. 성도들이 그리스도와 함께 하는 이 영교(靈交)는 어떤 경우에든지 저희로 하여금 그의 신성을 소유하게 하거나 그리스도와 같아지게 하지 않는다. 그 가운데 어떤 것이나 그렇다고 긍정하는 것은 불경건하고 그리스도를 멸시하는 것이다. 저희가 성도로 서로 교제하는 것으로 저희의 권리나, 각자의 물건과 소유로 된 재산을 박탈하거나 침해케 하지 않는다.

제27장 성례

1. 성례는 은혜 계약의 거룩한 표요, 확증인 것이다. 그것은 하나님이 직접 제정하신 것이다. 그것으로 그리스도와 그의 은혜를 나타내며, 그에게 있는 우리의 유익을 확인하며, 또 교회에 속한 사람들과 불신자들과의 차이점을 보여준다. 그뿐 아니라 엄숙하게 그의 말씀에 의하여 그리스도 안에서 성도들로 하여금 하나님을 경배하게 한다.

2. 매 성례에는 그 표와 그 표식된 것 사이에 신령한 관계나 또는 성례적 합치점이 있다. 그러서 그 표의 이름과 그것에서 생기는 효력이 그 표식된 것에 부여되어 있다.

3. 정당하게 집행된 성례에서 또 성례로 말미암아 보인 은혜는 그것에 있는 무슨 능력에 의하여 부여되지 않는다. 그것을 집례하는 사람의 경건이나 의도에 의존하여 그 효력을 발생하지 않고 성령의 역사와 그 성례에 사용되는 말씀에 의하여 효력을 발생한다. 그 말씀에는 그것을 사용하는 권한을 부여하는 규례와 아울러 합당한 성례 참례자들에게 은혜를 주시기로 되어 있는 약속이 포함되어 있다

4. 우리 주 그리스도께서 복음에 제정해 놓으신 성례는 두 가지 뿐이니 세례와 성찬이다. 그 가운데 어느 것이든지 정당하게 안수 받은 말씀의 목사 이외 아무나 집행할 수 없다.

5. 신령한 것에 관하여 의미하고 제시된 구약의 성례는 그 본질에 있어서 신약의 그것들과 같다.

제28장 세례

1. 세례는 예수 그리스도가 제정한 것인데 신약에서 가르치는 것이다. 그것은 세례를 받은 사람이 유형 교회에 엄숙하게 허락을 의미할 뿐 아니라, 본인에게 은혜 계약의 인을 친 표가 되며, 그리스도에게 접붙임을 받고, 중생과 사죄와 예수 그리스도를 통하여 새 생활을 하겠다고 하나님께 헌신하는 표와 확증을 의미한다. 이 성례는 그리스도가 친히 제정하셨음에 의해 그의 교회에서 이 세상의 끝까지 계속할 것이다.

2. 이 성례에 사용되는 외형적 요소는 물인데 세례를 받을 성부와 성자와 성령의 이름으로 정당하게 부름을 받은 복음의 목사에게 그 물로 세례를 받는다.

3. 그 사람을 물속에 담글 필요는 없으나 그 사람의 머리 위에 물을 붓든지 또는 뿌리면 바로 거행되는 것이다.

4. 실제로 그리스도를 믿고 순종하는 자들만이 아니라 부모 중 한 사람이나 혹은 두 사람이 다 믿는 분의 어린아이는 세례를 받을 것이다.

5. 비록 이 예식을 경멸하거나 혹은 무시하는 것이 큰 죄이긴 하지만 누구든지 예식 없이 거듭나거나 구원받을 수 없다든지 혹은 세례 받을 모든 사람은 틀림없이 중생 된다는 것 같이 은혜와 구원은 예식과 떨어질 수 없는 관계가 아니다.

6. 세례의 효력은 베푸는 그 시점에서 생기는 것이 아니다, 그럼에도 불구하고 이 예식을 바로 거행하므로 약속된 은혜가 주어질 뿐만 아니라, 하나님이 정해 놓은 대에 그의 뜻에 따라서 그 은혜가 속한 사람(성인이나 유아 간)에게

성령에 의하여 진정으로 나타나고 또 부여된다.

7. 세례의 예식은 누구에게나 한번만 베풀어질 것이다.

제29장 주님의 만찬

1. 우리 주 예수께서 잡히시던 날 밤에 자기의 살과 피에 대한 예식을 제정하시고 주님의 만찬이라고 부르셨다. 그것을 세상 끝까지 자기 교회에서 지킬 것이라고 하셨다. 그것은 자기의 죽으심으로 회생하신 것을 영구히 기념하기 위함이다. 또 그것은 참 신자들에게 주시는 모든 은사의 표니 그것은 신령한 양식과 그 안에서 자라나며, 저희가 그를 위하여 마땅히 행할 모든 의무 안에서 또 그 의무에 시행할 것과, 그의 신비로운 몸의 지체로 그와 함께 또 서로간에 결합하고 교통하는 것들을 의미한다.

2. 성례에 있어서 그리스도는 성부에게 바친 것이 아니다. 또 산 자나 죽은 자의 사죄를 위하여 드린 참 희생의 제물도 아니다. 다만 이것은 자기가 친히 십자가 위에서 단 한번 자신을 봉헌한 그 제물을 기념하는 것에 지나지 않는다. 이것은 하나님께 드릴 수 있는 모든 칭송의 영적 봉헌이다. 그러므로 교황의 미사라고 부르는 제사는 그리스도께서만이 모든 택함을 받은 사람의 죄를 위하여 드리신 화목 제물임을 가장 극단적으로 손상시키는 것이다.

3. 주 예수께서 이 예식을 집행하기 위하여 목사들을 임명하셨다. 그들은 신자들에게 이 예식을 필요한 말씀을 선포하고 기도하고 떡과 포도주를 축하해서 그것을 다른 것과 구별하여 거룩하게 사용한다. 또 떡을 떼고 잔을 들어 그들 자신이 나눌 뿐만 아니라 여러 수찬 자들에게 나누어준다. 그러나 그때 그 자리에 참석치 않은 자에게는 나누어주지 못한다.

4. 사사로운 미사나, 이 성례를 신부에게나 그 밖의 사람에게서만 받거나 또는 일반 신자에게 잔을 나누어주지 않거나 떡과 포도주에 절을 하거나 높이 들어 올리거나 동경하는 마음으로 들고 다니거나 혹은 무슨 정상적이 아닌 종교적 사용을 위하여 보관하는 일이 있다면 이와 같은 모든 행동이 예식의 본질에 대해서 뿐만 아니라 그리스도의 제정하신 뜻에도 모순되는 것이다.

5. 이 성례의 외적 요소는 그리스도께서 제정하신 대로 정당하게 사용하도록 구별되어야 한다. 이 요소는 십자가에 달리신 그리스도와 깊은 관계를 가지고 있으므로 상징적으로 그것을 때로는 물질 그대로의 명칭으로 부르기도 하나 때로는 즉 그리스도의 살과 피라고도 부른다. 그렇게 부른다 해도 실체와 본질에 있어서는 전과 조금도 다름이 없이 단순히 떡과 포도주는 그대로 남아 있다.

6. 신부가 축사하거나 혹은 다른 방법을 통해서 떡과 포도주의 실체가 그리스도의 살과 피의 실체로 변한다고 주장하는 소위 화체설은 성경에 모순 될 뿐만 아니라 상식과 이성에도 모순된다. 또한 성례의 본질을 뒤집는 생각이며 과거나 현재에는 여러 가지 미신의 원인이 되었으며 그야말로 큰 우상 숭배의 원인이 되었다.

7. 이 성찬식에 보이는 요소를 외적으로 받음으로써 이 예식을 받을 자격 있는 사람은 내적으로도 참으로 또 믿음으로 받는다. 세속적으로나 육체적으로가 아니라 영적으로 십자가에 달리신 그리스도를 받아들이고 그에게 양육을 받는다. 또한 그의 죽음에 내포되어 있는 모든 은사를 받는다. 그리스도의 살과 피는 세속적으로나 육체적인 뜻에서 떡과 포도주 안에 있는 것은 아니다. 그러나 이 성체에 있어서는 살과 피가 의미하는 그대로 신자들의 믿음에 대하여 현대적인 동시에 영적으로 나타난다.

8. 가령 무식하고 사악한 사람들이 이 성례에 베풀어진 외적 요소를 받는다 해도 그들이 그 물질이 상징하는 것을 받을 수 있다는 것은 아니다. 그들은 다만 자격이 없이 그것을 대했으므로 주의 살과 피에 대하여 책임이 있으며 그들 자신의 파괴를 스스로 초래하게 된다. 그러므로 모든 무지하고 불경건한 사람들은 그리스도와의 교제를 즐기기에 합당치 않으므로 그들은 주의 만찬에 참여할 자격이 없다. 또 그리스도에 대하여 큰 죄를 범하지는 않았으나 무지하고 불경건한 상태로 있으면서 이 거룩한 신비에 참여한다든지, 참여할 수 있다는 것은 아니다.

제30장 교회의 권징(勸懲)

1. 교회의 왕이요, 머리이신 주 예수는 자기 교회의 정치를 세상 관리와 같

지 않은 교회의 직분에게 맡겼다.

2. 천국의 열쇠를 이 직분에게 맡겼다. 거기서 나타나는 덕행에 따라서 직분들은 죄를 보유하기도 하고 용서할 수도 있다. 말씀과 징계로써 회개치 않는 자에게 천국 문을 닫을 권한을 각각 가지고 있다. 그리고 복음을 전하고 때에 따라 해결함으로써 회개하는 죄인에게 천국 문을 열어 준다.

3. 교회의 권징은 과오를 범한 형제를 교정하고 잃어버리지 않기 위해서 필요하다. 다른 사람들이 같은 과오를 범하는 것을 방지하며 많은 사람들에게 좋지 못한 영향을 줄지 모르는 누룩을 없애 버리고 그리스도의 명예와 복음의 거룩한 직업을 옹호하고 하나님의 진노를 막는 데 필요하다. 만일 형제가 하나님과 맺은 계약을 범하고 세상이 다 아는 완고한 훼방자로 말미암아 그의 인치심인 모독을 당할 때 하나님은 그의 진노를 교회 위에 내리신다.

4. 이 목적을 더 효력 있게 발생하기 위하여 교회의 직분은 먼저 충고로부터 시작해서 다음에는 얼마 동안 주의 성찬에 참석을 중지하고 범죄의 성격과 본인의 과실에 따라서는 교회에서 제명도 한다.

제31장 대회와 협의회

1. 교회의 더 좋은 정치와 건덕(健德)을 증진시키기 위하여 보통으로 불리는 대회와 협의회와 같은 집회가 있어야 한다. 그것은 개교회의 감독들과 그의 지도자들에게 속한 것이다. 그리스도께서 파괴하기 위함이 아니라 건덕을 위하여 저희에게 부여하신 직분과 권한에 의하여 그런 집회를 제정하고, 또 교회의 유익을 위하여 적당하다고 판단되는 대로 자주 개회할 수 있다.

2. 신앙에 관한 논쟁과 양심의 문제를 결정하고 공예배에 관하여 더 좋은 순서를 작정하고 지도하며 교회 정치에 관하여 결정할 것은 목사들이 모이는 대회와 협의회에 속한 직무이다. 또한 관리에 실수가 있다고 불평을 하거나 그것을 권위 있게 결정하는 것도 이 대회에 속한다. 이 회에서 발표한 명령이나 결정은 그것이 하나님의 말씀에 합치되는 한 귀중하게 또한 복종하는 마음으로 받아들여야 한다. 그것이 하나님의 말씀에 합치되었다는 이유에서 뿐만 아니라 그 말씀 안에서 정해주신 하나님의 제도로써 권위가 부여되어 있기 때문

이다.

3. 사도 시대로부터 총회나 개별적 회의의 구별이 없이 가진 모든 대회와 협의회는 잘못 할 수 있었으며, 사실 여러 번 과오를 범했다. 그러므로 그것들을 신앙과 실천의 법칙으로 생각하지 말고 이 두 가지를 다 돕는 것에 사용해야 한다.

4. 대회와 협의회는 교회에 관한 사건 이외의 것은 취급하거나 결정짓지 않는다. 그리고 특별한 경우에 있어서 겸손하게 드린 청원이나 일반 관공서로부터 요구가 있을 때에는 양심의 만족을 위한 충고를 할 수 있으나 그 외의 방법으로서는 나라에 관한 일반적인 사건에 간섭할 수 없다.

제32장 인생의 사후 상태와 죽은 자의 부활

1. 사람들의 몸은 죽은 다음에 흙으로 돌아가서 썩어버린다. 저희의 영혼은 죽거나 자는 것이 아니라 불멸의 요소를 가졌으므로 곧 영혼을 주신 하나님께로 돌아간다. 그때에 완전히 거룩하여진 의인들의 영혼은 가장 높은 하늘로 영접함을 받는다. 거기서 저희는 저희의 완전한 육체의 구속을 기다리고 있는 동안 빛과 영광 가운데서 하나님의 얼굴을 보고 있을 것이다. 악한 자들의 영혼은 지옥에 던짐을 받아서 대 심판을 기다리고 있으며 고통과 캄캄한 가운데 있을 것이다. 육체를 떠난 영혼들을 위한 이 두 곳 외에는 성경에 알려져 있지 않다.

2. 마지막 날에 살아있는 자는 죽지 않을 것이요, 이미 죽은 자들은 꼭 같은 몸으로 부활할 것이요, 이 부활체가 질적으로는 전과 다를 것이나 영혼은 이 육체와 하나가 되어서 영원토록 계속될 것이다.

3. 불의한 자들의 육체는 그리스도의 능력으로 욕되게 부활하고 의인들의 몸은 그의 성령으로 영광의 부활을 하였다. 그리스도의 영광스러운 몸과 같게 될 것이다.

제33장 최후의 심판

1. 하나님이 예수 그리스도로 말미암아 공의로 세상을 심판하실 날을 정해

놓으셨다. 성부가 그에게 모든 권능을 부여하시고 심판할 권한을 맡기셨다. 그 날에 타락한 천사들이 심판을 받을 뿐만 아니라 이 땅위에 살고 있던 모든 사람이 다 그리스도의 심판대에 나타날 것이다. 그때에 저희의 생각과 말과 행동을 직고하고 선악 간에 저희가 몸으로 행한 대로 보응받을 것이다.

2. 하나님이 이날을 정하신 목적은, 피택자들을 영원히 구원함에서 나타내시는 당신의 자비에서, 악하고 불순종의 유기된 자들을 벌하시는 당신의 공의에서 각각 영광을 들어내시기 위함이다. 그 때에 의인들은 영생으로 들어가서 주님과 같이 있으므로 기쁨과 유쾌함을 충만히 받을 것이다. 그러나 하나님을 알지 못하고 예수 그리스도의 순종치 않은 악인들은 영원한 고통에 빠져서 주님에게서와 그의 능력의 영광에서 떠나 영벌을 받을 것이다.

3. 모든 사람이 죄를 물리치기 위하여, 또 환난 가운데 믿음을 지킨 사람들에게는 더욱 큰 위안이 있게 하기 위하여 심판의 날이 있음을 우리가 믿기를 그리스도가 원하실 것이다. 그가 그날을 사람들에게 알리지 않으실 것이다. 그래서 저희가 육적인 안일을 버리고 항상 깨여 있을 수 있게 하셨다. 왜냐하면 저희가 주님이 오실 시간을 모르고 또 오시옵소서, 주 예수여 빨리 오시옵소서, 아멘 하고 항상 준비할 수 있기 때문이다.

종교개혁사

지은이 김기련
펴낸이 정덕주
펴낸곳 한들출판사
서울시 종로구 연지동 136-46 기독교회관 710호
등록 제2-1470호 1992

펴낸날 2011년 9월 1일 초판 1쇄 발행

E-Mail handl2006@hanmail.net
홈페이지 www.ehandl.com
전 화 편집부 741-4068~69
영업부 741-4070 FAX 741-4066

ISBN 978-89-8349-522-8 93230